キリスト教史

藤代泰三

講談社学術文庫

序

個を全体との関連において、また全体を個との関連において理解し、解釈するということは、歴史研究の重要な原則の一つである。私がここに試みた研究もこの原則に立っている。しかし私がふれるべくしてふれえなかった点も数多くある。

戦前、私は旧メソヂスト教会系の青山学院神学部と旧組合（会衆派）教会系の同志社大学神学科に学び、戦後は、会衆派教会系のシカゴ神学校から「世界の教会の教友への奨学金」を与えられて同校に学んだ。当時この学校は、バプテスト教会系のシカゴ大学大学院神学部と、ユニテリアン教会系のミッドヴィル神学校と、デサイプル神学院と、研究教育に関して連合教授会を形成し、これはシカゴ大学連合神学教授会とよばれた。従ってその教授陣はきわめて多彩であり、充実したものであった。私が多様な教会や教派に、またそれらの教会や教派の背景に立つわが国のキリスト教主義諸学校に関心をいだいているのも、このような背景からの影響を受けているからであろう。また青山学院神学部には福音主義の伝統が強く、同志社大学神学科では歴史的研究とともに福音の社会的実践が重視されていた。そしてシカゴ大学連合神学教授会には、自由主義神学の影響が顕著であった。従って福音主義と福音の社会的実践とは両立するものであるという私の見解や、主イエス・キリストにおける神の啓示への信仰とともに、できるだけ哲学や文化の領域をも理解していこうとする私の立場は、これら母校からの影響を受けているのであろう。さらに私は、六年前にイスラエルと欧米に旅したが、そこでの私の体験と学びもこの書の研究に非常な力となった。

高橋虔博士（同志社大学名誉教授）、竹中正夫博士（同大学教授）、森孝一博士（同大学専任講師）に私のこの書の校正をお読み頂き、また野田茂徳氏（筑波大学助教授）にもその一部をお読み頂き、数々の貴重な教示と示唆を与えられた。もちろんこの書の内容等に関する責任は一切私にある。また藤田誠君（同志社大学大学院院生）と高井望君（同大学院院生）と小野靖人君（同志社大学学生）は索引の作成等に協力してくださった。この書の研究執筆のため、桜美林学園大学教授星野三雄氏、キリスト教科学（クリスチャン・サイエンス）渉外部森川淑子氏はじめその他の先生方や友人方等から教えて頂いた。巻頭の写真については、妙心寺の人や、日本基督教団伊予小松教会牧師佐藤博氏の御協力を頂いた。原稿の浄書のため鈴木津摩氏（日本基督教団同志社教会会員、元同志社女子大学教授）、芳沢あい子氏（聖イエス会姫路教会会員）、竹内みどり氏（同嵯峨野教会会員）、妻の妹宮　昭氏（末日聖徒イエス・キリスト教会会員）の御尽力を頂いた。また妻もこの点で協力してくれた。同志社大学神学部研究室の職員御薗京子氏と同青山恵美子氏、前職員岩井允子氏と同磯田美智子氏には、図書の利用に関して一方ならないお世話を頂いた。これらすべての方々に私は厚くお礼を申しあげたい。また同志社大学図書館、同人文科学研究所、アメリカ研究所、聖イエス会嵯峨野教会事務室にもお世話になった。深くお礼申しあげたい。

この書は膨大なものになってしまったにもかかわらず、日本ＹＭＣＡ同盟出版部主任主事高倉正治氏とその前任者落合則男氏が、寛容に基づく激励と理解を与えて下さり、またいろいろと御尽力下さった。その元主事川口善一氏は、かつて私の研究室を訪れて、いくらでも書いてよいと夢を与えて下さり、この書の編集に携わられ、さらに校正に協力して下さった。また主事坂本由人氏にも校正等に御尽力を頂いた。この書が初めてシリーズものの一巻として企画された時に、私を執筆者として推薦して下さった一人は、今は亡き海老沢亮氏であった。これらの方々に厚くお礼申しあげる。

地図や図表の使用を許可して下さった出版社 Charles Scribners' Sons と Verlag Herder の御好意にも感謝したい。

少年時代から今日までの私の多くの先生と友人（私の講義を聴いて下さった学生を含めて）を思い起こす。これらの方々にこのつたない書を献げたい。しかしそのなかにはすでにこの世を旅立たれた方も少なくない。

一九七九年八月一日

著者

第二刷　序

ここに第二刷が発行されることは、著者にとって感謝であり、喜びである。今日までに寄せられた示唆と教示に感謝したい。第二刷では本文と参考文献においてミス・プリントを訂正したほか、若干の補筆や訂正をした。索引ではミス・プリントを訂正したほか、かなり補訂した。索引の整理については、同志社大学大学院に当時在学中であった佐藤優君に協力して頂いた。お礼申しあげたい。

一九八五年五月九日

著者

目次

第一部　古代

第二部　中世

第三部　近　世

凡　例

一　本書の固有名詞の表記はできるだけ原語読みに従ったが、ときに慣例によったものもある。

二　聖書の固有名詞の表記はできるだけ「聖書」（日本聖書協会発行）に従った。

三　ギリシア語とラテン語の固有名詞には原則として長音を略し、索引でギリシア語の固有名詞のアクセントは省いた。

四　人名の下の括弧のなかの数字は、その人の生年と没年を示す。

五　聖書各書の表記は、本文以外の場合には、括弧にいれて略記した。例、（マルコ）はマルコによる福音書を指している。

六　キリスト教学用語は、できるだけ「学術用語集」（キリスト教学編）（文部省発行）に従ったが、「キリスト教用語辞典」（小林珍雄編）によったものもある。

なお上記「学術用語集」（キリスト教学編）には、用語に対応する外国語も記されていて便利である。

七　minister, clergy の用語は、聖職者ではなく、教職者とした。

八　bishop（episcopus, pontifex）の用語は、つぎのようにした。

ローマ・カトリック教会	司教
正教会	主教
英国教会（アングリカン教会）系教会	主教
他のプロテスタント教会	監督

九　「　」内の引用は、外国書の原文の私訳、あるいはその邦訳書からの引用、または両者の併用である。しかしそれらを適当にまとめたり、圧縮したりした場合には、「　」は付してないし、またこの場合説明を付加したときもある。

一〇　外国書から引用するさい、全く私訳を記した場合でも、つぎの書物に限って、邦訳書の頁数を示しておいた。その方が読者の研究の便になると思ったからである。すなわち

ベッテンソン編『キリスト教文書資料集』(聖書図書刊行会編集部訳)

シューベルト『教会史綱要』(井上良雄訳)、ベイントン『宗教改革史』(出村彰訳)

一一　邦語の書物からの引用にももちろん「　」を付したが、内容を適当にまとめたり、圧縮したりした場合には、「　」を付していないし、またこの場合説明を付加したときもある。

一二　一回以上でてくる人名や事項等については、原則としてその都度、(何頁参照)というように付記することはしなかった。従ってこれらの人名や事項等の関連箇所については索引を参照してほしい。

一三　出典を示す場合、そこに表記されている頁数等が、そのまえの一つの文章 (one sentence) 以上を表している時には、出典箇所のあたまに読点 (。) が付けてある。しかしもしそれが一つの文章だけを表している場合には、読点 (。) は付けていない。

キリスト教史

序論

私の立場

歴史とはどのようなものであろうか。ディルタイのいうように、私はそれは非常に複雑な政治的経済的社会的文化的宗教的相互連関（依存とともに抵抗も含まれる）に立つ総体であると考える（拙稿「初期ディルタイにおける歴史理解の基盤」『基督教研究』、以下『基研』と略記。三八巻一、二号、三九巻二号）。

さて、近代の学問の判断の基盤にあるものは理性で、そこにおいては歴史も理性によって分析し解明すれば十分であるとされる。これは実証主義の立場である。しかし歴史はただ理性によって解明されるというほど簡単なものであろうか。この点についてわれわれはまず歴史を営む人間について考えなければならない。

ディルタイによれば人間とは物理的精神的存在、つまり身体と理性と感情と意志を有する存在である。この視点から、歴史とは人間・社会・歴史に関する学であり、これをディルタイは精神科学（Geisteswissenschaft）という。ディルタイによれば文学、芸術学、法学、経済学、社会学、心理学、歴史学、哲学、宗教学等、自然科学に属さない学問はすべて精神科学なのである。この人間・社会・歴史に関する精神科学が、単に理性によって解明できるものであるわけがない。もちろん精神科学においても理性も十分に、そして徹底的に駆使される。

さて私はキリスト教の歴史をキリスト教史とよびたいが、このキリスト教史研究においてどのような立場に立つかがまず問題となる。ディルタイの立場に立つ私にとってはそれはキリスト教精神史である。キリスト教精神史とは、身体と理性と感情と意志を有するとともに、キリスト教信仰に立脚する人間あるいはその集団がかかわる歴史を意味する。またキリスト教精神史とは、時間的に前後に継続するものだけではなく、横に並ぶもの、すなわち同時的存在をも考慮に入れて解明しようとする学、すなわち歴史の流れを、その流れが立つ巨大な全体像に即して明らかにしようとする学である。重ねて強調するが、キリスト教精神史とは、人間や歴史を精神の面からだけ探究する学ではけっしてなく、血もあり肉もある人間、すなわち身体的理性的意志的感情的人間がかかわる歴史を、できるだけ多面的に相互連関的に探究しようとする学である。

しかし前述したように私はキリスト教信仰という概念をこの身体的理性的意志的感情的人間に付加したい。この点において私はディルタイに学びつつもその立場からでているのである。このことはキリスト教精神史研究にとって非常に重大なことである。というのは一般に宗教に関する精神科学において、人間や歴史の理解に宗教的見地から検討を加えることは不可欠なことであるからである。それどころか、この宗教的なものが、種々な面から成りたち、歴史の営みにかかわる人間を統一体として結合させるものなのである。従ってキリスト教精神史とは、キリスト教信仰に立脚する身体的理性的意志的感情的人間がかかわる複雑な相互連関に立つ歴史に関する研究であるということになる。

解釈学

実証主義に立つ史学においては史料の取り扱い、すなわち史料の収集や選択や批判や解釈には理性だけで十分であろうが、精神科学としての歴史学の研究には理性だけではきわめて不十分であって、身体・理性・意志・感情・信仰をもつ人間の主体においてこの作業にあたらなければならないと考える。このような作業は、ディルタイのいう体験・表現・追体験（了解）による解釈によってのみ可能で、史料に表現されている体験を研究者主体が追体験し理解しなければならない（『ディルタイ全集』第七巻、および拙稿「ディルタイの解釈学（I）」『基研』四一巻二号）。ここに史学方法論における重要な、個と全体、特殊性と普遍性、独自性と同一性の問題の解決のかぎが存する。解釈学は、まず史料の言語学的、歴史的（政治、経済、社会、文化的等）分析を徹底的にしたあとで、その史料を解釈するのである。従って解釈学において理性の使用が除外されているのではなく、理性を駆使し徹底的に理性によって史料を分析することも含まれている。

複雑な歴史総体を解釈すること、すなわちその意味をとらえる歴史研究には、研究者主体の世界観なり人生観なり価値観がはいってくるが、これなくしては歴史解釈は成りたたない。私はキリスト教精神史は、キリスト教信仰に立脚する身体的理性的意志的感情的人間がかかわる歴史に関する研究といった。従ってキリスト教精神史研究には、その前提としてキリスト教信仰が要請されるわけである。しかしここで注意したいことは、キリスト教以外の宗教を信仰する者も、キリスト教精神史に展開される史実とその解釈に信仰のアナロギアすなわち信仰の類推によって接近しうるであろうし、キリスト教精神史の理解も可能になってくるであろうということである。そしてこのことはキリスト教徒が他宗教、例えば仏教を理解する場合にもいえることなのであり、そうであればこそ、のちに述べるキリスト教精神史におけるアジア類型のなかの一つとしての日本類型の成立が可能になるのである。

課題の設定

歴史解釈と関連して歴史研究の課題が問題となる。歴史はきわめて複雑な総体であるから、ごく限られた課題に基づいてこれをとらえようとすれば歴史理解は非常に不完全なものとなる。しかしそれだからといってこの複雑な総体をあらゆる課題に基づいて検討するということもわれわれにはできない。従ってできるかぎり広い視野に立って課題を設定しなければならない。キリスト教史研究の課題は非常に多くあるであろうが、私はこれをつぎのような課題に基づいて検討していきたい。㈠　キリスト教徒の信仰の内容はどのようなものであったか。㈡　彼らの愛の実践は、どのようなものであり、またどのようになされたか。㈢　礼拝や礼典はどのような内容のものであったか。㈣　教会制度はどのような内容のものであったか。㈤　国内と国外における宣教活動はどのようなものであったか。㈥　神学思想の内容はどのようなものであったか。神学思想と哲学思想の関連はどのようなものであったか。㈦　国家と教会の関連はどのようなものであったか。㈧　文化と教会の関連はどのようなものであったか。

さて、ここにあげた課題は、つぎの二つのことがらに要約することができる。すなわち㈠イエスの福音は、教会によって個人としての人間に救済をもたらしたかということ、そして㈡イエスの福音は、教会によって社会のなかで働いたのか、すなわちこの福音は教会によって歴史のなかで働いたのかということである。私はキリスト教史を研究した結果、イエスの福音におけるこの両面性を認めるものである。従って今日ややもすれば、教会のなかでこれら両者、すなわち福音における個人的救済と社会的実践とが相対立するものであるかのように受けとめられているから、そこに多くの混乱が生じたと思われる。イエス・キリストにあって神は、教会によって人間個人個人を救済し、また教会によって歴史のなかに生きて働いて、社会を変革せしめるのである。

さらに私は日本キリスト教史すなわち日本キリスト教精神史を、キリスト教史すなわちキリスト教精神史の枠組みのなかでとらえ、両者の相互連関を明らかにしようとした。前者は孤立して存在しているものではないから、このように全体との関連で考察されてはじめてその理解は妥当なものとなるからである。

類型論

私はキリスト教史全体の流れを類型論によってとらえようとする。類型論とは、歴史的現象においてあることがら自体の本質をとらえようと意図するものである。このことはたとえばわれわれがキリスト教の本質とか、あるいはイエスの福音とかをとらえようとしてこれを歴史を離れて抽象的に考察しても、それはひからびた空疎な内容をもつものとなってしまうであろうが、それは歴史的現象のなかに、そしてこれとともにあって光を放つものであると考えるからである。ここに類型論のもつ意義がある。

この類型論を私は、ハルナック（『教義史』、および『キリスト教の本質』、以下ハルナック『本質』と略記）、ゼーベルク（『教義史』）、シュミット（『教会史綱要』、以下シュミットと略記）、魚木忠一博士（「基督教精神史の方法に就て」『文化史学』二号、以下魚木「精神史」と略記）から学んだ。これらの学者の類型論はその視点においてまた内容において相互に相違するが、私はつぎのようなキリスト教史の類型を考える。すなわちギリシア類型、ラテン類型、ローマ類型、ゲルマン類型、アングロサクソン類型、アジア類型である。前記の学者においてはスラヴ類型やアフリカ類型は認められていないが、類型とはある民族の数百年あるいは数世紀にわたるキリスト教の理解に基づいて成立するものであるから、これらの類型成立の可能性があるし、このことをも私は重視したい。さらに北アメリカ類型や南アメリカ類型についても考えられるかもしれないが、これらの地方に発展したキリスト教は、欧州から移植されたキリスト教であることから考えて、新しい類型というものは考えられないかも知れない。しかし米国における類型はアングロサクソン類型と考えられるものの、そこに各種教派、すなわち排他的でなく相互に友交関係に立つ各種教派が実践面で協力することによって新しい類型が生まれるかもしれない。

さらに各類型は相互に補いあい相互に深められるということを考えなければならない。すなわち各類型は相互に排他的なものであってはならない。類型論では源泉（キリスト教の本質とか、あるいはイエスの福音）によってすべての類型を批判したり評価することと、逆にすべての類型によって源泉のもつ意味を一層明らかに理解することができるのであって、そこにキリスト教精神史的循環が存在する（魚木忠一『日本基督教の精神的伝統』一六一―一七、二二一―二二三頁）。この循環において各類型は、相互に補い合い相互に深められるのである。そして各類型はその成立後もさらに深化されていかなければならない。あるいはその意味で発展していかなければならないというるであろう。

諸類型のなかのアジア類型の成立のためにはもっと多くの時間を必要とするであろう。そしてこのアジア類型の一環としての日本類型の成立にも更に多くの時間が必要であろう。日本類型とは日本民族によるキリスト教理解であるが、このことを日本におけるキリスト教の土着化と呼びたいなら、そう呼んでもよいと思う。ただ土着化とは思想的に例えばある着物を日本人に着せるというようなことではなくて、われわれ日本民族が、キリスト教を信じるとはどういうことなのかということである。日本民族によるキリスト教の理解は、アジアの他の民族にとっても、それ以外の世界の民族にとっても訴えるところがあるであろうし、少くともそれはイエスの福音の証しである。

時代区分

私はキリスト教史を古代、中世、近世、近代、現代に区分したい。古代とはアウグスティヌスと、大体ゲルマン民族大移動以前までで、この時期にギリシア類型とラテン類型が成立した。中世はそれ以後宗教改革以前までで、この時期にローマ類型が成立し、のちのゲルマン類型とアングロサクソン類型との成立の準備がなされた。近世は宗教改革と対抗改革の時代で、この時期にゲルマン類型が成立し、ローマ類型が再確認され、また日本民族への福音宣教が開始されて、アジア類型の一環としての日本類型が成立するための準備が初めてなされた。近代はウェストファリア条約締結から第一次世界大戦開始までで、この時期に一方社会や文化と、他方キリスト教との緊張関係が極度に高まり、アングロサクソン類型が成立した。現代はそれ以後の時期で、これは二つの大戦と革命の時代で、アジアやアフリカ諸民族の独立と、世界平和が願望されている時代である。この時代にわれわれの人生を支える精神的基盤や、人生の存在根拠はなんであったか、またこの時代における国家と教会、社会と教会、文化と教会の関係はどのようなものであったかが問いなおされている。

第一部　古代

一　古代史の課題

課　題

静かなガリラヤ湖畔の漁師青年シモンとその兄弟アンデレに、見知らぬ青年が語りかけた、「わたしについてきなさい。あなたがたを、人間をとる漁師にしてあげよう」。彼らはこの青年イエスに従っていった。(マルコ一・一六—一八)。このようにしてイエスはその周囲に一人また一人と青年を招き、そこに小さな群が形成され、やがて権勢と富と軍力を誇るローマ帝国に浸透し、この帝国の滅亡ののちもなお発展をやめなかった。それはどのような理由と方法で発展をとげたのであろうか。またそれは内的危機——グノーシス主義、マルキオン、モンタニズム——や、外的危機——ローマ帝国の迫害——に直面した時、どのような理由と方法でこれらを克服することができたのであろうか。ハルナックの『初期三世紀間におけるキリスト教の宣教と展開』(以下ハルナック『初期』と略記)と、またリーツマンの『古代教会史』(以下リーツマンと略記)においてこれらの問題は解明される。

時代的限定

古代キリスト教史の時代を、私はイエスの福音宣教の開始からアウグスティヌスと、大体ゲルマン民族大移動以前までとしたい。アウグスティヌスを古代にいれるか、中世にいれるかについては種々議論があるが、私は彼が古代ギリシア・ローマ文化とキリスト教を総括した神学者と考えているから、彼を古代にいれた。

二　ギリシア・ローマ文化

序

主イエス・キリストの福音の宣教がなされたギリシア・ローマ文化の世界とは、どのようなものであったのか。

ギリシア・ローマ文化の世界

当時この世界は、地理的には地中海とその沿岸であり、歴史的にはアレクサンドロス大王（前三五六―前三二三）の遺産として発生したものであった。そこには、ギリシア（ヘレニスティック）文化が形成され、世界共通語としてギリシア語のコイネー（口語体）が使用されていた。しかし辺境、ことに田舎では古代民族の言語と慣習とが、とくにシリア人とユダヤ人の間に活きていた。民衆は長い党派争いによる内乱から解放され、いわゆるローマの平和を享受していた。

このような政治的文化的状況は、どのような点で福音宣教に寄与したのであったろうか。新約聖書はコイネーで書かれたように、コイネーはその宣教の道具となった（ハルナック『初期』一二三頁）。ローマ法は巡回教師の安全を保障し、よく発達した道路網とこれの不備を補った海路も宣教師の役に立った（同、一二四―一二五頁）。

哲学思想

当時道徳的堕落とその改革運動は並存し、ローマ人への手紙一章一八節から三二節までの道徳的頽廃はけっして誇張ではなかった。この改革運動の担い手は巡回哲学者であった。（レヴェニッヒ『世界への福音の経路』、以下レヴェニッヒと略記。一一頁）。私はここにプラトンとアリストテレスとストア学派の哲学思想をとりあげよう。

㈠プラトン（前四二七―前三四七）　彼によれば、人間は感覚によって可変的世界を認識する。しかしこのような認識は、真の知識ではない。というのは感覚の対象は不変ではないからである。人間が不変的実在の世界、すなわちイデアの世界に到達するのは、理性による認識によってである。この認識は数学、ことに哲学によって得られる。イデアの世界は、究極的諸実在、すなわちもろもろのイデアを包括しており、感覚界はこのもろもろのイデアにかたどられて造られている。それではイデアとはどんなものであろうか。例えば美のイデアについて考えてみよう。美のイデアは永遠にあるものであり、絶対的なものであり、消滅することも増減することもないものである。芸術はこの美のイデアに参与することによって美しいものとなる。このように真に存在するといえるものを、プラトンはイデアといった。そして最高のイデアは最高善であり、ヌース（世界の理性）であり、神である。人間の最大の幸福はこの最高善について瞑想することである。

さてプラトンによれば、宇宙や人間はデミウルゴス（創造者）によって造られた。この創造者は無から宇宙と人間を創造したのではない。彼は、これらを混沌とした質料のなかへイデアの世界から型を導入することによって創造したのである。このデミウルゴスの概念は、のちにグノーシス主義によって採用された。それは、この概念を悪である物質界を創造した低次の神に適用し、この神を精神界の最高善である神――この神をイエスは啓示するためにきた――と区別した。

プラトンの神秘的面を強調した新プラトン主義（プロティノス《二〇五ころ―二六九》の哲学体系）が三世紀に出現した。プラトン哲学は新プラトン主義を媒介にして、アンブロシウス、アウグスティヌス、ダマスコのヨハネス（六七〇ころ―七五〇ころ）、アンセルム等によって高く評価され、一二世紀まで教会内で高い地位を保っていた。しかしその後トマス神学においてこれはアリストテレス哲学によってとって代わられた。しかしこれはルネサンスにおいてフィチーノ（一四三三―一四九九、《プラトンの著作をラテン語に翻訳し、またキリスト教とギリシア哲学の神秘思想との綜合を試みた》）、ピコ・デラ・ミランドラ（一四六三―一四九四《神秘主義者》）によって再興した。一七世紀にイングランドでプラトン哲学に深い関心を示したケンブリッジ・プラトン主義者が起こった。またプラトン哲学は、ホワイトヘッド（一八六一―一九四七）のプロセス哲学にも影響を与えた。

(二)アリストテレス（前三八四―前三二二）　彼は二〇年間プラトンのもとで研究したが、

プラトンのいう超感覚的イデアの存在を認めることはできなかった。アリストテレスは感覚的経験から出発し、知的世界を理解する理性により三段論法によって原理を演繹する。そしてすべての運動や変化は、それらをひき起こすもの、すなわち動因を必要とするから、第一の動因が存しなければならないのであり、この動因はなにものによっても動かされないものでなければならない。彼によれば時間は永遠であるから、運動も永遠であり、従って第一動因も永遠でなければならない。この永遠にしてなにものによっても動かされない第一動因は、宗教における神、あるいは神々と同等のものである。この第一動因は質料のない形相である。このような原理が、倫理の領域に適用される。善とは、人間にとって独特の能力、すなわち理性的能力の実現である。この実現とは、一方において人間の感覚的傾向を理性的原理に従属させることであり、他方において真理の探究と瞑想とに理性を用いることである。アリストテレスにとって、最高善は実践活動のうちに存するのではなく、真理の探究と瞑想とのうちに存するのである。ここに完全にして永続的な幸福がある。

アリストテレスの哲学は、彼の死後多くの弟子らによって継承されたが、六世紀になってその哲学はほとんど西方で消滅した。しかしそれは、アラビアとシリアの学者らによって保存され、一二世紀と一三世紀の学問の復興にともなって西欧にもたらされ、のちにトマス神学の哲学的基盤となった。

㈢ストア学派　これは古代異教倫理思想のうちで最も高貴なもので、その代表者としてゼノー（前三三五ころ—前二六三ころ）、クレアンテス、クリュシッポスをあげることができるが、リーツマンはエピクテトス（五五ころ—一三五ころ）と、ポセイドニオスをあげている（リーツマン、一八〇―一八四頁）。これはアテネで発展したが、ギリシア以外の地、ことにローマで栄えた。ここではエピクテトスのほかにセネカ（前五／四―後六五）や、皇帝アウレリウス（在位一六一―一八〇）をあげることができる。それは使徒パウロの生地タルソで栄えていた。ストア学派によれば、すべてのものの根源はロゴスであり、ロゴスは神であり、すべての生命と知恵とである。われわれの理性はロゴスの一部分である。このロゴス、知恵が全世界に存在するから、すべての人間の行為の基準となる自然法の存在が可能となる。われわれは内なるロゴス、理性に従わなければならない。すべての人間は同一のロゴス、神から出ているから、互いに兄弟であって、地位の相違は偶然的なものにすぎない。内なる理性、ロゴスに従うことはすべての人間の最高の義務であり、この義務にともなう副産物として幸福がある。この遂行の際激情と欲望が人間の判断を狂わせるから、それらは断固排除されなければならない。

ストア学派がのちのキリスト教思想に与えた影響として、この学派の激しい禁欲的態度、すべてに浸透し、すべてを支配する神的知恵すなわちロゴスの教理、善行はこれをなすものの地位はどのようなものであれ賞賛に価するとの強調、すべての人間は本質的に兄弟であるとの主張を考えることができる。またのちにキリスト教倫理思想のなかに自然法が導入され、その体系化に貢献した。ストア学派は貴族階級には歓迎されたが、一般民衆にはその内容は難解であり、またその倫理基準もあまりに高度であった。

東方宗教

これらは当時ギリシア・ローマ文化の世界に浸透し民衆の心を深くとらえた。民衆は神秘的祭儀的救済宗教にひかれていた。このような東方諸宗教のうちで小アジアに起源をもつ「大いなる母（サイベレ）」や「アッティス」の宗教、エジプトからの「イスィス」と「セラピス」との宗教、ペルシアからの「ミトラ教」がとくに重要である。またこれら諸宗教間の混合主義やこれらと古い土着宗教との混合主義も存在した。「大いなる母」の宗教——原始的自然崇拝でみだらな儀式をともなった——は、紀元前二〇四年にローマに達し、西方に広範囲に広まった最初の宗教である。「イスィス」と「セラピス」の宗教は、新生と来世を強調し紀元前八〇年までにローマに定着したが、長期間政府の圧迫をうけた。ミトラ教は太陽神を崇拝し、紀元前六七年にローマに達したといわれ、二世紀後半と三世紀に非常に発展し、とくに兵士に愛好された。

これらの宗教は救済者なる神について教えた。入会者は祭儀によって神と交わり神と共に死し神と共によみがえり、神との共同の食事によって神的性質にあずかり、神の不死にあずかると考えられた。入会のための秘密的儀式や罪のきよめのための神秘的礼典が執行された。「イスィス」と「セラピス」との宗教ではきよめのために聖水に浴することが必要であり、「大いなる母」と「ミトラ教」では牡牛の血（サイベレのための牡牛の犠牲（いけにえ））によることが必要であった。すべては信仰者に来世の幸福な生を約束し、また多少禁欲的でもあった。またミトラ教はすべての弟子の兄弟性と本質的同等性を教えた。

リーツマンは、サバツィオスの宗教はフルギアとリディアで創始され、ディオニュソスの密儀教のなかに多くの要素を導入したという。この宗教について最も重要なことは、小アジアのユダヤ教と結合して、サバツィオス・ディオニュソスとヤハウエ・サバオス（万軍の神）とを同一視したことである。この同一視は紀元前一三九年にローマに存在し、皇帝時代にも存する。（リーツマン、一六八頁）。

皇帝礼拝

これとキリスト教の間にはなんらの結合点もなくただ闘いが存在した。ギリシアの宗教には皇帝礼拝との結合点が存在し、偉大な勇士とか英雄は神の列に加えられるという思想があった。アウグストゥスとは宗教的に崇敬に価するという意味であった。ローマでは生存中の人物でも神として崇敬される者に対しては供えものをする習慣があった。皇帝のために特別な寺院が建立され特別な司祭が定められ特別な祭日が制定された。皇帝礼拝はすべての民族と祭儀とをこえて国家を宗教的に統一するきずなとなった。このような皇帝礼拝からユダヤ人は、特権に基づいて自由であったが、その代わりに彼らはエルサレムの神殿で皇帝のために日々供え物を捧げなければならなかった。キリスト教徒が皇帝礼拝を徹底的に拒否したことは、このような事情のもとで極めて重大なことがらであった。

結　語

教養人は深い宗教哲学を渇望したが、大衆はますます東洋の祭儀的神秘宗教に傾いた。懐疑主義や無神論も後期ギリシア・ローマ文化の特徴としてあげることができる。このような状況のもとで救済的渇望を満たし、唯一神教的性格と倫理性とを兼備する宗教が求められていたといえよう。

三　ユダヤ教

序

イエスの宗教的背景としてのユダヤ教は、その出現当時パレスチナおよび他の地域でどのような状況にあったのであろうか。

政治的状況

紀元前七二一年北王国イスラエルは、アッシリアの侵入によって滅亡し、その結果約二万七〇〇〇人の指導的国民が追放された。南王国ユダは、紀元前五八七年バビロニアのネブカドネザルの侵入によって滅亡し、エルサレムは陥落し、バビロニア捕囚が起こった。滅亡後ユダは外国の支配下におかれるようになり、バビロニア、のちにペルシアの圧迫を受けたが、後者の崩壊後はエジプトのプトレマイオス王朝の支配下に、つぎにシリアのセレウコス家の支配下に置かれ、ついに紀元前六三年にユダヤはローマの属領となった。

ユダヤ教

　このようにユダは外国に従属していたが、ユダヤ教は存続した。リーツマンのいうように、ユダの滅亡後もユダヤ教が存続したのは、それがユダヤ民族にとって独特なあり方で不可欠な生命的力であったからである（リーツマン、一二頁）。伝統的にレビ族が祭司の職につき貴族階級を形成し、サンヒドリン（これはおもにエルサレムにあるサンヒドリンをさし、七〇人の議員と、議長の大祭司からなり、宗教、政治、徴税、民事、刑事を取り扱い、生死の与奪権を有する最高法廷である。これは、新約聖書には議会と訳されているが、地方にあるサンヒドリンは衆議所と訳されている）が、祭司制度と連絡を保った。このように神殿と祭司制度はユダヤ人の宗教生活に不可欠であった。

　他方ユダヤ人は、ヤハウエの律法を有する選民としての自覚に立っていたが、預言者の活動が途絶えていたので律法を熱心に研究した。律法は伝統に基づいて解釈されたが、その解釈者すなわち律法学者は次第にユダヤ人の宗教的指導者となった。律法の理解と実践、また礼拝と祈りのために、ユダヤ教の存在するところにはどこでもシナゴグ（会堂）が建設された。シナゴグの起源ははっきりしないが、多分バビロニア捕囚にさかのぼることができると思われる。シナゴグは一定の地方のすべてのユダヤ人の会衆を包括し、一群の長老がこの会衆を指導し、しばしば統轄者が長老らのうえに立てられた。礼拝は非常に単純でユダヤ人であればだれでも司式することができたが、式の順序の決定は統轄者の手に委ねられていた。礼拝は祈禱、律法と預言書の朗読と翻訳、祝禱からなっていて、時に註解（説教）も加えられた。エルサレムの神殿は重視されていたとはいえ、地方では祭司の不在とシナゴグの発展によって次第にユダヤ人の宗教生活から遠ざかった。神殿は紀元七〇年のエルサレムの陥落とともに完全に破壊されたが、ユダヤ教の重要な要素は破壊されはしなかった。セレウコス王朝のもとでギリシア化の波がユダヤを強襲し、ことにアンティオコス四世エピファネスのもとでギリシア化が促進され、ユダヤ教の礼拝と慣習が圧迫されたので、紀元前一六七年マカベア家を指導者とする大抵抗が起こり、ユダヤは独立した。しかしこの独立は紀元前六三年ローマ帝国の侵入によって水泡に帰し、それ以来パレスチナはローマの支配下におかれた。

サドカイ人

この名称は祭司ザドクから由来しているが、このザドクがだれをさすかについては異論がある（同、一九頁）。サドカイ人は貴族的政治的党派を形成し、伝統的解釈ぬきの律法を固守し、復活あるいは人間の不死を否定した。彼らは政治力はもっていたが、庶民には人望がなかった。それは庶民はすべての外来文化に反対し伝統によって解釈された律法に固執していたからである。

パリサイ人

この名称は分離された者を意味し、彼らの長期間にわたる分離という態度をよく表わしている。彼らはサドカイ人とアム・ハ・アレツ（地の民）から自分自身を分離した。彼らは、ハシディーム（敬虔な者の意。パレスチナの保守的ユダヤ人で、紀元前二世紀にギリシア化に反対し、律法学者による伝統的律法解釈を固守した。のちにこの語はユダヤ教の神秘主義を、また一八世紀に創立されたユダヤ教の一分派を意味した）の厳格な律法的ユダヤ教を保持した。パリサイ人の数は少なく、彼らは政党を形成しなかった。彼らは多くの人々を軽蔑した（ヨハネ七・四九）が、それは後者が伝統に基づいて解釈された律法を厳守しなかったからであった。また彼らは身体の復活と来世の報いと刑罰――これらの観念はイエスの誕生前二世紀間に著しい発展を遂げた――に対する信仰をもち、メシアを待望した。パウロはパリサイ人であり、キリスト教徒となってからも自分自身をそのように呼んだ（使徒二三・六）。パリサイ人の熱心は賞賛すべきものであったとはいえ、彼らが宗教を律法の外的遵守と考え、これを遵守できなかった者を軽蔑したことは妥当ではなかった。

アム・ハ・アレツ

律法学者は教養のない者をアム・ハ・アレツ（地の民）とののしった。アム・ハ・アレツは、彼らとの交わりをさけたパリサイ人に対して憎悪をいだいた。（リーツマン、二三―二四頁）。

エッセネ人

エッセネ人は町、ことに村で修道院生活をしていた。この修道院に会員として受容されるためには修練期間として一年、見習期間としてさらに二年を必要とした。この修道院は潔めと、礼拝としての聖なる食事とを大切にし、モーセとその律法を重んじ禁欲生活を送った。

メシア待望

これはパリサイ人と庶民の希望であり、神信仰と強い民族意識から発生し、この民族が圧迫を受けた時最も強烈となった。この希望はメシアの歌第一七篇に最も明確に記されているが、それによるとこれは神の力の介入によって成就される（同、一四―一七頁）。メシア待望はメシアによる神の超越的干渉によってローマ帝国が崩壊し、神の国が建設されることを意味していた。この神の国において解放されたユダヤ民族が、ダビデの子孫でメシアである国王のもとで栄え、この国にローマ帝国に散在するユダヤ人が集められ、この国によってイスラエルの黄金時代は始まるであろうと。マラキ書三章一節に基づく一般の信仰によれば、メシアの到来にはまず先駆者が現われることになっていた。メシア待望は黙示文学によって助長され、ダニエル書や旧約外典のエノク書、モーセの昇天など多数がこの文学に属していた。

庶民信仰

律法主義からも狂信的な黙示的傾向からも離れていた庶民は、神の道徳的要求を預言者の教えのように満たそうと努力し、詩篇記者にならって神の恩恵に希望をおいた（ルカ二・二五、三八）。彼らは貧しく謙遜で、神の守りを期待していた。メシアは、最後の審判の日に貧しい者と苦しむ者を救われるであろう。リーツマンは、イエスは彼ら庶民の間で生まれ、育ったという（リーツマン、二九頁）。

クムラン教団

一人の少年羊飼が、死海西岸の断崖近くで二〇〇〇年間も隠されていた写本が蔵されていた洞穴を発見したのは一九四七年であった。それ以来一一の洞穴から六〇〇前後の写本がでた。それらの多くは断片的なものであるが、ほぼ完全なのが一一ある。これら死海写本の発見によってサドカイ人やパリサイ人と相違する人々の教団、すなわちクムラン教団に新しく光が投じられた。

死海西北岸にこの教団の一つの修道院の廃墟がある。そこは広漠とした荒野で、車でエルサレムから約二時間の道のりにある。多分この教団の多くの共同体が存在していたのであろうが、彼らはエルサレムのユダヤ教に反対していたと思われる。彼らはエッセネ派と交際していた。彼らはみずからを真のイスラエル、信仰に立つ残れる者、改宗者、悔悛者、貧者、義人、聖徒、神に選ばれたものと考え、律法を尊重し、みずからの律法解釈を当時の歪曲された解釈に対して正しい解釈と主張し、教団の立法者である「義の教師」を律法の真の解釈者と考えた。彼らにとって最も大切な儀式は潔めと共同の食事であったようである。共同体の規則としての「戒律」が侵害された時には、厳格な規律が執行された。幾分律法主義的な敬虔がこの「戒律」に明らかであり、他方この敬虔の神秘的な面は、残存する「感謝の詩篇」に見られる。彼らの組織は種々な役職、すなわち監督者、ザドクの祭司、一二人の完全な人々（あるいは長老）、裁判人その他からなっていた。彼らはイスラエルの救済を熱心に待望し、新しい預言者・義の教師・大祭司・王（多分メシアの四つの象徴）が起こって、散在するイスラエル人を集め敵を破り王国時代をもたらすであろうと信じた。

この群が、バプテスマのヨハネや原始キリスト教団にどのような影響を与えたかに関して今日多くの研究がなされている。

知恵

さらに後期ユダヤ教の「知恵」の概念が、キリスト教神学史上に与えた影響は重要である。この概念は、神と並存するもの、神と一つなるもの、世界創造以前の「神の所有」、世界創造の際の神の動因として擬人化されている（箴三・一九、詩三三・六）。

ディアスポラのユダヤ人

これは離散のユダヤ人のことである。彼らの離散は紀元前七二一年と五八七年のそれぞれアッシリアとバビロニアとの捕囚に始まったが、紀元七〇年のエルサレム陥落によってそれは一層深刻なものとなった。すでにこのエルサレム滅亡前に、その数はパレスチナ・ユダヤ人をはるかに上回っていた。イエスの時代にエジプトには約一〇〇万人のユダヤ人、ローマには約一万人のユダヤ人がいた。当時全ローマ帝国に四〇〇万人から四五〇万人のユダヤ人が住んでいたといわれるが、その数は全人口六〇〇〇万人の約七パーセントになる。このような高い比率は、非ユダヤ人で、ユダヤ人の宗教共同体に加わっていた者があったからであろう。

ハルナックはキリスト教会の宣教にディアスポラのユダヤ人のユダヤ教が果した点として

六つをあげる。㈠ローマ帝国全土にユダヤ教が宣教され、キリスト教宣教のための土壌が耕されていたこと。㈡町々における宗教的共同体の建設。㈢旧約聖書の伝達。㈣規則的礼拝の遵守。㈤唯一神教、歴史的目的論、倫理の強調。㈥義務としてのユダヤ教の宣教（ハルナック『初期』二〇頁）。

ディアスポラのユダヤ人のシナゴグ（会堂）は福音宣教にとって適切な場所となった。パウロはつねにまずシナゴグを訪れ（使徒一三・一四）、そこで「信心深い改宗者」に出会った（同、一三・四三、一四・一）。ディアスポラのユダヤ人の聖書である旧約聖書のギリシア語訳（セプトゥアギンタ《七〇人訳聖書》）は、古代キリスト教会の聖書となった。フィローン（前二〇ころ―後五〇ころ）は、リーツマンによれば著作活動に従事した唯一のヘレニステック・ラビであった（リーツマン、九〇頁）。彼にとってモーセはすべての真理と知恵との源泉であり、律法は瞑想のためのつきない泉であった。他方彼は、プラトンを偉大な最も聖なる人物として時折引用し、アリストテレス、ヘラクレイトス、ピタゴラス学派、エピクロス、ことにストア学派を大いに引用している。フィローンにおいてヘブル思想とギリシア思想の結合をみることができる。すなわち彼において、プラトン的ストア的要素はユダヤ的ラビ的思弁と融合した（シューベルト『教会史綱要』、以下シューベルトと略記。二五―二六頁）。

ハルナックのいうように、ユダヤ教の伝播（でんぱ）はキリスト教普及のための道備えとなった。

四 イエス

序

イエスが生まれなかったら、キリスト教は存在しなかったということは、だれも否定できない事実である。またキリスト教発生当時のギリシア・ローマ文化やユダヤ教という歴史的状況のもとでキリスト教は生まれ、発展したが、このような状況がキリスト教を生んだのではないことも明らかである。キリスト教の起源はイエスにさかのぼる。

さて一九世紀以来のイエスに関する研究について略述しよう。この研究は、シュトラウスにおけるように、神話や伝説との関連でなされたり、ルナンにおけるように浪漫主義の立場でなされた。いずれにせよ、彼らをはじめ自由主義神学者たちのとらえたイエス像は、単にイエスの人間としての面をとらえたにすぎなかった。しかしハンターのいうように、キリスト論的に語らないでイエスの物語を語ることはできないことを教えてくれたのはA・シュヴァイツァーであり、神学(これはキリスト論と終末論を含む)なしには、その物語は意味をなさないのである(ハンター『史的イエスと福音書』岡田五作、川島貞雄共訳、八五頁)。

その後二〇世紀にK・L・シュミット、ディベリウス、ブルトマンによって様式史的研究が開拓された。様式史的研究とは簡単にいえば、諸福音書のなかの材料を分類し、その材料を初めの形にもどすことにあった。このようにして様式史的研究は、歴史上のイエスに近づくことができると期待したが、結果はその逆となった。ブルトマンは、諸福音書には、復活信仰に立つ原始教団の信仰が浸透しているので、もはや諸福音書を史的イエスに関する史料として取り扱うことはできないとした。ブルトマンにとって重要なことは、イエスの十字架と復活という原始教団のケリュグマ（福音の宣教）であった。また彼は、ケリュグマへの信仰に基づき、ハイデッガーの解釈学によって新約聖書を実存主義的に解釈しようとした。すなわち新約聖書の言（ことば）が自分にとってどのような意味があるかだけに関心を向けた。その結果新約聖書の非神話化が説かれ、史的イエスの研究は後退した。

しかし史的イエスに関する新しい探究が、J・M・ロビンソン、ケーゼマン、G・ボルンカム、フックスによって始められた。この探究においてイエスの言葉とか、行為とかが研究の対象とされ、原始教団のケリュグマと史的イエスの間には連関が存することが明らかになった。

われわれは、文献学的歴史的批判研究によってイエスの歴史性について研究し、しかも主であるイエス・キリストにふれなければならない。

この章において、イエスとユダヤ教の関係に注目したい。これは、過去数十年間論議されてきた問題であった。一方ではイエスをユダヤ教から全く引き離そうとするし、他方ではイエスの宗教をユダヤ教に由来するとしながらも、どのような点において前者は後者から区別されるかを明らかにしようとした。またユダヤ教との関連で、イエスとバプテスマのヨハネとの関係をどのように理解すべきであろうかとの問いもなげかけられた。まずユダヤ教との関連におけるバプテスマのヨハネについて考え、つぎにイエスは一体どんな方であったかについてユダヤ教との関連において考察したい。

バプテスマのヨハネ

彼は「荒野に現われて、罪のゆるしを得させる悔い改めのバプテスマを宣べ伝えていた」(マルコ一・四)。また「らくだの毛ごろもを身にまとい、腰に皮の帯をしめ、いなごと野蜜とを食物としていた」(同一・六)。彼はイスラエル民族に最後の悔い改めの機会を説いた。「主の大いなる恐るべき日が来る前に、わたしは預言者エリヤをあなたがたにつかわす」(マラキ四・五)。ヨハネは、再来のエリヤと考えられた。リーツマンは、キリスト教徒はヨハネの理解のかぎをマラキ書第四章であると考えたという(リーツマン、三三頁)。

イエス

ユダヤ教はヨハネの運動を黙認することはできた。それは、ヨハネは神の国に入る準備としての洗礼を施したので、その激烈な説教にもかかわらず、その運動は黙認された。しかしイエスは十字架へと追いやられた。それはなぜであったのであろうか。つぎの三点からこの問いに答えたい。

㈠預言者　イエスはまず神の国の新しい使信を伝える預言者として出現した(マルコ一・一五)。バプテスマのヨハネは悔い改めによって神のあわれみが得られると理解したが、イエスはこれを逆にした。イエスによれば、罪人が悔い改めるがゆえに神は罪人に恵み深くあるのではなくて、神が罪人に対して恵み深くあるがゆえに、罪人は悔い改める。神がその愛によって人間の心をとらえるがゆえに、罪人は悔い改める。失われた羊（マタイ一八・一二―一四、ルカ一五・三―七）や放蕩息子のたとえ（ルカ一五・一一―三二）がこのことを物語っている。リーツマンは、イエスはアム・ハ・アレツ（地の民）の説教者となったという（リーツマン、四七頁）。人間は尊厳な神の前でみずからの無なることを知る。しかし神はそのあわれみによって罪人を子と呼ぶ。また人間はこの世の艱難の中で、神の子とされる至福を味わったり、律法の絶えない要求からくる苦悩のなかで、救済の現実にふれたりする。このような教えによってイエスは単なる律法の遵守という価値を打破した。というのは律法はもはや神との関係の根底を形成しないからである。この教えのゆえにイエスは、ユダヤ人の目に神を冒瀆する者と映った。というのは彼らの見解に従えば、イエスが説いた罪人への神の関係は、神の聖性をけがすことになるからである。このような冒瀆の必然的結果としてもイエスの十字架は考えられる。このようにユダヤ人と同様に考えたギリシア人異教徒ケルソスもキリスト教の神観を不合理ないまわしいものといった。

(二)メシア　イエスは神の国を宣べ伝える預言者以上の方であり、イエス自身が神の国をもたらすメシアである。リーツマンの言うように、イエスが単に先駆者の一人ではなく、メシアであると自覚したことが決定的闘いへと彼を導いた（同、四七頁）。さらにリーツマンはいう、イエス自身はメシアという称号を用いないで、自分を人の子といった（マルコ八・三一、三八、九・九、一〇・四五）。この人の子という概念は、「人の子のような方が、天の雲に乗って来られ」（ダニエル七・一三）に由来する。人の子とは、のちにくる神の国の支配者のことである。イエスはメシアという称号を用いなかったが、メシアとしての自覚をもっていた。しかしメシアの概念の内容がイエスによって完全に変えられた。イエスは、メシアはその使命を達成するために死ななければならないと考えた。このようなメシアの概念をユダヤ人は理解できなかった。この概念のこのような新しさは外部からイエスにあてはめられたのではなかった。イエスのメシアとしての自覚は、彼の神体験から生まれた。(リーツマン、四七―四九頁)。メシアの受難は、地上に王国を建設するメシアの待望からすれば、およそ縁遠いことがらであった。すべてのことは、究極的には終末における神の国において完成される。

㈢贖(あがな)い主　このことに関して、新約聖書の特徴である二重性が存するが、この点は重要であるとシュミットはいう。というのは、使信を宣教する者と、その使信の内容自体が、恐怖する人間を贖い、神の子とするからである。ここに救済がある。しかしこのことがらは、使信を宣教する者を裁きの座に連れてくる。イエスは逃避しなかったし、またその使信を危機にさいしても放棄しなかったから、彼は救済を完成した。彼の十字架の死は、その使信の内容の証明であり、彼はその死において初めてその使信を完成した。イザヤ書五三章が、イエスに影響を与えたことは確かである。正しいものが代わって苦しむ。善い羊飼は羊のために生命を捨てる(ヨハネ一〇・一一。シュミット、五〇―五一頁)。「人の子がきたのも、仕えられるためではなく、仕えるためであり、また多くの人のあがないとして、自分の命を与えるためである」(マルコ一〇・四五)。彼の十字架の死はまたさばきである。それは人間の罪の深さをあらわにするさばきであり、同時に人間の罪を断罪するさばきである。しかしそれはイエスが最後まで神への従順によって全うしたさばきであり、このさばきが人間の受けるはずの罰をとりのぞく。

神の国

イエスが神の国をはじめたことは、神の救済の計画を現実化したことであった。神の国は確かに各人にとって隠されていて見えないのであるが、イエスに対する信仰によって真に現存している（ルカ一七・二一）。このようにして神の国が今ここにきているということは、イエスの喜ばしい使信の一面であった。このようにして彼は新しい神の民をつくった。すなわち彼は教会を創設した。このようにイエスは神の国は今はじまっているとも考えたけれども（マルコ四・一―三二）、近い将来に非常に力強く出現するであろうとも考えた。すなわちイエスによれば、現存する神の国はのちにくる神の国でもあったのであり、栄光のうちにおける人の子の再臨において、はじめて神の国はすべての者に明らかになる。神の国に関するこの二重性は、新約聖書の特徴であるとシュミットはいう（シュミット、同）。

イエスの復活

イエスの教えと彼がどのような方であったかは、その死がその人生の終結ではなかったとの弟子らの確信、すなわち復活信仰から独自な意義をもつことになった。弟子らがこの確信をどのようにしてもつようになったかは、歴史の諸問題のうちで最も難解な問題の一つである。しかしこの確信が事実であったことについては全く疑問の余地はない。この確信にまずペテロが到達し、つぎに一二人、五〇〇人以上の兄弟、ヤコブ、すべての使徒、そしてパウロが到達した（Iコリント一五・五―八）。この確信は散らされた弟子らに勇気を与え、彼らを一つに結合させ、イエスの復活の証人とした。彼らは栄光のうちに天にあげられた復活の主に対する信仰をもっていた。ユダヤ人の希望であったメシア、いやユダヤ教が考えていたよりも深い霊的実在としてのメシアが、真に生き、死に、彼らの救済のためによみがえった。

弟子らのこの確信はペンテコステ（五旬節）の経験によって深められた。ペンテコステの出来事（使徒二・一―一三）がどのようなものであったかを再現することは不可能であろう。重要なことはこの霊的出来事が、キリストの賜物としての力を証（あか）ししているということである。このことをペンテコステのペテロの証言が語っている。「イエスは神の右に上げられ、父から約束の聖霊を受けて、それをわたしたちに注がれたのである。このことは、あなたがたが現に見聞きしているとおりである」（同二・三三）。ペンテコステはまことに主の日であった。ペンテコステを教会の誕生日とよぶことは適当ではないが――というのは教会の起源はイエスと弟子らとの交わりにあったから――、それは、キリストの現存に関する弟子らの確信と、福音宣教と、この福音への帰依者の増加という点から考えて一時期を画したのである。

イエスの神性

イエスがどのように神性と人性を具えておられたかとの問題に、教会は今日までつねに取り組んできた。そしてあまりにもしばしばそのどちらかを強調し、他方を除外した。この問題はわれわれの経験を超越することがらであり、また難解な問題である。イエスを単に歴史的に観察すれば（われわれ人間との同一性という観点からすれば）、イエス像は謎にみちたものとなるであろう。イエスは単なる宗教的天才でも、単なる教団創設者でも、単なる預言者でもない。イエスの独自性（われわれ人間のもっていない特殊性）は、独特な表現によらなければ表現できないのである。新約聖書によればイエスは神の子として表現されている。言いかえればイエスに対する弟子らの印象には二重性があった。すなわち彼は、われわれすべてと同様に人間であったとはいえ、われわれすべてとは全く異なった存在であった。彼の存在は単に歴史からは把握されない。彼において「神の言（ことば）」自体が肉となった（ヨハネ一・一四）。弟子らによるイエスの復活の信仰体験が、彼の神性を証明している。また歴史上のキリスト教徒たちのキリスト体験が、イエスの神性を証明している。すなわち神としてのキリストの霊的力が彼らの内に働いたのである。そして今もわれわれの内に働くのである。

五　原始教団

序

イエスの十字架と復活ののちまもなく、ペテロと他の弟子たちのまわりに集まった人々は、エルサレム原始教団を形成したが、この教団の性格はどのようなものであったのであろうか。またこの教団との関連におけるペテロ、パウロ、ヨハネの働きはどのようなものであったのであろうか。

宣教共同体

イエスの弟子らは、はじめその死の意味を理解しないでこの直後四散した。しかしイエスの復活の体験が彼らを再び結集し、またペンテコステの日五〇〇人以上の弟子にイエスは現われ彼らに力を与えた。彼らは原始教団を創設したが、これははじめのうちはユダヤ教の共同体と対立関係にあったのではない。イエスのように彼らの共同体、原始教団も旧約聖書を保持していた。彼らは神殿の祭儀に対してさえも依然として忠実であり、そのうえ個人の家で祈り、パンをさき食事を共にし、神を賛美していた（使徒二・四六―四七）。このパンをさくことによって交わりを保ち、困窮者を援助することができた。またエルサレムの共同体はすぐにくる主を待望していた。彼らは「いっさいの物を共有にし」（同二・四四）、貧窮者は他の者の贈物によって生活した。原始教団は完全な自発性に基づき財産を共有したが、しかもこれは今日の共産主義とは相違していた。共に食事をしたことは主の最後の晩餐の継続であり、それを想起せしめたから、それは初めから礼典的意義をもっていた。この共同体によってはじめて日曜日が聖日として守られるようになった。この日はイエスがよみがえった日、主の日であったからである（マルコ一六・二、Iコリント一六・二、使徒二〇・七、ヨハネ黙一・一〇）。しかし彼らの群に独自性があった。彼らはユダヤ人が待望していたメシアをすでに発見していたし、現存するキリストへの信仰によって生きていた。彼らはみずからをキリストのもの、神のエクレシア（神によって呼び集められたもの）、神の真の共同体であると自覚していたし、真の国籍のあるところに連れもどされることを熱心に待望していた。

この共同体のなかで使徒らは、イスラエルの一二支族への使者として、また将来の教会の指導者として活動したばかりでなく、使信のにない手として特別な使命をおびていた。困窮者への援助物の分配に関して七人の委員が任命された（使徒六・一―六）。彼らはまた宣教にも従事した。例、ステパノ（同六・八―七・六〇）、ピリポ（同八・四〇、二一・八）。この委員の任命は、執事組織あるいは地方教会の配慮をする長老組織の起源と考えられる。そしてパウロが形成した諸教会に長老がおかれた（同一四・二三）。ウォーカーによれば、この長老組織はいくぶんかユダヤ教のゼケニーム（個々の地方共同体を統治する会議を構成し、律法を解釈し、さらにほどこしの分配をする）と、クムランのような団体の長老の影響をうけていたのであろう（ウォーカー『教会史』、以下ウォーカーと略記。二二頁）。また原始教団がその当初から宣教の教会であったこと、すなわち主に関する説教によって神の国の民を獲得したことは銘記されなければならない（リーツマン、六六頁）。エルサレムの原始教団は、つぎつぎに新しく建設される異邦人教会との交わりを保っていたことは、キリスト教史上重要なことである。主の弟子らはただ一つの教会を構成するという意識がごく初期のキリスト教徒のうちにあり、その場所は人の子の再臨があるまで地上のエルサレムであった（同、六七頁）。エルサレム原始教団は、キリスト教の発祥地にあり、またイエスの生涯と言葉との記録の保持者として重大な位置を占めていた。もしこの共同体が存在しなかったなら、この記録は失われてしまっていたであろう。七〇年のユダヤ戦争終結時の破滅はパレスチナのすべてのキリスト教徒にとっても致命的であった。

ペテロ

さて一二人の群のなかでペテロは特別な地位を与えられていた。彼はこの群の代表者であり、また復活したイエスがみずからをあらわした最初の弟子であった。彼はキリストから特別な使命を与えられた（ルカ二二・三一―三四、マタイ一六・一八―一九、ヨハネ二一・一五―二二）。使徒行伝のはじめによればペテロは明らかに指導的立場にあった。この立場はこれらの福音書の言と一致する。これをペテロは人物がすぐれているから占めていたのではなく――彼は人物としては弱い人間であった――、主自身が彼に優位を与えたからであった。この点に関して最近の研究はもはやなんの疑問も投げかけてはいない。この共同体のなかでヨハネも多少指導力をもっており、他のすべての使徒はこの二人と特に関連をもっていた。のちにエルサレムにおけるペテロの指導権はなくなり、それは主の兄弟ヤコブに移った。ヤコブはエルサレムを新しい約束の聖なる都としようとした。ペテロはシリアと小アジアにおいても指導権はなく、これらの地方でまずパウロが権威を獲得し、つぎにヨハネがそれを獲得した。ペテロがローマにいった理由として多分これらのことが考えられるであろう。彼は首都ローマで、彼に与えられた首位権の地位――東方においては彼はこれをもたなかった――の保持を求めたのであろう。

ところでナザレのイエスが神のメシアであるとの自覚をこの共同体の者らは一致してもっていたが、ここから当然ユダヤ教との関連で一つの問題が発生した。それは教会にとって緊急の課題であった律法の問題であり、これを解決したのがパウロであった。

パウロ

パウロとイエスの関係について種々な研究がなされている。パウロがキリストを最も深く理解した一人であったことには疑問の余地はない。彼はキリキアのタルソに生まれ、ガマリエル門下で学んだユダヤ人であり（使徒二二・三）、パリサイ人であり（同二六・五）、ローマ市民でもあった（同二二・二五―二八）。彼はキリスト教徒を迫害しようとしてダマスコへの途上でイエスの顕現に接し（同九・一―一九、二二・三―一六、二六・一二―一八）、やがて使徒となった。彼は人間が充足することができない神の高度の要求について苦悩し、人間は失われた存在であることを自覚していた。律法は救済をもたらさないで、絶望を与える。他方彼は、神は無条件的愛、神にそむく人間の罪をゆるす愛をもっていることを自覚していた。いいかえればパウロの言葉のように、神は主イエス・キリストへの信仰によって罪人を義とする。この罪の赦しとともに永遠の生命が与えられる（ロマ五・一七―二一）。キリストは罪人に対する愛から最も重い死、十字架の死をとげた。ここにおいてわれわれはキリストの愛を知る。また十字架の死は同時に神の愛の証明である。神のみ子イエスの十字架の犠牲的死は、神自身の計画であった。父なる神は救済をわれわれに与えるためにみ子をそのように死なせた。しかしイエスは復活した。「わたしが最も大事なこととしてあなたがたに伝えたのは、わたし自身も受けたことであった。すなわちキリストが、聖書に書いてあるとおり、わたしたちの罪のために死んだこと、そして葬られたこと、聖書に書いてあるとおり、三日目によみがえったこと」（Iコリント一五・三―四）。ここに記されていること、すなわちイエスの死と葬りと復活とはケリュグマ（宣教の内容）とよばれるものである。このイエスへの信仰の生活は、パウロが「愛によって働く信仰」（ガラテヤ五・六）といったように、必然的に愛の生活となる。神はさらにわれわれの和解の務めによって神の愛の意志を人々に知らせる。

パウロはパリサイ人であったけれども、律法がキリスト教において第一義的なものでないことを明らかにした。この点に関してユダヤ教とイエスの対立をその深みにおいて原始教団の他の人々はとらえることができなかったが、これをとらえた最初の人がパウロであったのであろう。彼はエルサレム会議で激しい闘いをしてユダヤ教の律法から異邦人を自由にした（使徒一五、ガラテヤ二）。ここにおいてキリスト教は世界的意義をもつことができるようになったから、彼がキリスト教史に果した役割はきわめて重要であったといえる。もちろんパウロは異邦人への最初の宣教師ではなかった（ハルナック『初期』五三頁）。というのはステパノの殉教ののちキリスト教徒は諸地方に散らされ宣教にあたった（使徒八・四、一一・一九―二〇）からである。しかしパウロは世界宣教への決定的準備をしたといえる。五〇年ころは三回におよぶ伝道旅行によってディアスポラのユダヤ人や異邦人に宣教した。パウロキリスト教の中心地はエルサレムとアンテオケ（ここで初めて弟子らがクリスチャンと呼ばれるようになった―同一一・二六）であり、一〇〇年ころにはエペソとローマがその中心地となったが、このことはパウロと他の最初の伝道者らの大きな働きによるとハルナックはいう（ハルナック、同八九頁）。

ヨハネ

彼もはじめ原始教団の指導者であったが、パウロののち小アジアのキリスト教共同体の指導に当り、ここにヨハネ的伝統を築いた。この伝統は長期間ローマ的ペテロ的伝統とともに有力であった。確かに彼もまたイエスの福音を堅持し、神はイエスにおいて受肉し、イエスという歴史的人格においてわれわれとかかわりをもったことを強調し、グノーシス主義へのキリスト教の転落を防いだ。ヨハネによる福音書において、キリストの先在とその創造的活動が、パウロが述べたように十分に語られている。キリストはロゴス（言（ことば））である。「言は神と共にあった。言は神であった」（ヨハネ一・一）。「すべてのものは、これによってできた」（ヨハネ一・三）。ヨハネによる福音書には、マタイによる福音書やルカによる福音書とはちがって、処女降誕についてはなにも記されていない。しかし記されてはいないけれども、真の受肉が教えられている。すなわち「言は肉体となり、わたしたちのうちに宿った」（ヨハネ一・一四）。この福音書のキリスト論は、二世紀のキリスト教徒に受容されたが、それは当時のキリスト教徒がいだいていた主なるキリストに対する深い霊的洞察であったからであろう。

六　教会の発展

序

ローマ帝国によるエルサレム陥落や、パウロの死ののちキリスト教会はどのような過程をへて発展していったのであろうか。

ユダヤ人キリスト教会

ユダヤの国粋主義者らとローマ帝国の闘争の時、ユダヤ人キリスト教会はその埒外(らちがい)に存在したので、国粋主義者らの受けた破滅から免れたが、神殿や祭儀の破壊と同時にその宗教的根底を失ってしまった。それはまもなくエビオン派とナザレ派となった。エビオン派はイエスをヨセフとマリアから生まれた単なる子として考え、洗礼の時聖霊がイエスの上にはとの形をして下ったことを主張し、モーセの律法への拘束を強調した。ナザレ派は、イエスがナザレ人と呼ばれたことからその名をとり、律法への服従を強調した。これらは種々な群に分裂して、もまもなく異邦人キリスト教会によって異端と宣告された。エビオン派もナザレ派おそらく六三五年アラビア人の侵略の時消滅したが、それまでなお二〇〇年間かろうじて存続した。従って教会の将来は異邦人キリスト教会に全く負うところとなり、この教会はおおよそ紀元一三〇、一四〇年前の数十年間に発展した（ホイシ『キリスト教史綱要』、以下ホイシ『綱要』と略記。三九頁）。

異邦人キリスト教会の宣教

パウロの活動は、イエスの死からネロの治世の六〇年代までの時期であり、この時期は使徒時代といわれる。教会の宣教は、どのようにしてローマ帝国内で確固とした地歩を占めたのであろうか。このことに関するハルナックとリーツマンの叙述は詳しい。ローマ帝国においてキリスト教は下層階級から上層階級へと発展していったと考えられる。もちろんキリスト教徒のなかには身分の高い者もいた。当時キリスト教への改宗は、死の危険を伴うことであり、殉教という危険はすべての者の上にただよっていた。キリスト教への改宗は、当時教会がその信者らに課した非常に苛酷ともいうべき倫理的要求によって一層困難なものになった。このような困難にもかかわらず教会は、長い精神的外的闘いを経てキリストのための勝利を獲得することができた。

㈠　それではどのような過程を経て、またどのような方法で教会はこの大きな困難にもかかわらず帝国の住民を獲得したのであったか。㈑この大きな困難にもかかわらず、この闘いにとってつぎの前提条件が非常に有利に作用した。一つの世界語（コイネー）、交通網。（ハルナック『初期』二三―二五頁）。㈺ギリシア・ローマ世界の宗教的渇望に適合する諸点が宣教によって明確に語られた。哲学的唯一神教の代わりに、唯一の活ける全能の神についての宣教がなされた。ギリシア人の知的衝動と生への衝動とに対比して、キリスト教信仰がまさにすべての知識の源泉として、また永遠の生命への保証として宣教された。すでに『ディダケー』(『十二使徒の教訓』)の聖餐の祈り(一世紀末あるいは二世紀初めから存在している)に、キリストにおいて教徒に与えられるこの二つの贈物に対する感謝が記されている(九章三)。また一一七年に殉教したアンテオケの監督イグナティオスは、イエスがもたらした不死の賜物を非常に強調し、聖餐を不死をもたらす一つの薬とよんだ。また二世紀の弁証学者らは、これをキリスト教における最高のものとしてたたえ、この最高のものはすべての知識と永遠の生命をこえた知識をもたらすと考えた。このような聖餐理解は当時の人々に慰めとなった。(ハ)キリスト教徒の倫理的行為が宣教に非常な貢献をした。古代教会の著述家たちはキリスト教倫理が、異邦人の倫理や哲学者のそれに比して優越していることを強調した。これらの著述家はキリスト教徒の信仰が真実であることをキリスト教徒の行動によって証明することができた。(i)ことにキリスト教徒の相互援助と社会的救済活動、すなわち愛の活動が彼らの信仰の真実性を証明した。やもめと孤児の救援、病人と弱者と貧者等に対する援助、囚人への配慮、貧者の埋葬に対する配慮(これは悪疫流行時においても確証された)、奴隷と失業者に対する配慮、旅行者への配慮、苦難に直面した住民全体に対する救援活動、貧しい教会や危険の下にある教会への配慮。これらすべては古代教会の輝かしい働きであり、これらによって教会は現実に兄弟団であることが実証された。当時の愛に渇く人々に、実にこの兄弟的相互扶助は大きな印象を与えた。この事実をキリスト教に反対する異教の論争家さえ是認しないわけにはいかなかった。キリスト教徒の愛の活動についてはトレルチが、その著『キリスト教会とキリスト教団体との社会教説』(以下トレルチと略記)において明らかにしている。(ⅱ) キリスト教徒は殉教というキリスト告白によって永遠の栄冠が授与されると考えた。テルトゥリアヌスは、殉教をまさにキリスト教の種子と名づけた(『弁証論』五〇)。キリスト教への国家の弾圧によってかえって住民の関心がこの新宗教に集められ、殉教時のキリスト教徒の行動は、多くの人々に深い印象を与えた。殉教についてはエウセビオスの『教会史』に詳細に記されている。

(二) 福音宣教とキリスト教徒の生き方と共に、古代教会の宣教方法について考えることもまた重要である。(イ)教会においては初めのうちだけ、召命を受けた宣教師がその職務を遂行していたが、すでに二世紀末ころに特定の宣教師という者は存在しなくなった。従って教会はもう宣教師の説教をきくことはできなくなった。しかしこのことによって起きた欠陥は、キリスト教徒一人一人が伝道者であるとの自覚によって補われた。(ロ)ローマ帝国の交通網は大いに整えられていたにもかかわらず、そこには旅館がなかったので旅人へのキリスト教徒の歓待が宣教に寄与した。(ハ)古代教会は宣教のためのよい機会をつかもうとしていたので当然都市に重点をおくようになった。しかし初期には周囲の村人を獲得することはなく、またまれにしか国境を越えての宣教はなされなかった。

(三) キリスト教が最初に到達した階級は、おもに下層階級であった。ことに奴隷キリスト教徒のキリスト教徒総数に対する比率は非常に高かった。奴隷に対する誡(いまし)めが、すでに新約聖書に大きな部分を占めていることは、このような事情から納得できる。奴隷は教会においてのみ十分な人間の権利を認められた。一一一年と一一三年の間に書かれた皇帝トラヤヌス(在位九八—一一七)宛のビテニアの総督プリニウスの手紙によれば、教会に老若男女を問わず、あらゆる階級の者が属しており、都会にも町にも田舎にもキリスト教徒が存在していると記されている（エイヤー『古代教会史資料』、以下エイヤーと略記。二二頁）。そして教会において婦人らが大きな役割を演じていた。従ってギリシア・ローマの宗教の世界においてはじめて婦人が教会において完全な平等の権利を保持するようになった。フィベはケンクレヤにある教会の中心であったように思われる（ロマ一六・一）。ローマ人への手紙一六章三節とテモテへの第二の手紙四章一九節にはプリスカの名が、その夫アクラよりも先にあげられているが、このことは古代の言語の慣習に照らして考えると非常に画期的なことである。

使徒教父

新約聖書の時代に続く教父（教会の神学者）を使徒教父という。しかし新約聖書の正典の結集の時、これにいれるべきかどうかと一時問題になった文書も使徒教父の著述のなかにある。使徒教父とは、ローマのクレメンス（九六ころ。『第一クレメンス』の著者）、イグナティオス（三五ころ―一〇七ころ）、『ヘルマスの牧者』の著者（二世紀）、ポリュカルポス（六九ころ―一五五ころ）、『パピアス』の著者（六〇ころ―一三〇）、『バルナバの手紙』の著者、『ディオグネトスへの手紙』の著者、『第二クレメンス』の著者、『ディダケー』の著者をいう。彼らの著述は、礼拝、教会の規律、教会組織、ユダヤ教とキリスト教の関係等に関する資料の点で重要である。

七　教会の内的危機

序

教会の外的危機を迫害と考えるならば、グノーシス主義とマルキオンとモンタニズムとはその内的危機といえるであろう。これらは教会の信仰の基盤を動揺させるものであった。

グノーシス主義

これは教会に、律法からの自由というパウロの闘い以来の最大の内的危機をもたらした。その影響力が最も強かったのは一三五年ころから一六〇年ころにかけてであったが、そののちも影響力があった。リーツマンは、神学者は二世紀から四世紀にかけてこの運動についてうむことなく記述したが、その全体系を熟知することは容易なことではないという。またその体系の数は非常に多く、またこの運動は流動的であったから、これに関する個々の叙述は一つの特定のスナップ写真のようなものになるという。(リーツマン、一九一頁)。

グノーシス（知識——この語が今日一般に理解されているようにではない——）の起源に関する論争は今日でも継続している。グノーシスはどの場合にも、後期ヘレニズムの混合的宗教形態であったが、その萌芽はキリスト教以前にさかのぼることができる。神への道にお

いて、知識の神的賜物、グノーシスが必要とされる。このようなことへユダヤ教もキリスト
教も引き込まれていった。新約聖書においてもユダヤ・キリスト教的グノーシスとの闘いが
見られる。例えば、コロサイ人への手紙、ヘブル人への手紙、牧会書簡、ヨハネによる福音
書、ヨハネの手紙。私はここでバシレイデスとヴァレンティノスをとりあげよう。
㈠バシレイデス　バシレイデス（アレクサンドリアに一三〇／一四〇ころ）の思想に関する最も主要な典拠は、アレクサンドリアのクレメンス、エイレナイオス、ヒッポリュトス（一七〇ころ―二三六ころ）の著作である。バシレイデスによれば、最高の神は、多くの天と種々な段階の霊的存在とによってこの世から分かれている。霊的に低次の段階に属するユダヤ人の神である創造者は人間を屈服させようとした。そこで人間を解放するために、最高神が彼のヌース（悟性）をこの世に送った。このヌースがイエスのなかに宿った。従ってイエスの仮現態のみが十字架上で受難した。人間が物質から解放されるためには、イエスに従い、最高神にのぼらなければならない。彼のグノーシス主義の起源は多分シリアにある。

㈡ヴァレンティノス　ヴァレンティノス（ローマに一三六ころ―一六五ころ）によれば、すべてのもののうえに根源的存在である父がいるが、この父は深淵また混沌と呼ばれる神である。この根源的存在は、不可見的であり不可解なもの、また時間を超越したものである。そのかたわらに沈黙（神の思考、恩恵）とよばれる神がいる。この沈黙は、根源的存在にとって女性的存在である。深淵と沈黙は最初の一対である。神性を人格化することはすでに、キリスト教会において周知のことであったが、根源的神に配偶者がいるということは、未知の思想であった。そして今や深淵と沈黙から第二の一対、悟性と真理が生まれる。これら四

つは神的四性である。この四性から、つぎに第二の四性が生まれる。これがさらに一一の対を生む。根源的神から流出するすべてのものは対になっており、今や全体で三〇である。ヴァレンティノスはそのおのおのをアイオーンと名づけたから三〇のアイオーンが存在することになる。これらのアイオーンによってプレローマ（神性の充満）が形成される。プレローマのなかでアイオーンが深淵から遠ざかれば遠ざかるほど、神的なものはアイオーンのなかで減っていく。しかし神から発生したすべてのものは、深淵を十分に知りたいという衝動をいだいている。この衝動は最後の女性的アイオーン、知恵において非常に強くなるので、知恵は深淵の中にはいっていこうとする。プレローマの国境監視人ホロスというアイオーンが、その際知恵を妨げる。知恵は知りたいとの激情によってプレローマの秩序を乱す。この秩序は特別な出来事によって回復されなければならない。この目的のために悟性と真理は父の命令によって新しい一対のアイオーン、すなわちキリストと聖霊を生む。キリストが深淵への諸アイオーンの関係について諸アイオーンを啓発する。聖霊が諸アイオーンに相互の交わりを教える。諸アイオーンはこのようにして、根源的父に対して純粋な賛美をささげることができるようになる。そして諸アイオーンがもっている最も美しいものから諸アイオーンは、アイオーン・イエスを生む。このイエスはプレローマの完全な果実であり、救主であり、彼を生んだ悟性に基づいてキリストあるいはロゴスともよばれる。イエスは、プレローマの外側にも神的生を広める使命をもっている。（シュミット、六五―六六頁、リーツマン、三一二―三一三頁）。

知恵から分離され、プレローマから遠ざかった渇望、すなわち深淵の中にはいりたいとの渇望は、今や空虚なものである。この空虚は低次の知恵で、ヘブル語ではアカモト（不確かなもの）で、その母である知恵のように、上への願望をもつが、ホロスによって妨げられる。アカモトは最高度に苦しみ、その時世界の原型が発生する。具体的な世界は、アカモトによって造られたデミウルゴスによって創造される。世界は三部分に分かれる。天使の世界と地獄とこれらの中間の人間界である。この人間界に精神的なものと物質的なものが混合している。人間界で今やデミウルゴスのほかにアカモトも直接に影響を与える。アカモトは人間に霊を吹き込む。このことによって人間はデミウルゴス以上に高くあげられる。そこでデミウルゴスは、人間に知識の木から食べることを禁止する。しかし人間はこの木から食べる。その罰として楽園から追放されて人間は物質界に住む。救主アイオーン・キリスト・イエスは、この人間の再上昇を可能にする。彼は受洗の時ユダヤ的地上的メシア・イエスと結合することによって地上に姿を現わす。彼によってデミウルゴスも人間もプレローマの世界に関する知識すなわち救済を獲得する。救済とは、物質との結合からの神的霊の解放である。物質論者はこの救済から除外される。というのは彼らのうちには霊的努力は全く存しないからである。彼らは深淵から噴出する火によってすべての物質とともに究極的には滅ぼされる。救済は二重の段階をへて完成される。第一の段階をいく人々は霊魂の人々であって、彼らのためにカトリック教会（公同教会の意で、ローマ・カトリック教会の意ではない）が存在し、この教会はイエスの教説をその表現通りに固守しそれに従う。この人々は第二の段階において、教会的キリスト教の領域から、上なる世界、プレローマを救主の助けによって見いだすことができる。すべての霊なる人々が、物質の束縛から解放される時世界の終りがくる。その時イエスはアカモトと結婚し、これをプレローマへ導き入れ、これと共にすべての霊的な人間をプレローマへ導き入れる。このようにしてかつて上なる世界から出てきたすべてのものが再び上なる世界へと帰る。（シュミット、六六―六七頁、リーツマン、三一三―三一五頁）。

㈢総括と批判　グノーシス主義のなかに人間の知的衝動が重要な役割をになっていた点において、それはギリシア的な思想といえよう。またそのなかに善と悪、物質と霊という二元的思想が存在していた点において、それは東方的思想といえよう。しかもグノーシス主義のなかにキリストに関して叙述された壮大な思想もあった。従ってキリスト教的グノーシスを受容すべきかどうかは、教会にとってきわめて困難な問題であった。グノーシス主義はエイレナイオス、テルトゥリアヌス、ヒッポリュトスによって反論されたが、批判すべき点としてつぎのことが考えられる。㈠　グノーシスは、知識のゆえに信仰を無価値なものとした。㈡　アイオーンの教説は唯一神論に動揺を与えた。また神は哲学的に抽象的に思考された。㈢　デミウルゴスによる世界創造の思想によれば、世界に対する評価は低い。世界は神を知らないものであり、神に反抗するものであり、物質は全く神に反するものである。従って物質は禁欲によって否定されるか、拘束のない放蕩によって軽蔑されるかになる。創造の教理を含む旧約聖書は破棄される。㈣　グノーシスにとって害悪の最大のものは、罪責ではなく、物質に巻き込まれることである。㈤　救済者の概念は、紀元前の神話から由来している。これはのちにキリストの概念と同一視された。この場合、天からのキリストと地上のイエスはただ表面的に結合しているのであって、この結合は仮象的結合であるにすぎなかった。このような仮現説においてはキリストの歴史性は喪失され、福音の歴史性は解体する。(シュミット、六八—六九頁)。

マルキオン

マルキオン(—一六〇ころ)は悪と苦難の問題に悩み、この世界の神とイエスに啓示された恵みの神とについて熟考した。一四四年ローマ教会から分離し、彼が創立した教団は、当時の全教会領域に——ことに東方に——驚くほど急速に発展したと考えられ、五世紀まで存続した。マルキオンは、律法を全く排除する愛の福音を強調した。創造者なる神、あるいはデミウルゴスは律法の神であって、イエス・キリストの神との共通点はなにもない。旧約聖書の神は矛盾した行動に満ち、気まぐれで専横で残酷であると彼は考えた。この神と、イエスが啓示した愛の最高神とは全く異なっている。彼のキリスト論は仮現説であり、キリストは地上における善の神の仮象であった。彼にとって物質界は悪であるから、禁欲生活が採用されなければならなかった。彼にとって正典とは、牧会書簡を除くパウロの一〇の手紙と、彼により校訂されたルカによる福音書であった。他の三福音書を彼が排除したことによって教会はみずからの正典を結集するために著作の真偽をたしかめるようになった。マルキオンはしばしばグノーシス主義者の一人として考えられてきたが、グノーシス主義の神話的思索に彼はほとんど賛成していなかった。

マルキオンの運動は非常に危険なものであった。というのは創造神と救済神の分離は、キリスト教の神信仰の中心である唯一神論を破壊するからであり、同時に世界の主はその愛によってわれわれを救済に招くとの確信を危くするからである。また旧約聖書とその神を否定し、さらにキリストの受肉を否定することによって、キリスト教の歴史的基盤を破壊するからであった。しかし、レヴェニッヒによればマルキオンは世界の矛盾と格闘して苦しんだのである。彼は、キリストにおける啓示という圧倒的ともいうべき驚異に対して深い洞察をもっており、また律法と福音の決定的対立を感じていた。しかし律法と福音との緊張関係に立つパウロの神観は、マルキオンのうちで二つの神に関する見解となった。世界における創造と救済とは、彼によって引き裂かれ、二つの相違する観念となった。このように彼はパウロを誤解した。のちにルターが、隠れた神と啓示された神の思想、および律法と福音の区別によってマルキオンが苦闘した問題に解答を与えた。ルターは、キリストの十字架のもとで、怒りの神と愛の神という矛盾を解決した。（レヴェニッヒ、一二一頁）。

モンタニズム

モンタニズムは、キリスト教徒への迫害が諸所に起こった二世紀後半の黙示運動であり、その創始者は小アジア・フリギアのモンタヌス（—一七九以前）であった。この運動はグノーシス主義と異なって、明確にキリスト教に起源をもつ運動であった。二世紀になると多くの教会は、キリストの近い再臨に対する熱烈な希望をいだくことができなくなり、啓示の担い手である聖霊の働きを重視するようになった。聖霊は、旧約聖書における預言の霊感であり（『第一クレメンス』八、一三、一六）、また新約聖書の著者を導いた（同、四七）。モンタヌスは、天のエルサレムはまもなくフリギアのペプザの近くに下り、そこに全キリスト教徒が集まり、このエルサレムを迎えるであろうと宣言した。二人の婦人プリスキラとマクスィミラが彼に共鳴した。彼らは聖霊の器であり、聖霊が彼らによって私という一人称で語ると主張した。モンタヌスのうちに、その弟子らはヨハネによる福音書一四章二六節に約束された助け主を見た。モンタヌスは世の終りが近く、その前に聖霊が下るであろうと教えた（ヨハネ一四・一六―一七、一四・二六、一五・二六、一六・七―一五）。終末が近いとの信仰は、強烈な禁欲を伴い、聖化が強調された。テルトゥリアヌスはこの運動に加わった。

この運動は急速に発展した。小アジアの監督らは自らの権威をおびやかされると思って紀元一六〇年以後に教会会議を開き、モンタニズムを異端とした。これらの会議はキリスト教史上最も初期のものであった。モンタニズムは主要な教会から次第に追放されたが、東方に発展した。ハルナックによれば、この運動は、教会が、その発展途上の制度主義と世俗化との時代に原始教団の熱烈さに復帰しようとする試みであった。この運動は、キリスト教史にたえず起こった黙示的運動の一つと理解できる。モンタニズムには確かに律法主義的な一面があったが、キリスト教史上律法主義は、神秘的心霊主義の熱心さにつねに随伴する現象として現われる。レヴェニッヒは「人は聖霊について語るが、しかも文字の奴隷である」といっている。キリスト教徒に聖霊体験の必要なことはいうまでもないが、それだからとて律法主義に陥ってはならない。

ナグ・ハマディ文書

カイロの南方約六〇〇キロに位置するナグ・ハマディ村で、一九四六年に約五〇点からなるギリシア語からコプト語に翻訳されたグノーシス主義に関連のある文書が発見された。これがナグ・ハマディ文書で、今日新約学と原始キリスト教史学との研究に新しい光を投げかけている。

八　教会の組織的発展

序

キリスト教会は、グノーシス主義、マルキオン、モンタニズムの危機に直面したが、その組織を強化し、信条と正典を制定することによってこれを克服した。

公同教会

カトリックすなわち公同という語は、ギリシア原語カトリコスによれば「全般的」あるいは「普遍的」という意味である。この語がはじめてキリスト教文書に現われるのはイグナティオスの『スミルナへの手紙』八においてである（エイヤー、四二頁）。グノーシス主義とモンタニズムとの危機に直面した教会は、今や「公同的」という用語で記述されるようになり、その顕著な特色は一六〇年から一九〇年の間に明らかになり、それまで相対的に独立していた諸教会は統一されて有力となった。公同教会において、監督職が強化され、使徒信条が形成され、正典が結集された。

監督職

教会機構の発展に関して記述することは非常にむずかしい。というのは史料がきわめて乏しいからである。一世紀に教会は大体会議によって指導されていたように思われ、この会議の構成員は、ユダヤ教の影響の強い教会では、ユダヤ人教会でも異邦人教会でも長老とよばれた。他方とくにパウロが指導した教会では、教会は監督と執事によって指導された。一つの教会の指導の全権をにぎった監督がいつおかれるようになったかは明らかではないが、一世紀末ころにアンテオケと、小アジアの大きな町々の教会で、教会の指導と真理の決定は監督にゆだねられた。彼のいるところに神の教会があり、公同教会がある。それではこのような変革はなにを意味したのであろうか。

㈠教会法の導入　それまで教会は、個々の瞬間に聖霊の自由な導きのもとにあるもの——このことは今日でもくりかえされるが——と考えられた。しかし今や教会は監督によって導かれるようになった。教会の選びを用いて神が監督を選ぶ。このことは、教会に教会の神的法が存するということである。監督選出ののちは、監督が法的に教会の典礼の指導者となる。ここに教会法が導入され、教会が法的教会になったと理解することができる。(イ)今や個々の教会に一人の監督が存在する。それまでのようにもう多くの監督ではない。従って同時に法的意味における諸教会、諸組織、すなわち監督の諸管区が発生した。(ロ)すべての信徒の一般的祭司制の破棄。今や一つの聖餐が有効であり、それは監督が執行する聖餐である。

従ってここに祭司的教会が発生したといえる。(ハ)監督だけが、礼拝指導に関する権限とともに教会におけるみ言(ことば)の宣教の権限をえた。それまで預言者が神の名において教会に語ったが、今や監督がこのことをなす。それまでは預言者の言葉は、霊的な自由な教会がアーメンとその言葉に対していい、それを神の言葉として受容した時にのみ有効となった（Iコリント一四・一五―一六）。しかし今や監督がその生涯の間神の名において教会に語る権利を、たとえその言葉に賛成者がなくとももつようになった。(ニ)監督が礼拝の指導者となることによって、彼はまた教会の財産に対しても指導者となった。というのは教会の収入は礼拝の時の献げ物から発生するからである。（シュミット、七七―七九頁）。(ホ)もし一人の監督が、彼にまかせられている地方を自分一人だけでは管理できない場合に、彼は必要に応じて多くの監督を任命した。この場合、母である教会と娘である教会の関係は保たれ、後者の教会の監督は前者の教会の監督に従属した。

(二)教会会議　上述の監督職から教会会議が生まれるようになった。監督は個別教会の指導権を手中にしたが、すべての教会に関係する問題が起こった時諸監督は協議のために集まった。それはこのような教会会議の形成が最も手近かにできることがらであったからである。モンタニズムを認めるかどうかに関して、われわれの知るところでははじめてこのような教会会議が召集された。またこのような教会会議の開催は一つの重要な変革でもあった。というのは教会会議においてはじめて諸教会のうえに位するものが成立したからである。ここに教会の中央集権化の過程が始まったといえる。教会会議の決議は霊感によるものと考えられたが、教会会議にただ一つの限界が存在した。それは、霊的賜物を与えられた預言者の証言はそれに対して教会がアーメンといった時にのみ、妥当性を獲得したように、霊感を受けた教会会議の決議が妥当性をえるためには、全教会によるその受理が必要であるということであった。古代の教会会議の決議ののち、その決議に関して神学論争や政治闘争が展開されたのは、この点からのみ理解することができる。（同、七九―八〇頁）。

使徒伝承と信仰告白

監督と信条と正典との制定の必要性が感じられたのは、グノーシス主義とマルキオンとモンタニズムとの危機が発生する以前であったかもしれない。しかしこの必要性が具体的な形で表現されるようになったのは、これらとの闘いにおいてであった。使徒的教説に立つ教会においてこの教説は諸監督の継承によって伝達された。

このように監督職の権能と使徒的教説に立つ教会において、グノーシス主義の危機に直面して信条が、ことに西方において発展した。キリストへの信仰告白はすでに新約聖書のなかに存在する（ピリピ二・五―一一、Ⅰコリント八・六等）。また父と子と聖霊に関する信仰告白も新約聖書に存在する（Ⅱコリント一三・一三、マタイ二八・一九等）。はじめからキリスト教著述家の信仰に関する叙述は簡潔なものであった（Ⅰコリント一五・三―五、ロマ一・三―四、Ⅱテモテ二・八、Ⅰペテロ三・一六―二二等、イグナティオスの手紙のなかの多くの例）。多くの儀式（例えば聖餐式の祈禱、悪鬼払い、洗礼）がそのような叙述を必要としたので、信仰に関して非常に多様な摘要がつくられた。しかし公の信条は、とくに洗礼との関連において発展した。最も初期の洗礼信仰告白は「イエスは主である」（Ⅰコリント一二・三）のような非常に簡単なものであった。ここではただキリストについて取り扱われているが、彼への信仰告白には教会という新宗教共同体の特殊性が存していた。そしてはじめはキリストの名においてのみ洗礼が授けられた。ローマにおけるヒッポリュトスの時までに信条は洗礼志願者に課せられた三つの質問をふくむようになり、これらの証言において彼らは浸礼をうけた。それはつぎのようなものである。


「あなたは全能の父なる神を信じるか。

信じます。

あなたは神のみ子、イエス・キリスト——彼は聖霊によって処女マリアから生まれ、ポンテオ・ピラトのもとに十字架につけられ、死に、葬られ、三日目に死者のなかからよみがえり、天に昇り、父の右にすわられ、生者と死者をさばくためにこられる——を信じるか。

信じます。

あなたは聖霊、聖なる教会、身体のよみがえりを信じるか。

信じます」　　（ヒッポリュトス『使徒伝承』二一）。


このような三重の信仰告白の必要性は、異邦人キリスト教会にとって決定的であった。というのはキリスト教徒になった異邦人は、ギリシアあるいはローマの神々への信仰から離れて、全地の唯一の神を信じたからであり、洗礼においてキリスト教徒が聖霊のものとされるという考えも彼らにとって新しかったからである。ウォーカーによれば、当時の異端を防ぐためにこれらの質問に言葉が時に付加され、次第にこれらの質問形の信条が「わたしは……信じる」という形式の平叙文となった。この平叙文は、洗礼前に信条を暗記させるという教育上の必要から起こった。現在の使徒信条は古いローマの疑問形式にさかのぼるが、そのうち重要なものが四〇〇年までに発展した。しかし現在のところその最終形式は八世紀のものであって、それ以前にはさかのぼることはできない。(ウォーカー、五九頁)。

この洗礼の信仰告白は非常に理解しやすいもので、二世紀の信仰基準とも考えられるものであった。この信仰告白によって初めて教会は、キリスト教的と申し立てる種々な霊的行動を判断するようになった。シュミットは、この信仰告白を初期キリスト教の教義といってよいとさえいい、法的教会と祭司的教会へと発展した教会は、同時に教義的教会となったという(シュミット、八三—八四頁)。

正典

正典のギリシア原語カノーンはまっすぐな杖、あるいは棒を意味する。キリスト教においてこのギリシア語は、教会が聖書を結集するさい霊感を受けた書物と考えたもの——正典——を指すようになった。正典の結集の時期は、グノーシス主義の出現の時までさかのぼることができるであろう。グノーシス主義者は、彼らの教説の資料である聖なる文書を正典として提出したが、マルキオンも同じ道をとった。彼は、みずからによって基礎づけられた教会に——公同教会が彼を排除した時——、上述したように、正典としてパウロの一〇の手紙と彼が校訂したルカによる福音書を提出した。教会がこれらの群に自己の立場を明らかにしようとした時、どの文書を正典とし、教会教説の資料であると考えたかを明らかにしなければならなかったので、教会は正典結集にとりかかった。

二世紀後期に新約聖書の正典の結集が進んだ。はじめから旧約聖書はどの教会においても神的権威をもつもの、神の霊感を受けて書かれたものと考えられたが、教会はみずからの基本的書物についても同様に考えた。正典として完全な承認をえた最初のものは四つの福音書であり、これにパウロの手紙が続いた。ムラトリア断片によれば二〇〇年ころまでに西方教会は、マタイによる福音書、マルコによる福音書、ルカによる福音書、ヨハネによる福音書、使徒行伝、コリント人への第一、第二の手紙、エペソ人への手紙、ピリピ人への手紙、コロサイ人への手紙、ガラテヤ人への手紙、テサロニケ人への第一、第二の手紙、ローマ人への手紙、ピレモンへの手紙、テトスへの手紙、テモテへの第一、第二の手紙、ユダの手紙、ヨハネの第一、第二の手紙、ヨハネの黙示録、いわゆるペテロの黙示録を含む新約聖典を所有した（エイヤー、一一七―一二〇頁）。このようにして二〇〇年までに西方教会は、今日われわれが所有しているのと大体同様な新約聖書を所有し、東方はややおくれた。正典の結集にはすべてのキリスト教文書が選択の対象となったが、選択の基準は使徒的文書であるということであり、使徒的教説を記していると考えられるものでなければならなかった。

しかし正典が結集された時、正典解釈の問題、正典の解釈学的問題が発生したことに注意しなければならない。というのは正典に関するグノーシス主義とマルキオンとの理解は、教会の神学者のそれと異なるものであったからである。このような困難な状況のもとでエイレナイオスは、聖書解釈のためにも使徒伝承をもち出した。すなわち彼は、彼自身スミルナのポリュカルポスを知っており、ポリュカルポスはヨハネを知っていたので、そこには直接的伝承の連関がなお存在しているといった。このようにして教会は聖書を使徒的なものの基盤に立って理解していると考えられたが、まさにエイレナイオスはこのことを主張した。この意味からすれば、使徒的諸教会は伝承の正しい保護者であったといえるであろう。これが使徒伝承が最初に意味したことであり、洗礼の際の信仰告白もこの伝承の表現である。(シュミット、八三頁)。ここに正典と監督と使徒伝承と信仰告白との相互連関が存するが、このことは重要なことである。

史的意義

(一) グノーシス主義、さらにモンタニズムとマルキオンによる危機に直面して、監督職と使徒伝承と信条と正典とを有する公同教会が発生した。この教会は使徒時代の教会とは非常に相違していた。しかしそれは歴史的キリスト教の基盤に立って、この大なる危機をのりこえた。このように発展した公同教会がなければ、教会が二世紀後半からことに激しくなる迫害の時期をのりきることができたか否かは疑問であるといえる。(二) 教会はその存在をかける激しい闘い、すなわち三〇〇年間におよぶ迫害に遭遇しなければならなかった。キリスト教徒個人も諸教会も根源的に結合されているとの統一意識に教会が支えられており、また教会が信条と正典を有し、監督の指導のもとに確固とした組織であったから、教会はこの闘いに勝利することができたのである。

九　礼拝と礼典

序

公の礼拝にはキリスト教徒の生活にとってきわめて重要な意義がある。というのは礼拝によってこの世を越えた世界からの力がキリスト教徒のうちに与えられ、彼らは神の子らとされるからである。彼らはもう単にこの世のものではなく、天上の神の国の市民と交わるのである。(リーツマン、四四二頁)。私は、主の聖餐と洗礼と礼拝について叙述しよう。

聖　餐

古代教会の礼拝における主要部は主の聖餐であった(同)。それは主によって制定されたものであったけれども、その起源について統一的な見解は存在しないし、またこれは一直線的に発展したものでもなく、さらに古代教会に唯一の聖餐理解があったわけではない。まず原始教団では聖餐は共同の食事であり、弟子がユダヤ教の習慣に従ってこの食事に集まり、一人がパンを祝福する時、彼らはかつて主が祝福してパンをさいたあの楽しかった日々を想起した。イエスは彼らのうちに再びきたのであり、彼らは主の現存を意識した。この食事は、メシアである主とともにやがて天上で味わう食卓の前味ともいうものであった。しかしリーツマンによれば、パウロにとって聖餐は単に復活の主と食卓を共にすることではなく、最後の晩餐の時、主自身によって制定されたものであった。彼は「主から受けたことを、また、あなたがたに伝えたのである」（Iコリント一一・二三）という。これはイエスを記念して行われるものであり、「主がこられる時に至るまで、主の死を告げ知らせるのである」（同、二六）。それは単なる記念の食事以上のもので、むしろ犠牲（いけにえ）の食事に似ており、これにあずかるものらは神秘的交わりにおいて復活の主と一つになり、また同様な交わりにおいて相互に一つとされるのである。（リーツマン、二二六頁）。二世紀の初めに『ディダケー』のなかの教会秩序に主の晩餐の式文が記されている（『ディダケー』九、一〇、一四）。これによると、聖餐はまだ依然として共同の食事と結合されていたが、聖餐の初めに指導者が杯を、つぎにパンを短い祈りによって祝福する。聖餐ののちに共同の食事が始まり、この食事ののち指導者は霊的食物とキリストによって与えられた永遠の生命とに対する感謝の長い祈りをささげる。そして世界に散らされている教会のための祈り——この教会が神の国において再統合されることを待望しつつ——をもって終る。ここには主の死の記念についても、キリストの最後の晩餐についても記されていない。しかしやがて二つのことが決定的な変化をもたらした。（リーツマン、四四二—四四三頁）。

一つはパウロの影響が圧倒的に強くなり、彼の言葉が晩餐の意味と内容とを決定した。二つは、礼典的食事と皆でとる食事が分けられたことである。礼典的食事は日毎の夕食のようなものから分けられ、朝守られるようになり、これに説教が附随した。このような変化はユスティノスの記録のなかに明らかであり（『第一弁証論』六七）、それはローマでは約一五〇年ころに起こっていた。夕方の食事が廃止されたわけではなかったが、これはその古来の意義を失い、半儀式的愛餐となり、慈善の意味をもつようになった。この愛餐（アガペー）に関する少なからぬ記録が残っている。テルトゥリアヌスによればこの愛餐は教会の交わりであった（『弁証論』三九）。このようにして愛餐は礼典や礼拝から区別されて数世紀も続いた。（リーツマン、四四三―四四四頁）。

日曜日の公の礼拝の第一部には未受洗者も出席できたが、第二部は受洗者に限定されていた。これは彼らだけが礼拝の中心である主の聖餐につらなることができたからである。受洗者の集会が非公開の場合に彼らは祈禱のあとで互いに親和の接吻をかわした。それからパンとぶどう酒の杯が礼拝指導者に運ばれ、彼は「感謝の祈禱」をささげた。会衆が「アーメン」と応答し、執事らの手から聖餐を受けた。この礼拝の中心点は、食事、すなわち聖別されたパンとぶどう酒にあずかることではなくて、「感謝の祈禱」によって生じる聖別そのものであったとリーツマンはいう。（同、四四四―四四五頁）。

主の聖餐は礼拝でキリスト教徒がささげる犠牲（いけにえ）の祭儀であったとリーツマンはいい、その理由としてつぎのようにいう。第一の理由は、それは「ユーカリスティア（感謝の祈禱）」であり、「感謝の祈禱」そのものがキリスト教徒がささげる犠牲そのものであったこと。第二の理由は、パンとぶどう酒、そしてしばしば他の多くの贈物が祭壇の司式者のもとに運ばれ、神に犠牲としてささげられたこと。第三の理由は、司式者が彼の祈禱によって神へのパンとぶどう酒とを聖別し、神がその贈物を受納してその中に聖霊を送られ、このようにしてそれを教会にとって奇跡的力をもつ犠牲的食物と変えたこと。この思想は、パウロが一方主の聖餐と、他方ユダヤ教と異教との犠牲の食事との間においた類似と比較にさかのぼることができる（Iコリント一〇・一八―二一。リーツマン、四四七頁）。これら三点から、なぜ主の聖餐がキリスト教徒のささげる犠牲の行為として理解されたかがわかる（『ディダケー』一四・一。ユスティノス『トリュフォンとの対話』一一七）。この三つの理由は二世紀に存在していた。しかし古代教会においてはまだ聖餐理解に関する象徴説（二七六頁参照）と実体変質説（二二〇頁参照）との対立はなかったのであり、古代教会は長い間象徴において現実を満たす模写ともいうべきものを見ていたのである（『歴史と現在とにおける宗教』三版、以下RGGと略記。一巻二一欄）。

洗礼

主の聖餐の礼典が固定化しつつあるうちに、礼典としての洗礼が発展した。古代教会においては成人洗礼が原則であった。幼児洗礼に関してエイレナイオスは賛成し、テルトゥリアヌスは反対したが、オリゲネスとキプリアヌスの時にその実施は教会の慣例となった。成人洗礼には長期間の準備が必要であり、この準備は洗礼志願者指導といわれ、初めから教会内に一定の形式として存在していたわけではなく、一八〇年から二五〇年までの間に詳細な規定が定められた。洗礼志願者は一般にキリスト教徒と考えられたが、十分なキリスト教徒の数に入れられなかったので、礼拝の第二部には参加できなかった。リーツマンによれば、洗礼式は二〇〇年ころには十分に発展していて、密儀教を反映する、自然宗教の儀式を伴っていた（リーツマン、四四九頁）。その内容は、洗礼志願者の受洗前の一日あるいは二日の断食（『ディダケー』七・四）、洗礼水をきよめること（テルトゥリアヌス『洗礼論』九）、悪魔払い（同、ヒッポリュトス『使徒伝承』二一）、洗礼のさいの三重の信条の告白と三度の浸水（ヒッポリュトス、同）、聖霊の伝達のために按手と塗油（テルトゥリアヌス、同七、八）と十字を切ることと接吻、教会への加入であった。教会は直ちに彼らとともに主の晩餐を執行した。そしてパンとぶどう酒のほかに受洗者にミルクと蜜が提供された（テルトゥリアヌス『兵士の冠について』三。ヒッポリュトス、同二三）。このミルクと蜜は、乳と蜜の流れる国について父祖たちに与えられた約束の成就を意味している（ヒッポリュトス、同）。病人の場合には浸水の代わりに灌水が行われた。

リーツマンによれば、洗礼式は、ビテニアでは一〇〇年ころに、ローマでは二〇〇年ころに土曜日の夜から日曜日の早朝にかけて執行されることが決められた。その主要な理由は、その晩に主が復活されたからである。そののちイースターの晩が洗礼の時と定められた。その晩にキリストによる救済を毎年祈念したのである。もし十分な時間と場所がない場合には、ペンテコステまでの喜びの五〇日間が洗礼の期間にあてられた。テルトゥリアヌスは、アフリカの教会ではこのことは二〇〇年ころに慣習となっていたという（『洗礼論』一九）。東方においてはこの頃の同じような規定に関する資料は存しない。しかし洗礼志願者全部に対する行き届いた教育が合同でされるようになった時には、それはあったにちがいない。（リーツマン、四四八―四四九頁）。

洗礼時の代父（男子後見人）や代母（女子後見人）に関する叙述は、テルトゥリアヌスの著述に初めて現われる。洗礼は救済に不可欠であった。洗礼はそれ以前のすべての罪を抹消するという見解に立って、受洗の延期が慣習となったりした。殉教者が未受洗の場合、殉教が「血の洗礼」として洗礼の代わりとなると考えられた。洗礼の効力はそれ以前の罪の抹消と、聖霊と不死との授与であった。

礼　拝

ユスティノスの記録によると、日曜日の公の礼拝は二つの部分から成立していた。第一部は、福音書からの朗読と時間がある限り預言書からの朗読と、そののちの奨励のような説教とから成っていた。礼拝のこの第一部はいわば説教の礼拝ともいうべきものであった。四世紀の教会秩序に関する記事もこれ以上のものではなかった。しかしこの時までに礼拝はさらに細分化されていた。ことに詩篇が二つの聖書朗読の間で唱われた。礼拝の第一部ではどのような典礼的祈禱もささげられなかったようである。上述したようにこの第一部には新来者も出席できた。しかし礼拝の第二部には受洗者だけが出席できた。（同、四四四―四四五頁）。なお最古の保存されている説教は『第二クレメンス』である。受洗したばかりの者に対する訓諭の内容はペテロの第一の手紙一章三節から四章一一節において知ることができるであろう。

礼拝の時

一週間の中の日曜日と断食日（水曜日と金曜日）とならんで過ぎ越しの祝いとペンテコステが祭日としてきめられた。過ぎ越しの祝いとペンテコステは一世紀には個々の祭日ではなく、祭りの季節を表わしていた。前者が多分二世紀の前半にイエスの死の記念のために守られた（マタイ二六・一七―一九）。受難週は一年間のキリスト教徒の生活のなかで頂点となった。四旬節（レント）はイースター前の四六日目の水曜日、すなわち灰の水曜日に始まる四〇日間（主の復活の日である日曜日は六つ除いてある。四〇日間は、イエスが荒野で誘惑を受けた期間である）である。その最終日にはイースターの徹夜があり、その時洗礼式が執行され、礼拝がささげられ、日の出とともに歓喜の叫びがあげられた。イースターの朝聖餐式が始められるとともに、ペンテコステの季節が始まった。これは復活を記念してささげられた五〇日間の喜びの時期である。この期間には日々聖餐式が執行され、断食は行われなかった。（ホイシ『綱要』七七頁）。

イースターの日取りについてローマと小アジアとの間に激しい論争が始まった。小アジアの教会ではこれをニサンの月（ユダヤ暦での第一月。グレゴリオ暦でいう三―四月）の一四日に、その日が何曜日にあたってもよかった。従ってこの日の夕方に断食を終り、そののちユダヤ人の過ぎ越しの祝いにならってイースターの聖餐式を守った。しかし西方において、また東方の多くの教会において、ニサンの月の一四日が何曜日にあたってもこれに関係なく、一四日ののちの主の日（日曜日）をイースターとして、また金曜日を十字架の日として守り、金曜日から主の日の初めまで断食し、主の日に聖餐式を守った。この論争はニカイア会議まで続いた。(同)。この会議では、春分のあとの満月のつぎの日曜日をイースターと定めた。

礼拝の場所

二世紀末以来キリスト教徒は礼拝に用いる固有の建て物をもっていた。それ以前は彼らは個人の家で集会を開いた。一九二二年に始められたドゥラ・エウロポスの発掘によって初期の家の教会の構造が明らかになった（RGG二巻二八七―二九二欄）。ホイシによれば、バシリカ会堂は教会の特色のある建て物であるが、その様式は二六〇年から三〇〇年の間に発生したのであろう。しかし壮麗なバシリカ会堂は、コンスタンティヌスの時代以後にはじめて出現した。祭壇は犠牲（いけにえ）に関する概念が発生するとともに三世紀以後に出現し、四世紀以来祭壇はなにか聖なるものと考えられるようになった。（ホイシ、同）。

さらに地上あるいは地下の墓地は聖なる地と考えられた。古代の慣習であった火葬は、キリスト教徒には厳禁されていた。大きな地下埋葬地が、ことにローマ、南イタリア、シチリア、サルジニア、マルタ、北アフリカ、アレクサンドリア、リビアにおいてカタコンベ（ギリシア原語の語義によれば「容器のうつろなことに形どって」の意。この名称は多分「山峡において」を意味するのであろう）と称された。ローマでキリスト教徒は、二世紀末から四、五世紀まで、他の場所ではさらに長期間死体をカタコンベに埋葬した。八世紀以来荒廃していたローマのカタコンベは、一五九三年以来何回も発掘された。（同、七七―七八頁）。カタコンベには古代キリスト教絵画が残存している。この絵画は二世紀末および三世紀初め以後に描かれた。はじめそれは古代の絵画を用いて、キリスト教を象徴的に表現した。例えばぶどうのつる、鳥、花、童子等。しかしやがて古代の絵画に対して慎重な態度がとられるようになり、新しいキリスト教絵画が発展した。例えば祈る人々、魚（キリスト教徒は、ギリシア語のイエス・キリスト、神の子、救い主の頭文字を結合することによってイクトゥス、すなわち「魚」の文字をつくり、この文字や魚の図形によってキリスト教徒を表わした）、善い羊飼（ひげのない若者のような）、ノア、モーセの水の奇跡、ヨナ、ライオンに囲まれたダニエル、炉のなかの三人の若者、魔術師、ラザロ、パンの奇跡。まだ受難に関する描写はなかった。（同、七八頁）。

一〇　キリスト教徒の生活と修道院

序

二世紀以後キリスト教徒の数が膨大になるにつれて、彼らとこの世との接触が深まり、それとともに原始教会時代の熱心が消滅し、厳格な慣習も弱まった。そこで教会は厳しい規則等をキリスト教徒に課した。他方教会内の慣習の弱体化に反発して修道院が発生し、教会内にふたたび新鮮な息吹きが注ぎこまれた。

慣習と教会規則

慣習に関する教会の厳格さが後退したことは、教会規則との関連で明らかとなる。原始教団においては、ただ一回かぎりの悔悛、すなわち受洗以前の悔悛があっただけであったが、二世紀になると『ヘルマスの牧者』が引用されて二種類の悔悛が考えられた。すなわち、受洗後の人生においてもう一度重い罪（ただし三つの死に至る罪、すなわち殺人と姦淫と背教は除外）に赦しが与えられる可能性が生まれ、また教会の交わりから除外された者は、この交わりから完全に絶たれるというのではなく、彼らは終生悔悛者としての道を歩んだ。これはさらに展開し、このような悔悛の状態から教会の交わりへの復帰が可能となった。教職者は、ことにローマにおいて悔悛の可能性を死に至る罪、すなわち姦淫や背教にまで拡張させたので、激しい論争が起こった。二一七年から翌年にかけてローマの監督カリストゥス一世（在位二一七—二二二）は、悔悛を姦淫者にも与えると宣言したので、ヒッポリュトスやテルトゥリアヌス（『節制について』）はこれに反対した。悔悛に関する規律はデキウスの迫害との連関で一層展開した。この迫害の時驚くほど多数の背教者が出現したので、死に至る罪のなかから背教も抹殺しないわけにはいかなくなった。一般に背教者の復帰は、長期間の悔悛によることとなった。二五三年第二回カルタゴ教会会議は、デキウス迫害時の背教者のうち後悔の顕著なすべての者に赦しを与えた（ホイシ『綱要』七九—八〇頁）。

この世におけるキリスト教徒の倫理

四世紀になると教会はキリスト教徒に対して峻厳な倫理を要求することができなくなったが、このことはキリスト教徒の結婚、職業、奴隷観、娯楽等においても明らかになる。結婚生活は尊ばれ、教会による結婚の祝福は、すでに初期からの慣習であり、離婚は姦淫以外の場合は厳禁された。教会内に従来阻止されてきた混合婚（他宗教の教徒との結婚）と、罰則で厳禁されてきた再婚がしきりに起こるようになった。決闘士、役者、芸術家、偶像礼拝に関係した者は、受洗以前にこれらの職業から身を引かなければならず、また兵士や公務員の仕事も疑念の対象となった。厳格なキリスト教徒も、神の前に人種、民族、性、階級の身分上の相違はなく、奴隷を兄弟として認めるように教えたが、奴隷を現実に自由にする考えはもっていなかった。二、三世紀には奴隷は、教会の長老や執事となることができ、奴隷の身分から解放されたカリストゥスはローマの監督となった。キリスト教が上層階級へ浸透するにつれて、奴隷を兄弟と考えるという理想は衰えていった。当時は決闘、演劇等を見物にいくことは、キリスト教徒に禁じられていた。（同、八〇―八一頁）。

キリスト教徒に対する峻厳な倫理的要求が軽減されるにつれて、少数のキリスト教徒だけがこの要求を受容した。そして禁欲生活は、社会から社会外、社会外から荒野における隠者の生活へと発展した。

修道院制度の発生と展開

コンスタンティヌスとその後継者らの時代に、古代キリスト教禁欲主義の新しい形態、すなわち修道院制度が発生した。修道院の最古の形態は、隠遁者あるいは隠者（荒野にいる者）の生活であった。社会における禁欲生活に代わって、孤独生活、居住地近在の生活、ついにこの世からの逃避、悪霊との闘いを伴う荒野の孤独生活が出現した。このような隠者形態は、アントニオス（二五一ころ―三五六）において始まった。その生涯については、アタナシオスの『アントニオスの生涯』に記されているが、それによれば彼は金持の青年に関する福音（マタイ一九・一六—二六）に感動してその所有物を貧者に与え、孤独生活にはいり、長期間墓場で、そののち荒廃した城塁のなかで、ついには荒涼とした鉄山で生活した。彼のもとに多くの者が訪ずれ、慰めや忠告を与えられた。アントニオスの影響で、多くの隠遁者や隠者が、荒野で群を形成したと思われる。（ホイシ、同一一六—一一七頁）。

最古の修道士の修行の目標は、完全性（マタイ一九・二一）の達成にあった。そのためには、感覚的欲望の絶滅、所有物の放棄、親類との絶縁、断食、徹夜、座ったまま眠ること、狭い部屋のなかへの監禁、毛皮の衣服の着用、身体の清潔の断念、鉄の鎖あるいは木製の大きな十字架を引きずること、女性の忌避が要求された。悪霊は、野獣、半人半獣の森の神、半人半馬の怪物、裸体の婦人として出現したので、修道士はこれらとの内的闘いを経験した。（ホイシ、同一一七頁）。

隠者形態の極端なものである柱頭隠者の創始者は、シメオン（三九〇ころ—四五九）で、三〇年間アンテオケの東方で柱の上で生活した。彼らの柱の高さと頂上の広さは多様であり、わずかの睡眠時によりかかれる欄干がついており、時には頂上に小屋の設備のあるものもあった。彼らの弟子などが給食した。彼らは祈禱、霊的説教、不和者間の和解、神学論争に時を用いた。彼らは、シリア、メソポタミア、エジプト、ギリシアにいた。

修道院の共同生活形態は、三二〇年ころナイル河畔タベニスイに異教出身のコプト人パコミオス（二九二—三四六）によって創始された。この形態は、隠者形態と対照的なものであった。彼は不規則な独居生活の代わりに規則的な共同生活を勧め、修道士には修行、修道院長への絶対服従、純潔、私有物の拒否、労働（かごやむしろの製造、耕作等）が要求された。終身滞留の誓願と義務はまだなかった。（同）。パコミオスの生存中に、彼の規則に立つ九つの男子修道院と二つの女子修道院が創設された。

小アジアにおける修道院が、パコミオスの伝統を保持できたのは、おもにバシレイオスによるところであった。バシレイオスは、三人のカパドキアの教父の一人で、パコミオス以上に共同生活を強調した。彼は、修道院をキリストの真のからだの写しと理解し、彼の規則によれば祈禱、聖書の読書、労働が強調された。彼は、修道士に孤児その他の人々への奉仕を勧め、極端な禁欲主義には賛成しなかった。彼の規則は今日までギリシア教会とロシア教会との修道院の基礎となっているが、これらはバシレイオスほどには一般に労働と他人への奉仕を強調しない。（ウォーカー、一二六頁）。

西方への修道院制度の導入は、アタナシオスによったが、ヒエロニムス、アンブロシウス、アウグスティヌスも奨励したので、これは一層発展した（同）。

修道士の過度の禁欲を労働によって健全な方向へ導いたのは、ベネディクトゥス（四八〇ころ―五五〇ころ）であった。彼は五二五年ころモンテ・カシノに修道院を建てた。彼の規則によれば、選挙によって選任される修道院長への服従、しかし修道院の重要なことがらについては修道院長は修道士らに相談すること、修道院に一年間試験的に滞在後入会が認められること、礼拝遵守は修道士の最も重要な義務で、共同の礼拝のために少くとも一日四時間が七つに分けられて課せられること、この礼拝から他のつとめ、すなわち労働と研究と祈りが生まれることが記されている。このようにしてベネディクト修道院は産業の中心となり、また図書を保存した。彼の規則は徐々に普及し、ローマ教会の宣教師らによってイングランドやドイツに伝播した。(同、一二七頁)。

なおバシレイオス、ベネディクトゥス、ヒエロニムス、カッシオドルス（四八五ころ―五八〇ころ）は学問研究を重んじた。このようにしてかつては文化の敵対者であった修道士が、今や文化の最も重要な担い手となった。(シュミット、一二八頁)。

教会が修道院制度を認め、組織的にこれをたてたことによって、教会はつねに自己を批判的に観察する鏡を用意したといえよう。この制度は完全性の立場にあるものと考えられたから、ここからつねに教会のなかへ禁欲的刺激が運びこまれた。ローマ・カトリック教会に発生した改革運動で、その起源が修道院になかったものはない。(同)。しかし修道院の発生によって、キリスト教徒の高度の禁欲的倫理と低度の倫理との分裂が始まり、一般キリスト教徒には後者で全く不足はないのであるから、高度の倫理は功績ということになった（シューベルト、九六頁)。

一一　神学思想

序

古代に形成された二つの大きな神学思想（教義）は、三一神（三位一体の神）論とキリスト論であった。キリストは神の子であるとの信仰は、原始教団においてすでに確立されていた。しかしキリストにおける神的なものと、父なる神における神性とが、どのような関係にあるのかについては教会内の見解には相違があった。キリストは神と同一視されうるのか、それとも神に従属しているのか。そしてもしキリストは神であるとの信仰に立つ場合、キリスト教徒は二神論に陥るのではないかとの疑問が起こった。しかし彼らはキリストは神であると告白しないではいられなかった。そしてキリストを神とする場合、創造者なる神とキリストの関係をどのように考えなければならないのか。さらに神とキリストと聖霊の関係はどのようになるのであろうか。そしてキリストが人にして神であるという場合、この両者の結びつきはどのようなものなのであろうか。

上述の二つの神学思想が形成されるまで、古代教会は長期間神学論争をへなければならなかった。まず弁証家が哲学や異教に対してキリスト教の真理性を弁証し、その後キリストの神性に関して単一神論者、アレクサンドリア学派、アンテオケ学派、オリゲネス、アレイオス、アタナシオスの論争があった。そしてキリストの神性は三二五年のニカイア教会会議において、三一神論は三八一年のコンスタンティノポリス教会会議において教義（教会会議による決定に基づく神学思想を教義《ドグマ》といい、これに基づかない神学思想をグループのものにしろ、個人的なものにしろ教理《ドクトリン》という）となった。そののちもカパドキアの教父らがこれについて論じた。その後キリストの神性と人性との関係についてアポリナリオス、キュリロスが論じ、四五一年のカルケドン教会会議は、神性と人性とはキリストにおいて「混合されず」、「分離されず」、しかも「区別される」という教義を決定した。

西方ではテルトゥリアヌスが三一神論を展開し、キプリアヌスが教会論をたて、アウグスティヌスが罪観、恩恵論、教会論、歴史観を発展させた。

弁証家

キリスト教に対する批難攻撃に対して、二世紀半ば以降キリスト教を弁護し、さらにその真理性を論証した神学者を弁証家という。彼らは、キリスト教を理論的に叙述し、これは啓示された哲学であり、古代哲学と調和するものであることを明らかにしようとした。彼らの主張に三点がある。㈠　彼らは、古代の神話の非倫理性を批判し、同じ批判をした哲学は唯一神論の思想さえもっていることを明らかにし、プラトン的色彩の哲学的神観を受容した。世界は神から発出したロゴスによって創造されたが、このロゴスは世界理性とよぶべきもので、世界秩序の根源である。そのうえロゴスは神の啓示者であり、人間の教師である。弁証家は、キリストとギリシア哲学のロゴスを同一視することによって、キリスト教のヘレニズム化への道を開いた。㈡　すでに使徒教父は、キリスト教を新しい律法と理解したが、弁証家は、これを新しい、キリストによって与えられた律法と考えた。ここに最上の倫理的基準がある。㈢　ギリシア人が望んでいた永遠の生命が、神の律法を守る者に、神との交わりにおいて与えられる。

最初の弁証家はコドラトス（二世紀）で、一二五年ころに『キリスト教の弁護』――断片のみが残存――を皇帝ハドリアヌス（在位一一七―一三八）に献じ（エウセビオス『教会史』四巻三章二節）、アリスティデス（二世紀）も同じころに同様の訴えをハドリアヌスにし、ユスティノスは一五三年ころにローマでキリスト教を弁証した。その弟子タティアノス（一六〇ころ）は四つの福音書を『ディアテッサロン』にまとめた。ほかにサルディスの監督メリト（―一九〇ころ）、アテナゴラス（二世紀）、『ディオグネトスへの手紙』の著者をあげることができる。

彼らのうち最も重要な殉教者ユスティノス（一〇〇ころ―一六三年から一六七年まで）は、ロゴス思想を受容し、キリスト教と哲学との関連を明らかにした。「われわれは、キリストは神から最初に生まれた者であることを教えられた。そしてわれわれは、キリストがロゴスであり、すべての人間はこのロゴスを分けもっていると上述した。このロゴスとともに生きた者らは、無神論者であると思われようとも、キリスト教徒である」（ミーニュ『ギリシア教父全集』、以下MSGと略記。六巻三九七欄）。「われわれの教理は、すべての人間的教説よりも偉大であると思われる。というのはわれわれのために出現したキリストは、全ロゴスとなり、身体、理性、霊魂をもつものとなったからである。立法者や哲学者がどのように見事に語ったとしても、彼らはロゴスのある部分を発見し労作したのである。しかし彼らはキリストであるロゴスの全体を知らなかったので、しばしば矛盾したことを語った」(同、四六〇欄)。ユスティノスは、キリストは神的ロゴスであることを強調した。

エイレナイオス

エイレナイオス（一三〇ころ―二〇〇ころ）の主要著作『すべての異端を駁して』は、グノーシス主義、ことにヴァレンティノスの体系とモンタニズムの千年王国説とに対する詳細な反論である。彼の関心は人間の救済にあり、第二のアダム、キリストが人間を新生させることを強調した。「われわれはつぎのことを示した……神の子は受肉し、人間となった時、彼は人類の長い過程を新しく始めた。そして短い包括的な様式でわれわれに救済を与えた。われわれがアダムにおいて失っていたこと、すなわち神の像（かたち）と似姿とに従って存在することが、キリスト・イエスにおいて回復されるために」（『すべての異端を駁して』七巻九三二欄）。「われわれは、唯一の真実な堅固な教師、神の言、われわれの主なるイエス・キリストに従う。彼は、その無限の愛によってわれわれと同じものとなった。それは彼自身と同じものとわれわれをするためであった」（同、一一二〇欄）。神の完全な啓示であるイエス・キリストが、人間を死滅性から解放し、永遠の生命を与える。この死滅性からの解放は、礼典にあずかることによって可能であった。彼は「神はなぜ人となったか」と問い、「われわれが神化されるために」と答えた。彼においてロゴス・キリスト論と受肉論が結合されている。

単一神論

ロゴス・キリスト論は、ヨハネによる福音書の著者、ユスティノス、エイレナイオス、テルトゥリアヌスによって主張されたとはいえ、一般信徒に十分な共感をよぶものではなかった。ロゴス・キリスト論論争は、ある程度モンタニズムの間接的影響を受けたように思われる。というのはこの運動は、ヨハネによる福音書を重んじ、この福音書で約束されている聖霊の分与の開始を宣言したからである。小アジアにおけるモンタニズムの反対者は、そのような教説への反動としてこの福音書と神なるロゴスを拒否した。彼らは「アロゴイ」と呼ばれる。「アロゴイ」は、彼らの反対者による造成語であって、無分別な者とロゴスを信じない者との二重の意味をもっている。単一神論者は、アロゴイの影響を受けた。単一神論者という名称は、テルトゥリアヌスの命名したもので（ミーニュ『ラテン教父全集』、以下 MSL と略記。二巻一五七―一五九欄、一六四―一六六欄）、彼らは、第二の神であるキリストへの尊崇は、神の統一を危機に陥れると考え、神の統一を主張したからである。

単一神論は、二つに分けられる。㈠イエスは、受洗の時神の養子とされたとの主張。動態的単一神論（イエスに働く神の動的力の意）、あるいは養子論。㈡キリストは、唯一の神の一時的顕現様態（様式）にすぎないとの主張。様態的単一神論。これら二つのキリスト論とロゴス・キリスト論が、三世紀の初めローマで論争の対象となっていた。

㈠動態的単一神論　最初の優れた動態的単一神論者は、皮屋のテオドトス（二世紀）で、キリストは聖霊の働きによって処女から生まれたが、天からくだったとは考えなかった。イエスは敬虔な生活を送ったので、洗礼の時に聖霊が彼のうえにくだり、神の力（デュナミス）に満たされ、キリストとしての使命を達成した。ほかに動態的単一神論者として両替屋テオドトス、アスクレピオドルス、アルテモン（三世紀）をあげうる。

動態的単一神論は、東方で栄え長期間存続した。その代表者サモサタのパウロ（三世紀）は、キリストの人間性と神との人格的倫理的結合を強調した。ロゴス、あるいは知恵は、神の特性であるから神とは区別される。このロゴスは、モーセやすべての預言者に霊感を与えた。イエスは処女マリアから生まれた独特な人間であった。受洗の時人間イエスのうちに聖霊が送られて、彼のうちにロゴスが内住し、彼はキリストとなった。イエスは、神の力、神のロゴスによって満たされたが、実体において神と一つにはならなかった。彼は、イエスを本性上神の子とする見解は、二つの神を主張することになり、唯一神論を危機に陥れると考えた。

㈡様態的単一神論　様態的単一神論は、小アジアのノエトス（二〇〇年ころ）と、プラクセアス（二〇〇年ころ）によって基礎づけられ、後者によってローマに伝えられた。ここでサベリウス（二―三世紀）は、父と子と聖霊は、一つの神の救済史的に継続する三つの顕現様式で、それぞれ創造と救済と教会にかかわると主張した。サベリウスに対して「父難説」（父なる神が、子として受難したとの意味）との批判があびせられた。

アレクサンドリア学派

アレクサンドロス大王によって建設された港湾都市アレクサンドリアは、ローマ帝国第二の都会であり、東洋と西洋との通商の要地に位した。この都市は、当時の世界の学術の中心地の一つと考えられ、ここで七〇人訳聖書（セプトゥアギンタ）が完成し、フィローンのような聖書解釈者が起こった。ここに発生した神学は、アレクサンドリア神学と呼ばれ、その初期はクレメンスとオリゲネスによって、後期はアタナシオス、アポリナリオス、キュリロスによって代表される。

㈠クレメンス（一五〇ころ―二一五ころ）　彼はパンタイノスに師事した。クレメンスによれば、ギリシア哲学も旧約聖書も「福音的準備」となるものであった。というのはそれらは、同一の創造者から由来しているからである。ロゴスである創造者は、すべての人間にその普遍的摂理によって霊感を与える。キリストは、すべての人間の努力と知識との絶頂であり、知識を統一する原理である。教会においてキリストの生徒らは、信仰から知識へ、さらにキリストとの神秘的結合へと進む。この神秘的結合は神化を意味し、禁欲と快楽の抑圧と愛の行為によってえられる。

㈡オリゲネス（一八五ころ―二五四ころ）　有賀鉄太郎博士の『オリゲネス研究』は、オリゲネスのキリスト者的人格のあり方を、教会史的また教理史的研究の基礎に立って神学的解釈学の方法によって明らかにしようとした優れたオリゲネス研究である。オリゲネスは、同時代人とともにつぎの三つの仮説をたてる。㈠神は不変である。㈡物質界は悪の総体である。霊的なもののみが価値をもつ。㈢すべての霊的実体は、神とともに元始的にして永久に不滅の単一性を形成する。弁証家のように、オリゲネスも神の不変性と創造の思想とを結合することに困難を感じたが、ロゴス思想の媒介によってこれを克服した。創造された諸霊はその自由によってますます遠く神から離れる。善の根源である神から遠ざかることは悪であり、罪である。諸霊のこの堕落は、物質的世界発生の原因である。比較的善い諸霊は、軽い体（天体）を保持し、諸悪霊とその指導者サタンは全く暗黒の存在である。これら二つの群の中間に人間性が存在する。われわれは人間性に関して物質主義者と観念論者とに分かれる。あるいは身体的な者と魂をもつ者と霊的な者（あるいはグノーシス主義者）に分かれる。救済の目標は、諸霊と神の再結合である。それへの道は人間の性質に応じて異なっている。物質主義者にとっては、イエス・キリストによる客観的救済が必要であり、観念論者にとっては、とくに教師としてのキリストの啓示する行動とその模範とが重要である。禁欲による物質的世界からの自由の獲得が主要な目標である。オリゲネスは、キリスト教徒でありたいと願ったばかりでなく、拷問による非常な苦痛にたえてけっしてキリストを否認しなかった。彼の心は、その体系が語っている以上に一層強くキリストに固着していた。彼におけるキリスト教とギリシア精神との綜合は、歴史的に非常に重要なことであった。この綜合によってキリスト教は、ギリシア文化の地盤において民衆の宗教となることができた。

アンテオケ学派

小アジアのアンテオケ学派は、神学的原理のゆえにアレクサンドリア学派と相違する。その聖書釈義は、歴史的文法的基礎に立って聖書の客観的意味を探り、道徳的解釈をする。従ってそのキリスト論は、人間イエスの歴史性に固着し、キリストの神性と人性とを区別し、人間イエスにおけるロゴスの内住について語り、アレクサンドリア学派のキリスト論（キリストの本質を神の本質と同質とする）に反対する。またアンテオケ学派の倫理的救済論もアレクサンドリア学派の形而上学的救済論と対立する。

アレイオス

アレイオス（二五〇ころ―三三六ころ）は、アンテオケ学派の創始者ルキアノスの弟子で、三二〇年ころ彼の監督アレクサンドロスと論争したが、この論争をアレイオス論争という。彼によれば、キリストは被造物のなかで最初に生まれたものであり、世界形成の時の行為者であるけれども、彼は永遠ではない。「子は始めをもっているが、神は始めなくして存在する……」（MSG 八八巻九〇九欄）。アレイオスにとってキリストは、ある意味で神であったが、低次の神であり、本質あるいは永遠性に関してけっして父と同一ではなかった。彼にとってキリストは、全き神でも全き人間でもなく、それらの中間の第三の存在であった。監督アレクサンドロスは、オリゲネスの影響を受け、子は本質において父に似ており、永遠であり、全く被造物ではないと主張した。ここにアレイオスとアレクサンドロスの論争が始まり、前者はニコメディアの監督エウセビオスに援助を求め、後者は広く同僚の諸監督に訴え、東方キリスト教会は非常な混乱に陥った。

ニカイア会議とアタナシオス

皇帝コンスタンティヌスは、この論争が教会の統一を脅かし、ついには帝国の統一にも悪影響を与えることを憂え、ニカイア会議を召集した。これは世界的な第一回教会会議であり、三二五年五月に開かれ、出席した約三〇〇人の監督のうち西方の監督は六人であった。三つの群がこの会議を構成していた。すなわち㈠ニコメディアのエウセビオスとアレイオスの群。㈡アレクサンドロスとアタナシオスの群。㈢カイザリアのエウセビオスの群。まずアレイオス派によって提出された信条が否決され、つぎにカイザリアのエウセビオスが自己の教会の信条を提出した。これは論争以前に記されたものであったので、当該問題については全く不明瞭なものであった。この信条は修正され、「生まれたのであって造られたのではない」、「父と一つの本質である」が挿入された。アレイオスの主張「彼がいなかった時があった」は否定された。

ニカイア信条の決定に関しては、帝国の統一を顧慮していたコンスタンティヌスによるところが多かったとはいえ、われわれは終始この信条を擁護したアタナシオス（二九六ころ―三七三）の信仰と努力によるものであることを銘記しなければならない。彼はその後何回も追放されたが、その確信を捨てなかった。彼は、係争中の問題は人間の救済に関するものであることを洞察していた。アタナシオスは「彼〔キリスト〕は、われわれが神的なものとされるために、人間となった」（『受肉論』五四）という。神が人間となることによってのみ、すなわち神の受肉によってのみ人間的なものが、神的なものへと変化する。彼によればアレイオス主義の誤謬は、これが救済の根拠を与えない点にあった。

しかしコンスタンティヌスが教会の神学問題に干渉したことは、将来国家と教会の問題に影響を与えることとなる。

カパドキア教父

アタナシオスの死後ニカイア信条擁護のために三人のカパドキア教父、すなわちカパドキアのカイザリアの監督バシレイオス（三三〇ころ―三七九）、その友人ナジアンゾスのグレゴリオス（三二九―三八九）、バシレイオスの弟でニッサの監督グレゴリオス（三三〇ころ―三九五ころ）が闘った。バシレイオスは、アタナシオスのように聖霊の完全な神性を主張した。彼は、聖霊を完全な神と考えなかったマケドニア派に激しく反対した。ニッサのグレゴリオスは、子の誕生と聖霊の発出とを区別した。ナジアンゾスのグレゴリオスは、聖霊の神性と聖霊の父からの発出を主張した。アタナシオスは、一の神における三を教え、カパドキア教父は、三のヒュポスタシス（実体）における一のウシア（本質）における神を教えた。

コンスタンティノポリス会議

三八一年にローマ帝国の最後の皇帝テオドシウス（在位三七九―三九五）は、コンスタンティノポリスに東方の教会会議を開いたが、これは第二の世界教会会議といわれるものであり、「ニカイア信条」として一般に用いられるようになった信条を決定した。しかしこの信条は、「ニカイア・コンスタンティノポリス信条」というべきものである。この会議は、マケドニア派が神との聖霊の同質を認めなかったからこれをしりぞけ、ニカイア信条を承認した。とはいえニカイア信条は神との聖霊の同質にはふれていなかったので、ニカイア・コンスタンティノポリス信条はこの点を付加した。ここにおいて帝国内でアレイオス派は完全に敗れたが、ウルフィラス（三一一ころ―三八三）の宣教によってゲルマン民族の間に数世紀にわたり存続した。

ニカイア信条とニカイア・コンスタンティノポリス信条を比較するために、つぎに両者を列挙しよう。

ニカイア信条

「私たちは、全能の父なる唯一の神、見えるものと見えないものの造り主を信じる。
私たちは、唯一の主イエス・キリスト、神の子、父から生まれた独り子、すなわち父の本質から生まれた方、神からの神、光からの光、真（まこと）の神からの真の神、生まれた方であって、造られた方ではない方、父と同質の方を信じる。彼によってすべてのもの、天にあるものも地にあるものも造られた。私たちは、私たち人間のために、私たちの救済のために降られ、受肉され、人となられ、苦しめられ、三日目によみがえられ、天に昇られ、生きている者と死んだ者を裁くためにこられる方を信じる。

私たちは、聖霊を信じる。

彼〔キリスト〕がいまさなかった時がかつてあったし、彼は生まれる以前にはいまさなかったし、彼は無から造られたという者ら、あるいは彼は異なる実体あるいは本質からでられたのであり（あるいは造られており）、神の子は変質したり、可変的であるという（この）者らを公同（また使徒的）教会はのろう」（シャッフ『キリスト教界の信条』二巻六〇頁）。

ニカイア・コンスタンティノポリス信条

「私たちは、全能の父なる唯一の神、天と地の創造者、すべての見えるものと見えないものの創造者を信じる。

私たちは、イエス・キリスト、唯一の主、神の独り子、すべての世代に先だって父から生まれた方、光からの光、真の神からの真の神、生まれたのであって造られたのでない方、父と同質の方—彼によってすべてのものが造られた—、私たち人間のために、また私たちの救済のために天から降られた方、聖霊により、そして処女マリアにより受肉され、人間となられ、私たちのためにポンテオ・ピラトのときに十字架につけられ、苦しめられ、葬られ、聖書に従って三日目によみがえられ、天に昇られ、父の右に坐られ、生きている者と死んだ者を裁くために栄光のうちにこられる方―その方の国には終わりはないであろう―を信じる。

そして私たちは、聖霊、主、生命の創造者、父から出られる方、父と子とともに礼拝され、ともに賛美され、預言者らによって語られた方を信じる。私たちは一つの、聖なる、公同の、使徒的教会を信じる。私たちは罪のゆるしのための一つのバプテスマを告白する。私たちは死者のよみがえりと来世の生命を待望する。　アーメン」(同、五七―五八頁)。

三一神の教理は、聖書にはこの信条の形では記されていない。しかしコリント人への第二の手紙一三章一三節にはすでにその萌芽が見える。三一神の教理はあるいは聖書の教説をこえているといえるかも知れない。しかしそれは聖書の内容を示しているのである。キリスト教が他のすべての宗教と相違している点は、受肉と三一神との教理であるともいえる。

キリスト論論争

これらの二つの信条は、キリストは完全に神であり、「人となられた」ということを決定した。しかしこの信条においては、キリストにおける神性と人性との関係が明らかにされていないので、キリスト論論争の展開となった。キリスト論考察のための二つの視点があった。一つは、キリストにおける神性と人性との統一が非常に強調されると、キリストにおける人性が神性のなかに吸収されてしまうということであり、他の一つは、キリストにおける神性と人性とのそれぞれが完全であると、キリストのうちに二つの別々の存在があるということである。

アポリナリオス（—三九〇ころ）はラオデキアの監督で、ニカイア信条を支持し、アタナシオスと交際した。アポリナリオスは、人間の救済は、ただキリストが完全に神であるがゆえに可能であると考えた。彼は、どのように完全な神としてのキリストと完全な人間としてのキリストが結合するかについて思索した。そしてイエスにおいてロゴスが霊魂の場を占め、身体だけが人間であるという見解に立った。これは三六二年のアレクサンドリア会議で異端とされたので、彼は、イエスは人間の肉体と霊魂をもってはいるが、イエスの理性的霊はロゴスであるとの見解をいだくようになった。一体、人間の霊は腐敗しており、肉に仕えている。従ってそれはイエスにおいてロゴスによって置き換えられなければならなかった。このように彼はイエス・キリストにおける統一を見いだそうとした。しかし彼の見解はキリストの真の人間性を否定したのであって、ローマ教会は三七七年と三八二年に、アンテオケ教会は三七九年に、コンスタンティノポリス教会会議は三八一年にそれぞれ彼に反対した。

アンテオケ学派のディオドロス（—三九四ころ）は、キリストの人間性に真の価値を与えようとして、キリストにおいて本質的一致ではなく、道徳的一致において二つのペルソナが存するとの見解に傾いた。その弟子ネストリオス（—四五一ころ）は、キリストにおける二つのペルソナの教理を認めなかった。「キリストという一つの名によってわれわれは同時に二つの性質を明示する」（エイヤー、五〇二頁）というネストリオスは、キリストにおいて、神性と人性という二つの実在を強調した。

キュリロス

アレクサンドリアの総主教キュリロス（三七六—四四四）は、ネストリオスに反対し、キリストのうちに人性が完全に神性とされていると考えた。すなわち両性の一致がキリストのうちに存すると考えたが、キリストのペルソナの中心はロゴスであるといってキリストの神性を主張した。彼によれば、人性は神性に吸収されたことになる（キリスト単性論）。

ネストリオスとキュリロスの間で、「神の母」という術語をめぐって論争が展開された。イエスの母を「神の母」（ギリシア語で《テオトコス》）と呼ぶことは古代教会において始まったが、アレクサンドリアのアレクサンデル、アタナシオス、アポリナリオス、ナジアンゾスのグレゴリオスもこの術語を用いた。キュリロスもこれを用いたが、ネストリオスはこれがキリストにおける人性をキリストにおける神性から十分には区別しないことになると考えたので、キュリロスに反対し、その代わりにマリアを「キリストの母」（ギリシア語で《クリストトコス》）と呼んだ。そこで四三一年にエペソの教会会議が召集され、紆余曲折ののちネストリオスは敗れた。

その後ネストリオスはエジプトに追放されたが、カルケドンの教会会議まで生存したかどうかはわからない。ネストリオス主義はローマ帝国内では弾圧されたが、シリアとペルシアでは支持者があった。これは外国宣教に力を注ぎ、七世紀に中国（ここでこれは景教と呼ばれた）やインドに伝播した。

エウティケス

エウティケス（三七八ころ―四五四）はネストリオス主義に反対し、キリストにおける神性と人性とは融合して、神的人的な混合した存在となっていると考えた。「われわれの主は、結合（すなわち受肉）の前は二つの本質をもっていたが、結合後は一つの本質をもっていたと私（エウティケス）は告白する」（マンシ『教会会議録集成』六巻七四三欄）。

カルケドン会議

キリスト論論争を終結させるために四五一年にカルケドン教会会議が召集され、カルケドン信条が決定されたが、これは西方教会の色彩の強いものであった。この信条の重要な部分はつぎのようである。

カルケドン信条

「われわれは聖なる教父らに従い一致してつぎの方を告白するように人々に教える。すなわち唯ひとりのみ子、われわれの主イエス・キリスト、神性において完全にていまし、人性においても完全にいます方、真に神、真に人、真に理性的な魂と身体とをもたれる方、神性によれば父と同質（ギリシア語で《ホモウシオス》）、人性によればわれわれと同質、罪以外はすべてにおいてわれわれに似ておられる方、神性によればすべての世代に先だって父から生まれ、人性によればこの後代にわれわれのためにわれわれの救済のために処女マリア、神の母（テオトコス）から生まれた方、両性において混同することなく、変わることなく、分けられることなく、分離されることなくいます唯一のキリスト、子、主、独り子、両性の区別が結合によってけっして取り去られることなく、むしろおのおのの性の所有が保有されておられる方、一つの本質と一つの実体において併存し、二つの本質へ分離されたり、あるいは分けられたりしない方、唯ひとりのみ子、ロゴスなる神、主イエス・キリスト、初めからすべての預言者が彼について言明し、主イエス・キリスト自身がわれわれに教えられ、聖なる教父らの信条がわれわれに伝達したような方」（シャッフ『キリスト教界の信条』二巻六二―六三頁）。

この信条において、キリストにおいて神の完全な啓示が存在し、また完全な神性と完全な人性が存することが主張されている。またこれにおいて神性や人性に関する両極端が排除されているが、両性がどのように結合されているかについては未解決のままになっている。私は西方の神学について述べるまえに、クリュソストモスについて一言しよう。

クリュソストモス

クリュソストモス（三四七ころ―四〇七）は修道士、優れた説教家また聖書注解者であったが、首都コンスタンティノポリスの宮廷、教職者、一般市民の腐敗を浄化しようと意図したので、王妃や反対者の圧迫を受けて死んだ。

東方教会と西方教会との神学思想の相違

六世紀まで東方教会と西方教会との関係は緊密であり、東方の教義は西方においても教義として受容され、またその逆でもあった。しかしイースター論争や機構上の争い等で両者は分離するようになる。両者の神学思想上の相違――むしろ発展といった方がよいであろう――はまずテルトゥリアヌスにおいて現われた。

テルトゥリアヌス

テルトゥリアヌス（一六〇ころ―二二〇から二五〇ころ）においてローマ的法概念が宗教の領域で咎と罰、行いと報いという概念となった。モンタヌス主義者であった彼はラテン語で著述した最初の優れた教会教父で、trinitas（三一）、substantia（実体）、sacramentum（礼典）、satisfacere（償うこと）、meritum（功績）を最初に用いた。彼のロゴス・キリスト論は大きな影響を与えたが、彼はロゴスという名称よりも子という名称を好んで用いた。彼は神性についていう「……すべてのものは実体の一致により一つのものからである。それにもかかわらず三一のなかに統一を置く取り計らいの神秘が、三つ、すなわち父、子、聖霊を配置することによって守られている。しかし三つは地位においてではなく関係（gradus）において、実体においてではなく形態において、力においてではなく外観において。しかしそれらは一つの実体、一つの地位、一つの力からである。というのは神は、これらの関係、形態、外観が父、子、聖霊の名のもとに考えられる唯一の神であるからである」（MSL二巻一五七欄）。彼は神のこれらの区別を「ペルソナ」という用語によって叙述した（同、一六七―一六八欄）。三つのペルソナにおける神は唯一の実体である。さらに彼は、子は父から生まれ、父に従属しているという（同、一六一―一六二欄）。彼は神における創造主と救済者との一致を強調した。

キプリアヌス

殉教者キプリアヌス（二〇〇／二一〇―二五八）の神学思想史上における意義はその教会観にある。彼によれば教会はキリスト教徒の唯一、可見的、正統的共同体である。「唯一の神が存在し、キリストは一つであり、一つの教会があり、主の言によって岩の上に建てられた唯一の椅子がある」（『ニカイア会議前教父全集』、以下 ANF と略記。五巻三二八欄）。「母としての教会をもたない者は、もはや父としての神をもつことはできない」（MSL 四巻、五〇三欄）。「教会の外に救済はない」（ANF 同、三八四欄）。教会以外の場所には、有効な礼典の分与はない。教会はその諸監督の一致に基づいている。キプリアヌスにとってローマ教会は明らかに最高の権威のある教会であったが、彼は他の諸監督に対するローマ教会監督の法的権威を認めたり、あるいはこの監督を同資格者の首位者以上のものと考えようとはしなかった。また彼は殉教は一〇〇倍の実を結ぶが、自発的独身生活は六〇倍の実を結ぶといった。彼の教会観の影響は大きかった。

アンブロシウス

ミラノの監督アンブロシウス（三三九ころ―三九七）は最も有力な説教家の一人で、ニカイア信条を受容し、アレイオス主義に反対した。彼はその説教によってアウグスティヌスに甚大な影響を与えたが、そのことについては後者の『告白』に記されている。

ヒエロニムス

ヒエロニムス（三四〇／三五〇—四三〇）は修道院生活を高く評価し、これを奨励したが、彼自身ベツレヘムの修道院長であった。聖書注釈者である彼は、『ウルガタ』として知られているラテン語訳聖書を完成した。またキリスト教著作家に関する伝記的辞書『著名人人名録』を著した。

アウグスティヌス

アウグスティヌス（三五四—四三〇）は神学思想史と哲学思想史に甚大な影響を与えたが、彼もオリゲネスのように古代思想を包括し、これとキリスト教との対話を試みた。彼の精神的遍歴については、その『告白』に詳細に記されている。彼はキケロの『ホルテンシウス』を読み、哲学への眼が開かれたが、その後九年間マニ教に帰依した。懐疑論者になった彼は、新プラトン主義の神観念に共鳴した。新プラトン主義は、彼に純粋に霊的な存在の可能性を示した。今や神は霊であることが彼に明らかとなった。彼はミラノでアンブロシウスに出会い、ローマ・カトリック教会の権威にふれた。アタナシオスの『アントニオスの生涯』を読み、またアンブロシウスに接して独身生活の意義を学んだ。彼は聖書研究、ことにパウロの手紙の研究に没頭した。懐疑主義、唯物主義、観念論、教会の権威、禁欲主義、聖書主義を体験した彼において古代思想はキリスト教によって克服され、そこに神学思想史と哲学思想史の新しい出発が始められたといえるであろう。

聖書ことにパウロの手紙の研究によって、彼は新プラトン主義の神観を乗りこえる。彼は神を最高存在、最高善として認識し、この神において人間は平安へと導かれる。パウロの説くように、神は絶対的意志であり、この意志は謙虚な服従と奉仕を要求する。

彼の神学思想の中心は、罪と恩恵の教理である。これらにおいて彼はパウロからルターへの系列の中間点に立つ。彼の罪と恩恵との教理は、新プラトン主義から大きな影響を受けている。罪の本質は欲性（コンキュピスケンティア）であって、秩序のない無際限の欲望である。彼によればこの欲望は性欲のなかに最も強く現われるから、十戒のなかの「あなたは姦淫してはならない」は欲望に関する主要な戒めとなる。欲望に基づく罪の習慣には力があり、この力は遂には人間から善を行う能力を奪い、善を認識する能力さえも奪う。コンキュピスケンティアと死はアダムにとって罰であったが、われわれにとっても同様である。このコンキュピスケンティアと死から人間は自分自身で自由になることはできない。それは神の無償のあわれみ（恩恵）によってのみ可能である。この神のあわれみとはキリストの死である。キリストは十字架において、㈠われわれの罰を代わって受けた。㈡われわれを悪魔の力から救い出した。㈢人間を神と和解させた。われわれにとってキリストの業とは、㈠罪の赦しであり、コンキュピスケンティアの咎からの自由である。受洗後であってもコンキュピスケンティアは滅じないが、それはもはや咎としては考えられない。㈡聖化をもたらす。このことはコンキュピスケンティアからの発展的解放と神への導きを意味する。

罪と恩恵の教理は、つぎの二点から一層深く探究されることになった。㈠悪はどこからこの世にきたのか。神がアダムの行為を予知したのであるなら、神はそれを防ぐことができたのではなかったか。神がそのことをしなかったのなら、罪の創始者は神であったということにならないのか。このことは悪の予定の問題とかかわる。㈡救済がただ神の行為であって、人間の自由においてなされた業でないなら、このことは善の予定の問題とかかわる。アウグスティヌスはこれらの予定の問題を回避しないで、パウロ以後初めて予定説を肯定した。神の恩恵は、全能の神の行為であるから、人間に不可抗力のものである。しかしごく僅かの人々だけが神にくるなら――アウグスティヌスはこのことを経験した――、これは神がごく少数のものを引き寄せられたからである。なぜそうなのかについてアウグスティヌスはなんの洞察をももたないことを自覚していた。しかし神がこのことをなすがゆえに、このことのなかに善が隠れていることを彼は疑うことができなかった。神の全能の力による、人間の滅亡からの救済、このことが人間の救済の最も確かな根拠であると彼は確信した。彼の生きていた時代に教会がどのように深刻に恐怖と希望の間で動揺していたかに注目するなら、救済の確かさへのこの洞察がどんなに重要性をもっていたかが分るであろう。石原謙博士は、アウグスティヌスの神学において、恩恵の概念は最も重要な基本的信仰に基づいており、神学思想の根幹をなしていたといっている（石原謙『キリスト教の源流』五二九頁）。

罪と恩恵に関するアウグスティヌスの思想に、アイルランドの修道士ペラギウス（三六〇ころ―四二〇ころ）と北アフリカのケレスティウス（五世紀）は反対し、ここにペラギウス論争が発生した。彼らは人間の全き倫理的自由を主張し、人間は欲するならすべての罪を回避できるし、アダムは人間が神のまえで倫理的功績をえることを不可能にしなかったとした。彼らの見解は異端とされた。

アウグスティヌスの予定論も論争の的となり、南ガリアの修道士らは人間は罪を避けえないから、その罪のゆえに罰せられるべきではないと主張した。また彼らは、人間は神の恩恵を受容することも拒否することもできる自由をもっていると主張した。予定は予知にすぎないのであって、神は人間がどのように決断するかを予知する。従って彼らにとって救済とは神と人間との協力によってもたらされるものとなった。彼らによって起こされた論争はその内容上半ペラギウス論争とよばれる。

アウグスティヌスの教会論は、恩恵の教理との密接な関連において発展した。予定論に基づいて彼は教会を予定された者の交わり、神によって救済に定められた者の交わりとして理解した。彼は、神は異教徒でさえ救済へと予定する可能性が存するといった。キプリアヌスは「教会の外に救済はない」といったが、彼もしばしばこのことを語った。彼によれば聖書の権威さえ教会に基づく。彼は「私はカトリック教会の権威が私をそのことへと動かすのでなければ、福音を信じないであろう」という。彼において聖書に対する信仰は教会に対する信仰であった。教会はキリストの身体であるから信仰と信頼を受けるに価し、また教会に属することは至福の条件である。従ってすべての人々を教会に導くことは最高の愛に基づく義務である。教会はつねにキリストの身体であるけれども、現在この身体のうちに真のキリスト教徒（よい麦）と外見上のキリスト教徒（毒麦）とが混在している。終末の時に初めて教会は、真のキリスト教徒、予定された者からなるものとされる。

四一〇年にローマはアラリック族によって征服された。当時アウグスティヌスは、キリスト教に対する不当な非難と中傷にこたえて古代教会最大の弁証論『神国論』を書いた。彼はこの地上という共通の地盤にあって神の国と地の国とは対立し、神の国の民であるキリスト教徒は地上にあっては旅人であり、苦難のうちにあるが、受肉のみ子のうちに神の慰めを見いだし、謙遜と愛のうちに生き、終末における神の国の完成を待望するという。神の国と地の国についてつぎのように記している。

「二つの国が二つの愛によって形成された。地の国は神を軽蔑するほどの自己愛によって、そして神の国は自己を軽蔑するほどの神に対する愛によって形成された。一言でいえば、前者はみずからにおいて誇り、後者は主において誇る。前者は人々からの誉れを求め、後者は良心の証しである神を最上の栄えとする」(『神国論』一四巻二八章──『キリスト教徒全集』ラテン語部、四八巻四五一頁)。

キリストの身体としてのローマ・カトリック教会が、ここ地上においてサタンの国の代表者としてのローマ帝国と対立している。ここでローマ・カトリック教会を単に教会と、そしてローマ帝国を諸国家とそれぞれ置き換えることができる。そして国民の内的幸福をも促進する法治国は、神の国の開拓者にさえなりうる。このことは国家がキリスト教のもろもろの力に満たされる時にのみ起こる。神のまえで国家が霊的服従をする時、それは自己の尊厳を保つことができる。

アウグスティヌスは多くの点においてカトリック的なものとプロテスタント的なものを有している。従ってローマ・カトリック教会もプロテスタント教会も彼を依りどころとする。このことはまたこれらの教会間に多くの共通性が存することを示唆しているといえるであろう。中世キリスト教史に与えたアウグスティヌスの影響は、以下の論述において明らかとなるであろう。

一二　ローマ帝国との教会の闘い

序

かつてはローマ帝国はキリスト教は許容されたユダヤ教の一分派と考えていたが、今やそれは独立した力あるものと考えるようになった。従って国家への教会の関係が、教会の存続にとって重要な問題となり、また国家にとっても重大な問題となった。

初期の迫害

ローマ帝国においてユダヤ教は法的保護のもとにあり（使徒一八・一四―一六）、初期のうちはキリスト教はユダヤ教の一派と考えられていた。しかしユダヤ教とキリスト教とはネロの迫害（六四年）までに区別されるようになった。この迫害時にキリスト教徒が放火の嫌疑をうけたのは、彼らに対する民衆の誤解と中傷によるところであった。いつのころからキリスト教徒というだけで犯罪が成立したのかは分らないが、ペテロの第一の手紙が書かれた時（九〇年ころ）までに、キリスト教徒であるとの単なる告白が刑罰の理由となった（Iペテロ四・一六）。プリニウス（七七頁参照）へのトラヤヌスの返書によれば、明らかにキリスト教徒はすでに犯罪者と考えられていた。しかし彼はこれにおいて、キリスト教徒は狩り出されてはならないが、もし彼らが告発された場合、彼らがキリスト教徒であることを否定し、神々を拝むなら、彼らは赦免されなければならないのであり、彼らが固執する場合にのみ罰せられなければならないと命じている（エイヤー、二二頁）。キリスト教徒であるとの告白は彼らの存在にかかわる危険と、極刑を伴うものであったが、この当時の殉教者数は、三、四世紀のそれと比較すると少なかったと思われる。二五〇年以前には大規模な迫害は起こらなかった。（ウォーカー、四三頁）。

キリスト教徒迫害の理由

(一)新宗教創始者イエスは国事犯として処刑された。(二)キリスト教徒は皇帝礼拝を拒否した。(三)キリスト教徒は多神教の礼拝を拒否した。(四)キリスト教徒に対する民衆の憎悪。(イ)キリスト教徒は夜会合を開き断食をし、食人鬼的食事（幼児の礼拝参加と聖餐式に関連する嫌疑）をしている。陰険な非文明の民、公の席では無言、隠れ場においては多弁（ミヌキウス・フェリックスの証言）。このようにしておもに下層階級に属していたキリスト教徒は謀叛人の群と考えられた。(ロ)キリスト教徒は新しい迷信と邪悪の群（ミルプト『教皇制度とローマ・カトリック教会との資料』、以下ミルプトと略記。四)。(八)礼拝で男女が乱痴気騒ぎをする。このことはキリスト教徒間の非常に親密な交わりと兄弟姉妹という呼び方と接吻に基づく中傷。(二)キリスト教徒のこの世と文化に対する否定的態度によって、彼らは人間を憎悪しているという非難が起こった。この世に対する否定的態度は、終末が近いとの確信に基づき、文化に対するそれは古代文化の異教的基盤に対する批判に基づいていた。(シュミット、八六—八七頁)。(五)キリスト教徒は公務員や兵役につくことを拒否したので、社会秩序を乱すものと考えられた。

迫害の法的根拠

民衆の憎悪によってキリスト教徒は突発的に一時的に迫害された。しかし官憲はどのような刑法上の根拠に立って彼らを迫害したのであろうか。刑法に基づくキリスト教禁止は、三世紀までは存在せず、皇帝礼拝拒否のみが国事犯に該当していた。インスティテュートムと呼ばれる一世紀の慣習法に基づく訴訟が、キリスト教徒にも適用されたと思われる。これによれば、一つの犯罪の立証が成立すると他の一連の犯罪が立証されたとされる。従ってキリスト教徒であるとの立証は、近親相姦、無神論、殺人等に関する有罪判決の理由となり、刑罰が科せられた。従って民衆のキリスト教徒に対する非難は今や法的意義を担うことになった。多くのキリスト教徒は宗教的犯罪のゆえに死刑の判決をうけた。処刑の種類は斬首、火刑、十字架刑、闘技場における獣との戦いであった。ほかに追放、山岳における重労働、娼家への婦人の譲渡等があった。ネロの迫害時の処刑のなかに麻のなかの火刑があったが、これは当時キリスト教徒に魔術と毒害の嫌疑がかけられたことを意味している。(同、八七―八八頁)。

迫害の法的根拠の一つとして「警察行政権」(coercitio)があった。これは国法によってローマの各州の総督や知事に与えられた広汎な行政上警察上の全権で、平穏と秩序に関して危急の場合に行使された。裁判は一定の訴訟手続きに拘束されることもなく、刑量に関する規定もなかった。死刑の判決は総督や知事のみの権限に属していた。(同、八八頁)。

国家的規模の迫害

二四八年にローマ市の千年記念祭が執行され、古代ローマの復興が祝われ、ローマの宗教が尊重された。その翌年ローマ人デキウス(在位二四九―二五一)は皇帝となった。この時までに教会は非常に組織化され、国家のなかの国家と考えられるほど有力な存在となった。デキウスの勅令によってすべての地域の住民に神々への犠牲の奉献が命じられ、違犯者には厳しい刑罰が科せられた。その結果彼は二五〇年(あるいは二四九年)に最初の全国的キリスト教徒迫害を命じた。二五一年に彼はゴート族と争って戦死したので、この迫害は挫折した。ヴァレリアヌス(在位二五三―二六〇)が二五七年から翌年にかけて迫害を再興し、教会教職者は処刑され、信徒のうち高い身分にある者だけが処刑され、教会堂は破壊された。皇帝ディオクレティアヌス(在位二八四―三〇五)は、財政面で北アフリカとバルカン半島の北方――彼はここの出身――との農業に依存していた。これらの地域では唯一の宗教ミトラ教が有力であり、軍隊のなかでも勢力があった。彼はこれらの支持を必要としたので、キリスト教徒迫害を始めた。従って三〇三年から三〇五年にわたり、また東方では三一三年まで最も苛酷な迫害が続いた。第一回目の勅令によって礼拝が禁止され、聖書は焼かれ、教会堂は破壊され、キリスト教徒は拷問にかけられ処刑された。第二回目と第三回目の勅令によってすべての教職者は投獄されて拷問にかけられた。三〇四年、第四回目の勅令によって供物の奉献を拒否する者に死刑が命じられた。これらの勅令は諸地方で実行に移されたが、それには非常な多様性があった。(同、八九—九一頁)。

コンスタンティヌスの寛容令

彼は三一三年にミラノでキリスト教に対する寛容令を発し、キリスト教徒は初めて信教の自由を獲得した。この寛容令発布の動機は、その前年彼が戦場で奇跡的に勝利を収めたことに存するのであろうが、国家統治の国策上の必要に存していた。彼の統治の財政的基盤は農民階級にではなく、町の実業家にあり、キリスト教徒は町に多く住んでいた。従って彼が町の住民に財政的に依存した時、少なくともキリスト教徒に寛容を保証しなければならなかった。つぎに彼は教会の統一をもたらすために教会論争を終結せしめようとしたが、これも国益を考慮してのことであった。三二五年のニカイア教会会議は彼が召集し、議事日程を立て指導した。教会会議の信仰に関する決定は、法律的意味を伴う教義となり、国民はこれに従わなければならなかった。彼の教会政策は、国家への奉仕のための強固な教会の形成にあったから、彼の教会への寛容政策は、やがて財政的援助や法的保護を伴うようになった。例えば、三二一年に日曜日の安息日化が法的に規定されたり、華美な教会堂が建立された。彼は三二三年以後東方にキリスト教受容を命じたり、異教に反対する二、三の法令を制定した。彼が精神的にキリスト教に傾斜していたことは事実であり、彼は臨終に受洗した。(同、九一―九二頁)。

今や大衆は教会に殺到するようになったが、教会は彼らを真に内面からキリスト教化することはできず、キリスト教徒の倫理生活は低下した。教会は教会内に台頭してきた異教に対処しなければならず、また突如として国家、法、経済、社会、家庭、教育、結婚、学問、工芸、倫理に関するキリスト教的見解が求められた。コンスタンティヌスによる教会への干渉によって教会は権力と富とに結合することになったが、このことはのちに教会に打撃を与えるようになる。(同、九三―九四頁)。教会への入会は容易になったばかりか、三八〇年のテオドシウスの大勅令によれば、正統信仰は臣民としての忠誠と完全に一致し、人々はいやおうなしに教会に加入しなければならなかった。コンスタンティヌスの教会への干渉は批判されなければならない点が多くあるが、その場合教会側にも責任がある。というのは単なる教会の外的拡大はその内的衰微の初めでもあるからである。

コンスタンティヌスの後継者の時代

コンスタンティヌスの子らの統治時代に野蛮な神殿暴動が起こった。教会は迫害された場所で、迫害者の立場に移行したことは悲しむべきことであるとシュミットはいう。三八〇年にテオドシウスとグラティアヌス(在位三七五―三八三)は法的にキリスト教以外の宗教の自由を奪い、住民はすべて正統的キリスト教徒であるように義務づけられ、異教や異端の信者は国事犯に該当すると考えられた。ユスティニアヌス（在位五二七―五六五）のもとで教会は国教会となり、従って教会教職者は官吏となり、国家あるいはむしろ専制的支配者が国法に基づいて、教会教義、教会機構、礼拝を取締まり、倫理規定を教会会議あるいは教会機関によって制定した。（同、九二頁）。

一三　教皇制度の発生

序

ローマのペテロ大聖堂の天井に大きな金文字で「あなたはペテロである。そして、わたしはこの岩の上にわたしの教会を建てよう」（マタイ一六・一八）と記されている。このキリストの言葉に、ローマ・カトリック教会は教皇制度の発端とその権限を基礎づけている。この教会の神学は、このことを釈義学的にも歴史学的にも証明しようと非常な学的努力をつねに重ねてきた。しかし非カトリック教徒は、教皇制度の発生と発展を別の視点から理解しようとする。（シュミット、一三六頁）。

ローマ教会の卓越性

古代におけるこの教会の卓越性は、ただローマ教会会員にとってのみ意味があったが、そ

ヴィースラ河
プリピアト河
デスナ河
ドン河
ドネズ河
ドニエプル河
ドニエストル河
ティスザ河
プルト河
ムレス河
サヴァ河
モラヴァ河
ドナウ河
マルキアノポリス
コンスタンティノポリス
サルディカ
ベロエア
ヴァルダル河
ハドリアノポリス
フィリポポリス
マリカ河
ネオカサリア
ユーフラテス河
ニコメディア
ニカイア
アンキラ
ヘラクレア
テサロニケ
コンスタンティノポリス総主教区
カルケド
カエサリア
ベルガモ
ザルデス
アンテオケ
ニコポリス
エデッサ
フィラデルフィア
タルソ
スミルナ
ラオデキア
アンテオケ
エペソ
ベルガ
セルキア
コリントス
アテナイ
ミレトス
ネオカエサリア
ラオデキア
アンテオケ
自立教会
ロドス
イコニオム
サラミス
ラオデキア
キプロス
総主教区
ヘラクレア
ガリラヤ湖
ダマスコ
クレタ
ツロ
ヨルダン河
トレマイ
ボストラ
カエサリア
スクトポリス
エルサレム
死海
ペトラ
アレクサンドリア
バルセ
エルサレム
総主教区
アレクサンドリア総主教区
ナイル河

五世紀半までの五総大司教区〔総主教区〕
　エルサレム総主教区
　アンテオケ総主教区
　アレクサンドリア総主教区
　コンスタンティノポリス総主教区
　ローマ総大司教区

イェディン，ラトレット，マルティン編：「教会史地図」八頁よりおおむね転載

れはつぎの三点から考えられる。㈠　この教会は首都の教会であり、この教会にすべての人々が注目し、ペテロもパウロも注目した。㈡　エルサレム教会とアンテオケ教会が指導性を失ったのち、ローマ教会は当時の世界における最も指導力をもつ教会となり、教会の伝統をペテロとパウロにさかのぼらせることができる唯一の教会であった。ローマ教会の洗礼告白式文は二世紀に全教会を風靡し、この教会が結集した新約聖書はその後全教会において、またプロテスタント教会において用いられている（同）。㈢　グノーシス主義とモンタニズムに対するローマ教会の勝利によって、この教会は強固にされた（ウォーカー、六一頁）。㈣　次第にローマ教会は教会間で顕著な存在となり、二世紀におけるこの教会の慈善は他教会の賞賛の的となった（シュミット、一三六頁）。

多分一〇〇年までにローマ教会は、キリスト教会のうちで最大の教会となったのであろう。九三年から九七年の間にクレメンスは、全ローマ教会の名でコリント人らに匿名で手紙を送り、ローマ教会への服従について語っている。（ウォーカー、六〇―六一頁）。

ローマ教会は首位大司教制度の形成によって一層興隆した。三世紀から四世紀にローマ帝国によって採用された住民区の分割区分は、教会地域区分に適用され、各州の首都の司教は大司教としてその地域の司教らに対する監督権を獲得した。かつては司教間に原則的に平等の原理が存在したが、今や主教（西方では司教）間には上下の秩序が存するようになった。そののち大司教のうえにアレクサンドリア、エルサレム、アンテオケ、コンスタンティノポリス、ローマに総主教職（ローマでは総大司教職）が置かれた。従って西方ではローマの総大司教のほかに総大司教は存在しなかった。これらの総主（大司）教間で順位争いが突発したことは当然のことといえよう。七世紀のアラブ民族との戦争によってコンスタンティノポリスの総主教とローマの総大司教以外は勢力を失い、この両者のみが勢力を競った。（シュミット、一三七頁）。

教皇観念の発生

教皇観念の起源は多分カリストゥス一世の時代に存するのであろう。彼は、マタイによる福音書一六章一八節を、ローマにおけるペテロの後継者に適用した最初の人物であった。レオ一世（在位四四〇—四六一）の時、教皇権は完成した。従って多くの人々は彼を最初の教皇と考えている。㈠レオは、ペテロの後継者としての自分に天国におけるかぎの権限が委託されたと考えた。すなわちマタイによる福音書一六章一九節に基づいて、レオは自らを全世界の最高審判者であると考えた。㈡レオはヨハネによる福音書二一章一五節に基づいて、彼に教会の最高の権能が委託されていると考えた。㈢レオはルカによる福音書二二章三二節に基づいて、最高の教職が彼に委託されていると考えた。レオによればペテロが所持したこれら三つの特権はそれぞれ、ペテロが使徒らの頭、使徒らの指導者、キリストの代理者——この代理者の肩にキリストの教会、キリストのからだが基づいている——であることを立証している。ペテロに妥当することは、その後継者であるローマの司教にも妥当した。というのは古代の相続法によれば、後継者と遺言者の間の人格の同一性は法的に成立したからである。ローマの諸司教、例えばレオ一世は、自らがペテロであるとしばしば言明した。その後も教皇理念は長期間にわたって徐々に発展した。（同、一三八頁）。

一四　イスラム教のもとのキリスト教会

序

キリスト教会は迫害をうけたけれどもかえって発展していったが、他方イスラム教国の進出によって南方の広大な領域を失った。この領域における教会事情はどのようなものであったのであろうか。

イスラム教による統一国家

イスラム教はキリスト教にとってどのような意義をもっていたのであろうか。西ローマ帝国はゲルマン民族の侵入によって崩壊したが、東ローマ帝国はイスラム教徒によって倒壊した。西方ではゲルマン民族のキリスト教化がなしとげられたが、東方ではこのようなことはなかった。

マホメット（五七〇ころ―六三三）は単に一つの新宗教をもたらしただけではなく、その宗教的基盤に立ってアラビアの政治的統一を初めて可能にした。アラビア半島の住民は非常に多くの種族から成り、かつてこれらの種族は抗争を続けたが、ここに彼らは宗教的に統一され、一大勢力となった。

イスラム教徒は六三四年にヨルダン川とユーフラテス川の間の全地域を手中に収め、六三五年にダマスコを占領し、六三八年にエルサレムとアンテオケを攻略し、六四一年にエジプトを占領した。六五六年にペルシア全土が彼らの手中に陥り、中央アジアやインドにも侵攻した。八世紀の初めトルキスタンとコーカサス地方がイスラム教徒の手中に収められた。コンスタンティノポリスはもちこたえたが、スペインは七一一年に彼らの手中におちた。ロワール川から地中海をめぐる南へ弓なりにコーカサスとインドまでの全土がほとんど一〇〇年間イスラム教徒の手中におち、それはアレクサンドロス大王の国よりも大きかった。ここに西洋と東洋はイスラム教国を中間にして長期間にわたって分断され、すべての文化的交流が遮断されることになった。従って西方のキリスト教は欧州的性格をとることになった。（シュミット、一四二―一四三頁）。

イスラム教のもとのキリスト教会

イスラム教の進出した地域においてはもう統一的キリスト教会、すなわち国教会は存続しなくなった。かつてキリスト論論争の過程で国教会から諸分派が生まれたが、これらは大抵国家的規模の教会となった。従って東方においてギリシア国教会のほかに諸教会が生まれた。四世紀にエジプト人によって基礎づけられ、今日でもアビシニアにおいて独立教会として存続するエチオピア教会、エジプトにおけるコプト教会、シリアにおけるヤコバイト教会、ペルシアにおけるネストリオス教会とアルメニア教会があげられる。かつて東方正教会はこれらの教会にその信仰をあらゆる手段をもって押しつけようとしたが、イスラム教国の進出という政治的状況の変化によってこれらの教会はこのような圧迫から解放された。しかし被征服者であるキリスト教徒に対してイスラム教徒の支配者らがどのような態度をとったかという問題はまだ明らかにされていない。イスラム教徒占領地域のギリシア国教会は最も困難な立場におかれ、シリア以外ではほとんど消滅した。シリアでダマスコのヨハネスはアラビア人の侵入後も偉大な著作をし、東方教会の指導的神学者となった。(同、一四三―一四四頁)。

国教会以外の諸教会は国教会よりも非常に有利な立場にあり、これらはコンスタンティノポリスに反対した点においてアラビア人と一致していた。例えばコプト教会は降服後はじめて発展した。しかし八世紀に衰微し始め、その時に起こったイスラム教徒の圧迫に対抗できなかった。キリスト教徒は群をなしてイスラム教に改宗した。今日アレクサンドリアの総主教のもとで約八〇万人のコプト教会会員(最初は六〇〇万人)がいる。(同、一四四頁)。シリアのヤコバイト教会(この教会名は指導者ヤコブ・バラダエウスに由来し、この教会は、四五一年のカルケドン会議のキリスト論を拒否し、キリスト単性論《受肉したキリストのペルソナは単一であって、それは神性である》を主張)も大いに発展し、アラビア人の支配下で一二世紀にわずかの期間であったが、一〇〇以上の主教区を有していた。しかしこの教会も孤立に耐えられず、その会員は今日では約八万人になってしまった。(同)。

アルメニア教会(教義はギリシア正教会と大体同じ)はイスラム教徒の支配下でその民族的特色の保持に努力し、一九世紀に国教会となった。しかしこの教会は一八九五年と第一次世界大戦の時に非常な迫害を受け、アルメニア以外の地などで少数の教会だけが残存した。

（同）。

ネストリオス教会は四三一年以後ローマ帝国から追放され、ペルシア君主の支配下でかなりの圧迫を受けた。しかしこの教会は七世紀にすべての教会のうちで最も有利な状況のもとにおかれ、外国宣教に大いに尽力した。例えば七五〇年ころにこの教会の主教がエジプトにおり、アジアへの宣教は一層著しくなされ、六世紀に明らかにこの教会はインドに存在した。そこから宣教はトルキスタンへ、またこの中央アジアから中国へと展開したと思われる。シリアや中国のキリスト教碑文にその証拠が残っている。この教会の宣教力は大きかったとはいえ、イスラム教徒を改宗させることはできなかったが、イスラム文化に与えた影響は重要であった。というのはこの教会はアラビア人に古代ギリシアの文化をシリア語訳によって伝達したので、彼らは初めて西洋文化を獲得するようになったからである。このことは西洋の文化にとっても重要なことであった。というのは民族大移動の時にプラトンの著述は保存されたものの、アリストテレスの著述は不明となったが、今や西洋はアラビア人によって初めてアリストテレスの著述について知ることができるようになり、のちにアリストテレス哲学に基づく中世の神学的革新が生みだされるからである。今日ごく少数のネストリオス教会がシリア教会として残存している。この教会は第一次大戦中とその後に残虐な迫害に遭遇した。（同、一四四―一四五頁）。

イスラム教のもとでキリスト教徒は残存することができたとはいえ、彼らの歴史は悲惨に満ちている。イスラム教の進出によってアジアとアフリカにおけるキリスト教宣教はきわめて困難となり、これらの領域は近代までキリスト教史の舞台から退き、キリスト教史は欧州に限定されることとなった。しかも欧州自体がイスラム教徒の侵攻におびえており、スペインは一四三八年まで大部分サラセン人（中世アラビア人）の手中にあった。（同、一四五頁）。

一五　社会と文化と教会

序

イエスは「心をつくし、精神をつくし、思いをつくし、力をつくして、主なるあなたの神を愛せよ。自分を愛するようにあなたの隣り人を愛せよ」（マルコ一二・三〇―三一）と教えた。この二つの命題のなかにキリスト教徒の倫理の基礎が存在する。第二の命題のなかには、隣人への福音の宣教と愛の奉仕とが含まれている。しかしイエスの教説のなかに、もしわれわれが社会思想を求めてもそれは見いだされないのであるが、イエスは社会思想の原理を置いたと理解しなければならない。トレルチのいうようにイエスの説教と新しい宗教共同体は、社会運動が造りだしたものでもなかったし、階級闘争から起こったものでもなかった。しかし注意しなければならないことは、イエスはおもに被圧迫階級や小さい者ら（謙遜な者ら）に語りかけたことである。また最初の教会もおもに都市の下層階級のなかから信徒をえたのであり、二世紀になって初めて富める教養のある上層階級が教会に加入した。（トレルチ、一五—一六頁)。

禁欲

イエスは神への信頼と神の国の待望と厳しい倫理的宗教的要求を説いたが、それとともにユダヤ教の創造信仰との関連においてこの世界とその素朴な喜びを妥当なものと考えた。従ってイエスは禁欲を説いたのではない。しかしイエスは高慢を鋭く批判し、神以外のもの、すなわち物欲、名誉心等を神とすることを排除した。古代教会において禁欲は福音の倫理的厳格性から発生したが、グノーシス主義や新プラトン主義における禁欲、さらに爛熟した文化の倦怠からの禁欲等がキリスト教禁欲とからみ合うようになった。その結果、倫理的行為、善き業、断食、施し等が救済の確信と置き換えられ、修道院への入会がキリスト教徒個人の救済に関連をもつと考えられるようになった。従って古代教会には、修道院における絶対的禁欲的倫理と、そうでない、いわば反禁欲的倫理とも呼ぶべきものとの二重道徳が存するようになった。(同、九六—一〇五頁)。

教会における社会思想発生の原因

神の国が近づいたとの希望が後退するにつれて、一方では禁欲的精神が盛んになったが、他方この世の生活に対する関心が深まった。また当然のことであるが、教会の発展につれて、教会員の社会的経済的状態が極度に複雑となった。三世紀と四世紀に、富裕な教養ある階層が教会員となることに伴って財産や職業に関する問題が起こってきた。また公務員、軍人、学者、独占企業家、大地主、貴族、芸術家、技術者等のキリスト教徒が生まれた。このようにして国家と社会の複雑な機構のなかに組みこまれたキリスト教徒の歩みに、教会が指針を与えることは非常に困難なことであった。そのうえ、教会の発展とともに名目上のキリスト教徒の数が増加した。これらのことがらに教会における社会思想の発生の原因がある。(同、一一〇—一一三頁)。

教会における社会思想

㈠ 所有　教会員の数が増加し、彼らの経済生活に種々相が生じるにつれて所有の問題が非常に複雑になった。教父が強調しているように、所有物は神の賜物である。しかし、もてる者ともたない者との間に差違が生じたのは罪と貪欲の結果であり、この差違は愛と犠牲によって是正されなければならないと考えられた。私有財産の問題解決に二通りの考え方があった。一つは、私有財産を社会的繁栄の手段として認めるが、余剰の所有物は分配されなければならないとした。二つは、修道院生活に明らかであるように、私有財産は全く認められないとし、禁欲と他者への愛が重視されなければならないとした。(同、一一五—一一七頁)。㈡ 労働　生産問題は所有の問題と深く連関していた。初代教会においては非常に多くのキリスト教徒が下層階級に属していたから、労働が重視された。彼らは労働に対する義務意識をもち、「働こうとしない者は、食べることもしてはならない」(Ⅱテサロニケ三・一〇)と戒めた。しかし理想的な勤労が営まれた場所は修道院だけであった。今や教会は資本と奴隷と土地に関して非常に富むものとなった。教会の監督は大地主であり、教会は国家を助けて警察の業務、貧者への配慮、国民の支配に当った。（トレルチ、一一七―一二〇頁）。状況は、三世紀以降一層困難なものとなった。というのは、キリスト教徒で地位の高い職業についたり、公務員や軍人等になる者の数が増加したからである。教会がこの世と同一視される傾向が強まれば強まるほど、修道院制度への評価は高まり、修道院でキリスト教倫理が厳格に実践された。（同、一二四―一二六頁）。㈢　商業　たいていキリスト教徒は都市に住み、貨幣を用いて生活していたので、商業が重大な問題となった。修道院でさえその労働の結実である産物を売った。四世紀になると教職者は自己の俸給のほかに商業で生活したし、教会財産は課税の対象から免除された。商業は、禁欲の立場から考えると所有と利益との享受であり、また愛の立場から考えると他者の犠牲において富むことでもあるとして問題になった。商業は倫理的に農業や手工業より低次のものであり、価格は生産費と生活費に基づいて決定されなければならないとされた。神学者は、必要な生活費をはるかにこえる不当な利潤の獲得を戒めた。なお古代のキリスト教徒は、生産が途方もなく増大する場合のことについては考えていなかった。（同、一二七―一二八頁）。㈣　家族　結婚は神の創造の秩序に属することがらであり、家族は社会と国家の基礎である。教会は一夫一婦制、婚姻前の交渉の否定と排除、夫婦間の誠実、子女による倫理的宗教的規律の遵守、妊娠中絶や断種の否定を要求した。教会が国教会となった時、これらの理想は大体一般的社会原則となった。教会は結婚の不解溶性（離婚の否定）を主張したが、このことは社会的支配階級の根強い習慣との闘いとなった。（同、一二九―一三〇頁）。㈤　奴隷　家族と密接に関連したものとして奴隷の問題がある。奴隷に関してはパウロのいうキリスト教徒家父長制が影響力があった。すなわち奴隷は神に奉仕するのであって人に奉仕するのではないから、奴隷はその主人を愛しこれに仕えるが、主人は奴隷の精神的身体的幸福に責任をもつ。当時奴隷の所有については法に規定されていた。キリスト教徒はこの法を受容し、これを変えようとはしなかったとはいえ、結婚した奴隷を保護した。中世まで奴隷制度は続いたので、教会内ではこの制度と、キリスト教の説く自由と平等との間の矛盾は著しく大きかった。当時キリスト教徒は社会組織のどのような変革をも考えなかったし、夢みようともしなかった。(同一三二—一三四頁)。㈥　愛の働き—社会における新しい機構としての教会の出現　教会は、当時の社会制度がもたらした悲惨と困苦について認識し、愛の業によってこれらの社会の傷をいやそうと努め、社会奉仕にいそしんだ。これによって教会は人々に神とキリストとの愛を知らせることができた。今や教会は社会秩序のなかの新しい機構として出現した。教会は大土地所有者であったが、教会財産はつねに貧しい人々と社会のために用いられた。国家は、教会の司教を貧者と悲惨な者の保護者であると認めた。教会と司教は、貧者救済のための国家的組織の欠如、厳しい残酷な刑罰、絶えまのない戦争等の社会的状況のなかで、また五世紀以後はゲルマン民族の侵入のなかで、国家が彼らに与えた特権を用いて愛の業に励んだ。今や教会という新しい機構は国家と並存する一機構となり、既存秩序を改め、その秩序のなかの悲惨を和らげるものとなった。(同、一三四—一四三頁)。㈦　教会と国家　国家と教会の関係はコンスタンティヌス大帝以前と以後とでは相違する。前者においては教会の国家に対する影響は少なかったが、後者においては大きい。キリスト教徒は、国家は神の道具であり、一般に国家の秩序は善であって神から出ていると考えた。(同、一五五頁)。またストア主義の自然法がキリスト教徒の国家観に影響を与えた。教養あるキリスト教徒には、この自然法は創造の秩序の一部、十戒の内容、キリスト教倫理の不可欠の部分、キリストにおいて受肉したロゴスの不可欠の部分と思われたから、自然法はキリスト教倫理であると考えた（同、一五八頁）。

教育

古代教会は個人の信仰による新生と道徳の向上、そしてこれに伴う社会の発展を願った。教会の発展とともに、ユダヤ教や異教からのキリスト教への改宗者が教会員となるために、彼らに教育を与えなければならなくなった。またキリスト教徒の子女にも教育を与えなければならなかった。従って彼らは週日に合い間を見つけては、宗教教育や道徳的訓練や賛美歌の練習を教会内で受けるようになった。初期には有能な信徒が教育に当ったが、時がたつにつれて教会教職者が教師となった。このような洗礼志願者学校がキリスト教界に広く普及した。二世紀以後にキリスト教は上層階級や知識階級にも浸透していったが、同時にキリスト教に対する反論や反対も次第に激しくなった。そこで洗礼志願者学校とは相違する教育内容の学校が必要になり、回心した教師らが学校を開いたが、これらの学校は全く私的なものであり、教会とはなんの関係もなかった。改宗したストア哲学者で弁証学者のパンタイノスは、一七九年にアレクサンドリアの洗礼志願者学校長となったが、彼と、その後継者クレメンスとオリゲネスのもとで、教理問答学校が開かれ、ギリシア・ローマ文化をも教えた。このような学校はほかにも建設されたが、これらの学校は次第に教会教職者の養成機関となった。都市において教会は特に発展し、教区が設立され、主要都市には司（主）教が定住するようになった。そこで、教会教職者養成の機関としての教理問答学校は、司（主）教学校と呼ばれたが、西方では次第に司教座聖堂学校（司教座聖堂とは、司教の椅子が聖壇に置かれているところから司教のいる聖堂をいう）と呼ばれるようになった。（ダガン『教育史教科書』六七—七三頁）。

一六　古代教会発掘の現状

一九世紀初期以来古代教会等の発掘が中東、ヨーロッパ、アフリカ等で進められ、古代キリスト教史研究に光を投じている。一八〇六年のローマの教会の発掘がキリスト教建築物の最初の発掘であった。その後ローマで一八三八年と一八五〇年にサン・パウロ教会の発掘が行われ、使徒パウロの墓が探索された。さらにローマの多くのカタコンベの発掘が推進され、古代キリスト教徒の多くの壁画や石棺や碑銘も明らかになった。一八五〇年から一九〇〇年にわたって発掘はおもにローマとカタコンベに集中した。つぎに一九世紀後半にラヴェンナとパレスチナにおいて発掘が推進された。聖地における第一回の発掘は、一八七三年にエルサレム等でなされた。フランス人による第一回のカルタゴ発掘や北アフリカ全土にわたる発掘がなされ、キプリアヌスやアウグスティヌスの司教座聖堂の廃墟を知ることができた。一九〇四年から一九〇七年にかけてエペソでマリア教会が発掘され、ダルマチアの古代教会の中心地サロナの廃墟も明らかになった。第一次大戦後ローマの教会の発掘やサロナにおける発掘が促進された。サロナはダルマチアの古代の首都であり、六三九年にアヴァール族によって滅ぼされたが、その発掘によってキリスト教都市と殉教者祭儀との発生について知ることができた。中世にサロナから都市プリットが生まれたが、そこには大きなキリスト教墓地が存在していた。ギリシアとギリシア諸島における発掘によってギリシア教会の建築の発展を大体知ることができるようになった。一九一四年イスタンブール（もとのコンスタンティノポリス）における発掘が開始され、一九二一年以来エペソのヨハネ教会が発掘された。第一次大戦後パレスチナの発掘が再開され、多くの教会の歴史が明らかになった。例えばベツレヘムにおけるコンスタンティヌス時代の生誕の教会、ガリラヤ湖畔のパンの奇跡の教会等。考古学上とくに重要なものは、ドゥラ・エウロポスにおける発見であった。ドゥラ・エウロポスはユーフラテス川西岸のローマの要塞で二五六年にササン朝によって滅ぼされ、それ以来この地への植民はなかった。この町には、異教の多くの神殿、一つのシナゴグ、壁画のある一つのキリスト教教会堂の廃墟が良好な状態で存在していることが分った。この教会堂はコンスタンティヌス時代以前の家の教会であり、一世紀に建てられたと考えられている。そのなかの礼拝室が礼拝のために用いられたのは、壁の文字から推量して、二三二年から翌年の間であったと考えられている。この教会堂はまたキリスト教美術史上非常に興味がある。というのはその壁画の多くのものに重い皮膚病にかかった者のいやし等が画かれ、絵の配列によって聖書物語を説明しようとしているからである。この教会堂は現在イェール大学美術館に移されている。（カヴェラウ『古代教会史』二一四―二一五頁）。

二つの大戦の間に東方の教会堂の発掘がなされ、メソポタミアにまで及んだ。フランス人によるシリアにおける発掘、イタリア人によるリビアにおける発掘が進められた。一九三九年から一九四六年までローマのペテロ大聖堂の地下の発掘が行われ、彼の墓の信憑性に関する激論が始まった。ミラノ、ラヴェンナ、グラド、アンコナ等における発掘も進められた。第二次大戦後古代教会の発掘は一層進展し、一九五二年シリアのルサファ・セルギオポリスにおける発掘が始められた。ここはユーフラテス川の河岸に位し、古代における東方教会の最も重要な巡礼地の一つで、ここには多くの教会があった。パレスチナにおいては、ベタニアや橄欖山等で発掘が進められた。エジプトのヘルアン、ルクソール、フランスのアルル、マルセイユ、ドイツのトリエル、ケルン、ハイリゲンシュタット、オーストリアのクロスターノイブルクでも発掘がなされた。(同、二二五―二二六頁)。

一七　回　顧

われわれはギリシア・ローマの地盤におけるキリスト教会の発展と、教会がローマ帝国の崩壊後も存続し、全く変化した歴史的諸制約のもとで将来の基礎を置いたことを考察した。古代史はキリスト教のヘレニズム化とラテン化であったといえよう。教会は民族とその具体的状況のなかでイエスの福音を宣教し、この福音に基づいて諸民族の生の問いに答え、彼らに神の愛と平安とを伝達しなければならない。福音がギリシア人やその他の東方人やラテン人によって受容され、彼らの精神に浸透した時、キリスト教のギリシア類型（東方教会一般のキリスト教理解）と、ラテン類型（おもに北アフリカ地方のキリスト教理解、すなわちキプリアヌス、テルトゥリアヌス、アウグスティヌスによって代表されるキリスト教理解）が成立した。そしてギリシア類型のなかに狭義のギリシア類型と、シリア類型と、エジプト類型が考えられ、ラテン類型は北アフリカ的カルタゴ的ヌミジア的類型と考えられるであろう（シューベルト、三頁）。

ギリシア類型の特色としてつぎの三点をあげたい。㈠　三一神論とキリスト論の成立においてみられるが、このような神学的発展は、福音の理解という観点から重大なことがらであった。㈡　福音の普遍性が明らかにされた。このことはオリゲネスの綜合的神学体系において理解されることがらである。彼はキリスト教史上において綜合的神学体系を立てた最初の人物であった。㈢　修道士において霊的宗教としてのキリスト教の深い体験がみられる。

ハルナックは、パウロはキリスト教をユダヤ教から解放することによって、諸民族への福音宣教と、またキリスト教とギリシア精神との結び付きへの最も重大な準備をしたといっている（ハルナック『教義史』一巻九九頁）。

ラテン類型の特色としてつぎの三点をあげたい。㈠　教会論の確立。これはキプリアヌス、テルトゥリアヌス、アウグスティヌスにおいてみられる。㈡　霊的宗教としてのキリスト教の体験の理解の深化。これは、例えばアウグスティヌスの『告白』において明らかである。㈢　罪観と恩恵論の深化。これはテルトゥリアヌスとアウグスティヌスにおいてみられる。ローフスは、アウグスティヌスの敬虔と罪観と恩恵論とによって西方によるキリスト教理解は、ギリシアによるそれよりも高くなったといっている（ローフス『教義史』二七五頁）。

福音はこれと異なる精神的状況のもとにある民族に宣教され、その民族の伝統的宗教や文化との接触のなかではじめてその民族精神のうちに浸透し根づくのであるが、このことはけっしてイエスの福音に固有なものを犠牲にすることにはならない。

教会もキリスト教徒も政治的経済的社会的文化的状況との連関のなかで生きるが、古代教会はこのような状況のなかで確固とした地歩を占めた。そしてついには国家と提携するようになってしまった。ここに教会が、その本来の福音宣教の使命と福音の実践をないがしろにして世俗化する危険があり、このことはコンスタンティヌス以後中世にかけて明らかになる。

なお民族大移動によって古代世界は大混乱に陥るが、その時、教会と修道院は古代の文化遺産を保存し、これを後世に伝える役割を果した。その後十数世紀にわたってこれらは、文化の唯一の担い手となり、ルネサンスを含めてすべての文芸復興は、これらが伝達した文化遺産から発生した。

第二部　中世

一八　中世キリスト教史の課題

時代的限定

ローマ帝国へのゲルマン民族の侵入によってこの国は崩壊し、その廃墟のなかから新しい国家が誕生した。すなわち東ローマ帝国とフランク王国である。ゲルマン民族の侵入とともに新しい時代が始まり、これは宗教改革時代にうけつがれる。私は中世キリスト教史において、ゲルマン民族への宣教と、この民族の侵入から宗教改革発生の前夜までを取り扱う。この間、東ローマ帝国はスラヴ民族の侵入に遭遇したが、この民族への宣教もなされた。

課　題

この時代の研究課題としてつぎの四点をあげたい。㈠　中世キリスト教史は二つの大きな宣教活動によって始まった。すなわちゲルマン民族とスラヴ民族への福音宣教である。そして教会は福音とともに古代文化を彼らに伝達した。㈡　中世にゲルマン民族が出会ったローマ・カトリック教会は、教皇制度に基づき教皇がこれを統治し、七つの秘跡を確立し、教義と教会法を発展させることによって一層強固な存在となった。㈢　ローマ帝国がすでに国家として形成されていた時に、古代教会は発生し発展していった。しかし中世の教会がかかわる諸国家は、まだ生まれたばかりのものであった。これらの国家とともに新しい国家観が発生したばかりでなく、新しい社会的文化的状況も発生した。そしてローマ・カトリック教会はこのような国家的社会的文化的状況のなかで、巨大な政治力を発揮し、また神学体系を発展させた。世俗的権力をめぐって国家と教皇が相剋するというようなことは、古代教会には存しなかった。㈣ 中世末期のローマ・カトリック教会と教皇庁には、宗教的に倫理的に多くの批判されるべき点があった。

一九　ゲルマン民族への宣教

序

西欧の中世は、ゲルマン民族とキリスト教と古代文化の出会いによって特色づけられると考えられる。この場合、キリスト教に接触する以前のゲルマン民族の文化と宗教はどのようなものであったかが、まず問われなければならない。つぎにこの民族へのキリスト教の宣教はどのような経過をたどったか、彼らにとってキリスト教とはなんであり、また彼らはキリスト教をどのように取り扱ったかが考えられなければならない。

ゲルマン民族の文化と宗教

キリスト教宣教以前のゲルマン人の精神生活を知ることは非常に困難である。それは一つには史料が少ないからである。彼らにはギリシア人の唯美主義に基づく死への恐怖はなく、生は最高の善ではなく、人生における名誉が遥かに高い位地を占めていた。彼らの氏族は運命共同体を形成し、個人は氏族のなかの一肢体としてのみ存在理由をもっていた。これは敵討ちにおいて最も明らかであって個人への名誉侵害は氏族へのそれであり、名誉は復讐によって維持された。また服従もゲルマン民族の精神的特色であり、青年は自由意志によって、死ぬまで信頼する指導者に服従し、また主君が不誠実である場合には臣従関係は喪失した。氏族意識、責任意識、行動はゲルマン民族共同体建設の基盤であった。(シュミット、一五三―一五五頁)。

ゲルマン民族にとって宗教とこの世、ことに宗教と政治は分離できないものであった。神々は人生における助力者であり彼らの敵に対して戦う。神々は氏族の幸福である平和を保証し共同体の守護神となる。神々は祭儀に関して命令するが、その命令はまだ倫理的領域との連関をもっていなかった。このような倫理の欠如は神々に対する人間の罪意識の欠如でもあり、このことはキリスト教宣教との関連で重要なことであった。さらに彼らの宗教の特色は神々は死ぬということであった。ギリシア人の宗教の特色は神々は死ぬことができず、永遠に生きるということであった。例えば、ゲルマン神話の主神オーディンは、災害が近づく時、神々の上にあって神々と人間を支配する力に目をささげる。彼らはこの力がなんであるかを知らなかったし、彼らが看破することのできなかった力であり、今日運命とよぶものである。なぜ最愛の息子がその全盛期に死ななければならないのか。彼らが尋ねても運命は答えてくれなかった。（同、一五五―一五七頁）。

ゲルマン民族への宣教

㈠ゲルマン民族宣教の主要課題　この民族への宣教は八〇〇年以上の時期にわたっていた。三世紀はゴート族がドナウ川岸に、他のゲルマン諸族がライン川岸に到着し、両方ともキリスト教と接触するようになった。この民族へのキリスト教宣教は時間的にも空間的にも非常な広がりがあるので、そこには多様性が存在する。ゲルマン民族へのキリスト教宣教の方法は二世紀末以来のもので、日常的宣教（キリスト教徒が機会があるごとにその生活領域で証言する）ともいうべきものであった。キリスト教がゲルマン民族に伝達されたのは、彼らへの宣教師派遣によるというよりも、この民族が教会に到達したのである。西ゴート族とフランク族は古代ローマ帝国領にさまよい、ついに古代教会の日常的宣教の圏内にやってきた。しかもこの二種族は優れた素質をもっていたので、彼らがキリスト教に接触したことがゲルマン民族宣教の基盤となった。数世紀にわたって欧州を奔命に疲れさせたゲルマン民族の侵入によってローマ帝国が崩壊したのちでもこの民族はなお残存していた文化――キリスト教を含めて――との接触によって教育され、新しい豊かな文化を創造した。（同、一五八―一六〇頁）。

また個人としてのゲルマン人が改宗することはほとんど不可能であった。というのは彼は氏族に結合されていたからである。アイスランドではキリスト教への改宗は氏族の不名誉と考えられたし、他のところでは最初のキリスト教徒は迫害された。キリスト教への入信は政治的指導者の改宗あるいは民会（民会とは会議であり、これにおいて、小事には長老たちが、大事には住民全体が携わる。タキトゥス『ゲルマーニア』田中秀央(ひでなか)、泉井久之助訳、一一）の賛成をえてはじめて可能であった。従って、ゲルマン民族の宣教において上から下への強制の道が存したことになる。この道によれば急速に種族全体が教会に加入するという可能性はあるが、そこでは真の意味における福音の把握は難しいであろう。（シュミット、一六〇頁）。

(二) 東ゲルマン民族への宣教　西ゴート族は驚くほど大きな精神的影響を他のゲルマン民族に与えた。重要なことはこの創造力に富む種族が南方に移動し、キリスト教の日常的宣教の圏内にきたことであった。彼らが連行したローマの住民すなわち奴隷が彼らに新しい信仰を伝達した。またウルフィラス（父方のゴート族の血統をもつ）がこの民族への宣教をになった。彼は三四一年コンスタンティノポリス総主教ニコメディアのエウセビオスによってゴート族の主教に任命され、その影響をうけてアレイオス主義を受容した。彼がゴート語に翻訳した聖書はゲルマン民族の精神的文化的遺産となった。（同、一六一―一六二頁）。

西ゴート族のキリスト教徒は迫害されたので、三四八年にローマ帝国領へ追いやられ、さらにイタリアをへてスペイン半島へはいった。アレイオス主義はバイエルン人に深い影響を与えたが、アラマンネン人においても、またチューリンゲン人においてもアレイオス主義の足跡を発見できる。このアレイオス主義に基づく宣教によって、東ゴート族、ヴァンダル族、ゲピド族、ブルグンド族等はローマ帝国領に入る前にキリスト教に接触した。東南方からのドナウ川流域の宣教によってローマ帝国領の東ゲルマン諸族はカトリック主義に立つようになった。(同、一六二―一六三頁)。

(三)　西ゲルマン民族とローマ・カトリック教会　このことについて考える時、われわれはフランク王クローヴィスの業績に注目しなければならない。

(イ)　フランク人への宣教　メロヴィング家のクローヴィス王（在位四八二―五一一）はフランク国の創立者であったが、彼がカトリック信仰に改宗したのは、ローマ・カトリック信仰に立つ彼の部下への配慮からであったのであろう。クローヴィスは、ローマ人とゲルマン人を精神的に統一したことによって西洋の形成に決定的基礎を置いたといえよう。(同、一六四―一六五頁)。

フランク・ローマ・カトリック教会は国教会の形態をとった。この教会は教皇を単に倫理的権威として考え、このことによって教会への教皇からの干渉を受けないようにした。またこの教会はフランク国会のなかに教会の中心的機構を置いた。この機構は国王のもとにあり、国王がこれを召集し、国王もここに提案することができた。さらに教会教職者はゲルマン的慣習に従い権利と義務に基づいて国民共同体のなかへ組み入れられ、教職者となるには国王あるいは公伯の承認が必要であった。司教の地位は教会法による選挙ではなく、しばしば国王の選任によって付与された。(同、一六五頁)。

教会と国家の関係はクローヴィスの時代よりもその後継者らの時代に一層密接なものとなった。国王による宗教政策は初めは完全な宗教的自由を認めたが、のちに国家によるキリスト教倫理の貫徹へ向い、異教祭儀の禁止へと進んだ。フランク国民は強制的にキリスト教徒にさせられた。ここにゲルマン民族宣教に時折見られる強制的改宗の根源を見ることができる。(同、一六六頁)。

(ロ) アングロサクソン族への宣教　五九六年教皇グレゴリウス一世(在位五九〇―六〇四)は、アングロサクソン族への宣教にアウグスティン(―六〇四/六〇五)を長とする四〇人の修道士の一団を派遣した(ベッテンソン編『キリスト教文書資料集』、以下ベッテンソンと略記。二二七―二二八頁)。しかしこれより以前にイングランド諸島に存在したケルト教会は、おそくとも二、三世紀にローマやゴールからの宣教師によって創設されたものであろう。アウグスティンはこの教会との協調を企てたが、成功しなかった。他方コロンバ(五二一ころ―五九七)はアイルランドに諸教会や諸修道院を建設した。五六三年にアイオナ島に渡って彼が建設した修道院は、ケルト族の教会の中心地となり、ここからスコットランドやイングランド北部に宣教師らが派遣された。その後スコットランドの教会もイングランドへ宣教師を派遣した。ここにおいてアイルランド・スコットランド型とローマ型がアングロサクソンの地盤で遭遇した(シュミット、一六六頁)。

この遭遇の特色を四つあげることができる。その特色としてまずローマとの緊密な結合をあげることができる。つぎにその学問研究をあげることができる。八世紀のイングランドは学問の全盛期にあった。イングランド、そしてのちにアイルランドとスコットランドにおいてギリシア・ローマ文化が熱心に研究され、教会はゲルマン世界へこの古代文化を伝達する媒介となった。当時ローマとガリアではこの研究をすることは強度の異教文化の研究として排除されていた。西欧の中世がゲルマン民族とキリスト教と古代文化の混合によって特色づけられるとするなら、イングランド、アイルランド、スコットランドにおける古代文化研究の意義は非常に大きい。さらにこの遭遇の特色としてアングロサクソン族の厳しい禁欲をあげなければならず、この禁欲に立ってアイルランド人とスコットランド人は宣教した。「キリストのために旅をすること」は禁欲生活の冠であったといわれた。というのは当時旅は非常な危険と困難を伴うものであったからである。最後にこの遭遇の特色として教会組織をあげることができる。それによれば主教と修道院は密接に結合し、また国王と教会は密接な協力関係にあった。国王は教会の塗油による聖別を受けた。カンタベリーのテオドールは六七三年ハートフォードの教会会議で行政上七つの王国に分割されていたイングランドを教会組織上一つに結合し、のちにこれらの政治的統一はアルフレッド大王（八四九―八九九）によって初めて現実となった。この点から考えてもキリスト教宣教はイングランドにおいて最大の政治的意義をになうものであった。（同、一六六―一六七頁）。

㈧　高地ドイツと中部ドイツ　これらの地方へのキリスト教宣教は、ローマの住民とアレイオス主義に立つ東ゲルマン民族によって行われた。そののちフランク族がこれらの地方を占領し、そこに植民した。南方でアラマンネン人とバイエルン人に対する宣教が行われて結実した。この宣教は修道院に根拠を置き、アイルランド人とスコットランド人によって、しかもフランク族との密接な結合においてなされた。（同、一六七頁）。

㈣　ボニファティウス（六七二／六七五―七五四）　アングロサクソン人ボニファティウスは欧州大陸に宣教し「ドイツの使徒」といわれる。はじめはウィリブロードと共にこの大陸での宣教活動に携わった。彼はドイツ教会の組織家であり、メロヴィング王朝の崩壊に伴ってフランク教会は破滅したが、彼はこの教会を再建した。のちにボニファティウスは慣習に従ってピピン（在位七五一—七六八）の戴冠式で彼に塗油したが、このことはドイツ史においてはるか後世までも影響を与えた。というのはドイツ国王は「神の恩恵によって」執務するという特色はこの塗油に起因すると考えられるからである。フランク国の独裁者となったピピンと、フランク国東部地方大司教ボニファティウスは、同国の西部の教会と東部の教会との間に平等を確立し、このようにしてフランク国の精神的統一が形成された。ボニファティウスはまたフランク教会をローマに従属させることによってこの教会を世界教会に組み入れた。彼は七二二年彼自身の宣教司教叙階式で教皇に服従の誓約を立てたが、このことはアルプスの北方では初めてのことであった。さらに彼自身古代文化の研究者であり、彼が欧州に建設した諸修道院はこの文化を受容した。従って彼は古代文化伝達に関してのちのオットー・ルネサンス成立に貢献したといいうるであろう。（同、一六八—一七〇頁）。

㈤　ザクセン人と北方人　ザクセンはボニファティウスの宣教目標地の一つであり、国境に位置していた。二五〇年以来波乱の多かった国境線が、カール大帝（西ローマ帝国皇帝在位八〇〇—八一四）の三十年戦争によって解決され、フランク教会へのザクセン編入によって、のちのドイツの民族を構成するゲルマン諸部族が一つの国家共同体を形成するようになった。フランク国民は法律によればキリスト教徒でなければならなかった。従ってカール以前にもすでに被征服民族に対して強制的な授洗が行われていた。七八二年にザクセンを獲得したと考えたカールは、多分同年（あるいは七八五年）に発布した「ザクセン地方協定」によってザクセン人に受洗を義務化し、不履行の場合には死刑をもって脅かした。それにもかかわらずキリスト教宣教後一世代にして深い信仰の証言がザクセンから出たが、他のゲルマン部族からではなかったことは一種のなぞであるとシュミットはいい、このようなキリストに対する敬虔は、真の意味の宣教によってもたらされるものであって、このような宣教はカールの武力行使以前にアングロサクソン人によってなされたものであろうという。(同、一七〇―一七一頁)。

北方人は一部はドイツとの結合によって、一部はイングランドとの結合によって、またその他の外国の侵入によってザクセンと同時期にキリスト教に接触した。スウェーデンはコンスタンティノポリスとの取り引きの通路に位置していたから、ここでは東方教会の影響がある程度あったかもしれない。アイスランドではアイルランド隠者らとザクセンの宣教師らが活躍した。ノルウェーになお居住していた異教徒は、国王その他の武力による圧迫を受けなければならなかった。(同、一七二頁)。

(六)　ゲルマン民族のキリスト教受容の精神的理由　(イ)イエス・キリストの力の体験。彼らはキリストの力と助けを体験し、キリストは歴史の主であると確信した。キリストに属することがら、すなわち道、真理、生命、愛によって彼らはキリストに引きつけられた。そしてキリストへの彼らの信仰は、唯一神への信仰にかかわるものであった。(ロ)悪魔と死に対するキリストの勝利がゲルマン民族に強い印象を与えた。(ハ)無目的運命に関する信仰が、父である神への信仰によって置き換えられた。(ニ)彼らは主であるキリストに全力と誠実をもって服従し――全力と誠実をもって服従し奉仕することは以前からゲルマン人の特色であった

——、最も困難な仕事にも携わった。例えば修道士となること。（同、一七二頁）。

(七)　キリスト教のゲルマン化

(イ)ギリシア人にとってロゴスは、キリストの本質を最もよく表現する概念であった。ゲルマン民族にとって決定的に重要なことは、ギリシア語のキュリオス（主）が古代高地ドイツ語のドルティンに翻訳されたことである。というのはドルティンという語には、奴隷的屈従関係ではなく、信仰者の信頼と奉仕と、主におけるあわれみとの関係が表わされているからである。

神の命令の遵守や修道士の務めとの連関で人間の誠実が問われるが、同時にここに功績思想が現われてくる契機が存在することに注意しなければならない。

(ロ)誠実の破壊は破滅であり、悪魔的行為である。すなわち服従との関連で罪観が形成されていた。

(ハ)高度の服従行為は罪を償う。この場合個人の咎を物によって償うことができると考えられた。例えば殺人にかかわる復讐は賠償金支払いと置き換えることができた。しかしこのことがのちに教会の告解の一部の償いに適用され、償いのための断食、祈禱、巡礼等が金銭の支払いに置き換えられた。また氏族共同体思想に基づいて、他人の代用によるこの償いが可能となった。ここから他者のための免償が可能になってくる。ルターが一五一七年に反対した免償乱用はこのようなゲルマン的思考を基盤として発生したものでもあった。

(ニ)貴族支配や封建制度は中世の政治機構の特色であったが、このことは教会機構においても同様であった。すなわち司教就任は貴族一門の特権となり、司教は命令権と司法権を与えられていた。

(ホ)古代の教会は町々に建設されたが、アルプスの北方ではまだ町々は存在していなかった。従って、教会は私有教会法の原則に基づいて建設された。すなわち領主が教会の建設者であり所有主であり、彼が教職者を任命し、また時に免職した。献げ物や十分の一税(献金)による収益は彼のものであった。

(ヘ)キリスト教のゲルマン化の一端は、国王による教会指導においてみられる。これはのちに国教会建設となる。この建設を可能にしたのは、大司教会議に代わった国家的教会総会を媒介にしてであった。西ゴート族は五〇六年アグデのこの総会で、フランク族は五一一年オルリアンのこの総会で、ブルグンド族はエパオのこの総会でそれぞれ議をへて国教会を建設した。古代教会法によればただ統一的組織的教会が存在するだけであったが、ゲルマン的国教会においては信徒である国王が教会統治に影響を与えた。

(ト)キリスト教宣教以前でも確かにゲルマン民族は文化をもたない野蛮人ではなかった。しかしアルプスの北方における高度の中世文化(芸術的にも学問的にも)の創造は、キリスト教信仰による刺激なしでは考えられない。

しかし最も重要なことは、この数世紀間にイエス・キリストがゲルマン民族のもとにきたことである(同、一七三―一七六頁)。そしてゲルマン民族によるこの福音理解はのちにルターとカルヴァンとの信仰思想によって深化され、そこに後述するようにゲルマン類型が成立するのである。

二〇　スラヴ民族への宣教

序

ゲルマン民族大移動の時、彼らが放棄した地域、すなわちエルベ川からドナウ川流域までいたるところにスラヴ民族の諸族が侵入した。結局西スラヴ民族はローマ・カトリック教会に、東および南スラヴ民族は東方教会に所属するようになるが、彼らへのキリスト教の宣教はどのようにして始められたのであろうか。

スラヴ民族の宗教

スラヴ民族の信ずる神々の本質は不完全なものであった。彼らの神々の間にはほとんど本質上の相違はなく、神々は自然界のものと結合した。例えばペルーンは雷と戦いの神であり、ヴェーレスは家畜の神である。太陽神ホルスあるいはダージボグは原語にさかのぼれば施与者である。偶像は屋外に置かれ、神殿についてはなにも述べられていないし、またそれは発見されない。しかし祭儀には多様性があり、献げ物（ことに人身供物）、飲料や棒等を媒介にする神託が行われ、また低次の神々すなわち霊、悪霊、女精、水魔が存在した。

スラヴ民族への宣教開始

この宣教は三つの中心地において始められた。㈠　アルプスの南方で七世紀末にローマ・カトリック教会はアクィレアの大司教区からクロアチア人に宣教を始め、九世紀はじめに彼らはキリスト教から深い影響を受けた。㈡　アルプスの北方ではフランク国が宣教を始めた。八世紀にバイエルン（ザルツブルクとパソー）からの宣教によってカランターン人がキリスト教から深い影響を受けた。カール大帝が一部のスラヴ民族をも統治するようになった時も宣教がなされた。その時レーゲンスブルクがチェコ人への宣教の中心地となった。ドイツのラドヴィックは宣教に熱心であり、八四五年彼の宮廷でボヘミアの一四人の長が彼らの部下とともに受洗した。㈢　東ローマ帝国もスラヴ民族への宣教を開始した。皇帝ヘラクレイオス（在位六一〇—六四一）の時、セルビア人がキリスト教に接触した。皇帝バシレイオス一世（在位八六七—八八六）の時も彼らへの宣教がなされた。（シュミット、一七七—一七八頁）。

東ローマ帝国とローマ・カトリック教会の対立

この対立はスラヴ民族への宣教から必然的に起こった。これは九世紀に宣教がズデーテン山脈から南バルカンまでとキエフにおいて復興した時、ほとんどいたるところで発生した。モラヴィアのスタニスラウスの要請によって、スラヴ民族への使徒キュリロス（八二六—八六九）とその兄メトディオス（八一五ころ—八八五）が東方正教会から派遣された。キュリロスはギリシア語アルファベットに基づいてスラヴのアルファベット文字を発明し、聖書と典礼書を翻訳し、今日ロシアとよばれている地方のカザール族に宣教し、メトディオスはモラヴィアとボヘミアで宣教した。(同、一七八頁)。キュリロスのスラヴ語典礼書は、モラヴィアでドイツのローマ・カトリック教会の教職者から批判された。というのは彼らはミサにおいて使用される用語はヘブル語、ギリシア語、ラテン語でなければならないとしたからである。キュリロスとメトディオスはローマにいき、教皇ハドリアヌス二世(在位八六七—八七二)からローマのある教会におけるミサの際のスラヴ語使用の許可をえた。ローマにおけるキュリロスの死後メトディオスは弟の遺志をついでスラヴ民族への宣教をつづけ、教皇によってイリリキムの司教に任命された。というのは教皇はその地方のローマ・カトリック教会の強化を意図したからであった。このことはこの教会に属するドイツ人を怒らせ、彼らはメトディオスを教会会議の議をへてドイツ人の修道院に幽閉した。しかし教皇は彼を釈放し司教に復位させた。そののち教皇ヨハネス八世(在位八七二—八八二)はドイツ人と妥協し、メトディオスにスラヴ語の使用を禁じた。のちにヨハネスはブルガリアへの宣教の必要を痛感して教会の礼典におけるスラヴ語の使用を許可した。八七九年ころ教皇はメトディオスを大司教に任命した。八六四年ブルガリアのボゴリス(ボリス)侯は東方正教会の影響を受けて受洗した。のちにブルガリアの教会は、最初の独立東方正教会(信仰、祭儀、教会法に関してコンスタンティノポリス総主教と一致した立場をとるが、教会政治上では独立している教会)となった。

ノルマン人は海賊あるいは商人としてコンスタンティノポリスの方まで旅行したが、このことが契機となってコンスタンティノポリス総主教イグナティオスと同様にフォティオス（八一〇ころ—八九五）はノルマン人への宣教を実施した。ロシアの教会についてはキエフ府主教にロシア人イラリオンが、一〇五一年に就任した。

西スラヴ民族への宣教

この民族への宣教には非常な多様性があった。ポーランドの国家形成はノルマン人ダゴー（ポーランド語ではミセコ）に負うところが大きい。九六八年にポーゼンに司教区が設けられマグデブルクに従属した。神聖ローマ帝国皇帝オットー三世（在位九九六—一〇〇二）は、この帝国革新のために東方諸族を友情と同盟のもとに結合し、大規模な宣教計画をたてた。彼はドイツ司教らの意志に反して教皇によってグナーズンを一〇〇〇年に大司教区とさせた。（同、一七九—一八〇頁）。

バルト海に面したポメルンは一二世紀初めにポーランドのボレスラウス三世（在位一一〇二—一一三八）の支配下に入った。平和条約によって住民は受洗を強要された。しかしボレスラウスはポーランドでもローマでもポメルン人に対する宣教師を得ることができなかったので、彼は一一二三年にバンベルク司教オットーに援助を求めた。オットーは数千人に洗礼を授けた。北方のボーリン司教区は紆余曲折をへてカミンに達し、マグデブルクとグナーズンとの双方からの要求によって直接教皇に従属させられた。（同、一八〇頁）。

エルベ川とオーデル川の間の諸族はハインリヒ一世（ドイツ王九一九—九三六）とオットー一世（ドイツ王九三六—九七三、神聖ローマ帝国皇帝九六二—九七三）とのドイツ国に従属していた。オットーはオルデンブルクに、またハーフェルベルクとブランデンブルクに九四八年に司教区を置いて宣教活動を始めた。これらの司教区はのちにマインツに従属させられた。またメルゼブルク司教区も創立された。九六八年に非常な困難ののちに大司教区マグデブルクが創立され、東方宣教の指導に当った。エルベ川とオーデル川の間の領域のキリスト教の宣教は、ドイツ人の移住なしでは考えられない。この宣教はザーレとエルベ川の間のマルク・マイセンにおいて開始された。マルク・ブランデンブルクにおいて熊伯アルブレヒト一世（一一〇〇ころ—一一七〇）が、またオストルシュタインにおいてシャウムブルクのアドルフが一一三四年以来宣教に携わった。（同、一八〇—一八一頁）。

バルト海沿岸地方

この地方のリヴラントにおける宣教はザクセン人マインヴェルクによって始められた。彼は一一八〇年以来毎年デューナ川を航行し、説教した。一一八四年に彼は最初の教会を建設した。彼はこの教会をハンブルク・ブレーメンの大司教に従属させた。その時この大司教は彼をラトヴィアの司教とした。ベルトホールトが彼の後継者となった。このシトー会修道士は、クレルヴォーのベルナール（一〇九〇—一一五三）の修道会の、異教に対する十字軍の理念を採用した。彼が第一回目の戦いで倒れるとその後継者アダルベルトは皇帝と教皇インノケンチウス三世（在位一一九八—一二一六）の同意をえて十字軍を継続した。一二〇七年にラトヴィア、そして一二一七年にエストニアが占領されたようである。諸教皇は募金し計画を遂行した。ハンブルク・ブレーメンの司教区の分割によって教皇使節は精神的指導に当った。ドイツ人によって始められた計画が今や教皇によって継続されるようになった。このことによって当時の教皇制度が実力を有していたことがわかる。(同、一八一―一八二頁)。

バルト海沿岸諸州の占領ののち一二〇〇年直後シトー修道会士ゴットフリートがプロイセンの宣教を始めた。彼はまもなく殉教し、同じ修道会の同僚であるオレーヴェのクリスティアンがそれを継承した。彼は一二一五年に教皇によって新しい領域の司教に任命された。プロイセン人が彼に反対した時に、彼は十字軍の設置を求めたが、かなえられなかった。ついにポーランド人コンラード・ムソーヴェウ公が、ヘルマンの指導下のドイツ諸侯の騎士修道会に援助を求めた。ヘルマンは皇帝の全権委任をえて初めて東方に対する処置をとった。このようにして再びポーランド人が始めた仕事をドイツ人が継承した。(同、一八二頁)。

リトアニアは一四世紀に初めてキリスト教から深い影響を受けた。しかしこの地方にキリスト教の外観をもつ異教が存在しており、キリスト教信仰の浸透の度合は浅かった。(同)。

大部分のスラヴ民族はコンスタンティノポリスの側に、小部分のスラヴ民族はローマの側に立った。そしてのちに信仰告白上の相違は徹底的な文化的相違ともなる。このことは、ユーゴスラヴィアを割ったクロアティア人とセルビア人の間の鋭い対立、また一方ロシア人と他方ポーランド人とウクライナ人との間の対立の原因にもなっている。(同)。

二一　東方正教会と西方教会の分裂

序

聖書に、キリストの身体である唯一の教会という思想があるが、これはすべての教会観の根底に存する。この思想は古代から中世にわたって教会を支配したけれども、一一世紀に教会の分裂が起こった。しかしこの分裂は、宗教改革のようなキリスト教界を根底から動揺させるものではなかった。というのはすでに数世紀にわたってギリシア的教会とラテン的教会が分離して存続していたからである。（シュミット、一八三頁）。

東方正（オーソドックス）教会（この教会は異端的ローマに対して、みずからが正統の教会であると、このように自称している）と西方教会（ローマ・カトリック教会）はイースターの日取り（一〇〇―一〇一頁参照）と、「また〔聖霊は〕子から」（ラテン語でフィリオクエ―聖霊は父および子から発出するとの説で、第三回トレド教会会議《五八九年》はこれをニカイア・コンスタンティノポリス信条に挿入した。ローマ・カトリック教会と、プロテスタント諸教会はフィリオクエの立場をとる。しかし東方正教会はこれを受けいれない）と、聖画像（ギリシア正教会に七二五年ころから八四二年まで聖画像破壊が起こった。その理由は、当時この教会のなかにキリスト単性論が勢力を占め、従ってキリストは神であるから、キリストの聖画像を制作してはならないとしたことにあった。またマリアや諸聖人の聖画像は偶像とされた）との見解において相違していた。また教会制度、典礼、規律に関する見解も相違していた。さらにコンスタンティノポリス総主教とローマの総大司教は、南部イタリアとバルカン半島に対する支配権をめぐって争い、また序列に関しても相剋した。（同、一八四頁）。ここでは称号問題と、教皇首位権問題をめぐる東方正教会と西方教会の分裂について述べたい。

称号問題

グレゴリウス一世のもとで称号問題が発生した。ことの起こりはコンスタンティノポリスの総主教が、ローマへの手紙において世界の総主教と自称したことにある。グレゴリウス一世は、このような高慢な称号の使用の中止を希望し、彼自身マタイによる福音書二〇章二六節から二七節までと同二三章一一節によって謙遜に「神のしもべのしもべ」と自称した。称号問題は教皇ニコラウス一世（在位八五八―八六七）のもとで再燃した。それには、党派争いゆえの総主教イグナティオスの辞職（八五七）と、東ローマ帝国皇帝ミカエル三世による信徒フォティオスの総主教職への任命が契機となった。彼はローマ教会の慣習によって、東方正教会の慣習によってではなく、教会法によらないで、信徒のまま即時手続によって総主教に聖別された。しかしニコラウス一世はイグナティオスが総主教であると主張した。この問題はブルガリアの教会がローマあるいはコンスタンティノポリスのいずれに所属するのかという問題によって一層複雑になった。この所属問題は、ローマの威信にかかわる問題であり、またコンスタンティノポリスにとっても死活問題であった。教皇がフォティオスを承認することを拒否したので、八六七年の教会会議はニコラウス一世の廃位を宣言した。皇帝ミカエルの殺害とともに状況は変化した。(同、一八四―一八五頁)。イグナティオスは復位し、八六九年ローマにおける教会会議はフォティオスを破門したが、この破門は八六九年から八七〇年にわたるコンスタンティノポリスの教会会議(のちにローマ・カトリック教会はこれを第八回教会会議とした)によって確認された。

このようにして東方正教会とローマ・カトリック教会は和解したとはいうものの、それは暫定的なものであって、イグナティオスが八七〇年ブルガリア教会のために一人の大主教と主教らを聖別した時、教皇ハドリアヌス二世は破門に処するといってイグナティオスを脅迫した。八七七年のイグナティオスの死ののち皇帝はフォティオスを再び総主教に任命した。八七九年から翌年にわたってコンスタンティノポリスで開かれた教会会議において教皇特使らはフォティオスを承認し、また八六九年から八七〇年にわたる教会会議の決定を無効としたようである。そして皇帝レオ六世は、八八六年フォティオスを廃位した。教皇フォルモス(在位八九一―八九六)は八九二年にフォティオスを破門したと考えられる。フォティオスの一連の出来事は、キリスト教界の一致の中心はローマ教会であるとのローマ・カトリック教会の主張と、五つの総主教職(ローマの総大司教職を含めて)はほとんど同等の地位にあるとのギリシア教会の主張との対立をあらわにした。なおフォティオスは優れた神学者で多くの著述をした。

教皇首位権問題

新しい論争が総主教ケルラリウス（在位一〇四三―一〇五八）のもとで起こった。彼は西方に対する激しい反対者で、ラテン語に通じている人々を異端と考えたほどである。彼の在位中教皇レオ九世（在位一〇四九―一〇五四）のもとで教皇制度が改革され、世界的勢力となった。レオが南部イタリアに対する教皇首位権を要求した時、一〇五三年コンスタンティノポリスのラテン語に通じている人々の諸教会が閉鎖され、諸修道院は没収された。というのはそれらの教会や修道院は、八世紀末以来の西方の慣習のように種いれぬパン（過ぎ越しのパン）を聖晩餐において用いたからである。

一〇五三年枢機卿フンベルト（―一〇六一）は東方正教会を攻撃し、この教会で慣習となっていた司祭の結婚を異端とし、これをヨハネの黙示録のニコライ宗（ヨハネの黙示録二・六、同一四―一五に記されている。キリスト教徒で異教にもどった者や異教道徳ことに性的不品行をする者をさす）と同一視し、さらに「また〔聖霊は〕子から」を告白しなかったからとして東方正教会をマケドニアの謬説に立つものとして批難し、破門に処するといって脅迫した。皇帝コンスタンティヌス九世は教皇に紛争調停のためにコンスタンティノポリスへの使節の派遣を依頼した。そこで教皇はフンベルトらを派遣し全権を委任した。協議は結実しないで使節らは一〇五四年にフンベルトによって起草された破門勅書を聖ソフィア大聖堂の祭壇に置いた。この勅書において東方正教会は、教職売買、グノーシス主義、アレイオス主義、ドナティスト派（ローマ・カトリック教会からの北アフリカの教会の分派で、ディオクレティアヌスの迫害の時に背教したことのある監督による監督叙任は無効であるとした厳格派である。この分派の指導者はドナトゥスであったが、アウグスティヌスは、礼典の真の執行者はキリストであるから、教職者の人格は礼典の効力に影響を与えないといった。この分派は四世紀から五世紀にわたって北アフリカで盛んであったが、ローマ帝国の弾圧によってその勢力は弱まり、七世紀から八世紀にサラセン人によって滅ぼされた。『オックスフォード教会辞典』、以下オックスフォードと略記。四一五頁)、聖霊被造論者(四世紀に聖霊の神性を否定した分派)、マニ教、ユダヤ・キリスト教であるとの批難をうけた。これらの使節は東方正教会によって破門された。このようにして東方正教会と西方教会は分裂し、その後今日まで再一致の試みは成功しなかった。東方正教会は、やがて自立教会(ローマの総大司教のもとに立たない東方正教会)として発展したので、この教会への服従は考えられないものとなった。(シュミット、一八五—一八六頁)。

二二　教皇制度の興隆

序

古代教会におけるローマ・カトリック教会は司教らの教会であったが、中世においてそれは教皇の教会となるが、それはどのような歴史的経過をへて可能となったのであろうか。

教会の主としての教皇

教皇理念が古代教会において形成されたことについては上述したが、ゲルマン民族の大移動は教皇の地位を一層強固なものとした。㈠ ローマ帝国の崩壊によって、この帝国内の教会という意味での枠組が取りのぞかれ、ローマの司教が西方における教会統一の象徴となった。㈡ ローマ・カトリック教会がアレイオス主義に立つゲルマン民族の教会にはいっていった時、ローマ的性格が顕著になった。当時ミサをそれぞれの国の母国語で執行することは慣例になっていたが、礼拝におけるドイツ語使用はアレイオス的異端の臭味をもつものと考えられ不可能となった。国民の意識にカトリック即ローマという図式が成立した。（シュミット、一八七頁）。

司教らは『偽イシドール法令集』を編集することによって教皇の地位を一層強固にしようとした。この法令集は半ばは真正な、半ばは偽造された教皇教令と教会会議の教令との集成である。この集成はイシドール・メルカトールによるものであるが、彼は当時の有名な教会法学者セヴィリアのイシドール（五六〇ころ―六三六）と同一視された。この集成によれば司教はその近くの大司教にではなく、遠くの教皇に服従しなければならない。この法令集は中世に真正なものと考えられたので非常な重要性をもつようになった。この中の諸要素がのちのカトリック教会の教会法のなかにとりいれられた。ここにローマ教会はその要求を教皇理念によって宗教的に基礎づけただけでなく、法的文書によっても基礎づけた。（同、一八七―一八八頁）。

かつてはすべての司教は使徒の後継者と考えられ、キリストの召しを受け、その代理者として羊の牧者となった。しかし今やキリストの唯一の代理者は教皇であり、司教らは牧者である教皇の補助者として牧養の一部にあずかるにすぎなくなった。教皇は世界的司教職の所有者であり、このことは一八七〇年に教皇不可謬性の教義となって結実する。（同、一八八頁）。

『偽イシドール法令集』から『グラティアヌスの教令集』（一一四〇年ころ。教会法の父、一二世紀のグラティアヌスの法令集で、教父の文書と教会会議の教令と教皇文書の集成である）までの教会法の発展過程において教会の本質に関する理解が深められた。今や教会はキリストの身体であるばかりでなく、ローマ法に従う社団でもあり、従って教会には神法のみならず人定法も存在することになった。ローマ法によれば社団は全権をもつ代表機関を必要とするが、古代教会はこのような代表機関をもっていなかったし、教会会議もこのような機関ではなかった。今や教皇は教会を指導する機関であると考えられるようになった。キリストの代理者という名称が、ペテロの後継者という名称にほとんどとって代わった。そして教会のすべての特徴は、その代表者の特徴と考えられたから、キリストは不可謬性をその教会に与えたことによって、この教会の代表者である教皇は不可謬性をもつと考えられた。グレゴリウス七世（在位一〇七三―一〇八五）は最初に教皇の不可謬性を主張した教皇であった。教皇が教会の唯一の不可謬の代表者、まさに地上におけるキリストの代理者であるなら、教皇から離れる者はキリストから離れることになる。トマス・アクィナスは教皇への従属は救済の条件であるといった。（同、一八八―一九〇頁）。

世界の主権者としての教皇

教皇は教会の主であるだけでなく、今や世界の主権者と考えられるようになった。㈠　東ローマ帝国の首都がローマからコンスタンティノポリスに移ったことが、このような発展の原因の一つであった。この移転によって教皇は宮廷司教となる運命から解放された。㈡　民族大移動の混乱期に、教会はローマ帝国に代わってローマの住民の唯一の避難所となった。㈢　教会がローマ帝国にとって代わることはグレゴリウス一世によって一層促進された。広大なローマ教会領すなわちペテロの遺産の取得は、彼の熱心な努力によるところであった。彼はこの取得によって教皇権の財的保証を手にした。㈣　ランゴバルド人のローマの占領の時、東ローマ帝国はローマになんの援助もすることができなかったので、七三八年にグレゴリウス三世はフランク国の援助を求めた。しかしカール・マルテル（六八九―七四一）はその申し出を拒絶した。その息子ピピンは自らによる戴冠の権利を教皇から獲得し、そのうえ教皇から塗油を受け、その報酬としてランゴバルド人に対するローマの防禦と、中部イタリアのなかの特定領域を教皇へ譲渡することを約束した。教皇は東ローマ帝国の副総大司教区ラヴェンナを要求した。どうして教皇が東ローマ帝国の領域を要求したかについては今日まで明らかにされていないが、一つの手がかりとして『コンスタンティヌスの寄贈』（ミルプト、二二八。ベッテンソン、一五六―一六〇頁）にまでさかのぼることができる。この文書は八、九世紀にフランク国で偽造されたものと考えられ、この文書の意図はローマ・カトリック教会、ことに教皇の権力の強化にあった。これによればコンスタンティヌス大帝は受洗後教皇シルヴェステル一世（在位三一四―三三五）に、アンテオケ、コンスタンティノポリス、アレクサンドリア、エルサレムに対する優位と、全イタリアと西方の全都市、いわば西方全体の統治権を与えた。すなわちこの文書によれば、教皇は政治的に世界の主権者となる。（シュミット、一九〇―一九二頁）。この文書は中世に非常に大きな影響を与えたが、その偽作性はのちにクサヌス（一四〇〇ころ―一四六四）、ペコック（一三九三ころ―一四六一）、ヴァラ（一四〇六ころ―一四五七）によって明らかにされた。その偽作性の立証の根拠の一つは、シルヴェステルはコンスタンティヌス大帝の受洗の二年前に死去したことである。

さらに『偽イシドール法令集』は教皇による教会会議の召集と認可、国法が教皇の教令と矛盾する場合の教皇による無効宣言、だれも教皇を裁くことはできないこと、これらの特権を教皇に与えた（同、一九三頁）。

教会の主として、また世界の主権者としての教皇は、神政政治を要求し、教皇領の政治的主権者としてふるまった（同）。このことはのちの歴史に非常な影響を与えることになる。

二三　帝国と教皇の闘い

初めにこの時代にローマ・カトリック教会と対立した帝権の発展について一瞥しよう。カール大帝の王権の基礎をおいたのはその父ピピンであった。カールはスカンジナビアとブリテン島以外の西方キリスト教世界を征服し、今や国家だけでなく教会の支配へとのりだした。彼にとって国王とは「神の恵みによる王」であり、平和と法について配慮し、弱者を助けるばかりでなく、霊的なことどもを秩序づけなければならなかった。霊的なことがらと世俗的なことがらが国王の手中にあるということは、古代のゲルマン慣習に一致しているし、聖書的にはメルキゼデクとダビデの例によって、またアウグスティヌスの『神国論』――カールの愛読書――に記されている理想的皇帝像によって正当とされた。彼はその前任者らがしたように、司教を任命し、その祖父カール・マルテルのようにほとんどの教会財産を当分の間であったが、教会のために処理していた。カールはボニファティウスが建てようとした大司教組織を完成し、教職者の養成のために諸修道院や諸司教座聖堂に学校を建設した。また国民の道徳的向上のために没頭し、主の祈りや信条を国民の暗記すべきものとし、日曜日を聖別し、礼拝への出席を奨励した。またカールは教義論争を終結せしめようとした。七九四年フランクフルトの教会会議は教会における聖画像の有無は教会にとってどちらでもよいことと決定し、「また〔聖霊は〕子から」に関する論争について、八〇九年アーヘンの教会会議は、フランク教会の立場、すなわち「また〔聖霊は〕子から」発出することを決定した。教義決定に彼が介入したのは、国家統一のためには統一見解が必要であると考えたからである。ローマ教会に対するカールの立場は、その戴冠式において最もよく表わされている。彼は八〇〇年のクリスマスにローマ教会でレオ三世からローマ皇帝の王冠を受けた。このことは教皇がカールに従属しながらも、威厳の授与者であるかのようにふるまったことを示している。このようにしてカールは西方を政治的に精神的に統一したが、彼の統治形態は神政政治であったといえよう。しかし教皇も皇帝もそれぞれが神政政治の担い手であるとの自負をもっていたから、この両者の対立は不可避であった。(シュミット、一九四一一九八頁)。

カール大帝の死からオットー一世まで

カールの死後彼に匹敵する国王は、カロリング王朝からはでなかった。教皇は次第に深まっていく諸国家の国家的王朝的対立を利用しようとした。カロリング王朝の衰微後九六二年にオットー一世がドイツ王権とカロリング王朝の皇帝理念を結合させた。彼は教会とドイツ国家を密接に結合し、司教らを任命し、司教らと修道院長らに領土支配の権限を与えた。一一世紀初めにドイツで国家的教会会議が復興し、司祭の結婚と他の国家的慣習に関する法的な決議がなされた。このことは一〇二二年のゼーリゲンシュタットの教会会議とその決定およびヴォルムスのブルクハルトの『教会法集成』に明らかである。当時教会をローマ教会から分離させるということは、どのような意味においてもドイツ国では起こらなかったのであり、この点でドイツ国はフランク国と相違していた。ドイツにおいては司教は侯の地位を与えられた。国教会の制定に加えてオットーは、国王は神のまえに教会をも指導する義務があると考えた。オットーは司教らがローマと関係をもつことを妨げることはできなかった。彼はカール大帝にならって教皇をドイツ国の臣下とすれば、この国とドイツ司教らの関係は保たれると考えた。(同、二〇二―二〇四頁)。彼は皇帝の威厳を高めるために九六二年ローマに旅し、ヨハネス一二世(在位九五五―九六四)から戴冠され、ここにローマ帝国の伝統とキリスト教の権威を結合した神聖ローマ帝国が出現した。

クリュニー修道院の改革運動

この改革運動は、これを皇帝がとりあげ、また教皇も関心を示したので世界的な意義をもつものとなった。修道院の改革を唱導して建設されたベネディクト修道会が次第に世俗化したことに反対する運動が一〇世紀に起こり、この運動の指導的役割を担ったのは、ブルグンディのクリュニー修道院(九一〇年創立)であり、この運動の重要な指導者はオドー(八七九―九四二)であった。この運動はベネディクトゥスの厳格な規則の再興すなわち霊的生活の向上、厳粛な礼拝の遵守を目標にした。同時に修道院の健全な財政の確立のために配慮した。クリュニーから改革運動はドイツ、イタリア、フランス、イングランドへ浸透していった。

ハインリヒ二世(在位一〇〇二―一〇二四)はオットー朝の最後の国王であり、バンベルク司教区の創設者であるが、この改革運動に関心を寄せ、またフランク王家のハインリヒ三世(ドイツ王在位一〇二六―一〇五六、神聖ローマ帝国皇帝在位一〇三九―一〇五六)もこの改革に好意を寄せた。というのはこれは彼の考えるキリスト教とかかわっていたからである。彼は教会への責務を自分の義務と考えた。一〇四六年にローマのスートリ教会会議で彼は三人の相争う教皇を順次に廃位し、バンベルクの司教スウィドゲル(クレメンス二世、在位一〇四六—一〇四七）を教皇に任命した。皇帝のいとこであるレオ九世は意識的に教皇庁と改革との提携を再建し、のちの皇帝との闘いのための道徳的支柱を教皇庁に与えた。この改革運動は教職売買（金銭によって教職の資格を売買すること—使徒八・一八—一九）とニコライ宗に対する批判へと発展した。（レヴェニッヒ、四七—四八頁）。

さて叙階式において聖霊が授与されると考えられていたが、今や教職売買が行われるようになり、教会における地位も金銭や物的利得と引き替えに譲渡されるようになった。そしてドイツ国王による司教の任命は妥当とされた。教職売買が、信徒による教会の職務の授与にまで拡張解釈されたのである。（同、四八頁）。枢機卿フンベルトは『教職売買に反対する三巻』（一〇五七年）において、信徒（である）司教叙任、信徒による教職の任命に反対している（シュミット、二〇五頁）。

オットー一世以来のドイツ国王による教職者の任命は最大の犯罪と考えられ、教職侯国なしでは存立しえないドイツ国を動揺させた。国王は、みずからの権力の支柱である司教職の任命権を放棄することはできず、皇帝と教皇庁の闘いは不可避であった。また結婚した教職者や蓄妾教職者はニコライ宗に立つ者として非難された。レオ九世は教皇の優位を確立しようとして、枢機卿団を組織し、改革に賛成する者らをこれに当てた。彼はアルプス越えの旅を重ねて、教皇の権威を民衆に知らせた。彼の死の直後一〇五四年に東方正教会との決定的決裂が起こった。（レヴェニッヒ、同）。ハインリヒ三世の治下においては、彼と教皇との友情のゆえに決裂はさけられた。

叙任権抗争（一〇五六―一一二二）

ハインリヒ三世が死んだ時、その子ハインリヒ四世（ドイツ王、皇帝在位一〇五六―一一〇六）が即位したが、彼は六歳であったので、教皇庁は帝国の弱点を利用しようとした。教皇庁では改革党が優勢で反皇帝主義の方向をとり、国王による司教叙任は教職売買であるとした。また教皇の選出は枢機卿団に委託された。このようにしてドイツ国王の権利は排除されたも同様であった。また教皇庁ではイタリアの北部と南部との軍事的政治的同盟のゆえに戦いの物理的な準備もできあがっていた。（同、四八―四九頁）。

教皇庁と皇帝の闘いの指導者は、修道士ヒルデブラント（のちのグレゴリウス七世）であった。彼は教会の絶対的支配を確立しようとして、教皇は意のままに他者との誓約を結ぶことも解くこともできるとした。このことは客観的法秩序の崩壊を意味した。教皇は国王の任免権をも有しており、彼自身はなんぴとによっても裁かれないし、彼が代表するローマ教会は無謬である。（同、四九頁）。闘いは一〇七五年に信徒による教職叙任権をグレゴリウスが禁止したことによって開始された。しかし司教職は帝位の主要な柱であり、司教に国の非常に多くの財産が委託されていたから、皇帝は譲歩することができなかった。そこでハインリヒはヴォルムスの教会会議でグレゴリウスの廃位を決定したので、教皇は破門と廃位に処するといって脅かした。破門は永遠の祝福の剥奪を意味し、皇帝は破門に対抗するこれと同等のものを有していなかった。教皇はすべての信徒の決起を求めた。一〇七六年秋ドイツ諸侯は、ハインリヒが一年以内に破門を解除されなければ、彼を廃位させることを決定した。

（シュミット、二〇六―二〇七頁）。

一〇七七年一月ハインリヒはその妻と数名の従者とともに裸足でアルプスを越え、教皇のいるカノッサ城の庭に三日間悔い改めの衣服に身を固めてゆるしを願った。ついにグレゴリウスはハインリヒを赦免したが、皇帝の廃位は取り消さなかった。諸侯によって立てられたシュワーベンのルドルフは皇帝に反対して立ちあがったが、敗北した。グレゴリウスはハインリヒがカノッサ城における約束を果さなかったので、三度まで彼の破門と廃位を宣言したが、なんの効果もなかった。ハインリヒはラヴェンナの破門された大司教ヴィーバートを対立教皇として立て、ローマに進軍した。ローマは陥落しグレゴリウスは幽閉され、ノルマン人により一時解放されたが、一〇八五年にサレルノで死んだ。教職叙任権の抗争の結果ハインリヒ五世（在位一一〇六―一一二五）の治世下「ヴォルムス教政条約」（一一二二年、教皇庁と国家との間の条約を教政条約という）が締結された。これによれば国王は霊的尊厳のしるしとしてのゆびわ（司教ゆびわ）とつえ（牧者のつえ）の授与に伴う叙任権を放棄するが、この世的地位のしるしとしての剣（領地の所得権）の授与に伴う叙任権を保持した。このようにして彼は司教と修道院長から忠誠の誓いを受けた。約五〇年におよぶ叙任権論争は司教における霊的義務とこの世的義務を区別したわけである。さて教皇側も国王側もそれぞれが勝利をえたと考えたが、注意しなければならないことは、教皇庁が国家に対立することができるほどの力のあるものと考えられるようになったことである。この闘いは教皇庁とシュタウフェル朝との闘いとして継続された。（レヴェニッヒ、五〇頁）。

シュタウフェル朝と教皇庁の闘い

フリードリヒ一世バーバロッサ（在位一一五二―一一九〇）はシュワーベン公であったが、推されて皇帝に就任し、帝権を拡大しようとしてイタリアに遠征した。彼は自分が神の代理者であり、主によって油を注がれた者であるとして教会を支配しようとし、北イタリアの諸市と結ぶ教皇アレキサンデル三世（在位一一五九―一一八一）を廃位させた。彼の子ハインリヒ六世（在位一一九〇―一一九七）をシチリア王国の継承者と結婚させ、シュタウフェル朝の世界支配が実現するかに思えた。フリードリヒの死後ハインリヒは東ローマ帝国と北アフリカへの遠征途上に死去し、世界支配の夢は消えた。当時インノケンチウス三世が教皇となり、グレゴリウス七世以上に教皇制度を強固にしようとした。彼は、教皇は神より低いが、どの人間よりも偉大であり、神と人間との間に立っていると考えた。神自身が教皇において語り行為する。教皇はすべてを裁くがなんぴとによっても裁かれない（Ⅰコリント二・一五）。ルカによる福音書二二章三八節の乱用からいわゆる両剣論が発生した。ペテロ、ことに教皇としてのペテロはその手に両剣すなわち霊的剣と世的剣とをもっている。国家は教皇に仕えるために剣を帯びており、教皇のみが世界を支配する。帝権は教皇の所有物である。教皇は皇帝あるいは他の支配者に支配権を与え、またそれを取りあげることができる。インノケンチウスは教皇領を再建し、またシチリア王国の君主となった。ブラウンシュヴァイクのオットー四世（皇帝在位一二〇九―一二一五）とシュタウフェル朝のシュワーベンのフィリップ（皇帝在位一一九八―一二〇八）の皇位争いの時、教皇は保身のためにフリードリヒ二世（ハインリヒ六世の子、皇帝在位一二一五—一二五〇）を立てた。（レヴェニッヒ、五三頁）。しかしフリードリヒ二世ものちに教皇と争って破門された。フリードリヒ二世は教会改革のために教皇制度を攻撃した。国家の絶対的独立か、国家に対する教会の絶対的主権か、これがフリードリヒ二世とインノケンチウス四世（在位一二四三—一二五四）の争闘の焦点であった。両者間の意思の疎通は不可能であった。教皇は、もしフリードリヒが無条件で屈服するなら破門を解除しようとしていたが、その場合でも彼を廃位させようとしていた。フリードリヒがイタリアに滞在中、教皇の扇動により、ドイツでラプスが対立国王となった。皇帝と教皇のこの政治闘争に托鉢修道会士らは教皇を支持したので、ドイツのキリスト教徒らも教皇を応援した。この場合、教会教職のふりあてにまで影響が及び、インノケンチウスもこれにかかわった。皇帝は勝利をえられず、一二五〇年に死去した。またコンラート四世（ドイツ王在位一二五〇—一二五四）も一二五四年に死去した。インノケンチウス四世の後任者らは、初めてフランク人を軍務に服せしめ、このことによってシュタウフェル朝に勝利した。一二六八年にコンラーディの死去とともにシュタウフェル朝は滅亡し、ここに教皇庁は勝利を一層確実なものにした。（シュミット、二一四頁）。シュタウフェル朝は教皇制度と闘うことにより没落した。また教皇制度は勝利をえたとはいうものの、政治的権力をもてばもつほどその弊害は顕著になっていった。このような長期の混乱のなかで民衆の信仰は動揺したし、識者たちは教会への批判を深めた。

二四　十字軍

序

十字軍は東ローマ帝国にとっては破壊以外のなにものでもなく、イスラム教国にとっては彼我双方の殺戮以外のなにものでもなかったであろうが、西方とその教会にとっては種々な意味をもっている。十字軍は一〇九五年から一二九一年までの時期に及んでいる。これにフランク国やドイツが関与し、イングランドとイタリアも参加したが、スペインは国内におけるサラセン人との戦いのゆえに参加できなかった。十字軍発生の原因と結果について、さらにこれがどのような史的意義をもっているかについて考察しよう。（シュミット、二一八頁）。

十字軍の原因

㈠　聖地パレスチナへの巡礼はコンスタンティヌスの時以来行われたが、このことはここがイスラム教徒によって征服されてから困難となった。それにもかかわらず、一〇世紀と一一世紀に教会が一層発展し、巡礼への要望が高まった。㈡　一一世紀の教皇制度はキリスト教世界統一の理念に立っていたので、ほとんど全西欧世界が十字軍に関与するようになった。教会を守り、非キリスト教徒と戦うために騎士団が出現した。(三) キリスト教徒は罪のゆるしと永遠の生命の獲得のために十字軍に参加した。これらの獲得のための最も確実な道は修道院にはいることであったが、これにはいれない者には十字軍への参加は好機と思われたのであろう。(四) 諸侯は聖地に自分自身の国を建設しようとした。商人は東洋のおとぎ話に出てくる宝庫に深い関心を示した。十字軍の後期に宗教的動機は弱まり実利的欲求が強くなった。(同、一二八—一三〇頁)。

経過

十字軍以前に教皇の説教に基づいて無組織の集団が東方へ旅したが、しばしば巡礼者の群からこのような集団が発生した。第一回十字軍(一〇九六—一〇九九)は、一〇九五年のクレルモンの教会会議における教皇ウルバヌス二世(在位一〇八八—一〇九九)の説教によって開始された。この十字軍は主としてフランク人からなり、トゥルーズのレイモンやブイヨンのゴドフロアらによって率いられ、参加者は非常に多かった。一〇九七年にこの十字軍はニカイアを、一〇九九年にエルサレムを獲得した。教職者らはエルサレムにおける神政政治の樹立を計画し、ゴドフロアはその指導者となり、同年エルサレム王国が樹立された。一一〇〇年の彼の死ののちその弟ボドゥアンがこれを継承した。第二回十字軍(一一四七—一一四九)は、この王国がサラセン人によって危機にさらされた時、教皇エウゲニウス三世(在位一一四五—一一五三)らのすすめによってフランク国王ルイ七世(在位一一三七—一一八〇)とドイツ王コンラート三世(在位一一三八—一一五二)によって起こされた。この十字軍はサラセン人を撃破したとはいえ、エルサレムの獲得はできず崩壊した。第三回十字軍（一一八八―一一九二）は、一一八七年にサラセン人によるエルサレムの占領に伴って起こった。皇帝フリードリヒ一世、イングランド王ヘンリ二世（在位一一五四―一一八九）、フランク王フィリップ（在位一一八〇―一二二三）は一一八九年にエルサレムの奪回を企てたが失敗した。第四回十字軍（一二〇二―一二〇四）は、インノケンチウス三世の勧めによって起こされ、シュワーベンのフィリップによるコンスタンティノポリスの攻略となった。ここにラテン王国（一二六一年まで存続）が建設されたが、この攻略に略奪や古代教会の破壊が伴った。一二一二年の少年十字軍はフランク国や西ドイツの少年によって構成されたが、この十字軍の資料には史実性と伝説がいり混っている。その数個の群が出発したが崩壊した。第五回十字軍（一二一七―一二二一）は、一二一五年の第四回ラテラノ会議におけるインノケンチウス三世の宣言によって始められた。これはエジプトに進軍し、かろうじて一つの港を攻略したものの、ナイル川のデルタ地帯で敗北した。第六回十字軍（一二二八―一二二九）は、皇帝フリードリヒ二世の指揮によって一二二九年にエルサレム、ベツレヘム、ナザレを獲得したが、一二四四年に再びこれらを失った。第七回十字軍（一二四八―一二五四）と第八回十字軍（一二七〇）はフランク人によるものであったが、徐々にではあったが、聖地から追放された。十字軍の終結は一二九一年であった。

敗　因

(一)　主要な敗因の一つとして十字軍の統一的組織の欠如をあげることができる。諸侯によって率いられた十字軍相互の間に多くの場合連携はなく、そのうえ目的が相違していた。諸侯のなかには町を獲得し、侯国の建設を意図した者もいるし、十字軍への参加によって至福を獲得することができると考えた老人や病人さえもいた。十字軍は物資補給への配慮を欠如していたうえ、エルサレムを一時獲得した時でもパレスチナの荒野からはなんの穀物もえられなかった。長期間の戦いで多くの者が死に、そのうえ西欧における種々な争いが、十字軍の目的貫徹に支障を与えた。㈡ 東ローマ帝国を経由した十字軍は種々な狼藉をしたのでギリシア人との間に対立が生じた。㈢ 戦争の随伴現象である不道徳が従軍者を傷つけ、彼らは病んだ肉体と精神をもって帰還した。㈣ 十字軍は宗教戦争であったので、イスラム教徒の激情をかきたてた。(同、一二二—一二四頁)。

史的意義

㈠ 政治的影響　十字軍によって東ローマ帝国は弱体化したが、イスラム教国は西欧の戦術を学んだ。

㈡ 文化的影響　十字軍によって西欧はアラビア文化を摂取した。例えばアラビア数字の導入や紙の製造法。

㈢ 経済的影響　アラビアの薬品、東方の香料、果物、綿花、生糸、家庭用品、楽器が西欧に運ばれ、おもにイタリアが中国やインドとの貿易によって利益を収め、短期間に富裕な国となった。十字軍は中世初期の現物経済から貨幣経済への移行の要因の一つとなった。

㈣ 教会への影響　(イ)ウルバヌス二世は第一回十字軍を派遣したが、その後歴代の教皇がこの派遣に関与した。教皇はイスラム世界に対抗してキリスト教世界を統一しようとした。(ロ)騎士団、ことに病院騎士団や神殿騎士団の創設。病院騎士団は一〇二三年ころ貧しく病める西欧の巡礼者のためにアマルフィの商人らがエルサレムに創設したものである。神殿騎士団はユグ・ド・パイエンによって創設され、騎士は私有物をもたないで共同生活をし、無益な談話、狩猟、馬飾り、うらない等をさけた。のちにこの騎士団は富を蓄積し、高慢と貪欲のそしりを招いた。(ハ)免償付与の急激な増加。免償とはなんであろうか。受洗後にキリスト教徒が犯した罪ももちろんキリストの贖いによってゆるされるが、このこととは別に教会法に基づく罪の償いは果されなければならない。しかし諸聖人の善き業（功績）を悔悛者に移譲することによってこの償いが免除されるということ、これを免償という。さらにこの譲渡が教会への献金、施し等によっておきかえられるようになった。クレルモンの教会会議でウルバヌス二世は、十字軍参加者への償いの完全な免除を宣言した。また十字軍とともにキリストや諸聖人の遺物と称されるものが西欧にもちこまれ、これらの拝観もまた一定の免償の効力をもつようになる。(ニ)十字軍の帰還者は東方キリスト教世界や異教世界を見てきた。今や東方の影響のもとにローマ・カトリック教会外における新しい文化の発生の契機が与えられた。(ホ)十字軍の莫大な戦費を教皇庁はまかなえなかった。十字軍以外に当時の西欧の異端撲滅のための教皇庁の戦いも十字軍といわれ、教皇庁はその戦費をも支払ったが、このことに関するキリスト教界の見解には非常な不一致があった。(ヘ)シュミットは史料に基づき、神がキリスト教徒に勝利を拒んだとの事実が深刻な疑い――十字軍の失敗は神の審判であった――を民衆に与えたという。この失敗は、反ローマ・カトリック的気分――われわれはすでにフリードリヒ二世とインノケンチウス四世との闘いにおいてこのような気分をみたのであるが――を非常に高める動因の一つとなった。(同、二二四―二二六頁)。

二五　新しい修道会の創設

序

西欧のすべての修道院は一一〇〇年までベネディクトゥスの規則のもとに置かれ、クリュニー改革運動の時もこの規則は依然として力があった。しかし教皇制度は外的に興隆へ向っていた時、内的にはすでに崩壊の過程が始まっており、修道院制度もこの衰微のなかへ引きずりこまれた。当時多くの修道院はあまりにも富裕で、修道士のなかには召使さえ所有しているものもおり、禁欲生活はもはや生活目標にはならなかった。古代においては修道士が瞑想生活において霊魂の救済をえられるようにと、彼らはこの世から離れて生活した。しかし今や修道士は文化の最高の担い手であり、例えば、前述したようにイングランドの修道院では大なる学問的業績が生まれた。クリュニー改革運動はこの種の修道院制度と闘った。とくにドイツにおいてベネディクト修道会は説教と牧会に専念したが、教区在住の司祭は修道士によって彼らの務めが妨げられるのを望まなかった。他方ドイツの教会は、諸教皇と諸皇帝の闘争においてその力を消耗させてしまった。このような状況のもとで新しい諸修道会が創設された。（シュミット、二二七―二二八頁）。

カルトゥジオ修道会

これは、一〇八四年にブルーノ（一〇三二ころ―一一〇一）によってフランスに創立された瞑想を重視する修道会である。その初期には特別の規則はなかったが、完全な禁欲とこの世の否定が要求された。ブルーノの命によって修道士らは沈黙の誓約を立て、修道院内の個室で生活し、労働し、祈禱と瞑想のために一日に数時間をあて、他の修道士とは聖務日課時等に会うだけであった。一一二七年に作成された規則は、一一三三年に教皇インノケンチウス二世（在位一一三〇―一一四三）の認可をえた。この規則には初期からの禁欲と自己否定が要求されている。（オックスフォード、二四一頁）。

シトー修道会

この修道会はフランク国においてモルムのロベールその他によって一〇九八年に創立された。シトー会修道士はベネディクトゥスの規則に基づいて労働を重視したが、このことによってドイツや東方の農業に甚大な刺激を与えた。一三世紀にこの修道会の大修道院の数は一八〇〇にもなった。しかしこれは礼拝の義務と労働との間の矛盾と、修道会が獲得した富によって急速に堕落してしまった。この修道会の代表的人物は神秘主義者クレルヴォーのベルナールである。

プレモントレ修道会

司祭修道会のうち最も重要なものがプレモントレ修道会であった。これはノルベルトゥス（一〇八〇ころ—一一三四。のちのマグデブルク大司教）によって創設されたものである。彼は清貧と説教の結合によって使徒的理想を実現しようとした。この修道会にはその全盛時に一〇〇〇以上の修道院があった。しかしそれらはほとんど村落にあったので、教会の発展に深い影響を与えることはできなかった。というのは、一三世紀には都市や町が精神生活の重要な面を担っていたからである。

フランシスコ修道会

これはアッシジのフランチェスコ（一一八一／八二—一二二六）の創設によるもので托鉢修道会である。商人の息子であった彼の騎士になろうとの名誉心は、キリストへの徹底的従順と奉仕との願望によって置きかえられた。聖なる使徒的清貧に生きた彼は、まもなく彼の周囲に集まった協力者とともに、人々への奉仕、ことに重い皮膚病にかかった病人への奉仕に生きようとした。彼らはマタイによる福音書一〇章七節から一〇節によって使徒のように生きようとしたが、その後、使徒のように説教することが課題となった。フランシスコ修道会の創設はフランチェスコ自身の意図に反して起こったことであった。シュミットは、教会による世界支配をほとんど実現したインノケンチウス三世と、同僚とともに物乞いによって生活し地上の所有物を蔑視したフランチェスコとの二人の同時代人の間に存する相違はほとんど類例をみないほどであるという（シュミット、二三〇頁）。フランチェスコの理想によって生きようと望んだ婦人らが集まり、女子修道会の創設となった。これは創設者クララ（一一九四―一二五三）にちなんでクララ修道会あるいは第二フランシスコ修道会とよばれた。特別な事情によって修道会入会を妨げられた男子信徒、とくに既婚の男子信徒でフランチェスコの運動に感動した者がいた。フランチェスコは彼らに、謙遜と暴飲暴食の回避、禁欲、質素な服装と慈善、教会の義務の遂行、自己の職業にとどまり悔悛の生活を送ることを勧めた。彼らの集団は悔悛兄弟団あるいは第三フランシスコ修道会と呼ばれた。

清貧に関してフランシスコ修道会は分裂した。清貧と寄付金の回避とに関してフランチェスコの教説を最も厳格に主張した托鉢修道会は、カプチン派（フランシスコ会厳格主義派）と呼ばれた。彼らは一時この修道会から追放された。

ドミニコ修道会

この修道会はスペイン人ドミニクス（一一七〇―一二二一）が創立したもので、托鉢と説教を重んじた。彼はアルビ派を転向させるためにプロヴァンスに派遣された。マニ教的二元論を説くアルビ派によれば、キリストは幽霊のような身体をもつ天使であって、死にもしなかったし、復活もしなかった。キリストの救済とは真の教説であるアルビ派の教説を人々に教えたことにあるとした。彼らは、礼典を退け、物質を悪とするゆえに極端な厳格主義に立ち、結婚を否定し、肉やミルクや卵等の摂取を禁じたので、彼らの教説は、教会にとっても社会にとっても脅威であったので、彼らは異端とされ激しい迫害にあったり、異端審問にかけられたが、ドミニクスは彼らを転向させることはできなかった。アルビ派は一四世紀末までに根絶された。ドミニクスは無知な教職者と異端の伝播との関連を認め、説教の能力のある教職者の養成のために尽力した。ドミニコ修道会規則はフランシスコ修道会の特色、すなわち托鉢と清貧とを重んじたが、労働は放棄した。

史的意義

㈠ 托鉢修道会が採用した説教と告白聴聞は民衆の信仰生活に大きな影響を与えた。フランシスコ修道会もドミニコ修道会も教皇からこれらに関する特権を獲得した。托鉢修道士は説教にたずさわり、また民衆は告白を年間生活を共にする教区司祭よりも、旅を続ける托鉢修道士にした。(同、一二三〇―一二三一頁)。㈡ 托鉢修道会は社会事業に尽力し、重い皮膚病の患者やその他の病人の看護に当り、医学の研究に従事した。中世にはしばしば黒死病が流行したが、その時托鉢修道士の活躍はめざましかった。(ディーンズリ『中世教会史』一六〇頁)。㈢ 托鉢修道士はその集会所において学校を開いたが、またすべての大学においても集会所を開いた。そのうち最も著名なものは、パリ、オックスフォード、ケンブリッジ、ボローニャの諸大学の集会所であった。フランシスコ修道会からボナヴェントゥラ、ヘールズのアレキサンダー(一一七〇ころ―一二四五)、オッカム、スコトゥス、ベーコンが、またドミニコ修道会からアルベルトゥス・マグヌス、トマスが輩出した。(同、一六二頁)。㈣ 托鉢修道会の外国伝道は顕著であった。フランシスコ修道会は、モロッコ、リビア、チュニス、リトアニア、ポーランド、プロイセン、アルメニア、ブルガリア等に伝道した。フランシスコ修道会もドミニコ修道会もアジア伝道に着手し、ペルシア、インド、スマトラ、ジャワ、ボルネオ、チベット、中国、日本に伝道した。(同、一六三―一六四頁)。㈤　フランチエスコの残した印象は民衆の敬虔に深い影響を与えた。托鉢修道会とくにフランシスコ修道会は、彼らの理想をすべての人間に伝えようとした。そこで前述したクララ修道会や悔悛兄弟団が生まれた。ドミニコ修道会にもドミニクスの死後、悔悛兄弟団すなわち第三修道会が存在するようになった。この半修道院的な団体組織と騎士修道会等は、都市生活全体をくもの巣のように包んだ。㈥　教会の影響力が弱くなっていった時期に、以上述べた五つの点において民衆は新しく教会に結びつけられた。

二六　神学思想

序

スコラ神学（スコラ哲学ともいわれる。それほど中世において神学と哲学の関係は緊密であった）とはトマスの神学であるとも考えられるが、厳密にはアンセルムからトマスやオッカムまでの主要な神学を指すといえる。中世初期までの神学は、聖書に啓示された真理をギリシア哲学、ことにプラトン哲学や新プラトン主義を媒介にして構築されたものであったといえよう。中世の神学者は存在について思考したが、彼らの問題の中心は普遍性であり、普遍的観念であった。プラトンも中世初期の神学者も観念が実在であり、実体であると考えた。例えば人間において人間性という普遍性が実在するものであって、個人という特殊性は存在しないのである。また彼らによれば知識は明瞭な概念で表現される。これは明瞭性に到達するための媒介となったとはいえ、実在把握に論理的限定を与えることになる。人間は実在を把握するために思考する。しかし、実在と思考との関係はどのようなものであるのか。実在と概念との関係はどのようなものであるのか。この問いは中世の神学と哲学を貫いており、主として二つの学派すなわち実在論者と唯名論者によって取り扱われた。（ディーンズリ『中世教会史』一六六—一六七頁）。私はエリウゲナ、アンセルム、アベラール、ロンバルドゥス、アルベルトゥス・マグヌス、トマス、スコトゥス、オッカムをとりあげたい。

エリウゲナ

エリウゲナ（八一〇ころ—八七七ころ）の哲学は新プラトン主義の流出説とキリスト教の創造論を調和させたものであった。彼の大著『自然の区分について』において、彼は自然は四つの範疇に分けられると主張した。㈠創造するが創造されなかった自然、すなわち神。この神は、㈡創造されたが創造する自然、すなわち根源的諸原因の世界、あるいはプラトン的イデアの世界を創造する。そして神はこの観念世界を媒介にして、㈢感覚的世界、すなわち創造されたが創造しない自然、すなわち感覚によってとらえられる事物を創造する。つぎに感覚から、世界がキリストの助力をえてふたたび、㈣神、すなわち創造するが創造されなかった自然に向ってのぼる。この神に万物はついに復帰する。従って世界は神とどもに始まり、神において終る。（オックスフォード、四六〇頁）。彼において神学と哲学は密着した体系に統一された。実在と思考の関係はエリウゲナにおいてはプラトン的に考えられた。普遍的なもろもろのもの、すなわち諸類概念は、プラトンの諸理念に一致する。実在はそれら諸理念に属している。それら普遍的なものは、個、特殊を包括し、前者はそれ自体から後者を生む。従って因果の連鎖には、上下の関係が存する。神は最高の理念であり、同時に最高善であるから、神からの隔離は善の減少を意味する。従って因果の連鎖のうちに価値評価と意味評価が含まれてくる。このようにして完全な観念的実在論が構成された。彼の教説は汎神論的であるので一二一〇年パリにおいて、のち一二二五年ホノリウス三世（在位一二一六―一二二七）によって異端とされた。

アンセルム

アンセルム（一〇三三ころ―一一〇九）はエリウゲナの観念的実在論の基盤に立って存在論的神の証明を展開したのであり、彼によれば神すなわち最高の理念は最も完全な存在であり、また最も現実の存在であることになる。またアンセルムによれば権威すなわち神的啓示と、理性すなわちわれわれにおける神的光としての理性の間の矛盾の克服、この両者の調停、啓示の哲学的理解の獲得が、スコラ学の課題であった。アンセルムは信仰から出発する。「私は信じるために知ろうとはしないが、知るために信じる」。しかし同時に、信仰は知性を求める。怠慢のゆえにわれわれは信じられたことがらについて熟考しなくなる。アンセルムは権威すなわち啓示された真理と理性を一致させ、このことによって統一的世界像をえようと極力努力した。彼における神的啓示と理性は、今日われわれが考えるような信仰と知識という対立概念ではなかった。彼においては絶対的真理とこの真理の認識は完全に一致するということが、彼の認識論的前提であった。信仰と知識は、確かに彼において二つの人間的行動様式であったが、神的啓示と理性は人間を越えた二つの大なるものであった。その著書『プロスロギウム』と『モノロギウム』は、神の存在論的証明、神の属性、創造等に関する論述を含んでいる。彼は「神はなぜ人となったか」において受肉と贖罪について述べ、罪の赦しがキリストの死によって可能となったことを明らかにした。

アベラール

アベラール（一〇七九―一一四二）によって権威すなわち神的啓示と理性の問題に新しい段階がもたらされた。彼にとって権威とは聖書であり、教父らの伝統であった。彼はその著『肯定と否定』（Sic et Non）において教父の鋭く対立する一五八の見解をまとめたが、スコラ学の学問的方法は多分アベラールのこの書に基づいているのであろう。この書にならってスコラ学ではまず問題が提出される（sic ＝このように）。これに対して反対根拠が提示される（contra ＝反対、アベラールの non ＝否定に一致する）。そして討論がなされる。そして諸典拠が主要な役割を演じ、反対根拠が弱くなる（pro ＝肯定）。最後に著者自身の見解が述べられる（respondeo ＝答える）。著者自身の見解は決定的に基礎づけられなければならないので、この際また肯定と否定とが再び批判的究明の対象となる。アベラールの『肯定と否定』は神学方法論に甚大な影響を与えた。また彼は普遍的なものを厳密に概念としてのみ理解する。従って彼の見解は概念論ともいわれるが、実在論ではない。概念は神において事物より以前に存在する。しかし概念は人間理性においては事物よりものちにある。というのは概念は理性による事物の抽象化によってのみえられるからである。しかし彼において現実がどのようにして概念となるかが明らかにされていない。

ロンバルドゥス

ロンバルドゥス（一一〇〇ころ―一一六〇）の主著『命題集四巻』（一一四八―一一五〇）は、三一神論、創造と罪、受肉と徳、秘跡と終末を扱い、この書にはラテン教父とギリシア教父からの多くの引用があり、これはトマスの『神学大全』に取って代わられるまで中世の教義学綱要となった。ロンバルドゥスによれば理性は人間における神的光であり、従って権威すなわち神的啓示と一致する。神的光としての理性は神の被造物としての世界と、神によってひき起こされた救済の出来事を認識することができる。

アルベルトゥス・マグヌス

アルベルトゥス（一二〇〇ころ―一二八〇）はアリストテレス哲学の影響を受けたので一三世紀は彼のゆえに特異な世紀となった。アルベルトゥスはラテン語によるアリストテレス研究に従事し、神学のほかに当時の自然科学すなわち動物学、植物学、地理学、天文学、錬金術、医学にも精通し、トマスによる神学と哲学の綜合のための道備えをした。

トマス

トマス（一二二五ころ―一二七四）はアルベルトゥス・マグヌスに師事し、彼の多数の著述のうち『対異教徒大全』と『神学大全』がその神学の頂点をなしている。トマスの著作の独自性は、キリスト教哲学としてプラトン哲学ではなくて、アリストテレス哲学を採用したことにある。アベラールの神学はアリストテレスの論理学の再発見によって基礎づけられたが、トマスの神学はアリストテレスの自然科学と倫理学の再発見によって基礎づけられた。トマスにおいて、アリストテレス的に規定された思想は、もろもろの普遍的なものに同様に実在を与える。しかしプラトン哲学のように、「事物以前に」ではなく、諸事物においてである。諸事物とともに、諸事物において諸理念が現実となる。トマスによれば哲学と神学はそれぞれ独立した学問であり、哲学は理性によって自然的秩序を考察するが、神学は神の言のうちに啓示された超自然的秩序を考察する。神学研究は権威すなわち神の言における啓示に基礎を置き、宇宙の理性的探究は科学的論証に基礎を置く。啓示は哲学の領域内には存しない。しかし神の啓示の真理はけっして哲学的真理と矛盾するものではない。

彼は公理「恩恵は自然を破壊しないで、これを完成する」から出発する。ここからトマスは自然的なものを承認し、すべての知識の諸領域を彼の体系のなかに含めることができる。しかしこの諸領域に究極的な価値を与えない。というのは自然的なものはその完成のために超自然的なもの、すなわち恩恵を必要とするからである。そこには秩序が存在する。この秩序をトマスはアリストテレスの目的論と結合する。この目的論によればすべてのことは一つの目的に基づいて秩序づけられている。トマスによれば、全宇宙における目的をもつ秩序は神に向けられている。いいかえれば、全宇宙は究極目的としての神に向けて秩序づけられている。アウグスティヌスにおける神の国の思想は綜合的なものであったように、トマスにおける総括的見解も神の目的を視点として可能となった。トマスにおける神学思想史上の変革は大きいものであった。すべての生活領域へのトマス的な総括的探究を今日でもなおカトリック教会の学問、ことに世界のカトリック系大学の研究は指向している。というのは所与の秩序に存在する目的の探究がなされるからである。一八七九年に教皇レオ一三世（在位一八七八—一九〇三）はトマスをカトリック教会の基準的神学者とした。

スコトゥス

スコトゥス（一二六四ころ—一三〇八）はスコットランド人で、アリストテレス哲学をアウグスティヌス主義のある要素と結合させた。彼とトマスの相違は、前者においては意志が重要な位置を占めるのに対して、後者においては理性が重要な位置を占める点にある。従ってスコトゥスにおいては自然法は全く神の意志に依存するが、トマスにおいてはそれは神の知性に依存する。スコトゥスは意志の優位を教え、従って彼において瞑想よりも行為が強調される。この行為は恩恵における行為において頂点に達する。しかしスコトゥスが、啓示は理性と矛盾しないと主張する点においてはトマスと一致する。（同、四二六頁）。スコトゥスはフランシスコ会修道士であり、トマスはドミニコ会修道士であったので、両学派の争いはすなわち両教団の争いでもあった。

オッカム

トマスによって樹立された全存在の調和という思想は、唯名論によって崩壊の危機にさらされた。その代表者はオッカム（一三〇〇ころ—一三四九ころ）であった。前述したように、普遍性の問題は、中世において主として二つの学派、すなわち実在論者と唯名論者によって取り扱われた。もちろん、これら両学派のうちにおいても種々異なる主張が存在していたことはいうまでもない。実在論者はプラトンのように、普遍的なもののみが真であると主張したのに対して、唯名論者は普遍的な観念はただ（唯）名のみであって、個物のみが真であると主張した。唯名論が革新的思想であったのは、トマスによって樹立されたような全存在の調和という思想がこれによって崩壊してしまうということであった。オッカムによれば、個物の実在は概念によってではなく、個物に対する直観的認識によって把握できるものである。しかしオッカムはここから信仰ぬきの地盤には移行しなかった。オッカムにとって教会教義が非合理的であっても、それはそれが基づいている権威のみが確かであるなら承認されうる。オッカムにとって聖書はこの堅固な権威を形成しているのであり、体系樹立のための基盤を提供しているのである。またオッカムはスコトゥスのように意志論者であって、スコトゥス以上に神の自由を大いに強調した。

二七　神秘主義

序

神秘主義は一つの宗教的体験に基づくのであって、この体験とは直観による神体験といえよう。神秘主義はキリスト教にだけ固有なものであるというのではなくて、中国、インド、ペルシア、ギリシア、イスラエルにも存在した。それがキリスト教神秘主義といわれる場合には、キリストにかかわりをもつからである。中世における神秘主義は、新プラトン主義と深い関連をもっており、つぎの三つの流れから由来していると考えられる。㈠ 新プラトン主義からも深い影響を受けたアウグスティヌスの神学。㈡ 新プラトン主義の哲学者プロクルス（四一〇―四八五）の神学書のラテン語訳。㈢『ディオニュシウス・偽アレオパギタ』の神学書。これは新プラトン主義をキリスト教と結合し、神秘主義に立つ書物で、パウロの弟子ディオニュシウス（使徒一七・三四）によって書かれたと中世の学者は考えた。しかしこのことはその後疑問視されるようになった。この書はエリウゲナのラテン語訳によって中世に伝達された。私は中世の神秘主義を観想的神秘主義と静寂的神秘主義の二つの類型に分けて考えたい。

観想的神秘主義

観想的神秘主義を、その代表的なものとしてのサン・ヴィクトルのフーゴーと、クレルヴォーのベルナールの二つの型に分けたい。

㈠サン・ヴィクトルのフーゴー（一〇九六ころ―一一四一）フーゴーは、アウグスティヌスと『ディオニュシウス・偽アレオパギタ』によって新プラトン主義の深い影響を受けた。彼は『ディオニュシウス・偽アレオパギタ』の注釈書や神秘主義の書物を著述した。彼によれば神秘主義は神の観想（神を見ること）であって、神の認識や神の瞑想とは相違する。彼において知識をこえて道が神へ通じていて、人間存在には種々な制約があるが、霊魂は神に到達することができる。人間が感性から自由になる時にのみ、神との一致が起こる。このための前提条件は、罪の咎からのきよめであり、これは教会における洗礼、堅信礼（幼児洗礼を受けた者が、のちに行なう信仰告白）、ミサ、告解によって起こるが、善き業や禁欲によっても起こる。（シュミット、二四〇頁）。

㈡クレルヴォーのベルナール　フーゴーの観想的神秘主義と異なる型が、クレルヴォーのベルナールによって代表された。ベルナールの神秘的直観は、神に向けられたのではなく、地上のイエス像に向けられた。神の子である人間イエスを感情を傾けて愛する。そして人間イエスにおいてわれわれは神自身と交わることができる。地上の花むこイエスへの愛において彼の敬虔は生きている。しかし彼は、フーゴーのように罪の咎のきよめが教会の秘跡によって起こるとはいわなかったが、依然として教会にとどまっていた。（同、二四〇―二四一頁)。

静寂的神秘主義

この神秘主義も神との一致を目標とするが、これへの到達の過程が観想的神秘主義のそれと異なっている。この神秘主義においては、霊魂が全く働かないで、全く静かに全く空しくなった時にだけ、神は霊魂にくる。霊魂が完全に無となった時、神自身が霊魂のなかへ流れ込む。その時霊魂の神化が起こる。それゆえ、この立場をとる神秘主義者は、教会、天使、聖人以上に高められる。従って彼にとって制度的教会にはなんの権威も存しなくなる。しかしのちに静寂的神秘主義は修道院に浸透したし、エックハルトを代表者とするドイツ神秘主義に影響を与えた。(同、一二四一—一二四二頁)。静寂的神秘主義者としてエックハルト、タウラー、ソイゼ、リュスブレックをとりあげたい。

(一)エックハルト(一二六〇ころ—一三二七) 彼はドミニコ会修道士で、その思想はトマス、新プラトン主義、ベルナールとその他の神秘主義者、アラビアのアヴェロイス(一一二六—一一九八。新プラトン主義の色彩のあるアリストテレス哲学注解者)、マイモニデス(一一三五—一二〇四。ユダヤ教の啓示とアリストテレスの理性の綜合を試みたユダヤ人哲学者)の影響を受けたといわれる。エックハルトによれば、信仰者にとって最も重要なことは、霊魂における神の誕生であり、これは霊魂がすべての被造物と表象とから無になる時に起こる。「すべての被造物から無であるものが、神によって満たされる」。神との神秘的な接触は霊魂の根底に起こる。エックハルトは平静、内的自由を教えた。霊魂が放念の道をいく時、彼にとっても制度的教会にはなんの権威も存しなくなる。この教会は放念に達する手段としての役割をもつにすぎない。彼は教会の忠実な子でありたいと願ったし、また教会内で彼の教説を弁護するために苦闘した。(同、二四二―二四三頁)。しかし彼はその教説が異端であるとされて一三二六年コローニュの大司教法廷で裁かれ、教皇に上訴したものの審理中に死んだ。一三二九年ヨハネス二二世(在位一三一六―一三三四)は彼の文章のうち二八を異端的なもの、あるいは危険なものと宣言した。教会によるこの非難のゆえに彼の著述の普及は妨げられ、その結果その大部分が失われてしまった。

(二)タウラー(一三〇〇ころ―一三六一) ドミニコ会修道士タウラーはエックハルトの思想から非常な影響を受けた。タウラーも霊魂における神の誕生や放念について語った。これらによって人間は不熱心や習慣的敬虔から内的なものへ、世俗的生や口論から純粋な平等性へと連れていかれる。彼はまた教会への従属、神の戒めの遵守、徳の実践を望んだ。彼は罪や救済者の意義を知っていた。彼の説教をルターは高く評価した。

(三)ソイゼ(ラテン語ではスーソー。一二九五ころ―一三六六) 彼もドミニコ会修道士でエックハルトの影響を受けた。彼は自らを永遠の知恵のしもべであるとし、一三二八年に『永遠の知恵の小冊子』を著したが、この書物は一四世紀と一五世紀に最も広く読まれた瞑想の書であった。トマス・ア・ケンピス(一三八〇ころ―一四七一)は彼の影響を受けた。(オックスフォード、六二六頁)。

(四)リュスブレック(一二九三―一三八一) 彼はフランダース人で『ディオニュシウス・偽アレオパギタ』の影響を受けた。また多分エックハルトの影響も受けたのであろう。『霊的結婚の飾り』、『霊的愛の階段の七つの踏み段』等の著述がある。彼は「デヴォーティオ・モデルナ」（近代的敬虔）と称する学校の長となったが、この学校から共同生活兄弟団が生まれ、この兄弟団からトマス・ア・ケンピスが世に出た。（同、一一九三頁）。

神の友会

神秘主義が発展し、一四世紀にライン川流域とスイスに神の友会が出現した。この会の趣旨は、ヤコブの手紙二章二三節とヨハネによる福音書一五章一四節から一五節に由来している。この会は、エックハルト、タウラー、ソイゼの影響を受け、またネーデルランドの共同生活兄弟団との交渉があった。この会に属する者は、ある種の浅薄な外面的教会生活に反対し、神と霊魂との一致を強調した。大部分の者は教会にとどまったが、その極端な者は汎神論に立つ諸分派を形成した。（同、五七四頁）。

『テオロギア・ゲルマニカ』

これは一四世紀後半にフランクフルトの近在で書かれた匿名の神秘主義の書物で、エックハルトやタウラーの影響を受けている。神性にあずかるために精神的貧困と神に身をまかせることを勧めている。この書の第一版の出版（一五一八年）に携わったルターは、この書から非常な影響を受けた。（同、一三四三―一三四四頁）。

二八　秘跡と民衆の信心

序

中世における民衆の信心は、一三世紀ころに教会が彼らに課した修行と、中世末期に依然として盛んであった巡礼、免償（一九九頁参照）、遺物等に関連して考察されなければならない。一三世紀に信徒教育が進み、他方不信仰の波が高まり、また神秘主義に見られるような個人の内的宗教性が深化した。カトリック教会は七つの秘跡を制定し、ミサの実体変質説を教義とし、告白を義務づけ、婚姻契約の教会届出を決定し、マリアや聖人や遺物の崇敬を強化し、免償証（免償の宣言状、普通免罪符と訳されるが、これは誤訳）の売買を奨励した。また教会建築においても美的要素が追求された。中世末期には神秘主義文学、ルネサンスの雑誌、修道士の悔い改めの説教は個人の信心を深めたので、教会に基づく従来の生きざまは動揺した。教会には霊的にも世俗的にも最高の権力が存在し、教会は神学的疑問や個人的生きざまにもかかわらず、強固な組織に立脚していてゆるがなかった。しかし教会が与える恩恵や戒めは、個々人によりその生きざまのなかで把握され、多くの教会外的要素と混合していた。教育組織には大学にいたるまで教会的性格が見られ、また慈善施設も病院にいたるまで同様であったけれども、世俗化は広く浸透し、ライン川と北海との沿岸のオランダ、ベルギー、フランス、高地イタリア、南フランスに及んでいた。教会とその文化に批判的な非常に大きな運動はまだ少なかったけれども、イングランドのウィクリフの運動は根絶されてはいなかったし、福音的清貧を理想とする運動は教会崩壊への呼び水となった。教職者の数は増えていたが、彼らの民衆への影響力は少なかった。民衆指導に関して書物が、口伝とともに最も重要な意義を担うようになったが、このことは木版印刷が発達したからであった。しかしこのことによって個々人は自己の独自の道を歩むことが可能になった。民衆の信心は根本的には教会を媒介にして形成されていたが、次第に倫理的自発性を高める傾向にあった。そして聖者崇敬、マリア崇敬、巡礼、遺物崇敬、死者祭儀、まじないとの関連における救済意識が高まった。また一三四八年から翌年にわたって黒死病がヨーロッパを襲ったが、その結果病者の救済のための兄弟団が建設されたり、奇跡が求められたり、むち打ち苦行やユダヤ人に対する迫害が行われたりした。教会は異端審問や異端狩りによってその統一を維持しようと極力努力した。

七つの秘跡

ローマ・カトリック教会によれば、秘跡とは、イエス・キリストが定めたもので、超自然の恩恵を示し、それを与える印（しるし）である。七つの秘跡を初めて主張したのは一二世紀のロンバルドゥスであり、彼は、洗礼、堅信、聖体（主の身体と血の秘跡）、告解（受洗以後に犯した罪を教会の司祭をとおしてゆるす秘跡で、良心の糾明、痛悔、告白、償いからなる）、終油（病気や事故で生命が危うくなったキリスト教徒を助け強める秘跡）、叙階（教職の権能を授け、これをふさわしく行なうための恩恵を与える秘跡)、婚姻をあげた。トマスはこれに関する決定的神学思想を樹立し、この思想は一四三九年のフィレンツェの教会会議と一五四五年からのトリエント教会会議において教義となった。東方正教会も七つの秘跡を承認している。

実体変質説

これは字義的には実体(substance)が別の状態に(trans)変化するという意味である。ミサにおいてパンとぶどう酒の実体がキリストの身体と血の実体に変化する(すなわち実体変質、ローマ・カトリック教会では聖変化という)が、パンとぶどう酒の偶有性(すなわち外見上)はそのままであるという教義である。この用語は一二世紀後半に広く用いられ、第四回ラテラノ会議は実体変質説を教義と決定したが、この教義を神学的に解明したのはトマスであった。実体変質説を東方正教会は一六七二年のエルサレム会議で承認した。なお一三世紀前半に信徒にはパンのみを授与すること(一種陪餐)が決まったが、このことは司祭が信徒から杯を取り去ったのではなく、一二世紀以後イングランドで初めて信徒が、キリストの血をこぼすことを恐れて、杯を受けることを辞退したことに起因する(クリューガー編集『教会史綱要』第二巻、J・フィッカー、ハマリンク著『中世』一六七頁)。そしてこのことは一四一五年のコンスタンツの教会会議で規則となった。

告解と免償証

インノケンチウス三世は、第四回ラテラノ会議で、告白（聴罪告白）を伴う復活節のミサの慣習を異端の危険を防ぐために教会法のなかに取り入れた。そこで年一回復活節時に告白することが教会員の義務となり、しなかった者は破門に処せられることになった。告白は赦罪において頂点に達する。かつて告白は、赦罪以前に遂行されなければならない業による償い（罪の赦しは、もとより神がキリストにおいて赦すことであるが、罪の結果に関して教会が科する罰、すなわち有限の罰を司祭の命令に従って償うこと）に結合されていたが、一一世紀になって初めてこの償いの前に赦罪を与える慣例が採用された。さてこのような告解において免償が信徒にとって重要な意味をもつようになった。というのは一三世紀になって免償は煉獄（この世で果たし終えなかった罪の償いを果たし終えるまで、キリスト教徒の霊魂が苦しみを受けるところ）において償われなければならない罰にまで及ぶと考えられ、人々は死者のために免償証を買うようになったからである。サン・シェールのフーゴー（一一九〇ころ―一二六三）やヘールズのアレキサンダーやトマスは、キリストや諸聖人のありあまる功績の宝蔵のなかに、教皇が告解の秘跡を受ける者に免償によってかぶせることができる宝を見いだした。インノケンチウス三世は、同じラテラノ会議の第六二条に司教が与えうる免償を最高一年、通常四〇日に限定した。このようにして教皇が与える免償の重要性が増し加わった。インノケンチウス三世は異端狩りに従軍する者への免償を十字軍従軍者への免償と同一にした。ボニファティウス八世（在位一二九四―一三〇三）は、一三〇〇年のヨベルの年の免償を十字軍従軍者の免償の代わりとした。一三世紀末以来諸教皇は、すべての咎と教会罰からの免償を与えた。従って告解は免償のなかへ引きこまれてしまった。天使の聖マリア教会（アッシジのフランチェスコによって再建されたポルティウンクラ聖堂で、アッシジから約二マイル離れたポルティウンクラ村にあり、ここで彼はキリストの召命を受け、ここを宣教の本拠とし、またここで死んだ）のために完全免償（この聖堂の献堂式のあった八月二日あるいはその次の日曜日にことにフランシスコ修道会に直接関係のある数教会を訪れる者に与えられる完全免償――いわゆるポルティウンクラ免償）が一三世紀末以前に、初めはただポルティウンクラ聖堂との関連において与えられたことは明らかであるから、教会罰と咎からの免償の授与は現在のところこの時にまでさかのぼることができる。ここに免償において金銭で罪が赦されるとの見解の根拠がある。この見解はたとえ控え目に表明されたとはいえ民衆の間に普及した。免償のこのような有害性は、免償が托鉢修道士によって宣伝されるにつれて一層大きくなった。免償の説教者らを追い払おうと諸教会会議が開かれたが、むだであった。（同、一六八頁）。

中世後期になると免償の意義は一層大きくなり、免償に関する説教者はその効果は死者にまで及ぶといって、免償証購入者の要望にこたえた。免償において、中世は神への人間の関係を金銭上のことがらとしてしまった。

婚姻

インノケンチウス三世は、同じラテラノ会議の第五一条において、もし教会の命令である婚姻の予告（婚約発表）がなされていない場合には、司祭は婚姻契約の締結（婚姻の秘跡の挙行）に協力してはならないとした。教会が結婚を秘跡としたことは、教会が禁欲の尊重にもかかわらず、結婚を否定していないことを意味している。これによって、霊を重んじるが、肉を否定する二元論的立場が否定されている。すべての秘跡は、初期教会法廷の取り扱い事項に属していたから、結婚の秘跡的性格は教職者による裁判権拡大の契機となった。(同、一六八―一六九頁)。結婚に関する教会の裁判権が認められたのは一一世紀になってからであった。なお結婚についてのイエスの見解は、マタイによる福音書一九章三節から六節等にあり、また結婚を秘跡とする理由は、エペソ人への手紙五章二二節から三三節、ことに三二節にある。

マリア崇敬

十字軍と修道院制度の影響でマリア崇敬は極度に高まった。一三世紀にルカによる福音書一章二八節（アベ　マリア）が日々の祈りとなった。そして同四二節がこの祈りに追加され、またウルバヌス四世（在位一二六一―一二六四）によって終りの言葉「イエス・キリスト　アーメン」が追加されたようである。一三二七年ヨハネス二二世の勅令によって、一日に三回、鐘の音に合わせて「アベ　マリア」を祈るように決められた。主の祈りと「アベ　マリア」を唱えることは、ロザリオの祈り（数珠を用いての祈り）となったが、これは一四世紀にドミニコ会修道士が導入したのである。修道院では一一世紀以来土曜日がマリアのために献げられた。スコラ神学はマリアに特別崇敬という語を与えたが、この語によってマリアに対する尊敬は礼拝ではないことが明らかにされている。(同、一六九頁)。

聖人と遺物

九世紀になると司教に聖人の決定に関する実権が存するようになり、九九三年以来教皇によるこれの承認が必要となった。列聖（すでに列福された福者を聖人として崇敬するように教皇が宣言することをいい、そのための式を列聖式という。なお福者とはカトリック教会が死者の聖性のゆえにおくる敬称である）のためには、列聖される福者に関する奇跡が起こったことが証明されなければならないので、奇跡の探究が制限されるどころか盛んになった。新しい物語が無数の遺物発生の契機となり、これらの遺物は十字軍やコンスタンティノポリス占領の結果、西方へもたらされた。聖人と遺物は異端との闘いに大きな役割を演じた。というのは教会に聖人と遺物が存在することによって、教会はキリスト教の真の代表者であると強調することができたからである。聖人崇敬によって祭日や巡礼が増加し、また教会芸術が促進された。祭日と伝説において異教的なものも保存された。また聖人や遺物への崇敬が促進されるにつれて、悪魔や魔女や魔法に関する観念が形成された。中世末期に聖人崇敬は、個人的形体をとるようになった。例えば、聖人アントニオスは肉屋を、聖人アポロニアは歯科医を、聖人セバスチアンはペストの危険にある者を保護する。聖人崇敬や悪魔思想のなかにギリシア・ローマ的異教とゲルマン的異教の影響がみられる。

極端な信心

一三世紀に聖痕（キリスト教徒の手足に受けたキリストの傷痕）は特別な恩恵のしるしと

考えられ、特に修道士や修道女がキリストに完全にならう時に与えられるものと考えられた。またむち打ち苦行は、一二六〇年以来この世の終末に関するヨアキムの思想によって生起した大運動であった。これは自己をむち打ちつつ行う行列で、ペルギアから始まり、中央イタリア、高地イタリア、アルプス地方、南ドイツ、ポーランドなどに広まった。(同、一七一頁)。

説　教

礼拝において説教はあまり重視されなくなり、その代わりに印刷術のおかげで統一のあるミサ礼拝がますます多くなった。諸修道会は礼拝以外の自由な時間に説教を修道院や教区教会や街頭で行った。説教は中世末には鋭さを欠き不快な逸話のようなものになった。

信心書

人文主義に関する書物よりも非常に多くの信心書が出版された。ことに古代の著述やその重要な格言の集成が出版された。宗教的国民文学が普及したのは、印刷術の発見と一四五〇年のその完成によるところであった。一五世紀初めから木版印刷が聖人画の出版に役立ったが、つぎに個々の木版刷りを本にまとめるようになった。

二九　分派運動と異端審問所

序

中世の諸分派運動は、ローマ・カトリック教会の立場からみれば異端であった。シュミットは異端は教会がなんらかの点で民衆の宗教的渇望に答えられない場合にのみ現われるという、インノケンチウス三世のこの教会への批判を引用する。「夜警手はすべて鈍い犬である。ほえることもできない。あのならず者のしもべのように、主人から託された才能を埋蔵する。というのは神の言が彼らの口のところで束縛されているからである。彼らは貪欲の奴隷であり、贈物を喜び、名誉を求め、邪悪な者を贈物のゆえに正しいと宣告し、最も貧しい者からその権利を奪う。彼らは神を恐れないし、また人々の前でも恐れない」(シュミット、二四五―二四六頁)。私は中世の分派運動としてカタリ派、ワルドー派、ヨアキム、ロラード派、フス派をあげたい。

カタリ派

カタリはギリシア語「純粋な」に由来する。この語は中世以前にもある分派に適用された(例、ノヴァチアヌス派、三世紀のデキウス帝の迫害時の背教を非難した西方教会内の厳格派で、その指導者はノヴァチアヌス。彼はその見解においてキプリアヌスと対立した）が、おもに一二世紀後半ドイツに起こった分派運動に適用された。一四世紀末にイタリアに伝播し、一一世紀初めに南フランスに現われたこの運動はアルビ派（二〇三―二〇四頁参照）と呼ばれる。カタリ派は、この世界を悪なる神の産物と考える二元的キリスト教的混合主義である。悪なる神の束縛から、人間は激しい禁欲によって善なる神の光の世界に昇らなければならない。当時世界的支配を追求していた教会と対照的に、この運動は人々にとって印象的であった。

ワルドー派

これはリヨンの商人ワルドー（―一二一七）の創始した運動である。彼は富める青年へのイエスの要求（マタイ一九・二一）に従ってすべてを貧しい者に与え、使徒的生活の理想すなわち托鉢と説教の旅をした。（シュミット、二四六―二四七頁）。彼は教会の世俗性を批判したので、一一八四年ヴェローナの教会会議はワルドー派を異端とした。

ヨアキム

イタリアの神秘主義者ヨアキム（一一三二―一二〇二）は全歴史を三一神論的に把握し、これを三時代に分けた。第一の時代は父の時代で、旧約聖書に示されている摂理の終りまでの時代であり、キリストの誕生をもって終り、人類は律法のもとに生活した。第二の時代は子の時代で、新約聖書に示されている摂理の終りまでの時代で、人類は恩恵のもとに生活する。この時代は四二世代続く。第三の時代は聖霊の時代で、人類は霊的知性のもとで生活するが、この時代は一二六〇年ころに開始される。第一の時代は婚姻者の秩序によって、第二の時代は教職者の秩序によって、第三の時代は修道士の秩序、あるいは瞑想者の秩序によって特色づけられる。第三の時代には新しい諸修道院が起こり、世界の人類を回心に導き、霊的教会をもたらす。この時代にはすべての儀式はしりぞけられ、人類は直接神によって教えられるであろう。ヨアキムの教理は、教会の権威をおびやかすところまでは展開しなかったけれども、新しい時代を待望するという意味で後世に大きな影響を与え、その教理は革命思想に発展した。また彼の思想には反教会的傾向があったから、ここから教会への批判が生みだされた。(オックスフォード、七二七頁)。

ロラード派

この派の創始者ウィクリフ(一三二九ころ—一三八四)は、信仰の唯一の基準として聖書を重視し、これを英訳した。当時聖書を母国語に翻訳する運動は欧州では珍しくなく、ドイツ、フランス、スペイン、イタリア、イングランドで行われていた。ウィクリフの英訳の特色の一つは庶民を対象にしたことにあった。彼の聖書翻訳によって同国人は初期キリスト教の単純さと対照的に中世末期の教会の権勢と膨大な富を知った。彼自身も教皇のぜいたくさと教会の金権行政を攻撃し、教会財産はこの世の為政者によって管理されるべきであると主張した。またパドアのマルシリウス(一二七五ころ—一三四二)とともに、教会は本来同等者からなる共同体であることを確信し、教皇の権威を否定した。彼の追随者である貧しい説教者らはロラード派と呼ばれ、彼はイングランドはもとよりボヘミアや中欧に大きな影響を与えた。

フス派

ボヘミアのフス（一三六九ころ―一四一五）は、ウィクリフの影響を受けその著述の一部をチェコ語に翻訳した。彼は教職者の道徳低下を激しく批判し、また教会の土地所有と世俗化をも非難した。一四一五年コンスタンツの会議は彼を異端と宣告したので、彼は同年この町で火刑に処せられ、彼の追随者プラハのヒエロニムス（一三六五ころ―一四一六）も翌年同じく処刑された。フスの死によってその追随者フス派はボヘミアで立ちあがり、ボヘミア王ヴェンツェルはこれを鎮圧することができなかった。ヴェンツェルの死後、神聖ローマ帝国皇帝ジギスムント（在位一四一一―一四三七）がこの王位を兼ね、カトリック教会と協力して十字軍の名のもとにフス派を弾圧したので、フス戦争が一四一九年から一四三六年まで続いた。フス派のなかに二派があり、一つは両種陪餐論派（ミサにおけるぶどう酒の信徒への分与を主張した）で、他は急進派（タボル派―民主主義的立場に立ち、儀式、聖者崇敬、聖画像、遺物、断食、死者ミサ《死んだキリスト教徒、ある場合にはキリスト教徒でなかった者のために、その死者が最後の審判の日に天国に入れるようにとの祈禱をもってささげられるミサ》を否定した）であったが、前者は一四三三年のカトリック教会との「プラハ条約」に提示された和平条件（信徒へのぶどう酒の分与）に同意した。急進派は満足しないで両種陪餐論派と戦ったが、一四三四年リパニで破られ、一四三六年にボヘミアに平和が到来した。

分派運動が盛んになりカトリック教会はこれを撲滅しようと努力した。㈠　異端者の宗教的要求を満足させるための企てがなされた。例えばインノケンチウス三世は、ワルドー派が福音書に記されている徹底した貧しさではなく、カトリック的相対的貧しさに生きることを認めた。㈡　宣教によって異端者を教会に復帰させようとした。㈢　力による異端撲滅。北方においては魔法に対するゲルマン的刑罰、すなわち火刑がかなり早くから行われた。南方では禁令と、追放すなわち財産没収と国外追放が行われた。グレゴリウス九世（在位一二二七―一二四一）は一二三一年に異端審問所を創設した。異端審問所においては告発者と裁判官とは同一人である。審理の秘密は最も厳重に守られ、一二五二年以降証拠は拷問――これをニコラウス一世は神法に違反するとして禁じた――によるものとなり、刑罰は残酷であった。ことにスペインにおける異端審問はいたましかった。例えば、セルウィラにおいて四〇年間に四〇〇〇人が火刑に、三万人が最も苛酷な他の刑罰に処せられ、また、グアデルペにおいて一四八五年に住民三〇〇〇人のうち五三人が火刑に、一六人が無期刑に処せられ、四六人の死体があばかれ、残余はガレー船に送られたり、あるいは他の方法で処罰された。（シュミット、二四八―二四九頁）。リチャードソンは、異端審問所の悲劇は、裁く者が僭越にもみずからを神の位置に置いたところに発生したといっている（リチャードソン『世紀を通じての教会史』一二七頁）。密偵組織と拷問と火刑からなる異端審問は、十字軍とともにキリスト教史上のいたましい汚点である。

三〇　中世末期の教皇制度

序

中世の教皇制度は、霊的支配ばかりでなくこの世の政治的支配の獲得をも意図したが、このことはボニファティウス八世の両剣論において頂点に達した。しかしそれとともに教皇制度の決定的堕落が始まったと考えられる。中世末期の教会会議運動は、教会改革を指向したものであったけれども、教皇制度の圧力のもとに成功しなかった。このようにして教会状勢は急速に宗教改革に向って進んでいった。

ボニファティウス八世

グレゴリウス七世、インノケンチウス三世、ボニファティウス八世のもとで、教皇の権力に関する教理が発展した。これによれば教皇は教会に対して絶対的権威をもっており、最高の霊的首長、地上におけるキリストの代理者であるばかりでなく、最高の管理者、立法者、裁判官である。一三〇二年にボニファティウス八世は勅書「ウナム・サンクタム」を発布した。彼が一二九六年に発布した勅書「クレリキス・ライコス」（国王は教皇の許可なしに教職者に不当な課税をしてはならないとした）によってイングランドのエドワード一世（在位一二三九―一三〇七）とだけでなく、フランク国のフィリップ四世（美王、在位一二八五―一三一四）と対立し、フィリップ四世はその国からのローマへの寄付を禁じたので「ウナム・サンクタム」を発布した。「唯一の聖なる公的使徒的教会が存在し、この教会の外には救いも罪の赦しも存しない。われわれは福音書の言からこの教会とその権力の中に二振りの剣、霊的剣とこの世的剣が存することを教える。というのは、使徒らが〝ごらんなさい、ここに（すなわち教会に）つるぎが二振りございます〟（ルカ二二・三八）と語ったとき、主は〝それは多すぎる〟とは答えないで〝それで十分である〟と答えた。霊的剣も物的剣も教会の権力のなかにある。しかし後者は教会のために、前者は教会によって用いられるべきである。この世的権威は霊的権威に服すべきである」（ミルプト、三七二頁）。ボニファティウス八世のこの勅書は両剣論を主張している。彼は一三世紀後半以来高まってきた国家意識に基づく近代国家の発生を理解することができなかった。その後、数十年間すべての教皇はフランスの出身者であり、一三〇四年から一三七七年まで教皇はイタリアに近いフランク領アヴィニョンに住んだ。この居住はフランシスコ修道会によってバビロニアにおけるイスラエル民族の捕囚にたとえられ、「教会のバビロニア捕囚」と呼ばれた。

教皇理念に反対した思想家

教皇と国王との争いに関連する重要な思想家は、オッカムとイタリアの北部パドアのマルシリウスで、両者とも上述の教皇理念に反対した。オッカムは教皇の権力は霊的ことがらのみに限定されるとし、教皇は皇帝に対してどのような管轄権をもたないと主張した。マルシリウスは『平和の擁護者』をヤンドンのヨハネスの協力のもとに著した。マルシリウスによれば、社会の単なる一つの構成要素としての教会は、この世のことがらに関するかぎり世俗国家の一部である。この世の法は神法とは区別され、市民全体あるいは少くとも支配的市民に基づく。教会の権能は霊的ことがらにのみ制限されなければならない。教皇を含めて教階制度の権威はキリスト教徒全体、信仰者全体に基づいている。そして霊的ことがらに関する究極的権威は、一般教会会議に依存しており、この会議は教職者と信徒から構成され、この世の支配者によって召集される。というのは、この世の支配者は市民の全共同体の幸福の責任を負っているからである。マルシリウスによれば、教会は霊的な国としてはこの世に起源をもつものではなく、神法のもとに存在しているが、地上の社会的構成機関としては人間理性が意味あるものとして認めた法すなわち人定法のもとに存在し、国家はこの世のことがらに関して教会に優先する。一三二七年、ヨハネス二二世はマルシリウスとヤンドンのヨハネスを異端者として破門した。マルシリウスのキリスト教徒共同体の理念は一五世紀以後非常な関心を呼び、諸教会会議の開催に影響を与える画期的なものであった。私は中世末期に教会改革を意図して開かれた教会会議について述べる前に、教皇庁の財政について考察しよう。

教皇庁の財政

教皇のアヴィニョンへの転任にともなって教皇庁の経費は非常に膨張した。この転任による宮殿と別邸と多くの収入の喪失、十字軍への資金の提供、さらにアヴィニョンの新居の建設のために財源を新しく生み出さなければならなかった。そこで複雑な徴税の体系が考察された。㈠　教職者からの十分の一税（教職者の収入の一部分）の徴収。㈡　初年度教職者録（初年度収入の一部または全部）の徴収。㈢　旅行中の教皇やその代理者のための接待費の徴収等。教皇庁は初年度教職者録をしばしば得るためにできるだけ多くの教職者を移動させたり、教職の売買も行った。またどのような教職をも与えることができない場合には、ある教職にかかわる将来の所有権すなわちその将来の継承権が売買された。この場合同じ教職の継承権が同時に多くの志望者に売買されたことがあり、これは詐欺行為ともいうべきものであった。教皇庁への支払い義務を履行しなかった者は、宗教的刑罰すなわち破門に処せられた。例えば一三六五年の記録によれば七名の大司教、四九名の司教、一二三名の大修道院長、二名の修道院長が支払い不履行のため偽証罪のかどで破門された。教皇庁経費の支出の内容は当時の人々の憤激を買った。例えばヨハネス二二世の時、戦費六三・七パーセント、職員俸給一二・七パーセント、慈善費（新規の教会建築や伝道の費用も含まれる）七・一六パーセント、被服費三・三五パーセント、装飾費〇・一七パーセント、建築費二・九パーセント、食費二・五パーセント、親類や友人のため四パーセント。このような状況のもとで教会の頭（かしら）と肢体とにおける改革への要望が諸国に高まっていったが、これは教皇庁の分裂において頂点に達した。（シュミット、一二五六―一二五七頁）。

教皇庁の分裂

一三七八年に教皇の二重選挙が行われて、ローマとアヴィニョンにそれぞれ教皇がおり、二人ともキリストの代理者であると主張し、相互に破門しあった。この教皇庁の分裂は、一三七八年のグレゴリウス一一世（在位一三七〇―一三七八）の急死が契機となった。その時教皇の選挙人である全枢機卿はローマにいたが、彼らの大多数はフランス人であった。ローマ市民は教皇庁がローマに帰還し、イタリア人の教皇が選出されることを望んだ。騒動のなかで枢機卿らはイタリア人ウルバヌス六世（在位一三七八―一三八九）を選出したが、彼は教皇庁へのフランスの影響を断ち、教皇の宮廷の改革を望んだために全枢機卿の反感を買った。そこで彼らはウルバヌス六世の選出後四ヵ月で前の選挙が暴徒の圧力のもとになされたから無効であると宣言して、クレメンス七世（在位一三七八―一三九四）を選んだ。彼も枢機卿もアヴィニョンに住み、このようにして二人の教皇が存在するようになり、教皇庁の分裂は一四一五年まで続いた。二つの教皇庁の維持のために要する費用は莫大であったので、両者ともそれぞれに所属している地域から財源を無理に生み出さなければならなかった。教皇はキリストの代理者であり、彼への服従は至福の条件であるというが、どこにキリストの真の代理人がいるのか。この分裂は発展途上にあった諸近代国家を強化させることになった。というのはそれぞれの国家が、どちらの教皇に属すべきかをみずから決定しなければならなかったからである。神聖ローマ帝国皇帝とイングランドと北欧の大部分は、ウルバヌス六世とその系統の教皇を支持し、フランス、スコットランド、スペイン、ナポリは、クレメンス七世とその系統の教皇を支持した。またシュミットは中世末期の領土教会統治権成立の原因の一つは、この分裂に存するという（同、二五七頁）。

頭と肢体における教会の改革のために、また分派の克服のために人々はマルシリウスの教会会議の理念に立ち帰った。

教会会議運動

中世末期に教会改革を意図して開かれた教会会議は、一四〇九年ピサで、一四一四年から一四一八年までコンスタンツで、一四三一年から一四四九年までバーゼルで開かれた。まずピサの教会会議で、教皇庁の分裂をいやし、教会の統一をもたらす課題が教会改革より優先した。ローマとアヴィニョンの教皇は廃位させられ、アレキサンデル五世（在位一四〇九―一四一〇）が選出された。しかしローマの教皇もアヴィニョンの教皇も廃位を承認せず、アレキサンデル五世の死去ののちヨハネス二三世（在位一四一〇―一四一五）が選出されたので、三人の相互に対抗する教皇が存在するようになった。コンスタンツの教会会議では、教会改革を希望する者と保守派とが対立した。前者は教会会議の権威は教皇のそれより優先するものであり、教会会議は教会改革を実行すべきであると主張し、後者は単に教皇庁の分裂の終結を望んだ。この会議は教会改革はできなかったが、一四一五年五月にヨハネス二三世を廃位し、マルティヌス五世（在位一四一七―一四三一）を教皇に選出して教皇庁の分裂を終結させた。またこの会議は、フスとウィクリフを異端者とし、また両種陪餐を否定したが、共同生活兄弟団を承認した。共同生活兄弟団とは、ネーデルランドのグルート（一三四〇―一三八四）によって創設された宗教団体である。彼は回心ののち敬虔な単純な生活にはいり、当時の教会の悪弊を非難した。デヴェンターで修道院に似た生活を送る数名の者が彼の周囲に集まり、共同生活兄弟団が形成された。これは伝道と牧会に携わり、学校を経営し、ネーデルランド全土にひろがった。彼らによる敬虔な生活の復興は「近代的敬虔」とよばれた。この兄弟団の創設より数年前に彼は女子の共同生活団をも創設した。『キリストの模倣』の著者はだれかは分っていないが、この兄弟団に属したトマス・ア・ケンピスはその著者といわれる。

バーゼルの教会会議は、教会改革を実施し、ギリシア教会との分裂を終結させ、バイエルンにおけるフスの群を処置する目的のもとに開かれた。しかしこの会議においてフスの群に関する問題だけが解決された。すなわちバイエルンとモラヴィアにおいて両種陪餐が許可され、教会が世襲財産を所有できること、この財産に対する信徒の干渉は妥当でないことが決定された。

教会会議運動を総括しよう。㈠　教会会議は教皇より優位に立つというマルシリウスの理念が広い領域にわたって存在した。ルターの宗教改革も当時普及していたこの理念が存在していなかったら一層困難な状況のもとに置かれたであろう。㈡　諸国家はバーゼルの教会会議の決議を部分的に執行した。㈢　教会改革の意図は挫折し、教皇制度は教会会議の理念に反対する運動へと移行した。

教会改革の意図の挫折によってフランスから自由になった教皇制度は、次第にローマ教皇領とイタリアとの政治に深くかかわりをもつようになり、この政治へのかかわりの度合に応じてそれ自体の普遍的妥当性を喪失した。また教皇制度は依然として政治的にフランスとスペインに対立していた。

三一　ルネサンスと人文主義

序

ルネサンスは、イタリアから起こり西ヨーロッパに浸透した文化運動である。長い間これは古代古典の再生としてのみ理解されてきたが、これでは不十分で、文化の再生として理解されなければならない。ルネサンスは古代学問――ことに古典語の領域における――の再生を含み、人文主義の発展と関連があるが、人文主義は次第に包括的な文化運動を指すようになり、ルネサンスと多くの点において一致する。

イタリアのルネサンス

ギリシアの文芸の重要性を最初に自覚したのは、イタリアの学者や作家であって、そのうち最も著名なのは、詩人ペトラルカ（一三〇四―一三七四）とボッカッチョ（一三一三―一三七五）であった。彼らはギリシア古典のうちに人生の意味を学びとった。ペトラルカにとってこの古典には、人間行為に関するすべての知恵と規範とが存在していたし、そしてイタリアはこの世の最美の国であった。ルネサンスはフィレンツェ、ローマ、ミラノ、ナポリにおいて栄えた。教皇ニコラウス五世（在位一四四七―一四五五）はルネサンスを受容し、その美術を教会建築にとりいれた。またピウス二世（在位一四五八—一四六四）もルネサンスを奨励し、自然の愛好家であり、考古学への関心のゆえに、イタリア各地を歴訪した。

美　術

ルネサンス美術の最も力強い要因として古代をあげることができるとはいえ、それが唯一のものではなかった。ルネサンスの多くの代表的画家は単に古代の自然描写の受け取りなおしをしたのではなかった。ミケランジェロ（一四七五—一五六四）、ダ・ヴィンチ（一四五二—一五一九）、ラファエロ（一四八三—一五二〇）は、古典的影響を間接的に受けていたであろうが、古代の単なる再生以上に、彼らにおいて世界と人間との再生が力強く表現されており、聖書のテーマが取りあげられている。例えばミケランジェロの「最後の審判」、ラファエロの「失楽園」、ミケランジェロの彫刻「ピエタ」、「モーセ」、「ダビデ」や、ダ・ヴィンチの「最後の晩餐」。

古典語の研究

人文主義は古典語の研究によってキリスト教に重要な影響を与えた。人文主義は「源泉に帰れ」と主張したが、このことはキリスト教にとっては「聖書に帰れ」を意味した。ロイヒリン（一四五五—一五二二）は、人文主義に立つ最初のヘブル語学者でヘブル語文法と辞書とからなる『ヘブル語基本について』（一五〇六年）を著わし、旧約聖書原典研究への道を開拓した。またエラスムスは、新約聖書原典を公刊した。古典語研究に基づく歴史批評学は重大な結果をもたらした。例えばヴァラは『コンスタンティヌスの寄贈』の偽作を論証した（一八五―一八六頁参照）。さらに古典語の研究によってギリシア教父とギリシア語教会法の研究が促進された。

エラスムス

エラスムス（一四六六ころ―一五三六）はオランダのロッテルダムの生まれで、デヴェンターの共同生活兄弟団にはいり、「近代的敬虔」の影響のもとで成長した。のちにオックスフォードで彼はコレット（一四六七―一五一九）やモーア（一四七八―一五三五）と交友を結び人文主義の影響を受けた。批判的聖書研究と教父研究に従事したが、彼はイタリアの人文主義者らと異なる道を歩んだ。彼らは古代を絶対的に偉大なものとしてキリスト教より優位に置き、キリスト教を古代と同化させたが、彼は歴史的研究から出発して、古代とキリスト教を二つの同等に秩序づけられるものと考えた。彼は一五〇四年に『キリスト教徒兵士陣中要務令』を著したが、キリスト教徒の軍隊の本質は、単純な誰にでも理解できる倫理のうちにあり、キリストはこの倫理を教え、またこの倫理に従って生きた。ここからエラスムスは、教会の腐敗に対する最も鋭い批評家となった。彼の『愚神礼賛』（一五〇九年）は、修道院と教会との腐敗に対する諷刺であり、宗教改革への道備えをした。一五一六年に彼自身によるラテン語訳付きの新約原典を出版したが、これはルターの新約聖書ドイツ語訳のテキストとなった。彼の『自由意志論』（一五二四年）は人間の自由意志について論じたもので、ルターとの激論をひき起したが、このことについては後述する（二六六―二六七頁参照)。ベイントンによれば、彼は、ローマ・カトリック教会とプロテスタント教会との調停を試みたが、前者からは急進的存在とみられ、後者からは中途半端な改革者とみられて、その調停は失敗した。また、彼は平和論者で暴力を否定し、教育によって世界の倫理を高揚しようとした。(ベイントン『エラスムス』)。

ルネサンスと宗教改革の関連

㈠　古典語の研究に基づく原典への復帰、すなわち聖書と教父と教会法との原典研究によって、人文主義は宗教改革への道備えをした。㈡　ルネサンスと宗教改革は、人間と神、此岸性と彼岸性に関して根本的に対立している。しかしルネサンスに固有な解放への衝動を宗教改革は活用したといえるであろう。もちろん、宗教改革は必ずしも彼岸性ばかりを強調したのではなく、此岸性をも重視した。㈢　人文主義において、宗教は文化の部門内で他の諸領域とともに一つの領域となり、キリスト教は相対化された。非常に多くの独立した領域が存在し、そこにそれだけ多くの基準が存在する。今やこの多くの基準において宗教の価値が測定されるので、宗教はみずからの独自の存在のために闘わなければならなくなった。㈣キリスト教に対するこの相対的評価に基づいて、人文主義者は当時の硬直化し奇形化したキリスト教を最初の純粋な状態へと復帰させようとした。この点において教会改革への希望に生きた彼らは、宗教改革者らと同調することができた。㈤　人文主義における宗教性とは、教養宗教であると一般にいわれている。この場合人文主義において真の哲学の究極目標とキリスト教の救済とは一致し、またキリスト教は実践的知恵を教える倫理的教説となる。そしてこの倫理的教説を個々の自由な人格が実践する。ここに人間の自律、すなわち当時のキリスト教徒の倫理的他律に対する新しい対立概念が主張されている。このことは、これによって当時ローマ・カトリック教会のなかに普及していた倫理的他律が崩壊するがゆえに重要なことがらである。人文主義においては人間がすべてのことがらの尺度であり、人間の尊厳に対する熱狂的ともいうような確信が存在する。ここに悲観主義の代わりに楽観主義、禁欲の代わりに世界肯定、彼岸性の代わりに此岸性が入ってくる。人文主義によるローマ・カトリック教会の倫理的他律の崩壊はルターの宗教改革の準備ともなった。(シュミット、二六四—二六七頁)。

三二　社会と文化と教会

序

中世に西欧においてはカール大帝やローマ・カトリック教会は統一文化という理想に向かって努力したが、結局双方ともこれを達成することができなかった。今ここに中世の社会と文化と教会について述べるのであるが、非常に多くの種々相のある中世のこれらの全体像を概観することはきわめて困難である。そこでただいくつかの点を考察するにとどめたい。他方東ローマ帝国では帝国自体が霊的権力をもつようになり、教会を国家の一部としてしまった。ここでは中世の西欧における帝国と教会との深刻な抗争はなかったものの、またルネサンスや宗教改革という現象が発生することもなかった。

中世の社会生活とキリスト教の理想

トレルチは、中世社会一般における民衆の相互依存と相互扶助は特色のあるものであって、中世社会一般は相互扶助と相互依存の基礎に立つ個々人によって形成されていたという、このことは、人口が稀薄であり死亡率は高く、侵入者に対しては協力して戦わなければならず、情報収集にあたっても協力しなければならなかったからであるという。そして相互依存と相互扶助という点でそれはキリスト教の理想を指向していたという。しかし社会の複雑化と貨幣経済の発展にともなって人格関係は変化していった。また他方中世社会一般は好戦的精神や名誉心と密接に結合していたから、この点ではキリスト教の愛と謙遜という理想から遠かったといい、さらに中世の都市は相互依存と相互扶助の共同体であったということができるという。その都市は労働に立脚する共同体であり、防禦の手段としての軍事力を必要とした。その文化は一二世紀に始まり、大聖堂や規律のある教会生活、宗教的に聖別されたギルド、教会付属学校等によって特色づけられ、そこには強い連帯感があった。（トレルチ、二三八―二五二頁）。しかし彼が、中世社会一般は相互依存と相互扶助という点で、キリスト教の理想を指向していたといっていることは、十字軍、皇帝と教皇の抗争、教皇庁の分裂等について考えると疑問がある。

領邦教会の発生と財産

ゲルマン民族への宣教後、教会はフランク国王と封建諸侯とゲルマン法のもとで発展した。この宣教がなされた時、ローマ・カトリック教会はまだローマ司教によって統治される統一的な機構を形成してはいなかった。ただこの司教が個別教会の連邦のようなものを統治していた。ローマ帝国の国家行政にならって形成された連邦行政が存在し、この連邦にはローマ帝国にならってたてた行政区画が存在していた。ゲルマン宣教以前の司教区は、のちの布教区（宣教の開拓地）に似た司教区であり、そこでは司教がすべてであり、教会の主人であり、その命令によって教職者は職務を遂行したが、団体としての教会の権利は存在しなかった。しかしゲルマン民族への宣教後司教は有力な敵対者である領主制に出会ったが、領主の所有権のもとにあったのが私有教会であり、これがのちの領邦教会の萌芽であった。例えばここに富裕なゲルマン人の土地に一つの教会があり、この教会の中心は祭壇とその敷地であり、これらは教会の主物を構成するが、他のものは従物であり、教会堂も教会所領も従物であった。公法上の権能をもつ領主は教会に対して完全な支配権をもっていて、教職者を任免する。私法上の権能をもつ領主は教会や教会財産を譲渡したり交換したり売却することはできるが、これらを世俗的用途（例えばぶどう酒圧搾場、鍛冶場、住居等）にあてることはできなかった。そして私有教会の数に比較すると司教に属する教会の数はきわめて僅かで、例えば九世紀初期クール司教区に国王や領主の教会は二〇〇以上あったが、司教の教会は三一にすぎなかった。私有教会は私有教会法に基づいて存在し、教会の従物すなわち教会財産は殖えることはあっても、減ることも消滅することもなかった。今や司教区にある教会の数だけ教会財産の所有者が存在するようになった。既述した叙任権抗争の萌芽はこのような領邦教会の発生にあった。（シュトゥッツ『私有教会・教会法史』増淵静四郎、淵倫彦共訳、一―五七頁）。

カトリック教会と修道院の土地所有

カトリック教会や修道院の土地所有が中世に増加した。このことは教会や修道院に巨大な贈り物すなわち土地が寄付されたことによる。司教や修道院は大土地所有者となり、土地管理のために法的組織が形成され、小作人や農奴や奴隷が耕作にあたり、その代わりに教会は彼らのための慈善的行為に携わった。教会や修道院は財産の蓄積につれて社会的勢力を獲得した。

教会法

教会法とは、教会機構、秘跡、教会堂、教会財産、教会裁判、刑罰等に関する法規である。教会法の発展には四世紀以来ローマ的思考様式とローマ的要素からの圧倒的な影響が見受けられ、八世紀以来ゲルマン的思考様式とゲルマン的要素からの同様な影響が見受けられた。しかし教会法はローマ法のように論理的体系的に発展したのではなく、慣習法としてあるいはむしろ機会にふれて発展したから、この点ではゲルマン法に似ている。教会法の発展に決定的な時期を画したのは『グラティアヌスの教令集』（一八四四頁参照）で、これは「不一致な教会法規の調停」とも呼ばれる。これは個人による教令の収集であったが、のちの教会法の基礎とされ、古代教会法と近代教会法の分岐点を形成するといわれる。その後これは他の教会法集成によって補われ、一五八〇年の『教会法集成』の第一部となり、のちに一九一七年の『教会法典』によってとって代わられた。

トマスの教会的統一文化の理念

トマスの神学の課題は調和、綜合、体系化であり、自然法と神法、自然的道徳と超自然的道徳、自由意志の自然的力と恩恵の超自然的力を調和させることにあった。彼によれば神法、超自然的道徳——簡単にいえば超自然的なもの——は恩恵として与えられる。この恩恵は自然のすべての障害を超越する神の賜物である。理性自体は、恩恵を人間に受容させる準備的条件を構成するものであり、恩恵に従属している。さて国家は一方において神的なものであるが、他方において罪の結果に基づくものと考えられた。トマスによれば国家の目的は、自然法によれば秩序と平和の維持にあるが、神法によれば国家は共同体の公益を守り、教会が決定する義戦を実践し、私闘を禁じ、異端を抑圧しなければならない。従って国家は教会によって指導されなければならなかった。そこで中世の教会は、諸国家を統一し支配しようとした時、国家と社会を教会のなかに法的にもまた外交面でも組みいれようとした。このようにして教会は統一的キリスト教文化を創造しようとし、人間のすべての生をキリスト教との有機的連関におこうとした。

トマスの家庭観

家族は原始時代から社会生活の根源的形態であり、一夫一婦、子女の誕生と教育、私有財産、相続に基づいて成立し、家父長的性格と職業をもっており、下僕は家父長的家族の一部分である。家族の構成員は愛の人格的倫理的相互連関のうちに置かれている。結婚によって子女が生まれ、教会員は増加する。結婚はキリストと教会の結合の象徴であり、その秘跡的性格のゆえに教会法のなかにとりいれられた。（トレルチ、三三八―三三九頁）。

教　育

ゲルマン民族の侵入によるギリシア・ローマの教育制度の崩壊ののちは、中世において司教座聖堂学校と修道院学校が教育を担当した。修道院学校とは修道院に付属する学校である。ベネディクトゥスの修道院建設については既述したが、彼の修道院規則のなかに一日七時間の労働と二時間の読書の遵守がある。この読書に関する規定は修道院に非常な影響を与え、修道院は中世において出版社、図書館、著述活動の中心となりまた学校となった。修道院は写本や修道院年代記の作成、伝記や説教や訓話に関する著述、聖書や教会教父に関する注解書の作成に携わった。ベネディクトゥスの修道院規則には学校や教育に関する規定はなかったが、その読書に関する規定は修道院学校を生んだ。この学校のカリキュラムは七つの教養科目（文法、修辞学、論理学、算数、幾何学、天文学、音楽）からなっていた。七、八世紀の社会的混乱の時代に学問が非常に衰微したので、シャルルマーニュ（カール大帝）は宮廷学校をたてたり、修道院学校や司教座聖堂学校を改善したりして学問の復興に努めた。またサラセン人はギリシア文化を吸収してこれをスペインに伝え、キリスト教徒は彼らがたてた学校への入学を許可され、のち学問をそれぞれの故国にもち帰った。さらに中世に大学が建設され、その数は一五世紀末には少なくとも七五であった。ボローニャ大学は、一二二四年に皇帝フリードリヒ二世から認可を受けた中世の最古の大学であり、パリ大学はノートルダム大聖堂付属学校から発展したもので一一八〇年にフランク王国ルイ七世から認可を受けた。のちにオックスフォード大学はパリ大学から、ケンブリッジ大学はオックスフォード大学から、パドア大学はボローニャ大学から、ライプツィヒ大学はドイツ最古の大学プラーグ大学から分かれて発展した。大学の教科は神学、学芸、法学、医学であり、学生は全欧州から集まった。大学の与えた影響として、スコラ神学の普及、国際交流の促進、言論の自由の高揚等をあげることができる。(ダガン『教育史教科書』七七―一〇七頁)。

三二　回　顧

カール大帝は中世の世界と文化との統一を政治的に成就しようとし、また教皇はこの統一を教皇制度に基づく神政政治によって実現しようとした。前者は統一的文化的世界の実現を夢み、後者はキリスト教世界の形成を意図した。シューベルトの言葉を借りれば、前者は国家教会主義の完成を夢み、後者は教会国家主義の完成を願った(シューベルト、一六八頁)。中世はこのような理念によって導かれ、この統一的文化に立つ世界の実現やキリスト教世界の形成のために武力を用いることは当然なことと考えられ、これが十字軍の思想的背景をなした。統一への強固な意志や国家と教会の調和への強固な意志が中世を貫き脈うっていた。

一体、国王が統一的文化に立つ世界を実現するという理念の根拠はどこにあったのであろうか。それはアウグスティヌスの思想においてであった。秩序を強調したアウグスティヌスによれば、至福をえた国王が神の意志に服従する時、その国はキリスト教国となりうる。他方教皇は教皇制度を媒介にして前述したトマスによる教会的統一文化の理念に立脚し、キリスト教世界、キリスト教徒の唯一の共同体の形成を意図した。しかし国王は統一的文化的世界を実現することはできなかったし、教皇もキリスト教世界を形成することはできなかった。

教会に関していえば、教会に存する自由という大きな理念はそれが権力獲得に向かった時変容した。神の国の思想は、この国がこの世界における、この世界に対するキリストの支配を意味すると理解された時に世俗化した。教皇が神の国はキリストの代理者である教皇によって完成されるとの理念に立ち、神の国の拡張への熱心さのゆえに異邦人に対する十字軍を起こし武力を行使したその時、教皇のその熱心さはゆがめられてしまった。教会統一という熱烈な意志に基づいて欧州に異端十字軍と異端審問所が起こり、これらに対する民衆の恐怖が頂点に達した。中世に世界を神の国にしようとする試みが実施されたがそれは不可能であることが実証された。とくに中世末期には教皇庁や高位教職者や修道院の腐敗が極度に達し、このような教会的状況のもとで宗教改革が発生した。

キリスト教史全体の流れから考察すると、中世においてローマ類型が成立した。この類型は、教会のローマ的性格の形成といえるものであって、この性格は、ゲルマン的ローマ的民族世界のうえに形成されたものである。従ってギリシア的文化の地盤のうえに形成されたギリシア類型とも異なるし、またラテン的文化の地盤のうえに形成されたラテン類型とも異なる。ローマ類型の特色を以下に五点あげる。㈠　宗教的敬虔の確立。例えばフランチェスコのキリストへの徹底的な従順と奉仕との体験に基づく敬虔の確立。㈡　ローマ・カトリック教会の機構すなわち教階制度の確立。㈢　七つの秘跡の確立。㈣　綜合的神学の形成。トマスによる自然と超自然（啓示）、理性と信仰の調和。㈤　教会法の発展。のちにトリエント教会会議においてローマ・カトリック教会の秘跡、神学、教会機構、教会法は再確認される。また既述したように中世においてのちのゲルマン類型やアングロサクソン類型の成立への道備えがなされた。

第三部　近　世

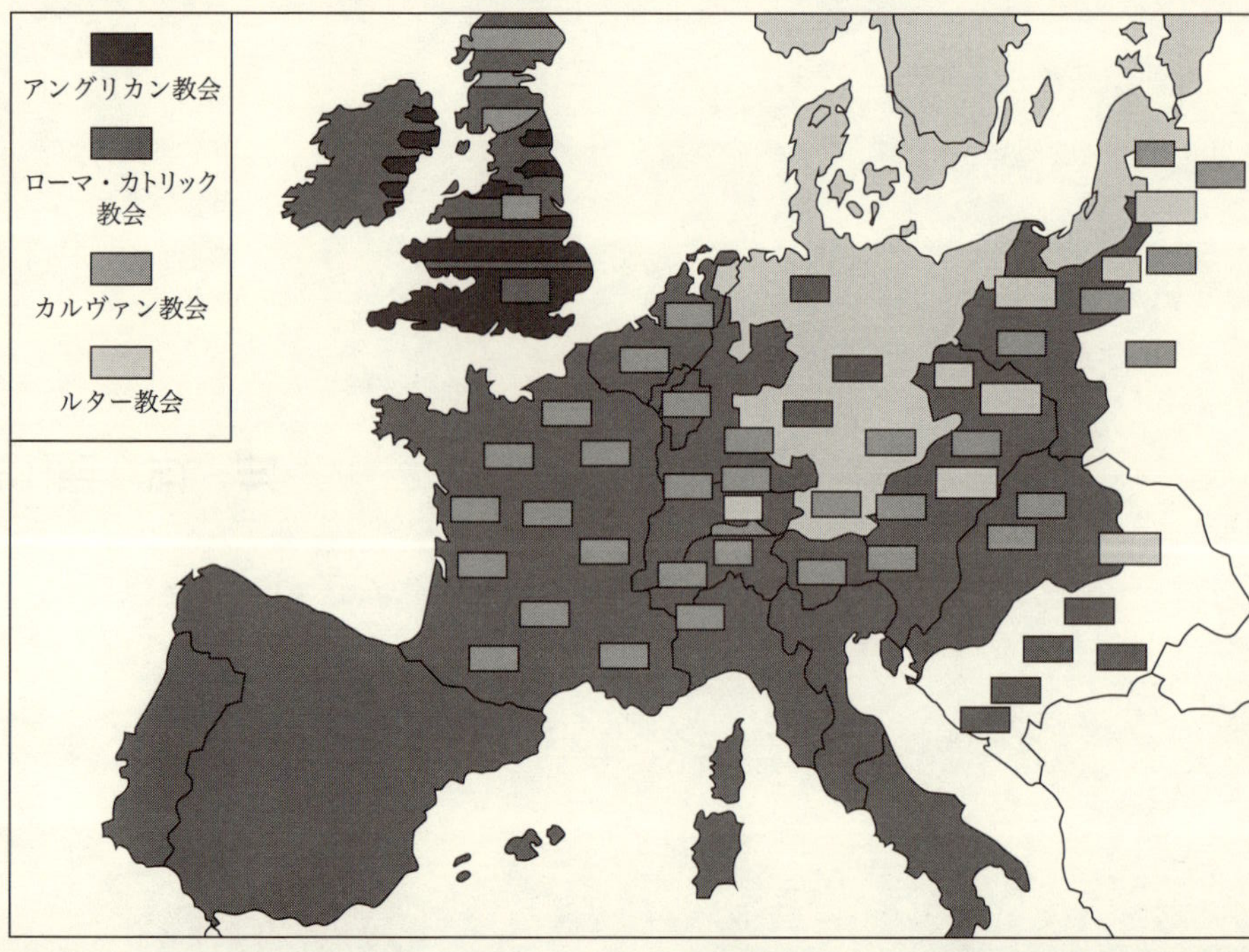

一六世紀末の宗教分布
ウォーカー『キリスト教会史』（三〇〇頁）より、出版社の許可をえて転載。ただし再洗派やソッツィーニ主義者は諸所に存在した。

三四　近世キリスト教史の課題

課　題

近世キリスト教史は宗教改革、対抗改革、日本宣教開始の時代であった。まずわれわれが考えなければならないのは、宗教改革と対抗改革の時代はどのような視点からとらえられるのが妥当かという問題である。この問いに答えるためには、宗教改革とは一体どういうことがらであったのかについて考えなければならない。

一六世紀初めに宗教改革は発生したが、この世紀末に西欧にはローマ・カトリック教会のほかにルター教会、改革派教会、アングリカン教会、再洗派等が存在するようになった。そしてこれらの教会はどれもみずからの教会が真正の教会であると主張した。従って宗教改革史において、単なる史学研究法によっては解明されない問題が存在している。というのは、真正の教会とは何かという神学的信仰的問題がそこに提出されているからである。ローマ・カトリック教会はトリエント教会会議によって教会を革新し、この教会が真正の教会であるとし、ルター教会はみずからが福音を正しく把握した教会であるとし、アングリカン教会は、みずからが教会の伝統を継承しつつ教会の悪弊を除去した真正の教会であるとし、再洗派は、みずからが原始教団にふさわしい教会であると主張した。一体、宗教改革の本質はなんであったのであろうか。それは神学的問いであるから研究者主体の信仰告白がここにかかわってくる。私はその本質をルターにおける福音の再発見と考える。アングリカン教会はイングランドにおける出来事を、改革派はスイスの宗教改革を、再洗派はスイスやその他の欧州の地域におけるその発展をそれぞれ強調するであろうが、それにもかかわらず、それらはまず福音主義信仰告白とはなにかについて考えなければならない。すなわち、それらはルターにおける福音再把握との関連でみずからの信仰告白について考えなければならないと私は考える。

宗教改革時代に発生した諸教会は、みずからの存立と存続のために生死をかける闘いをしなければならなかった。それらの教会は教皇の破門や神聖ローマ帝国皇帝や国王の攻撃と闘わなければならなかった。プロテスタント側においても、再洗派はルター教会の抵抗をうけた。当時、諸国家と諸国民は国土と国の富を奪う教皇制度と教会と修道院とに反対していたし、またそれらの腐敗の面に対して厳しい批判をしていた。従って宗教改革史もその時代の政治的社会的交錯をぬきにしては理解することはできないのである。

また宗教改革に文化史的意義があるということも疑うことはできない。近代世界の形成の発端にルネサンスとともに宗教改革が存在している。従って文化史的観点からも宗教改革は研究されなければならない。

宗教改革の時代はまたカトリック教会の対抗改革の時代であった。カトリック教会はその信仰思想と伝統との再確認とともに内的刷新によって非常に強化され、プロテスタント教会による失地の回復と国外伝道に全力を傾注した。このようにカトリック教会をふたたび新しくした力はなんであったのかが問われなければならない。

この時代にプロテスタント教会は分裂に分裂を重ねていったが、そのような分裂をいやし、すべての教会の一致協力をねがうことは途方もない夢であろうか。諸教会がそれぞれの特色をいかすことはキリストの福音の証しになるであろうが、それとともに諸教会の一致協力が実現できるならば、このことはこの世における福音の証しとなるであろう。このような視点もこの時代の研究に欠けてはならないものであると考える。

さらにカトリック教会のイエズス会をはじめとする諸修道会がこの時代に日本宣教を開始したが、このことは日本人の精神史にどのような意義があるかについても研究されなければならない。

時代的限定

私は、近世をルターが「九五箇条提題」を貼付した一五一七年から一六四八年の「ウェストファリア条約」締結までとする。この条約締結までとした理由は、アウグスブルク和議（二七〇頁参照）においては、「その地方はその君侯の宗教」が決められ、ルター派とカトリック教徒には信仰に関する法律上の平等の取り扱いが与えられ、その他の教会にはこれが与えられなかったが、ウェストファリア条約においては改革派にも信教の自由が認められたからである。

三五　ルターの宗教改革

序

宗教改革の源泉をルターの福音の再発見におく場合、ヴィッテンベルク城教会の扉に彼が「九五箇条提題」を貼付した一五一七年以前の彼の思想的発展が重要な意義をになっていることがわかる。この点から彼の第一回『詩篇講義』、『ローマ人への手紙の講義』、第一回『ガラテヤ人への手紙の講義』（彼自身の直筆原稿は『ローマ人への手紙の講義』のみ、他は学生が筆記したものが現存）は重要な意義をもっている。そのうち『ローマ人への手紙の講義』が発見されたのは、一八九九年であった。このルターの聖書講義の発見とローマ・カトリック教会側のルターへの批判的研究（デニフレ、一八四四―一九〇五、『ルターとルター主義』一九〇四―一九〇七。グリザール、一八四五―一九三二、『ルター』一九一一―一九一二）に刺激されて、プロテスタント側でもルター研究が盛んになった。私は彼の福音の再発見の内容がどのようなものであったかを叙述したのち、ドイツの宗教改革展開過程におけるエラスムスとルターの自由意志論争、農民戦争に対する彼の態度について述べよう。

修道院における苦闘

ルター（一四八三—一五四六）は、一五〇五年にヴィッテンベルクのアウグスチノ修道会にはいるまで、家庭や学校でカトリック的雰囲気のなかで成長した。一五〇一年から一五〇五年まで彼が学んだエルフルト大学も、当時人文主義の影響は受けていなかったし、この影響が大学に出現したのは一五〇七年ころであった。従って修道院にはいるまで彼はなんの反教会的雰囲気にも接触していなかった。

修道院で彼は非常に深い内的苦悩に陥ったが、これは彼が神と教会との厳しい要求に真剣に取り組んだことによって起こったのである。ここからルターは、人間の霊魂の救済はなんによってどのようにして獲得されるのか、人間の真の精神的平安はなんによってどのようにして獲得されるのかという問題に取り組んだ。エリクソンのいうようにルターは人間存在の根拠を形成する問題、生きるという基本的問題と闘ったのである（エリクソン『青年ルター』大沼隆訳）。従ってルターの宗教改革は免償証の販売が契機となって始まったとはいえ、この出来事の根底にあった人間存在の根拠にかかわる問題を看過してはならない。告解の秘跡において、まず彼は自己の罪をすべて告白しなければならなかったが、告白後すべての罪を告白したかどうかとの疑問にとらわれた。この疑問をルターは神の恩恵をえるために解決しなければならなかった。この問題は告解の秘跡における適切な痛悔と罪の告白ということであったが、彼にとってこれらは不可能なことがらであった。今や彼は罪を罰する神を恐れた。人間救済に関する苦悩から、さらに彼は予定論に関する苦悶へと駆り立てられていった。彼は神によって罪と滅びへと予定されているのか、それなら神は存在しない方がよいと考え、神を憎悪するようになった。今や彼には全く希望がなく、死のほかになにも残されていなかった。ルターはしばらく神秘主義に依存したが、自己の霊魂の最内奥への沈潜は彼に神の本質の火花を与えず、ただ束縛された弱い自己を意識させた。一五一〇年から翌年にかけてのローマ旅行も彼に助けとならなかったが、修道院で上長のシュタウピッツ（一四六九—一五二四）が彼に重大な助言を与えた。彼はルターに、内的苦悩は神の救済への道であること、さらにキリストの傷において示されている神の愛について語った。ルターは終生彼に感謝し、彼を「福音書の父」（福音に関する示唆を与えてくれたので）と呼んだ。シュタウピッツは、神自身の恩恵の行為、すなわち先行恩恵（すべての人間的行為に先だつ恩恵）によって人間は救済への歩みを始めるのであり、この恩恵と協働して人間は秘跡を受領するのにふさわしい条件をつくるのであると教えた。しかしルターはこの条件をつくることができないみずからを見いだして苦悩した。彼はヴィッテンベルク大学で詩篇、ローマ人への手紙、ガラテヤ人への手紙、ヘブル人への手紙の講義をしたが、いわゆる彼の塔の体験といわれる福音再発見の時期については見解が分かれている。私はそれを『詩篇講義』を彼がしていた時期（一五一三年八月—一五一五年一〇月）と考える。例えば詩篇三一篇の冒頭に、父からの助けを切願すること、キリストの恥辱と大なる苦難によるキリストの悲歎とある（ヴァイマール版、以下WAと略記。三巻、一六三頁）。もし神の義が厳しい審判であるなら、人間は永遠に失われたものとなる。しかしルターは神がキリストという賜物によって人間を義とすることを知った。また詩篇七一篇二節「あなたの義をもってわたしを助け、わたしを救い出して下さい」において、あなたの義によって彼らはあなたの前に義である、わたしの義においてわたしの不義や咎からわたしを救いなさるな、わたしを救って下さい、というのはわたしは罪ありとされているからであるといっている（WA三巻、四四九頁）。

ルターは神の義とはキリストへの信仰であることを確信できた。キリストは仲保者であることをルターは受けいれることができた。ここに神に関する新しい見方、キリストに関する新しい見方が彼のうちに形成された。詩篇二二篇を彼は、主の十字架、十字架における主の刑罰、主の地上のすべての日々における刑罰について記されていると釈義し（同三巻、一三四頁）、主の苦難は人間の救いのための苦難であることを明らかにする。つぎに、『ローマ人への手紙の講義』（一五一五年一一月—一五一六年九月）において、われわれは彼の福音の再発見について知りうる。「神の義は救いの原因である。この神の義は、神自身がみずからにおいて義であるそのものと解されるべきではなくて、それによってわれわれが神によって義とされるそのものと解されるべきである。このことは福音への信仰によって起こる」（WA五六巻、一七二頁）。ルター自身のスコラ学的概念で表現すれば、神の「能動的義」が問題となっているのではない。この能動的義は、罪人を罰する神の義である。今や彼は神の「受動的義」が問題であることに気づいた。この「受動的義」によって人間は義とされる。すなわち救われる。人間はこの義を受動的に受ける。神の義（神の救済）とは、神が与える恩恵であり、賜物である。今やルターは新しい誕生を体験したが、彼の言葉によれば「パラダイスの門が彼に開かれた」のである。ルターは人間が受動的であること、すなわち人間は神の働きの対象であることを認識した。神がすべての人間にどのような意志をもっているかが問題なのであり、この意志はキリストの十字架において示された。意神主義とよばれるものが、ルターのみならず、ツヴィングリやカルヴァンにおいて重要なことがらであった。意神主義は宗教改革神学の中心であるとさえいえる。そして神とキリストへの信仰も、神の賜物以外のものではない。もしこの信仰に少しでも人間の業が関与するというのであるなら、このことは、神の全くの自由な恩恵の働きを侵害することになる。もちろん信仰は心理学的に考えれば疑いもなく人間の行為であるが、同時にそれは全く神の賜物とみなされなければならない。このことは理性によっては理解するのに困難なことがらである。

塔の体験においてルターは神の義を学んだが、このことは同時に彼にとって律法と福音についての理解を深めることであった。かつては律法が彼を支配し、律法に従いえなかったから彼は自己を罪人と考えた。またかつては福音も彼にとって律法であった。というのは福音も神の要求を含んでいたからであった。しかし今や彼は福音を福音として、すなわち神の自由な賜物として認識した。律法は彼にとって福音へと導くものであり、彼は律法を神の異なる業とよんだ。そして人間を救う福音を神の本来の業とよんだ。いいかえれば、神の怒りはその異なる業であり、神の愛は神の本来の業である。しかも驚くべきことには、神の救済にあずかった者は「嬉々として自発的に」（同五六巻、三三六頁）すべての善き業、すなわち律法を行なうのである。

ルターは、キリストにおいて父なる愛の神を見いだした。彼はキリストの十字架は、神の怒りの最高の表現であり、神はみずからの子キリストを裁いた。それはキリストが人々の罪をその身に負ったからである。従って十字架は神の愛に関する最大の証明である。というのは神は人々を罪と死から救うためにその子を十字架に追いやったからである。キリストの十字架は信仰によらなければ、単なる義人イエスの弱さと恥辱を示すものにすぎないであろうが、信仰によればそれは神の愛の行為である。ここに信仰によって理解される啓示された神と、信仰によらないから理解できない隠れた神の姿がある。（イザヤ書四五章一五節に基づく）。神のあわれみにのみ信頼することは、スコラ神学によれば高慢であった。またそれは、律法が報いを伴わず、従って道徳的世界秩序は成立しないから無意味なことがらであった。ルターによれば人間から神への道は全くふさがれている。そのように真剣に罪は考えられなければならないのである。ただキリストという神から人間への道がある。これがルターの救済の確かさであり、この確信、歓喜、喜びがその後の彼の生涯を貫き、彼の力が流れ出る源泉であった。第一回『ガラテヤ人への手紙の講義』（一五一六年一〇月—一五一七年三月）では、キリストに対する信仰による義認が再強調されている。

彼の福音の再発見は聖書研究から生まれたのであって、信仰の基準はただ聖書であった。彼は聖書を霊的に（祈りに基づく聖霊の導きのもとに）知的に（歴史的批判的に）学んだ。第一回『詩篇講義』の冒頭に「私は霊において唱い、知性において唱うであろう」（WA 三巻、一一頁）とある（コリント人への第一の手紙一四章一五節に基づく）。彼が霊的解釈（比喩的解釈を含めて）とともに歴史的解釈（字義的解釈）を重んじたことは、聖書解釈史上における貢献であった。ルターの新しい神学思想の基盤と骨組は上述の三つの聖書講義の時期に形成された。またルターは「実質原理」によって初めて「形式原理」を取り扱うことを知った。実質原理とは、恩恵による義認という宗教改革の原理であり、形式原理とは恩恵による義認をもつ器としての聖書という宗教改革の原理である。

「九五箇条提題」からヴァルトブルク城まで

一五一七年にルターは免償証販売を厳しく批判した。大司教、選挙侯、枢機卿であったブランデンブルクのアルブレヒト二世（一四九〇—一五四五）は、マインツの大司教区のほかにマグデブルクとハルベルシュタットの大司教区を管理するため兼任許可をレオ一〇世（在位一五一三—一五二一）に申請した。というのは二つ以上の大司教区を管理することは教会法によって禁止されていたからである。彼はこの許可を得るために叙任費用のほかに約二万グルデン（約三〇万ドルか）という巨額の金額の支払いを要求されたので金融業者フッガーから借財した。彼はこの借財返却のために免償証販売に基づく恩恵の受領を教皇に申請した。すでにユリウス二世（在位一五〇三—一五一三）は、教皇庁の財政難にもかかわらずペテロ大聖堂の建立を決意し、一五一〇年にヨベル赦免を宣言して資金の調達を計画した。彼の後継者レオ一〇世は、免償証販売に基づく全収入の半額をこの建立のために献金するという条件のもとに一五一五年にこの販売を許可し、この販売は一五一七年に実施された。（キッド『大陸の宗教改革の解説付資料』、以下キッドと略記。一三頁）。フリードリヒ賢侯（一四六三—一五二五）はその領内におけるこの販売を禁止したが、ルターの知人はこの領に近接した地方に行ってこれを購入した。彼らからルターはこの販売の説教家テッツェル（一四六五—一五一九）の説教を伝聞し、その販売の不可であることを悟った。

彼は六ヵ月後一五一七年一〇月三一日に「九五箇条提題」（正確には「免償の効力に関する論議」）を城教会の扉に公告した。彼はこのなかで免償の誤用と乱用を批判し、このことが実に福音と信仰を侵害するものであることを指摘した。エック（一四八六―一五四三）はルターに強く反対し、『オベリスク』というパンフレットによって彼を異端者であると批判した。ルターは『免償と恩恵についての説教』によって応答した。アルブレヒトとドミニコ修道会はルターをローマに告訴した。一五一八年七月にレオ一〇世は、ローマへの出頭命令をルターに伝達した。ルターはフリードリヒ賢侯の援助をえてローマにいく代わりに、アウグスブルク国会で教皇使節カエターヌス（一四六九―一五三四）に対して弁明することになった。当時の著名な神学者であるカエターヌスは、ルターに免償に関する教皇の完全な権限への批判の撤回を求めたが、彼は拒絶した。一五一八年八月に彼は、『免償の効力に関する論議の解説』を公にしたが、これは「九五箇条提題」の解説であった。これよりさき同年五月にヴィッテンベルク大学の彼の同僚カールシュタット（一四八〇ころ―一五四一）がエックと論争を始め、聖書の権威は教会の権威より優先すると主張した。エックが要求した公開討論に彼が応じたので、ルターもこれに加わることになった。一五一九年七月ライプツィヒ論争で、ルターは教皇の首位権は聖書的にも歴史的にも論証されないと主張した。彼はある点でフスの立場に立っており、フスを異端としたことによってコンスタンツ教会会議は誤謬を犯したといった。エックは教会会議の無謬性を否定する者は異端であると宣言した。今やルターは教皇の首位権と教会会議の無謬性を否定した。エックは教皇にルターは異端者であると報告し、一五二〇年六月に六〇日間の猶予期間づきの放逐状が発せられた。

ルターは同年八月に『キリスト教界の改善に関してドイツのキリスト教徒貴族に』、一〇月に『教会のバビロニア捕囚について』、翌月に『キリスト教徒の自由』を公にした。

『キリスト教界の改善に関してドイツのキリスト教徒貴族に』において、㈠世俗的権力に優越する霊的権力は否定されなければならないこと、㈡教皇だけが有する聖書解釈の権利は取り去られて、これはすべてのキリスト教徒に与えられるべきこと、㈢教皇のみが教会会議を召集できるという主張は誤謬であり、各キリスト教徒には緊急事態の解決のために自由な教会会議を召集する権利と義務があること、㈣教会、政治、経済、社会、教育に関する二七項目の問題の改革を提案している。

『教会のバビロニア捕囚について』において、㈠ローマ・カトリック教会の七つの秘跡について論じ、洗礼と聖餐の二つの礼典を認めている。㈡告解にはある価値を認めているが（のちに否定する）、修道士の誓約、巡礼、功績を罪の赦しに関する人間的虚構として否定している。㈢聖餐においてぶどう酒を信徒にも与えることを主張し、実体変質説を否定して実体共存説（後述）を説いている。

『キリスト教徒の自由』において、㈠キリスト教徒はすべての者の上に立つ自由な君主であって、なんぴとにも従属しないが、また彼はすべての者に奉仕するしもべであって、なんぴとにも従属すること、㈡人間はキリストへの信仰によってのみ義とされること、㈢キリストと彼を信じる者の霊的一致を説いている。これらの著述において多かれ少なかれ万人祭司説（信徒は福音宣教と祈りによるとりなしとによって教職者と同じ仕事をする）が説かれている。もちろんルターは教職者の独自性を否定したのではなく、彼によれば、牧師は神の言（ことば）の宣教と礼典の執行のために、神の召しと教会の選任とに基づき教会の秩序のために存在するものである。ルターは一五二〇年一二月にヴィッテンベルク大学の学生や市民を集め、教皇の放逐状と教会法を焼きすてた。

皇帝カール五世（在位一五一九―一五五六）は、修道士ルターが私説を主張し、教会の教義に反対して人心を乱すことを憂え、この事件を解決するために、一五二一年ヴォルムスに即位後最初の国会を召集した。このことはまた、カールにとってフランク国のフランソワ一世（在位一五一五―一五四七）との戦機が近かったので教皇の好意をえようとしたためでもあった。この国会前後のルターに対する民衆の支持や国会における彼の答弁などについては、ベイントンが『我ここに立つ』のなかにきわめて感動的に叙述している。「ヴォルムス勅令」は、ルターとその徒の国外追放、彼の著述の焼却、国内の出版物検閲を命じた。彼は国会からの帰途フリードリヒ賢侯の指示により一隊の兵士に捕えられ、約一年間ヴァルトブルク城に保護された。ここで彼は同年一二月に新約聖書を翻訳したが、この翻訳はエラスムスの編集したギリシア語原文に基づくものであった。またここで彼は『マリアの賛歌』を著述し、ローマ・カトリック教会においてマリアの賛歌（ルカ一・四六―五五）が尊重され、日々の晩禱に用いられているが、マリア崇敬はかえってこの賛歌におけるマリアの真意を忘却するものであると説いている。またこの書のなかに、人間は善行によってではなく、ただキリストへの信仰によって義とされること、そして順境や逆境に処してキリスト教徒はどのように歩むべきかを説いている。

ヴィッテンベルクの宗教改革の発展

ルターがヴァルトブルク城に保護されている間にヴィッテンベルクの宗教改革は発展し

た。その指導者は、メランヒトン（一四九七—一五六〇）、カールシュタット、ツヴィリンク（一四八七ころ—一五五八）で、彼らの指導のもとに宗教改革は初めて一般の人々に認識できる形態をとってきた。その内容はつぎのようなものであった。㈠司祭、修道士、修道女の結婚、剃髪した者への長髪の許可。㈡ミサにおけるぶどう酒の信徒への授与。ミサのある部分のドイツ語による執行。死者ミサの廃止。㈢断食日における肉食の許可。従ってヴィッテンベルクの宗教改革は次第に過激となり、信仰による神の子らの自由が衣服、食物、長髪等のことがらに置きかえられる危険があった。一五二一年のクリスマスに市の全人口二五〇〇人のうち五分の四が城教会に集まり、カールシュタットは説教ののちミサを執行した。参集者は初めて母国語で「これはあなたがたのために罪を赦そうとして流す新しい永遠の契約・みたま・信仰の奥義なるわたしの血の杯である」との言葉をきいた。その後ツヴィリンクの指揮のもとに彼らは聖壇を倒し、聖徒たちの像や絵画を破壊し、全市は混乱のるつぼと化した。たまたまツヴィッカウの預言者たち（ミュンツァーの信奉者）の到着によって一層混乱が大きくなった。市会はルターの帰還を求めたので彼は信仰と秩序との回復のためにヴァルトブルク城を去った。彼は八日間続けて説教し、愛と忍耐と弱い者への同情、福音的自由、福音からまたひとつの律法をつくりだしてはならないことを説いた。このようにしてヴィッテンベルクは平静にもどった。

エラスムスとの論争

ルターはエラスムスと自由意志について論争した。エラスムスはルターの信仰義認の教理に賛成せず、改革は教育と迷信の排除とキリスト教の源泉への復帰によってなしとげられると主張した。彼は『自由意志論』（一五二四年）において、もし人間に自由意志がないならば神は悪の創始者となり、倫理的行為も存しなくなるのであって、人間には救いに関心をもつこともたないこともでき、恩恵を受けいれることも拒否することもできるとした。しかしルターは『奴隷意志について』（一五二五年）において、救いは全く神の恩恵によるものであり、このことに関しては人間の意志には全く働く余地はないとして恩恵の不可抗性を説いた。それればかりか、生来の人間の意志は全く神の意志に逆らうものであるとした。

農民戦争（一五二四―一五二五）

宗教改革時代にドイツでは領主制が国内を分断し、中世的封建制を維持し、農奴を保有していた。諸侯や貴族は当時発展途上にあった商工業に非常な関心を寄せ、そのため農民への課税や賦役が強化された。「農民の一二箇条」を要約すると、㈠　農民による教職者選任の要求、㈡　穀物の不当な十分の一税は支払わないこと、㈢　キリスト教徒である農奴の解放、㈣　森林や草原の解放、㈤　過度の労働への反対、㈥　苛酷な借地料への反対、㈦　新しく制定される法律に基づく抑圧に対する反対、㈧　借地相談に伴う納貢や納税への反対であり、終りに、もし以上のなかで神の言にもとるものがあればそれを撤回するが、さらに聖書と真理に基づいて神と隣人に対する罪を見いだしたら抗議するとある。農民戦争において農民側では、明瞭な計画と指導者を欠き、諸群相互間に連絡もなく、またある群はローマ・カトリック側に属し、他はプロテスタント側に属するというように宗教的一致さえなかった。ルターは領主側にも農民側にも誤りがあることを認め、両者を調停しようと努力したが、このことは彼の『シュワーベンの農民の一二個条に対する平和勧告』（一五二五年）に明らかである。しかしこの書の出版以前に農民は暴動を起こし、国土の荒廃、流血、未亡人や孤児の激増が極度に達したので、彼は『農民の殺人・強盗団に抗して』（同年）を書いた。（『ルター著作集』第一集、第六巻二九七―三七二頁）。彼は諸侯に武力による暴動の鎮圧をすすめたが、農民戦争に対する彼の態度は、保守的といわれなければならないもので、農民や下級教職者の不信を買った。この戦争の結果、カトリック諸侯の勢力とプロテスタント諸侯の教会への干渉が増大した。ルターは国家と教会という二つの区別された権威（二王国説）を認め、国家すなわち上に立つ権威は神によるものであるから、これに服従すべきことを教えた。もちろんルターの場合、国家とはキリスト教君主が統治する国家であった。

教会の組織化

ヴィッテンベルクは宗教改革の中心地であった。宗教改革の正しい発展を望んでいたルターは、『ドイツミサと礼拝の順序』（一五二六年）を公にし、プロテスタント教会の自国語による礼拝順序を明らかにした。彼は音楽を尊重し、賛美歌の作詩作曲をし、聖歌隊を訓練した。彼は、礼拝における音楽によって聖書の言が一層明らかに理解されると考えた。また説教は神の言の宣教であるからきわめて重視され、彼自身も絶えず説教した。

宗教改革の発展に伴って教会制度や教会組織の形成が課題となった。彼は教会を可見教会（見える歴史上の教会で、真のキリスト教徒と偽りのキリスト教徒を含む）と不可見教会

（過去と現在と未来の真のキリスト教徒からなる唯一の教会で、目には見えない）として理解した。礼拝面や実践面で教会のなかに種々相が生じたので、教会秩序を監督する必要があった。しかし古い教会秩序（司教区等）はもう存在していなかったので、彼は信徒である諸侯に依存しなければならなかった。ザクセン選帝侯は一五二七年と翌年に巡察者を任命し、かつて司教がしたように教区の状況報告を提出させた。また彼は領地内の諸地域に監督者を置き、教区牧師を取り締まり、不適当な牧師は罷免し、礼拝の統一を保った。このことはのちの「アウグスブルク和議」（後述）の領邦教会制度の立場を前もって認めたことになるといえよう。

カトリック側とプロテスタント側の抗争

ドイツ南部はおもにカトリック側に立ち、一五二四年に教皇使節はその地方の諸侯を同盟させるのに成功した。しかし北部と東プロイセンはルターに賛同した。一五二六年の第一回シュパイエル国会において諸侯は望むままに教会を統治することができるようになったので、福音主義に立つ諸侯はそれぞれ領邦教会を設立するようになった。一五二九年の第二回シュパイエル国会の出席者の大多数はカトリック諸侯であったので、この国会は、今後宗教上のどのような変化もなされてはならず、カトリックの地域において礼拝の自由はルター派には与えられないが、ルター主義の地域においては信仰の自由はカトリック教徒にも与えられなければならないことを決定した。国会においてルター派はこのことにプロテストしたが、これがプロテスタント（抗議する者）という語の起源である。これは初めの間はルター派にのみ用いられていたが、のちに、宗教改革運動に加わったすべてのキリスト教徒に適用されるようになった。

一五三〇年にカール五世はローマにおける戴冠ののちアウグスブルク国会を開き、教会の分裂を解決しようとした。彼はプロテスタント側にカトリック側との相違点を明示するように求めたので、メランヒトンがルターと協議してこれを起草した。これがルター派の公の見解を記述した『アウグスブルク信仰告白』である。その第一部においてルター派の信仰思想が述べられ、それは世界の教会の信仰と一致し、カトリック教会が教父の見解に立脚するかぎりその信仰とも一致するものであることを明示している。第二部においてカトリック教会の種々な乱用について記されている。ルター主義に立つ諸侯や都市はこれに賛同したが、ツヴィングリの伝統に従ったスイス地方とストラスブールは賛同しないで、それぞれの立場を記述した。出席者の大多数がカトリック諸侯であったこの国会においてプロテスタント主義は退けられた。そこでプロテスタント諸侯は、シュマルカルデンに集まってシュマルカルデン同盟を結び、ストラスブールもこれに参加した。

一五三二年七月にトルコ帝国の侵入に備えて皇帝とシュマルカルデン同盟とはニュルンベルクの休戦を取り決めた。やがてトリエント会議が召集され、カトリック教会とプロテスタント教会のみぞが一層深くなった。またヘッセのフィリップ伯の重婚はプロテスタント側にとって非常な痛手となった。一五四八年の「アウグスブルク暫定協定」(プロテスタントに信徒の両種陪餐と牧師の結婚を認める)は、プロテスタントによって拒否された。そして一五五五年の「アウグスブルク和議」において「その地方はその君侯の宗教」が決められ、諸侯と自由都市はローマ・カトリック教会の立場を保持してもよいし、ルターの立場をとりいれてもよいとされた。領内の家臣や住民は、移住しないですむためにはそれらの決定に従わなければならず、ここに領邦教会制度が確立された。

三六　ツヴィングリの宗教改革

序

初めにスイスにおける宗教改革までの教会の発展について述べよう。スイスの最古の日付のあるキリスト教碑文は三七七年のものであるが、古代スイスの諸司教区はミラノやリヨンの司教区に依存していたと思われる。また最初の修道院は八世紀に創設された。民族大移動の影響を受けてローマ都市コンスタンツの司教区が設立され、従ってアレイオス主義に立つブルグンド族は、その信仰思想を普及させることができず、紀元五〇〇年以後スイスはフランク族に服従し、スイスでローマ・カトリック教会が支配的となった。その後も民族大移動の影響を受けてアウェンティクム・ウィンドニッサの司教はロザンヌまで後退した。コンスタンツの司教区の設立によってすでに七世紀初めにアルマンネン族がキリスト教から深い影響を受けた。コルンバヌス（五五〇ころ―六一五）、ガルス（五五五ころ―六五〇）、フリドリン（七世紀）の宣教によって教会の欠陥がうめられた。カロリング王朝とともに中世の国教会の時代が始まり、教会は全く国家に奉仕するようになった。フランク国の封建制度の発展につれて司教や国立修道院長は国家領主となり、免税の特権をうけた。例えばジッテンやロザンヌの司教。一〇世紀半ばからブルグンド地方にクリュニーの改革運動が展開した。一二世紀から一四世紀までに、十字軍の影響で諸騎士団が創立され、またシトー修道会、カルトゥジオ修道会、プレモントレ修道会、フランシスコ修道会、ドミニコ修道会、アウグスチノ修道会が地歩を占めた。一三世紀に多くの女子修道院が創設された。ハプスブルク家との戦争をへて、一三八六年に八州からなるスイス連邦が形成されたが、そののち州の数も増加し、一四九九年に事実上の独立が達成された。従って一四世紀末から宗教改革の時代までに連邦制国教会が形成された。連邦国家はすべての外部の裁判を拒否したので、教会裁判は教会の事項に関してのみ認められた。連邦に対する住民の義務の優先が規定されたが、連邦諸州は霊的な事がらは別として教会への責任を担い、教皇に対しては軍事的援助を与えることになった。市民共同体の政治的力は強く、この共同体は教職者に対する政治上の優位を保持した。教皇庁の分裂の問題の解決や教会改革を意図したコンスタンツとバーゼルとの教会会議の失敗は教会に痛手となった。しかし他方信徒の宗教生活は深められ、礼拝堂の建設、隠者兄弟団、隠者姉妹団の創設となって現われた。(RGG 一六〇八―一六一〇欄)。

宗教改革発生以前のスイスの教会の状況はこのようなものであったが、ツヴィングリの宗教改革の起源と展開と特色はどのようなものであったのであろうか。

起源と展開

スイスの宗教改革は、ツヴィングリ(一四八四―一五三一)によって始められた。ことの起こりは、断食日の肉食、傭兵制、教職者の独身制、マリア崇敬の諸問題であった。断食日の肉食について彼は説教『食物の選択と自由について』で、どのような食物でも食べることができる福音の自由について述べたが、断食日の肉食が他人をつまずかせる場合には慎むべきであると語った。彼は傭兵制に反対し、スイスの同国人が敵味方の陣営にそれぞれ雇われて戦う悲惨について語った。教職者の独身制について彼は、キリストはけっしてすべての者に独身を命じられたのではなく、これは自由な決断と献身のことがらであるとした。マリア崇敬について彼は、ルターの『マリアの賛歌』に記されているように、マリアの謙虚な信仰を推奨した。彼の福音主義信仰と思想によってチューリヒ市のカトリック側とプロテスタント側の対立が非常に激しくなったので、市参事会は公開討論会を開催した。これが一五二三年の第一回チューリヒ討論であり、スイス宗教改革の起源である。

この討論に先だってツヴィングリはその立場を明らかにするために『六七箇条』（キッド、四一一―四一五頁）を起草したが、ここにキリスト中心主義が明らかに記されている。福音の大要は、活ける神の子キリストがわれわれに天父の意志を知らせ、キリストの聖潔によってわれわれを永遠の死から救い、神にわれわれを和解せしめたことにある（第二条）。従ってキリストはすべての者の救いへの唯一の道である（第三条）。この頭（かしら）であるキリストにあって生きるすべての者は神の子であり、これが教会、聖徒の交わり、キリストの花嫁、公同教会である（第八条）。教職者の伝統と法（これらによって彼らはその断食、富、名誉、称号、戒めを支え擁護するのである）はすべての腐敗の根源である。というのは彼らは頭であるキリストに一致していないからである（第一一条）。神の言によってわれわれは神の意志を明瞭に真実に学び、つぎに神の霊によって潔められ造り変えられる（第一三条）。キリストはわれわれの義であり、われわれの業がキリストのものであるかぎり善い業であるが、われわれのものである限り善い業ではない（第二二条）。またこの六七箇条には教皇、ミサ、聖人への祈願、教職者の財産、巡礼、教職服、修道院、教職者の結婚、煉獄などについての批判が記されている。

第一回チューリヒ討論で、市当局は福音主義の立場を採用し、その結果教会改革が展開されていくが、ここに為政者と福音主義教会の密接な結びつきがみられる。聖画像とミサとの撤廃をめぐる第二回チューリヒ討論（一五二三年秋）ののち翌年市参事会は聖画像の撤去を命令し、そのまた翌年に執行されたミサは最後のものとなった。スイス東部地方はツヴィングリの立場を受けいれ、アッペンツェル、グラールス、グラービュンデンでは、福音主義をとるかカトリック主義をとるかは個々の教会にゆだねられた。一五二八年にベルンは宗教改革をとりいれ、翌年バーゼル（指導者エコランパディウス、一四八二—一五三一）、シャッフハウゼン（同、ホフマイスター、一五〇九ころ—一五四七。リッター、—一五四六）、ザンクト・ガレン（同、ヴァディアン、一四八三ころ—一五五一。ケッツラー、一五〇二／三—一五七四）があとに続いた。宗教改革はアールゴウ、ソロートルン、ビィエール、ノイエンブルク、ユーラにおいても進行し、カトリック側に立つ地方、すなわちおもに山岳州は反撃の備えをし、オーストリアと同盟した。福音主義側とカトリック側の第一カッペル会戦は一五二九年に起こったが、これは調停をもって終り、第二カッペル会戦は一五三一年秋に起こり、ツヴィングリは戦死した。この会戦で福音主義側は敗北し、カトリック諸地方は一七一二年までスイスで政治的優勢を保った。ツヴィングリの後継者はブリンガー（一五〇四―一五七五）であり、エコランパディウスのそれはミコニウス（一四八八―一五五二）であった。ファレル（一四八九―一五六五）はベルンの支持のもとに一五三五年にジュネーヴで宗教改革を達成した。福音主義に立つスイス地方は、ブッツァー（一四九一―一五五一）の努力にもかかわらず『ヴィッテンベルク和協条項』を拒否し、一五三六年『第一スイス信条』は、ツヴィングリとカルヴァンとの立場を綜合するスイス福音主義の立場を表明している。一五六六年ブリンガーの作成した『第二スイス信条』は、ツヴィングリとカルヴァンとの立場を綜合するスイス福音主義の立場を表明している。

国家と教会

チューリヒにおける国家と教会の関係はけっして神政政治という概念で規定できるものではなかった。確かにツヴィングリはチューリヒの教会組織に関連してキリストの国は外的なものとなって現われると尖鋭的なことを語ったけれども、このことによって彼は、教会が神政政治的な意味で国家を支配するといおうとはしなかった。むしろ彼はキリスト教に立つ為政者は、教会の名において規定を執行することができると考えたのである（例、ミサや聖画像の廃止）。このような意味で神の国（キリストの共同体）も外的な形をとるといったのである。

聖餐論論争

ツヴィングリとルターの聖餐論における見解の相違は、ルターとエラスムスの分離、ルターに対する農民の不信とあわせてプロテスタント側に大きな痛手となった。聖餐論に関してヘッセンのフィリップ伯のすすめでツヴィングリとルターは一五二九年にマールブルク城で会談した（キッド、一〇九頁）。前者にはエコランパディウスとブッツァーが、後者にはメランヒトンが同伴した。ルターは、聖餐においてパンとぶどう酒とともにキリストの身体と血が存在すること（実体共存説）を主張した。これに対してツヴィングリは「肉はなんの役にも立たない」（ヨハネ六・六三）に基づいて、パンとぶどう酒はキリストの身体と血のしるしであり、聖餐はキリストの犠牲を記念して執行される（象徴説）と主張した。また彼はキリストの身体は昇天後、天の一局地に存在するから、多くの場所で同時に聖餐式が執行される場合それらの場所に同時にそれは存在することはできないといった。これに対してルターは、聖餐においてキリストの身体は同時に多くの場所に存在すると主張したが、これはキリストの神性と人性とは相互にゆきかう（属性交用）から、キリストの人性も同時に多くの場所に存在するといったのである。

神学の特色

ツヴィングリはルターからなんの影響も受けないで、福音主義神学思想に到達したと彼自身主張するが、彼は信仰義認論をはじめとしてこれをルターから学んだと考えられる（ゼーベルク『教義史』四巻、一の四三四頁）。彼は国家と教会との関係においても聖餐論においてもルターと相違するが、私はほかに両者の重要な相違点を神観との関連における信仰と理性の問題にみたい。ツヴィングリによれば神は直観と理性によって認識される。確かに彼は、罪人はキリストにおいてのみ神を知りうるというルターの思想を主張したけれども、むしろ神認識はキリストにおいて始まらなければならないというルターの原則を明確に拒否した。というのは彼によればキリストとわれわれとの関係は、神とわれわれとの関係のうちにすでに含まれているからである。彼によれば神認識はその本性上キリスト認識に先行する。しかしルターにおいては、形而上学的探究によっては神を知りえない。ここに福音主義神学における二つの潮流、すなわちツヴィングリの自然神学とルターの啓示神学をみることができる。

三七　カルヴァンの宗教改革

序

ツヴィングリの死後スイスの宗教改革の中心はチューリヒからジュネーヴに移り、ここすなわちフランス語圏で第三の宗教改革が展開し、独自のプロテスタンティズムが形成された。この宗教改革の指導者はカルヴァン（一五〇九―一五六四）であり、その活動した時期に西欧でカトリック教会の対抗改革が次第に発展し、ついにトリエント会議においてカトリックの立場が再確認され、教会会議に対する教皇の優位が認められた。ルター主義はこの対抗改革に直面して勢力を弱め、ツヴィングリの影響はスイス諸州に限定されていた時、カルヴァンが西欧プロテスタンティズムに果した意義には大きいものがある。私はジュネーヴにおける宗教改革がどのように展開し、その特色はどのような点にあったかを明らかにしたい。

カルヴァンの回心

彼の回心は突然のものであったことが、その『詩篇注解』の序文のなかに記されている。「年齢の割には非常にかたくなになっていた私を、神は突然の回心によって柔かくしてくださった」(『宗教改革者全集』、以下CRと略記。三一巻二一頁)。彼は父の意志に従って法律を学ぼうとしていたが、神はひそかにその摂理によって彼の方向を変えてしまった。彼の回心の時期は、その著述『寛容に関するセネカの注解』(これにはまだ福音主義思想は述べられていない)を公にした一五三二年四月と、『基督教綱要』第一版の序文を書いた時すなわち一五三五年八月の間であったと考えられる。しかしこの中間の時期すなわち一五三三年一一月にパリ大学総長コーの就任演説の事件がもちあがった。この演説は福音主義に立脚したものであり、その草案をカルヴァンが執筆したかどうかは不明であるが、少くとも彼がそれに興味をもっていたことは確かである。従ってその回心は、この中間の時期と前記の一五三五年八月の間となる。(魚木忠一「ジャン・カルヴァンの回心」、基研六巻三号)。この演説のためにコーやカルヴァンに対する圧迫が加わった。パリにおける福音主義者に対する迫害が激しくなったので、カルヴァンはバーゼルにいった。これより先、フランスにおける福音主義運動は一五二二年ころから存在していたことが論証される。しかし当初からこの運動の進展はカトリック教会を支配していた王権によって妨げられた。フランソワ一世とその子アンリ二世（在位一五四七—一五五九）の治世は「唯一の法、唯一の信仰、唯一の国王」によって象徴され、信仰の一致は権力と強制によって維持されていた。ルター主義者に対する迫害が残虐をきわめていた時に、カルヴァンはバーゼルで『基督教綱要』（第一版—一五三六年三月）を「神の真理の保持」と「キリストの王国の擁護のために」公にしたが、これはフランソワ一世に献呈された福音主義信仰の弁明書であった。カルヴァンはイタリアへの旅行ののち、依然としてフランスにおける福音主義者への迫害が激しいので再びバーゼルに帰った。

第一回ジュネーヴ時代

バーゼルから一時パリにいったカルヴァンはそこへの帰途戦乱のためジュネーヴを通過しなければならなかった。ジュネーヴの宗教改革はファレルによって促進されていたが、彼の熱心な懇請によりカルヴァンは協力者として一五三六年七月からここにとどまることになった。それは「忠告、勧告というよりも、あたかも神が私をとどめるためにみ手を高所より私の頭上にさしのべられたかのように、畏るべき懇願によってであった」とカルヴァンはいう。教会規則がつくられ、教会生活の中心は聖餐でなければならないとされ、きびしい規律が実施された。またカルヴァンが作成した信仰告白に市民は誓約するように求められた。しかし彼の行なった宗教改革は早急であったので、彼は反対され、追放されてバーゼルにいき、つぎに招かれて一五三八年にストラスブールに赴いた。

ストラスブール滞在

ここでカルヴァンはフランスから避難してきた福音主義者の教会の牧師や神学教師となった。当時のストラスブールは全ドイツの都市のなかで最も福音主義が徹底していたところで、カルヴァンを招いたブッツァーとカピトー（一四七八―一五四一）の指導のもとに宗教改革が展開していた。ジュネーヴにおける宗教改革でにがい経験を味わったカルヴァンは、ストラスブールの宗教改革の成果をみて深い印象を受けた。ここでの彼の体験が『基督教綱要』（第二版―一五三九年）に反映され、これは六章から一七章へと増補され、彼がブッツァーから学んだ教会組織と摂理と予定と聖餐に関する論述が付加された。しかしジュネーヴは再び彼の帰還を熱心に求めたので、彼は一五四一年に帰った。

第二回ジュネーヴ時代

彼はジュネーヴへの帰還の条件として、市民は彼の作成した「教会規則」（キッド、三〇二頁）に従わなければならないとした。彼はジュネーヴにおける教会組織は原始教団の制度にならわなければならないと確信し、このことによって教会の独立と教職者の権威を確立しようとした。この「教会規則」によれば教会には四つの職制が存在する。すなわち牧師と教師と長老と執事である。牧師は毎週集まり、聖書釈義や教職志願者などに関する論議をし、教師は教育に従事し、長老のうちから選任された信徒（小議会から二人、六〇人議会から四人、二〇〇人議会から六人）は牧師とともに管理会を構成し、毎週木曜日に集まって教会規律について協議し、執事は貧者の世話をした。また管理会は破門の決定権をもっていたが、これは国家からの教会の独立という点から考えて最も重大なことがらであった。この破門の決定権の確立のために彼は闘い、一五五五年にやっと勝利を獲得することができた（同、三二六頁）。

カルヴァンは長年月多くの困難に直面したが、特にあげたい事件が二つある。その第一はパリの元修道士でプロテスタントの医者ボルセック（―一五八四）がカルヴァンの予定論に反対したことであった。カルヴァンはかろうじて一五五一年ボルセックの追放をかちとることができた。第二はスペインの医者セルヴェトゥス（一五一一―一五五三）が三一神論を非聖書的として否定したことである。セルヴェトゥスは一五三一年に『三一神論の誤謬について』、一五五三年に『キリスト教の回復』を公にした。彼によれば、ニカイア・コンスタンティノポリス信条の三一神論もカルケドン信条のキリスト論も教会腐敗の原因であった。彼は断罪され、一五五三年に火刑に処せられた。

今やジュネーヴはプロテスタント教会の中心地の一つとなった。カルヴァンは『基督教綱要』（第三版―一五三四年）に教会政治に関する論述を付加した。その後これは大体訂正されることなく重版され、一五五九年に最終決定版が公にされた。カルヴァンは『基督教綱要』の第一版を信仰問答書として、第二版を神学の教科書として用いてほしいといったが、最終版を聖書神学書と考えてほしいといった。従って最終版で付加されたものは聖書からの抜き書きであった。第一版では六章であった『基督教綱要』は最終版では八一章となった。パウクのいうように、彼は聖書神学者であり、神の主権とキリストへの信仰による義認を軸として聖書を読んだものといえるであろう（パウク『宗教改革の遺産』六六頁）。カルヴァンの死後ベザ写本を公にしたベザ（一五一九―一六〇五）がスイスの改革派教会の指導者となった。

神学の特色

㈠ 神観における神の栄光と尊厳　ルターもツヴィングリも信仰義認を強調し、それとともに神の栄光と尊厳とを説いた。カルヴァンも信仰義認を強調したが、神の栄光と尊厳とはルターやツヴィングリの場合よりも彼において強調された。カルヴァンは神に栄光を帰すること、従って、神に奉仕することを強調した。㈡ 二重予定論　人間にはなんの功績もなく、人間はただ神の恩恵によって生かされるが、この恩恵を信じたからカルヴァンは予定論者になったといえる。予定と関連をもつ選びについて彼は、選びはキリストを見る鏡である（CR 三〇巻、七一六頁）といっている。すなわちキリストにおける救いの奇跡ともいうべきことがらを、彼は選びとか予定という言葉でしか表現できなかったのであろう。アウグスティヌスもルターも予定論を説いたが、カルヴァンの特色はその二重性、すなわち神は救われる者をあらかじめ選び、救われない者もあらかじめ選んだということを強調した点である。これは彼の体験と聖書の言の推論から起こったことであろう。しかし彼の二重予定論については、信仰的思惟さえもが有する限界を彼はのりこえたというべきであろうか。㈢ 調停的聖餐論　彼はルターとツヴィングリとの中間に立つ調停的聖餐論をブッツァーから学んだ。この両者を調停しようとしたブッツァーは、神の賜物はパンやぶどう酒という物質において、あるいはそのもとで与えられない（ツヴィングリの立場）としながらも、それはパンとぶどう酒とから分離されないで、これらとの結合のもとで与えられる（ルターの立場）とした。カルヴァンにおいても聖餐式はキリストの死の記念であるが、しかしパンとぶどう酒をみ言(ことば)に立ち信仰において受けとる時に、霊なるキリストがわれわれのうちに働くと彼は説いた。すなわち彼は聖餐の象徴的見解に立ちつつもこれにとどまらないで、霊的キリストが陪餐者の心に現存することを主張した。㈣ 歴史における神の意志　カルヴァンは歴史における神の意志の実現、歴史における神の目的の成就を確信した。すなわち教会は神の国とほとんど等しくなるであろうし、地上に聖なる共和国が建設されるであろうと考えた。この点においても終末の切迫を確信していたルターと相違する。

カルヴィニズムの発展の理由

のちにカルヴィニズムはルター主義よりも広範な地域に広がったが、その理由としてつぎの五点をあげることができるであろう。㈠ 神の栄光のために生きるという信念。㈡ 神の選びと予定の確信。㈢ 歴史における神の意志の実現への確信。㈣ カルヴィニズムの国際性。カルヴァンの宗教改革当時ジュネーヴの人口は一万九〇〇〇人であったが、その約三分の一すなわち、六〇〇〇人の亡命者が住んでいた。従ってその宗教改革は国際性を具備していた。㈤ 『基督教綱要』の明快な徹底した神学思想の影響。

三八　ラディカル宗教改革運動

序

一五二五年のドイツ農民戦争の終結と一五三五年のミュンスター事件の一〇年間に、再洗派は非常な発展をとげた。これは神秘的心霊主義、反三一神論（福音的理性主義）とともにラディカル宗教改革運動とよばれるものであるが、そのうちの主要なものであった。再洗派は、ルター、ツヴィングリ、カルヴァンの宗教改革は中途半端なものとしてこれらに反対し、国家からの教会の分離（ただし例外としてミュンスター事件における彼らの新生した為政者は、プロテスタント側やカトリック側の為政者よりも一層信心深いと、彼らは考えた）、戦争の放棄、破門以外の強制の排除を唱え、伝道と殉教と慈善によってキリスト教徒としての証（あか）しを立てようとした。彼らは、ルターやツヴィングリやカルヴァンの義認論に満足せず、また原罪論、予定論にも満足しなかった。というのはそれらは彼らの宗教体験や使徒的原始共同体形成のための規律を切り取るように思えたからである。また神秘的心霊主義は内的照明を重んじ、反三一神論はキリストの神性を否定した。

再洗派

これは初めスイスに発生した。ツヴィングリに従う者の間で二つの派が対立し、一つはスイス全土に漸進的に宗教改革を推進しようとし、他は正義に立つ残れる者による急進的改革を要求した。後者は信仰と洗礼の関係について、生後八日目の嬰児の洗礼と、罪を悔い神の赦しに歓喜する大人の洗礼とは、本質的に相違することを強調し、一分派すなわち再洗派を形成するにいたった。再洗派という名称は、幼児洗礼を受けた者が再び大人の洗礼を受け直すことに由来している。再洗派の形成は従来の教会機構の分解を意味した。というのは彼らの教会観によれば、教会は単に地域社会に生まれた者が、その地域の教会の会員となるというようなものではなく、教会とは真の信者から構成されるものである。従ってチューリヒは神の新イスラエルとは考えられなかった。それはツヴィングリが十分なきよめを遂行しなかったからである。教会は規律をもたず、キリストの行為の模範を示さない者の追放によって、純粋に保たれなければならない。また再洗派は教会と国家の分離を主張した。彼らによれば教会は聖徒からのみなるものであるが、国家は人間の罪を抑制するために制定されたものので、国家がキリスト教化されるとの希望はもちえない。従って彼らは政治への参与から遠ざかった。さらに再洗派は平和主義者であった。従って彼らは社会秩序を乱すものと、カトリック側やプロテスタント側から考えられた。というのは再洗派への共鳴者が増加すれば、カトリック側もプロテスタント側も相互に武器をとって対抗することができなくなり、また神聖ローマ帝国もオットマン・トルコに対抗できなくなるからであった。従って再洗派の発展は教会にとっても、国家にとっても脅威となったので、教会も国家も彼らを厳しく迫害した。彼らは嘲笑と拷問と虐殺を受け、妻子をつれて山野にさまよった。二一七三人の再洗派の殉教ののち、その年代記編者は記している。「どのような人間も彼らの体験したことがらを彼らの心から奪い取ることはできなかった。神の火が彼らの内に燃えていた。彼らは神の真理を放棄するよりも一〇度の死を望んだ」（ベイントン『宗教改革史』二一六頁）。

再洗派のおもなものに六つある。㈠ミュンツァー（一四九〇？—一五二五）と一五二一年ヴィッテンベルクに出現したツヴィッカウの預言者ら。ミュンツァーは一五二五年の農民戦争に同情し、また内的光の教理を教えた。㈡上述したスイスの再洗派で、無抵抗と、政治へのキリスト教徒の参与の拒否とを主張した。この再洗派はライン川流域と南西ドイツに広まり、この群にフプマイアー（一四八五ころ—一五二八）と、一時ではあるがデンク（一四九五？—一五二七）が加わった。㈢モラヴィアに避難し、フッター（—一五三六）の指導のもとに共産制に基づく共同体を組織したもの。彼らの後継者はフッター派を形成した。㈣ホフマン（一四九八—一五四三）の影響を受けた再洗派で、おもに北西ドイツと低他方に発展した。彼は仮現的キリスト論を教え、千年王国説（ヨハネ黙示二〇・二—六）に基づく希望を説いた。㈤ミュンスター事件はいたましいものであった。（オックスフォード、四六頁）。ホフマンはネーデルランドで多くの追随者をえ、そのなかでマッティス（—一五三四）は、みずからが預言者エノクであると宣言し、ネーデルランドとドイツの近郊で勢力をえ、武力によって新時代をもたらそうとした。ミュンスターにおいて一五三四年一月福音主義者ロートマンは再洗派の見解を採用したので、ここでマッティスの教説が他のいずれの場所よりも有力となった。マッティスとボッケルソンがミュンスターにはいった。彼らは神はストラスブールをその不信仰のゆえにしりぞけ、ミュンスターを新エルサレムとして選んだと主張したので、再洗派が参集した。追いつめられた再洗派は、ミュンスターにおいて黙示的希望に燃えて立ちあがった。一五三四年二月に彼らはこの町の実権をにぎり、新秩序を受容しない者を追放した。ミュンスターの司教は町を包囲し、マッティスは戦死した。ボッケルソンが王となり、婦人の擁護のために多妻主義が確立され、財産は共有とされた。カトリック教徒とルター派の軍勢の援助のもとに司教は翌年六月にこの町を攻略した。再洗派は虐殺され撲滅された。㈥　ミュンスター事件後ホーランドとフリースランドにおいてメノー・シモンズ（一四九六―一五六一）の指導のもとに再組織された再洗派。彼らは農業に従事し、平和主義と無抵抗を強調した。これはメノー派（またはメノナイト派）とよばれた。(同)。

神秘的心霊主義

この群に属する者は、霊により内的照明によって導かれたことを確信していた。彼らのうち代表的な者としてつぎの二名をあげることができる。㈠　カトリックの教職者フランク（一四九九―一五四二ころ）は、人文主義の大きな影響を受け、一五二五年ころカトリック教会を離れ、福音主義説教者となった。彼は聖書の言を過度に強調することに反対し、儀式や教会機構を批判した。また人間のなかに霊的生の源泉である神的要素が存在し、キリストの霊が人間を宗教的にし、神の恩恵を受ける者はすべて教会員であると主張した。彼は永遠のキリスト、つねに生きており、神の自己啓示であるキリストを信じた。彼は歴史上の異端者らを誇りとし、教会に真理への新しい道を示した偉大な人々を異端者の中にいれ、イエス、パウロ、アウグスティヌスをも異端者と名づけた。彼はまた平和主義者であった。㈡シュヴェンクフェルト（一四九〇—一五六一）は、フランクの友人で福音主義に立ったが、信仰を詳細な教義によって制約することには賛成しないで、神の恩恵の内的経験を強調した。この恩恵は礼典をも、また外的組織をも必要としない。人間のうちの神の恩恵の現存は、義である人生の果実によって証明される。彼はカトリック教会からもプロテスタント教会からも批判された。彼に従う者らは、シュレジアで「キリストの栄光に関する告白者」という団体を形成したが、これは今日シュヴェンクフェルト派として知られている。一八世紀の迫害の時一部はペンシルヴァニアに移住した。

反三一神論

㈠ベネツィア地方ではプロテスタント的傾向が強かったが、この地方にドイツやスイスとの通商によって宗教改革の文書がもちこまれ、ルター派や再洗派が伝播し、イタリアの再洗派のある者らは反三一神的思想を流布させた。彼らはセルヴェトゥスの影響を受けているように思われる。反三一神論に立つ再洗派の集会が開かれるようになった。一五五〇年に彼らはヴェニスの会議で信仰箇条を制定した。これによるとキリストは神ではなく、ヨセフとマリアから生まれた人間であるが、神の力に満たされていた。選民はキリストの死や功績によって義とされるのではなく、神の永遠の愛によって義とされるのである。キリストは神のすべての恩恵と善を示すために死んだ。しかしまもなく起こった迫害のために彼らは散らされ、多くの者がモラヴィアやトルコ帝国領にのがれた。

㈡　反三一神論の他の中心地は、グリソンズ地方すなわちイタリアとスイスの間にある民主的共和国であった。ツヴィングリの教理は早くからここに浸透し、一五二六年国家はカトリック教会と改革派教会に信教の自由を与えた。ここに反三一神論に立つ多くのイタリア人が異端審問の危険をさけて避難した。ところが一五三三年にこの国の政府は「ラエティアン信仰告白」を採用し、これには使徒信条、ニカイア信条、アタナシオス信条が織りこまれていた。すべての教職者はこれに署名することを要求されたので、署名しなかった反三一神論の教職者の大部分は一五七五年までに撲滅された。

㈢　ポーランドのソッツィーニ主義。この指導者は、レリオ・ソッツィーニ（一五二五―一五六二）と、その甥のファウスト・ソッツィーニ（一五三九―一六〇四）であった。レリオは初め父から法律を学んだが、神学に興味をもちヴェニスにきた。一五四七年に自由思想に立つシチリアの神秘主義者カミローの影響を受けた。レリオは一五四七年から一五五〇年までスイス、フランス、イングランド、ホーランドに旅行して宗教改革者らに迎えられ、のちにヴィッテンベルクでメランヒトンと交友を結んだ。さらにホーランドにいったが、政治状勢の変化のゆえに一五五二年イタリアに帰り、その甥を彼と同じ信仰の立場に導いた。一五五四年に彼は再びスイスにいき、ジュネーヴでカルヴァンと交友を結んだが、三一神論の挑戦を受けた。ファウストは一五六二年にヨハネによる福音書に関する著述をし、キリストの神性を否定した。一五七八年にバーゼルで『救主イエス・キリストについて』を著述し、宗教改革者らの福音主義的教説に反対した。

三九　対抗改革

序

対抗改革とは、プロテスタント宗教改革に対するローマ・カトリック教会の復興運動である。これによってカトリック教会は教会内の腐敗を一掃し規律を粛正し、従来の教義を再確認して、プロテスタント教会の発展に対応しようとした。プロテスタント教会は宗教改革ののちも分裂に分裂を重ねていくが、ローマ・カトリック教会は一つとなって宣教に当たっていった。対抗改革については、イエズス会、トリエント会議、異端審問所について述べなければならない。対抗改革によってカトリック教会はかなりの失地を回復したばかりでなく、外国宣教に積極的にとりくんでいった。

イエズス会

創設者イグナティウス・ロヨラ（一四九一／九五―一五五六）は、軍務に服して負傷し、病床でキリストや聖人の伝記を読み、キリストの兵士となる決心をした。すなわち苦難のキリストへの服従を決意したが、このことはイグナティウスの属するカトリック教会への服従の決意を意味した。彼は母国スペインからローマ、エルサレムへと托鉢しながら旅をし、帰国後バルセロナ等で、つぎにパリで約七年間学び、一五三四年六人の同志（サヴィエル、ファーヴル、ライネス、サルメロン、ボバディラ、ロドリゲス）とともに清貧、貞潔の誓いを立て、できればエルサレムへの巡礼を決行しようとしてイエズス会を創設した。一五三七年に彼らはイタリアにいき、イグナティウスらは司祭になり、教皇の命令であればどこへでも行く決意をした。一五四〇年にパウルス三世（在位一五三四―一五四九）は勅書「レギミニイ・ミリタンティス・エクレシアエ」によってイエズス会を認可し、イグナティウスがその初代の総会長となった。その後一〇年間にイエズス会は急速に発展し、イグナティウスはその著『心霊修行』によって教会への服従とそのための訓練について教えた。イエズス会は異教徒や貧者への宣教と奉仕、子供や字の読めない人びとへの教育、孤児院、救貧院、病院、学校、婦人更生施設の建設、またシシリー島では貧者のための金融機関の設置のために働いた。イエズス会士は欧州の諸大学でカトリックの信仰思想を教えたので、プロテスタント神学者との論争が起こった。イエズス会士らの学問研究は、伝道者の養成と論争と学問の発達を意図した。イエズス会は南北アメリカ、アジアに宣教した。

トリエント会議

宗教改革時代に欧州では、カトリック教会とプロテスタント教会の和解をめざす教会会議の開催への要請が強かった。プロテスタント側は、自由な一般的キリスト教的会議の開催を要望したが、この会議は代表者が双方の教会から送られるから一般的であり、教皇によって支配されないから自由であり、神の言の権威に服従するからキリスト教的であるとされた。

これに対してカトリック側は、このような会議は教皇の主導権により教皇の権威の承認のもとに開かれなければならないと考えた。カール五世やドイツの諸侯は、双方の教会の相違は教会機構、教会行政、宗教的慣習に基づくものであり、これは話し合いによって解決できると考え、会議の機能的役割に期待をかけた。しかしプロテスタント側もカトリック側も、双方の教会の相違は根本的に信仰思想、すなわち教義的なものによると考えていた。

トリエント会議は一五四五年一二月に始まったが、それはルターの永眠二ヵ月前であった。この会議は、まずパウルス三世のもとで一五四五年から一五四七年まで開かれたが、疫病流行のために休会し、つぎにユリウス三世（在位一五五〇―一五五五）のもとで一五五一年から翌年にかけて開かれたが、会議が停滞したために休会し、最後にピウス四世（在位一五五九―一五六五）のもとで一五六二年から翌年まで開かれたから、前後一八年間継続したことになる。この間、一五五五年アウグスブルク和議に基づいて領邦教会が法的に組織されたので、プロテスタント側は最後のこの会議に関与する必要がなくなった。この会議においてカトリック教会の真理と規律とは聖書と伝統（伝統とは使徒らがキリストから受けて伝えたもの、あるいは聖霊の口述を受けて彼らが伝えたもの）によるのであり、この両者には真理に関する同等の権威が存すること、七つの秘跡はキリストによって制定されたものであること、ミサはキリストの犠牲であること、ミサにおいて実体は変質すること（聖変化）、司祭叙階は秘跡であって、信徒は司祭ではないこと、救済は神の恩恵と人間の行為との両者が合して成立することが再確認された。また煉獄説、聖者崇敬、遺物崇敬は保持され、免償については、それがはなはだしく乱用されたのを認めるが、制度としては正しいことを主張した。この会議は教会の規律に改革を加え、その結果、教職者の生活が一新された。トリエント会議の最大の意義は、カトリック教会が福音主義信仰思想を拒否した点にある。

異端審問所

これはスペインにだけ残置していたが、一五四二年カラファ（一四七六—一五五九、のちのパウルス四世、在位一五五五—一五五九）が、教皇に新しい強力な異端審問所の設置をすすめたので、同年これはローマに設置された。しかしこの新しい異端審問所はイタリア以外の地ではなんの力もなかった。というのはカトリックの王や諸侯がみずからの法廷をもっていて、その領地内での教皇の新しい異端審問所の活動に同意しなかったからである。教皇領におけるその活動は陰惨をきわめ、学会等は疑惑のまなざしでみられ、出版事業も取り締まられた。

四〇　北欧におけるルター主義の発展

序

ルター主義に立つ宗教改革は、ドイツからスカンジナビア諸国に発展し、そこではカトリック教会はほとんど消滅し、またルター教会以外のプロテスタント教会はほとんど発展しなかった。またスウェーデン以外では大体王室が宗教改革を導入した。デンマークにキリスト教が初めて地歩を占めたのは九世紀であったが、それは一一世紀初期に広く受容された。初期の宣教師は「北方の使徒」といわれるアンスガー（八〇一―八六五）であった。一一〇四年にこの国の教会はハンブルク・ブレーメンの大司教区から分離され、七人の司教がルントの司教の管轄下におかれた。中世後期に司教らはかなりの世俗的権力を握り、一般に不評判であった。ノルウェーには九世紀と一〇世紀にキリスト教は啓蒙的君主らによって導入されたが、永続的なものとはならなかった。聖者で国王オーラフ（在位九九五―一〇〇〇）の影響によってキリスト教は深く国民のなかに根をおろしたが、このことは国家権力の強制によるところが多かった。ルントの司教区の管轄下にあったこの国の教会は一一五二年トロンドエムの司教区の管轄下におかれた。

またキリスト教は九八〇年ころアイスランドにノルウェーを経由して入ってきた。中世にアイスランド国の教会には二つの司教区があったが、この教会は初めはブレーメン、つぎにルント、最後にトロンドエムの管轄下におかれた。教職者の世俗への権利をめぐって一三世紀に革命が起こり、一二六二年に教会は国家に服従した。ベネディクト修道会やアウグスチノ修道会が数世紀間に設立された。スウェーデンへのキリスト教の宣教は九世紀に開始され、この国の貴族らの求めに応じて前述したアンスガーがフランク国宮廷から派遣された。しかし革命のためその宣教は実を結ばなかった。その国民の多数がキリスト教を受容したのは、一一世紀から一二世紀にかけてであった。一一〇四年にルントの司教は首都大司教に、また一一六四年ウプサラの司教は大司教にそれぞれ昇格した。中世後期に司教や教職者は非常な特権を与えられ、市民としての負担や為政者への宣誓を免除され、彼らは富み、かなりの政治的権力さえ有していた。一六世紀初めにデンマーク、ノルウェー、スウェーデンは一三九七年のカルマル同盟によってデンマーク王のもとに統一され、デンマークが他の二国に勢力をふるったが、一五世紀後半にスウェーデンは独立へと胎動し始めた。

デンマーク

宗教改革の始まるころこの国の教会は富み、国土の三分の一を所有していた。教皇はすべての教職者の任命権を要求したが、国王は司教職にはその親族をあて、教会の他の重要な地位にも親族あるいは神学博士をあてようとした。このように教皇と国家の対立は顕著であった。一五二〇年代初期にタウセンが福音主義的説教をした。その後他の説教者らも同様の説教をし、新約聖書のデンマーク語訳が完成し、フレデリク一世（在位一五二三―一五三三）はルター主義に傾斜した。彼は司教らの反対を顧みないで、タウセンらがルター主義を教えることを許可した。その子クリスティアン三世（在位一五三四―一五五九）の要請によってルターはブーゲンハーゲン（一四八五―一五五八）を送った。ブーゲンハーゲンは王と王妃に戴冠し、王が任命した七人の司教を聖別した。ペダーソンの聖書のデンマーク語訳はルターのドイツ語訳と比較されるほど優れていた。修道院は徐々に廃止され、その財産は国王のものとなった。カトリック信仰や慣習はしばらく存続したが、一五四四年デンマークには国王を頭とするルター主義に立つ国教会が成立した。

ノルウェー

ここはデンマーク国王の統治下にあったが、宗教改革はなかなか進展しなかった。フレデリク一世の治世下にルター教会の説教者がベルゲン港に到着したが、この教会以外のところではほとんど影響を与えなかったようである。一五三二年以前に官吏の指示のもとにベルゲンの数個の教会堂が破壊された。トロンドエムの大司教はクリスティアン三世の宗教改革に反対したが、功を奏しなかった。かえって国王はノルウェーを永久にデンマークの属国としようとした。従って、一般にノルウェーの教会事情は一七世紀初期まで改善されないままであった。

アイスランド

一五世紀初期にこの地方は黒死病や厳寒に見舞われて人口は減少した。一五世紀末期に宗教復興運動が起こり、一五四〇年までにルター主義は、ノルウェーやデンマークやドイツに旅した商人やそれらの地方で学んだ学生によってアイスランドに浸透し、新約聖書がアイスランド語に翻訳された。当時この国を統治していたデンマーク王クリスティアン三世は、カトリックの司教らを廃位し、その財産を没収したので、一司教や国民が抵抗したが、鎮圧されてしまった。王によってトルラクソンが司教に任命され、ルター主義は発展した。彼はアイスランド語の聖書や賛美歌を出版したが、このことによって彼も古代スカンジナビア語の保存に貢献した。

スウェーデン

この国ではルター主義は革命との関連で発展した。一五二〇年デンマーク王クリスティアン二世（デンマーク王・ノルウェー王、在位一五一三―一五二三。スウェーデン王、在位一五二〇―一五二三）はその権力の強化のために主要人物らを「ストックホルムの血の洗礼」といわれる事件において殺害し、スウェーデンの他の地方やフィンランドでも同様にした。民衆はこれに抵抗して立ちあがり、一五二三年にヴァーサ（在位一五二三―一五六〇）を国王に選び、デンマーク軍を放逐した。この戦いのさなかに宗教改革は進行したが、その指導者はペーテルセン（一四九三―一五五二）であった。のちにアンデルソン（一四八〇―一五五二）もこの指導者となった。やがてカトリック教会の財産は没収され、国王は教会への支配権をもち、司祭、修道士、修道女の結婚は認められ、スウェーデン語訳聖書が発行され、のちに修道院は廃止された。一五九二年、カトリック教徒シーギスムンド三世（在位一五九二―一五九九）の即位の翌年ウプサラにおける教会会議は、アウグスブルク信仰告白を採用した。つぎの国王カルル九世（在位一六〇四―一六一一）は、カルヴィニズムに傾斜したが、反対されたので、ルター主義はスウェーデンに深く根をおろすようになった。

フィンランド

この国は数世紀にわたってスウェーデンに隷属していた。宗教改革はスウェーデンのヴァーサによってもたらされ、約一〇〇年後に司教ロトヴィウス（在位一六二七―一六五二）が教会への出席を奨励し、教職者の養成に力を注ぎ、教育を改善し、大学を創設し、フィンランド語訳聖書を印刷した。フィンランドの東南岸ではおもにドイツとスカンジナビアからの住民の間にルター主義が浸透した。なおルター主義は、バルト海沿岸諸国、プロイセン、リーフラント、エストニア、クールラントにも発展した。

四一 イングランドの宗教改革

序

中世末期にイングランドでは国家意識が台頭し、次第に強化されていったが、それとともに「教会のバビロニア捕囚」と教会税に関連してカトリック教会への批判がますます強まっていった。フランスとの百年戦争の間にイングランドにある外国の小修道院は抑圧され、これらの修道院の収入は国王のものとなった。このことに「教職後任者令」(一三五一年)と「教皇尊信罪令」(一三五三年)が関連している。前者によれば、教皇はイングランド教職者と教会財産に対して権限を有しているかのように――この国の法律によればこのような権限はないのに――これを行使し、イングランドに居住したことのない外国人に教職を授与したりして、ついには王国の富の大部分が国外にもち出されるのであり、教皇から教職を受けた者は罰せられる(ベッテンソン、二四六―二五一頁)。また「教皇尊信罪令」には、イングランドの司教たちは国王の命令を執行したばかりに、教皇による訴訟手続きに基づいて破門をうけたことの不当性や、教皇がこの国の高位教職者を国王の同意もないのに転任させることの不当性について記されている（同、二五一―二五四頁）。またこの国に浸透しつつあったロラード派に対する「異端火刑令」（一四〇一年、同、二六二―二六五頁）も施行されていた。国王らは教皇庁との教政条約によって教会財産の分配と教職任命権への参与を獲得した。この教政条約によってこの国の教会は国王の支持を与えられ、教皇への教会の忠誠は弱められることになった。このような状況のなかでイングランドは大陸の宗教改革にふれた。

ヘンリ八世

この国の宗教改革は、ヘンリ八世（在位一五〇九―一五四七）がみずからの結婚を無効とする企図から始まった。彼に男子の嫡子がなく、この国の王位に女性がついたことはなかったので、彼は男子の嫡子の誕生を願っていたが、彼の願いは達成されなかった。彼の妃アラゴンのカサリン（一四八五―一五三六）は彼の兄の寡婦であった。そこで彼はレビ記二〇章二一節によって、自分の結婚は兄の妻をめとったから、初めから無効であったと理屈をつけた。しかし教皇は、婚姻は秘跡であり、またカサリンはカール五世の伯母にあたっていたので、許可を与えなかった。そこでヘンリはクランマー（一四八九―一五五六）の示唆によって欧州の諸大学にその離婚の正当性について見解を求めたが、カール五世の統治外の大部分の大学から好意的な見解をえた。彼はカンタベリーの大主教になったクランマーに一五三三年に彼の離婚を承認させ、アン・ブーリンと結婚した。これよりさきに彼はカトリック教会からのイングランドの教会の独立を宣言していたが、一五三一年教職会議はヘンリをイングランドの教会の首長として承認した。さらに彼は一五三四年に議会において「首長令」を成立せしめ、イングランドの国王はアングリカン教会というイングランドの教会の地上における最高の頭であるとした(同、三二一―三二二頁)。一五三六年に「一〇箇条令」が発布されたが、これはカトリック的ともプロテスタント的ともとれるもので、秘跡として洗礼、聖餐、告解を認めつつも、他の四つは否定しておらず、聖餐についての見解は共存説にも実体変質説にもうけとれるものであり、救済については信仰義認を認めながらも、痛悔により徳に結びついた信仰によって人は義とされるとしている。一五三九年に発布された「六箇条令」ではカトリックの傾向が顕著になり、実体変質説、一種陪餐(聖餐式において信徒がパンだけにあずかること。しかしこのことはキリストの肉とともにその血にもあずかることでもある)、司祭の結婚の禁止、男性や女性の純潔、または、やもめの誓いの厳守、私的ミサ(死者ミサ)の継続、告白の奨励が宣言された(同、三二九頁)。「六箇条令」は「六本のひものついた血のむち」といわれるほどきびしいもので、これに反する者には圧迫が加えられた。ヘンリは教皇の主権を否定したとはいえ、「六箇条令」においては全くカトリック的であった。彼の死後エドワード六世が即位した。

エドワード六世

エドワード六世(在位一五四七―一五五三)は初めはその母ジェーン・シーモア(ヘンリ八世の三番目の妃、一五〇九ころ―一五三七)の兄の護民官サマセット(一五〇六ころ―一五五二）によって、のちにはノーサンバランド伯ダッドリによって補佐された。彼は「六箇条令」や「異端火刑令」を廃止し、一五四七年の「訓令」によって教会における聖画像の乱用を禁止し、盛式ミサ（歌ミサで荘厳ミサともいう。司式者である司祭が式文や聖書の言を歌いながらミサをとり行う。ほかにミサには読誦ミサがあるが、この場合には司祭は式文や聖書の言を読みながらミサをとり行う。前者をハイ・ミサともいい、後者をロー・ミサともいう）における英語による福音書と書簡との朗読を命じた。また法令によって両種陪餐が命じられ、司祭の結婚が許可された。一五四九年に公にされた『第一祈禱書』は部分的にドイツのプロテスタント教会の礼拝順序をとりいれた。くりかえしてささげられるキリストの犠牲というミサの教理は否定され、また礼拝様式は非常に単純化された。この祈禱書は一三人から成る委員会によって創案されたものであるが、この会の議長クランマーがその内容の作成に関して大きな影響を与えた。しかしこの『祈禱書』はカトリック側からは急進的と考えられ、プロテスタント側からは保守的と批判された。一五五二年に公にされた『第二祈禱書』において、礼拝様式は『第一祈禱書』のものよりも一層単純化され、キリストの死の記念である聖餐において教徒は信仰によって霊なるキリストを心に迎えると記されている。従ってこの聖餐理解にはカルヴァンの影響が大きいと考えられる。一五五三年に宗教改革はイングランドの国民にとって外面的なことがら、あるいは法令上のことがらのように見えた。どちらかといえば保守的であった庶民は、変革に対して批判的であった。従ってこの時点ではイングランドの宗教改革は神学者、一部の教養のある商人、また一部の中産階級に限られたものであって、貴族は世俗的動機のゆえにこれを支持した。イングランドは一五五三年にはまだプロテスタント国ではなかったが、メリーの治世にカトリックへと傾斜していく。

メリー

ヘンリ八世に離婚されたカサリンの子メリー（在位一五五三―一五五八）は、カトリック信仰に立ち、エドワード六世によるすべての宗教上の法令を廃止し、福音主義を禁止し弾圧した。彼女の意図はその父ヘンリが主張した教皇を首長としないカトリック主義の継続にあったのではなく、ローマ教皇の権威の回復にあった。一五五三年以来約三〇〇名が貧富にかかわりなく、どのような地位にある者もプロテスタントの異端という理由で火刑にあい、そのなかに前主教らクランマー、リドリ（一五〇〇ころ―一五五五）、ラティマー（一四八五ころ―一五五五）が含まれていた。このゆえにメリーは「血のメリー」と呼ばれたのであるが、殉教者から国民は強烈な印象を受け、教皇と結ぶイングランドの教会の暴虐を怒った。このことはかつての反教職主義やイングランド人枢機卿ウォルズィ（一四七四ころ―一五三〇）の権力と貪欲とへの反感等と結合した。五年前まで国民の目に、プロテスタントの意図は教会や修道院の破壊、無政府主義の樹立等と映っていたが、今やそれは誠実、徳、外国の内政干渉に対する反抗として受けとめられた。メリーの死後エリザベス一世が即位した。

エリザベス一世

ヘンリ八世とブーリンの娘であったエリザベス（在位一五五八―一六〇三）がプロテスタント主義に好意をもつのは当然であった。彼女は宗教には関心をもっていたが、宗教的信念や熱情には乏しかったと従来考えられてきた。しかし最近の研究は、その宗教政策は宗教的信念によって貫かれていたとしている。一五五九年に発布された「首長令」では、国王はイングランドの教会の首長ではなく、この教会の最高の統治者であることとなった（同、三三〇―三三一頁）。しかしこの「首長令」によってエリザベスは、イングランド国教会を樹立し、外国のどのような霊的また世俗的権威や権力もこの国において行使されることを許さなかった。また同年発布された「信教統一令」によってエドワード六世の『第二祈禱書』に修正を加えた（同、三三一―三三五頁）。同年公にされた『祈禱書』において、カトリック教徒へのつまずきの除去を意図して、わずかではあったが、重大な修正がなされ、教会内の装飾や教職者の式服はエドワード六世の治世の第二年目の様式、すなわち中世の様式にならうこととなった。一五六三年に発布された『三九箇条』（シャッフ『キリスト教界の信条』三巻四八六―五一六頁）にはアングリカン教会の基本的教理が記されているが、これは今日でもこの教会の教義の綱領となっている。これは、聖餐についてはカルヴァンの立場をとり、全体としてプロテスタント的である。ベイントンはイングランドの宗教改革の特色として包括的なことをあげ、これはエリザベスに適した言葉であるという。包括的なこととは、特定の信仰告白を厳格には保持しないで、最小限度の不明瞭な点を残すことにより、教会にできるだけ多くの者を包含しようとすることである（ベイントン『宗教改革史』二三〇―二三一頁）。

しかし今やイングランドは欧州における強力なプロテスタント国家となり、大陸のプロテスタント教会がカトリック教会の対抗改革に直面して非常な困難に遭遇していた時に、大きな力となった。エリザベスの宗教改革においてこの国のカトリック教徒は、みずからの信仰が十分に評価されていなかったので不満であり、他方プロテスタント教徒のなかにもアングリカン教会の不徹底な宗教改革を批判し、教会を徹底的にきよめようとするピューリタン（清教徒）が起こった。

四二　フランス、ネーデルランド、スコットランドにおけるカルヴィニズムの発展

序

宗教改革思想は、フランスにおいて一五二〇年代に人文主義者の小サークルに浸透したが、彼らは国王の迫害にあった。フランスの宗教改革を指導したのはカルヴィニズムであった。ネーデルランドはスペインの支配下にあったが、この国では宗教改革は外国支配からの独立という政治闘争と結合し、そのさい指導原理となったのもカルヴィニズムであった。スコットランドでも宗教改革はネーデルランドのように暴君に対する革命と結合し、指導者はジュネーヴで宗教改革について学んだノックスであった。このようにカルヴィニズムは大きな歴史的役割を演じ、地域的広がりという点でルター主義をはるかに上まわった。またフランス、ネーデルランド、スコットランドにおける革命と結合した宗教改革の担い手は、貴族や庶民であって、この点、国王が主導権をとったイングランドの宗教改革と対照的であった。

フランス

宗教改革がこの国で発展する以前から、その国王はカトリック教会を支配し、高位教職者の任命権をもち、豊かな教会収入をもみずからのものにしていた。また高位教職者の多くは世俗的で貪欲に満ち不品行な生活をしていた。フランソワ一世は一時福音主義者に対する圧迫を中断したことがあるが、それは、彼が神聖ローマ帝国皇帝との抗争のために皇帝に反対するルター主義者に好意を寄せたからである。彼とその子アンリ二世の治世にすべての福音主義者に対する激しい迫害が展開し、その時にカルヴァンの『基督教綱要』が出版されたことについては上述した。職人、実業家、地方地主等は聖書を学び、新しい神学思想を受容し、教会改革に希望を託し、大学や人文主義者の群もこの改革に魅力を感じた。諸侯のなかにはこれに共感をもつ者もいたので、ノルマンディ、ナヴァール、オルリアン等でプロテスタント諸教会が形成された。パリ、ボルドウ、トゥルーズの市民の大多数はカトリック教徒であった。

フランスではカルヴィニズムを受容した者はユグノー（この名称の由来は不明であるが、イグェノすなわち同盟者からきているのであろうか）と呼ばれたが、初め、彼らは個人の家、納屋、森、野原でひそかに礼拝をささげていた。ユグノーの教会の数は七二となり、一五五九年にパリでユグノー教会の第一回大会が開かれた時、ジュネーヴからカルヴァンが母国のこの大会を指導した。この大会で、個々の教会は教職者と信徒長老からなる役員会によって指導され、そのうえに地区ごとの教務会（中会）、さらにそのうえに地方ごとの総会、そして頂点に全国大会が置かれることが決議された。一五五五年から一五六二年までにジュネーヴから少くとも八八名の牧師がフランスに派遣された。フランス政府は国内の治安が乱されるとしてジュネーヴからの牧師の派遣に反対した。一五六二年にフランスに二一五〇のユグノーの教会が存在したといわれる。一五五九年のアンリ二世の死後即位したフランソワ二世（在位一五五九—一五六〇）は、翌年この世を去り、弟のシャルル九世（在位一五六〇—一五七四）が即位した。彼は当時一〇歳であったので、その母メディチ家のカサリンが摂政となり、カトリックのギーズ家とプロテスタントに好意を示すブルボン家との間に立った。前者はスペインと、後者はドイツのプロテスタント諸侯やイングランドのエリザベス一世と同盟を結び、ユグノーに対して友好的であった。中央政府は弱体化し、諸地方はその権利を主張した。友人が火刑に処せられるのを見たユグノーは、武装した監視人を置いてその礼拝を守るようになった。圧迫が激しくなったので、ユグノーの各教会の役員会は宗教上のみならず政治上、軍事上の指導機関となった。カサリンはカトリック教徒とユグノーの共存を意図して両者の神学者の会談を一五六一年にポアシィで開いたが、これは成功しなかった。

カトリック教徒とユグノーの抗争は次第に激烈となった。当時カトリック教徒であろうとなかろうと、フランスの教会は腐敗しているので改革されなければならないと一般に考えられていたのであり、ユグノーは、教会は神の言に従って改革されなければならないと主張した。宗教と政治が複雑にからみ合い、ユグノー戦争が一五六二年から翌年、一五六七年から一五七〇年、一五七二年から一五七六年にかけて起こり、略奪、火災、虐殺、荒廃が続いた。一五七六年以後戦争は宗教的というよりもむしろ政治的なものとなり、その間一五七二年八月にバルテルミューの前夜にパリその他で五〇〇〇人から一万人のユグノーが殺された。シャルル九世、アンリ三世（在位一五七四―一五八九）ののちナヴァールのアンリ四世（在位一五八九―一六一〇）が即位した。彼もその母もユグノーであったが、のちに国家の統一を考慮して彼はカトリック教徒になったので、フランスが福音主義国となる望みは全く絶たれた。ユグノーの数は全人口の一五分の一となり、ある地域では過半数を占めた。初めのうちアンリ四世はカトリック側からの反対のため彼らに信教の自由を与えることはできなかったが、一五九八年についに「ナントの勅令」を発令した。これは信教の自由の歴史における画期的な出来事であった。ドイツでは諸侯がその領域の宗教を決定するという原則に従って領邦ごとにプロテスタントであったり、カトリックであったりしたし、西欧の他の国々もたいていカトリックかプロテスタントであった。しかし今やフランスはカトリックとプロテスタントの共存する国となった。この勅令は二〇〇の都市と約三〇〇〇の城内でのユグノーの信教の自由、市民権の付与、集会の自由、彼らの子弟の学校や大学への入学許可、彼らの学校建設の許可、出版の自由、一般公務員や裁判官になりうること、八年間八〇〇の要塞における自治の容認を含んでいた。しかしこの勅書が完全に実施されたというわけではなかった。

ネーデルランド

カール五世の統治下にあるネーデルランドの中部と北部にルター主義が早くから伝えられたが、フリースランドとオランダに再洗派が広まり、またのちに北部フランスから改革派が浸透したので、ルター主義は発展しなかった。ネーデルランドでは市民は通商貿易によって栄え、教育は進んでおり、改革派は急速に発展した。当時スペイン領のなかでここだけがプロテスタント教徒の数が多く、彼らは政治的勢力を形成するほどであった。カールのちスペイン王フィリペ二世（イングランドのメリーと結婚、在位一五五六―一五九八）がこの国を統治した。一五六四年ころにこの国のなかに政治的自由に関する論争が起こり、二つの党派が起こった。一つはカトリック教徒からなっていて、スペインの権力を擁護しようとし、他はプロテスタント教徒とカトリック貴族からなっていてスペインの権力に抵抗し、この国の伝統的自由を守り、プロテスタント教徒に対する寛容を希望し、その数は火刑や絞首刑をもってしても抑圧できないほど多くなっていた。国王の権力の増大を意図したフィリペは、中世末期と宗教改革時の支配者がしたように、教会への勢力の伸張によってこれを達成しようとした。そこで一五五九年に教皇の同意をえて教階制度を発展させ、その結果三つの大司教職と一四の司教職が置かれるようになり、スペイン形式の異端審問所を発展させ、一五六五年に激しい異端弾圧を実施した。一五六六年になると改革派はあちらこちらの戸外で礼拝を開き、一箇所に数千人が集まり、そのうちのある者は武装していた。同年彼らはアントワープで暴動を起こし、ネーデルランドの全市にそれは波及し、教会の聖画像は破壊され修道院は荒らされた。彼らの教職者は暴動を鎮めようとしたができなかった。フィリペが武力弾圧にのりだしたので、同年アントワープの改革派教会総会は武力抵抗を是認した。一五六八年オランイェ公ヴィレム（沈黙王、一五三三―一五八四）はプロテスタント反スペイン運動の指導者となり、一五七三年に改革派に所属した。スペイン総督アルバレス公（在位一五六七―一五七三）のもとで約一万八〇〇〇人のプロテスタント教徒や、自由を求めるカトリックのエグモント伯やホルン伯が処刑された。一五八七年プロテスタントの数は全人口の一〇分の一となり、改革派教会はスペインの重税とアルバレスの迫害に抵抗した。

フランスにおいて信教の自由のための闘いは国家のなかに国家をつくること（ユグノーの都市や城塞の認可）となったが、ネーデルランドでは一五七九年改革派に立つ北部（のちのオランダ）とカトリック教会に所属するスペイン領南部（のちのベルギー）の分離となり、北部は独立を宣言した。この間一五七一年にエムデンにおいて改革派教会は第一回全国総会を開き、長老制度を採用した。一五七七年にヴィレムは再洗派にも礼拝の自由を与えた。当時、オランダはどこの国よりも大幅に宗教に対する寛容を示したので、ここは宗教上の被迫害者の避難所となった。

スコットランド

一五四二年以来この国はメリー・ステュアート（在位一五四二―一五六七）の統治下にあったが、彼女の勢力は弱かったので、プロテスタント教徒はもし諸侯の支持をえられるならば、福音主義を発展させることができると考えた。教会の慣習はフランスのように改革されないままであり、人文主義者は教会の腐敗を批判していた。フランスやネーデルランドのようにスコットランドの宗教改革は政治的紛争にまきこまれた。ある党派はフランスの財政的軍事的支持を頼み、カトリック教会の存続を願った。他の党派はイングランドからの同様の支持を頼み、宗教改革思想の保持を願った。ヴィッテンベルクを訪れマールブルクに学んだハミルトン（一五〇四ころ―一五二八）は宗教改革思想を説教したので火刑にあった。その後ツヴィングリの改革思想を受容したウィシャート（一五一三ころ―一五四六）が枢機卿ビートン（一四九四ころ―一五四六）によって火刑に処せられたことを契機として、一群の貴族が彼を殺害した。プロテスタントは決起してセント・アンドルー城にたてこもったが、国王軍を援助するフランス艦隊に撃破され、指導者ノックス（一五一三ころ―一五七二）は捕えられ、フランスのガレー船の労務に九ヵ月間服した。しかしその後福音主義運動は貴族間に多くの支持者をえて、一五五七年に同盟「カヴェナント（契約）」が神の言とその民の守護のために結ばれた。しかしこれに国家が干渉したので広範囲にわたって教会、修道院、聖画像が破壊され内乱へと発展した。釈放後ノックスはイングランド、つぎに欧州大陸ことにジュネーヴに滞在していたが、求めに応じてスコットランドに帰り、反国王軍に加わった。エリザベスはプロテスタント貴族を援助するために兵を送り、フランス軍を撃破した。ノックスは国会の求めに応じてカルヴィニズムに立つ『スコットランド信仰告白』を起草し、これは一五六〇年に制定された。これは一六四七年までスコットランド教会の信仰告白であったが、同年に制定された『ウェストミンスター信仰告白』に取って代わられた。一五六〇年一二月に第一回スコットランド総会が開かれ、『第一条例書』が制定された。ノックスの起草した『祈禱書』は一五六四年の総会で承認された。メリーの廃位後ジェームズ六世（在位一五六七―一六二五）が即位し、一五六七年に改革派教会はスコットランドにおいて正当な教会と認められ、カトリック教会はしりぞけられた。そして一六九〇年にスコットランド長老教会が国教会となった。

四三　ギリシアとロシアとの正教会

序

キリスト教史の初期一〇〇〇年間、教会の中心地は東地中海に接する国々のなかにあったが、次第に西方に移行していき、初期の中心地はイスラム教国の侵入にあった。一五二六年にトルコ帝国はバルカン諸国、エーゲ海、クリミア海、ベルグラード、ハンガリーの三分の二を征服し、正教会の大部分が苦難のなかにおかれるようになった。イスラム教国の勢力下におかれた正教会の信徒は貧しく、社会的地位も低く忍苦の生涯を送らなければならなかった。トルコ帝国は教会を衰退させる政策をとり、教職者を国家の手先とし、彼らを不当な徴税に従事させ、また軍隊への青年の徴発に携わらせた。諸修道院だけが教会のとりでとしての役割を果したが、これさえも次第に防禦的となり、ついに自己充足的となった。ロシアにおいてのみ正教会は、イスラム教国の圧迫から免がれていたとはいうものの、ここでも自由からはほど遠い存在であった。

ギリシア正教会

この教会の富は没収され、その教養人は西方に移住し、教会は長期間にわたる慣習であったキリスト教君主による支配のもとにはなく、農民は苛酷な税を取り立てられ、多くの男子少年はイスラム教の教育を受けた。都市と村落は貧しくなったので司祭らを支え教会堂を修理するのにさえ苦闘しなければならなかった。教会は衰退し、往々会堂は廃墟となった。農民信徒はその子らをイスラム教国軍隊に入れることを喜ばなかった。

トルコ帝国皇帝は、かつての東ローマ帝国皇帝のようにコンスタンティノポリス総主教の選任に当った。このことに関連してトルコ帝国皇帝は莫大な収賄をした。多くの教会堂がモスクに改造された。一六世紀にコンスタンティノポリス総主教は、ギリシア人の間の争いの調停のために一種の裁判権を獲得した。トルコ帝国は、国内の諸主教や府主教に対するコンスタンティノポリス総主教の権限を強化した。このようにして一八世紀にこの総主教の権限は頂点に達した。

ギリシア正教会は宗教改革も対抗改革もとりいれなかった。ただルカリス(一五七二―一六三八)は、ローマに反対し、正教会を弁護しようとしてプロテスタント教徒と協力した。彼はプロテスタント教会の教理のうちのあるものは真であると考え、正教会とプロテスタント教会との一致を図った。彼は一六〇二年にアレクサンドリアの大主教となり、プロテスタント的信仰告白を書いた。これは信仰義認、二大礼典、善き業に関連のない予定、カルヴァン的聖餐理解について記している。このように正教会の大主教がプロテスタントに類似する信仰告白を公にしたことは、欧州人の意外とするところであった。この信仰告白は二つの正教会会議によって異端とされた。彼はトルコ帝国皇帝の命によって殺された。

ロシア正教会

ギリシア正教会はバルカン諸国だけでなく、東方と北方に徐々に発展した。ロシア人はギリシア正教会の信仰を受容した。一五〇五年にロシア皇帝イヴァン三世（一四四〇—一五〇五）はモスクワ公国を創立し、東ローマ帝国が滅亡すると、この帝国の最後の皇帝コンスタンティヌス一一世（在位一四四九—一四五三）の姪と結婚して自らをこの帝国の後継者であり、正教会の擁護者であるといった。プスコフの修道士フィロフェイ（一六世紀前半）は一五一一年に皇帝への手紙のなかで、二つのローマ（ローマとコンスタンティノポリス）は滅んだが、第三の永遠のローマ（モスクワ）が存在し、その皇帝だけが世界中で唯一人のキリスト教君主であるといった。一五八九年にモスクワ総主教職が創設された。このことは、この総主教職が、コンスタンティノポリス総主教職から独立したことを意味した。モスクワ公国の正教会だけがイスラム教国の支配下になかったので、この公国の拡大につれてこの教会は発展した。諸修道院は荒野に建設され、広大な農地の所有者となった。修道院は一六世紀に発展を続け、当時世界中でほとんどここだけが古代エジプトの隠遁者の原始的理想を保持していた。諸大教会は遠隔地にまで教区を設立し、農民のために教会を建設した。また一五九六年と一六二〇年の間に正教会の教階制度が回復した時、キエフの府主教はユニアト教会（東方典礼によるローマ・カトリック教会）に属した。

四四　インド、中国、東南アジアへの宣教

序

宗教改革時代の外国宣教には、おもにスペインとポルトガルのローマ・カトリック教会や修道会が携わった。このことは当時海外に植民地を有していたのはおもにこれらの国であったからである。正教会やプロテスタント教会も外国宣教に携わったとはいうもののそれらの宣教活動は小さなものであった。

ローマ・カトリック教会

一六世紀にはスペイン国王とポルトガル国王とイエズス会が外国宣教の担い手であり、フランシスコ会とドミニコ会とアウグスチノ会もこれに参画した。宣教師は国王の保護のもとにスペインやポルトガルの船舶で航行し、また国王から経済的援助も受けた。従って宣教師は、通商等の世俗的ことがらにも関心を払わないわけにはいかなかった。

この時期の特色としてあげなければならないことは、宣教機構の発展、すなわち一六二二年グレゴリウス一五世（在位一六二一―一六二三）による教皇庁内の布教聖省の設置であった。彼は、牧会的職務に携わる教皇の崇高な義務は、キリスト教信仰の伝播にあると考え

た。布教聖省の設置によって、さらに多くの司教区が組織され、司教らはローマと密接な関係を保ち、修道会との均衡のためにさらに多くの在俗司祭が採用され、世界各地で現地人教職者ができるだけ早く養成され、このことによってキリスト教は外国の宗教であるという観念や植民地とキリスト教という連想を現地人から一掃しなければならないと考えられた。一六五九年の布教聖省の訓令によると、現地人の行儀作法や習慣が明らかに宗教と道徳に反していないかぎり、それらに変更が加えられてはならないとされた。

宣教はインド、中国、東南アジア、日本におよんだ。一六〇五年にイタリアのイエズス会士ド・ノビリ（一五七七—一六五六）がインドに渡来した。彼はまずタミル語を学んでのち南インドで五〇年間伝道し、かなりの成果をあげた。彼はインド人の習慣を研究し、つまずきになるもの、すなわち牛肉の食用や皮靴の着用をせず、テルグー語（マドラスの北方地域の言語）やサンスクリットを学び、言語学者M・ミュラーによれば最初のヨーロッパ人サンスクリット学者となった。

イエズス会のイタリア人マテオ・リッチ（利瑪竇（リマトウ）。一五五二—一六一〇）は、一五八三年にマカオに渡り、南京、杭州、南昌で宣教ののち北京に教会堂を建立した。彼の後継者ドイツ人シャル（一五九二—一六六六）は、博学な天文学者で一六二二年に北京に到着し、のちに暦制定委員に任命された。彼の宣教は大きな成果をあげ、一六五〇年に従来の信徒を合せて信徒数は一五万人、一六六四年に二五万五〇〇〇人になったといわれる。

東南アジアも宣教の困難なところであり、タイではイエズス会の努力にもかかわらず、宣教の成果はあがらなかった。ロード（一五九一—一六六〇）は一六二三年にマカオに渡来し、ヴェトナム南方に入った。彼はまもなくヴェトナム語に習熟したが、宣教師らが追放されたので、一六二七年にヴェトナム北方に入った。ここでも宣教師らが追放されたので、一六三〇年に彼はマカオに帰った。ここで彼の宣教は非常な成果を収めた。一六四〇年に再びヴェトナム南方に入り、首都ユエで宣教したが、宣教師らはまた追放されたので、ロードはヨーロッパに帰った。

四五　日本宣教の開始と展開と鎖国

序

日本の多くの地方でキリシタンは殉教したが、長崎や天草地方はなかでもことに哀しく、彼らの多くの血が流されたところ。姉崎正治（まさはる）博士（一八七三—一九四九）は『切支丹伝道の興廃』その他三冊の著書によってわが国のキリシタン研究の開拓者となったが、それらの著述は彼のキリシタンへの「回向（えこう）」のためのものであった（姉崎正治『切支丹迫害史中の人物事蹟』五頁）。天文（てんもん）一八年（一五四九）イエズス会士サヴィエルが鹿児島にキリスト教を伝えたのは、法然（一一三三—一二一二）、親鸞（一一七三—一二六二）、道元（一二〇〇—一二五三）、日蓮（一二二二—一二八二）の没後それぞれ三三七年、二八七年、二九六年、二六七年であった。このことはアジア類型の一環としての日本類型について考察する場合に重要な意義をもってくる。というのはもしこれらわれわれの宗教的先達がイエスの福音に接触していたなら、どのような反応を示していたかと思うからであり、このことは、今日のわれわれ日本人がこれらの先達の宗教的遺産のもとでどのようにイエスの福音に応答するかという問題でもあると思うからである。日本類型の成立にはなお数百年、いや一〇〇〇年近くの歳月が必要であろうし、そのためには仏教だけでなく儒教や神道その他との関連で、イエスの福音に応答することが求められるであろう。

近世になって、それまで一度も直接に西洋に接触したことのない極東の日本にキリスト教が伝えられた。というのは古代末期から中世、そして近世にいたるまで、近東はイスラム教国によって占められていたから、この地域への西欧の接触は困難であり、ここを障壁として長期間東西は分断されていたからである。航路の発見とそれに基づく通商、また東洋へのキリスト教の伝道によって長い間絶縁していた東西の接触が始まり、日本にもキリスト教が伝えられた。従って異教であるキリスト教と、国内の宗教、政治、経済、思想、慣習との関連で複雑な関係が展開し、誤解に基づくキリスト教への反撥も多かった。秀吉と家康は、キリスト教を烈しく弾圧し過酷な迫害を展開したが、彼らは西欧人による日本の植民地化を憂えたのであろうか。キリシタン禁制は鎖国へと連なっていくが、果してあの当時の日本におけるキリスト教伝道が、植民地化をもたらすものであったのであろうか。この問題は今日でも論議されているが、宗教と政治のかかわりのむずかしさが、国外の問題としても国内の問題としても存在する。それにつけても長期間にわたる残虐と陰惨をきわめた迫害に無数のキリシタンが殉教していったし、またその残れる者が隠れキリシタンとして存続し、その子孫が今日でも存在している。私は日本キリスト教の深い精神的伝統がここにも存在していると思う。

また近代日本の宗教、思想、文化、政治、経済、社会等はキリシタン史との相互連関において検討されなければならないし、近代日本の性格は鎖国からよかれあしかれ影響を受けているから、キリシタン史研究の意義はきわめて大きい。しかし幕府の厳しい禁圧のもとで日本側の史料はほとんど煙滅してしまったから、その研究は非常に困難である。私はここに日本宣教の開始から鎖国までを叙述しよう。

宣教の開始と発展（一五四九―一五八六）

戦国乱世の時代に悪疫と天災におののく庶民や、安心と信念を求める武士が精神的思想的倫理的混沌のなかに置かれていた時、サヴィエル（一五〇六―一五五二）が渡来して宣教を開始した。サヴィエルの伝道は山口と豊後で豊かな実を結んだ。大名のなかで最初に受洗した者は大村純忠（一五三三―一五八七）で、高山右近（一五五二―一六一四）等も受洗した。大名のなかには通商に関心をもっているのでキリスト教に接近したものもいた。一〇年間にキリスト教は九州の約半分の地域に広がり、当時の九州の人口四〇〇万人に対してキリシタンの数は少くとも三、四万人あるいは五、六万人であったといわれる。当時仏教には人間平等の理想はなく、社会事業も行っていなかったので、庶民から遠い存在となっていた。ところがキリスト教の会堂には武士もその従者も、そして庶民もともに集まって礼拝をささげ、相互扶助も行われていた。また宣教師は教育、医療、社会事業も行っていた。キリスト教は信長（一五三四―一五八二）の保護をうけたので、安土にセミナリヨ（神学校）やコレジヨ（学林）も設置されたが、信長の暗殺後キリシタンは高山右近の城下町高槻に移った。

秀吉の迫害（一五八七―一五九八）

秀吉（一五三六―一五九八）は天正一五年（一五八七）に教師追放令を発したが、その原因として、㈠キリシタンの教えはデウスの神以外には認めない。従って、㈡キリシタンの教えは英雄崇拝を認めない。当時英雄の力によって戦国乱世をぬけだそうとの民衆の心理は強かった。神道によれば英雄は一般道徳具有者以上の存在であり、超人的存在であった。従ってキリシタンの教えは神道と衝突した。㈢キリシタンの教えは偶像崇拝を認めない。従ってキリシタンによる一時の仏像の破壊は、僧侶だけではなく庶民の反撥をかった。㈣キリシタンの教えは既存の倫理観と衝突した。例えば一夫一婦制や万人平等論。㈤秀吉の気まぐれと専横。この教師追放令による迫害ののち、京畿で三万五〇〇〇人、九州で一四万人の信徒が残ったといわれる。教師追放令と矛盾することであったが、秀吉は天正一九年（一五九一）にゴアの印度副王の使節に聚楽第で会い、これに同伴したオルガンチノ（一五三〇―一六〇九）やロドリゲス（一五六一ころ―一六三四）その他は宣教活動を続けた。ヴァリニァーノ（一五三七―一六〇六）は長崎に印刷所をたて、わが国の印刷術上新紀元を画した。

日本宣教は初めはゴアを本拠とし、のちに天川（あまかわ）（マカオ）を本拠としたイエズス会の事業で、開教後四四年たってフランシスコ会も、これに当るようになった。どちらの修道会も熱心に宣教に従事したが、この二つの修道会相互の反目や対抗が起こり、このことが宣教に支障を与えたことは嘆かわしい。

日本における最初の大殉教は二六聖人の殉教で、これは秀吉の命令によるものであった。文禄五年の大地震による伏見城の崩壊、朝鮮役の失敗、明から受けた愚弄等によって精神的打撃を受けた老いた秀吉は、難船して土佐に乗りあげたスペイン船サンヘリペの一乗組員の思慮のない発言、すなわちスペインによる日本占領の威嚇を伝聞して京と大阪のキリシタンを逮捕して長崎まで引きたて、慶長二年（一五九七）そこの立山で処刑した。二六人の内訳は、ペドロと使節としてきたフランシスコ会士六名、日本人イエズス会教師パウロ三木と同宿（教師補）二名、フランシスコ会信徒一五名、途中から慰問のため随行した者二名であった。（同、『切支丹伝道の興廃』二五六—二六〇頁）。

徳川幕府初期の政策（一五九九—一六一三）

キリシタン宗門の隆盛は信長の時代と秀吉の治世の初期に頂点に達し、それ以後禁圧の時代が始まった。しかしこの隆盛は、伝道の内実という点よりもむしろ流行という面から考えられなければならないかも知れないのであり、それは伝道の充実というよりむしろキリスト教文化の発展によるものであったのかも知れない。ところがキリシタンへの圧迫が加わってのちは、かえって信仰が深く根をおろしていったと思われる。慶長一〇年（一六〇五）全国のキリシタンの数は七〇万にのぼり、慶長年間の半ばころに北国のキリシタン宗門は京阪と同様に栄えたといわれる。肥後では日蓮宗信者加藤清正（一五六二—一六一一）の迫害によってキリシタンの数は一二万から三万に減少し、それ以後彼らは潜伏した。

ここでイエズス会の教職について考えておこう。この修道会に加入する者はまず修練という入門の段階で、少くとも数年におよぶ訓練の修行を積み、はじめて兄弟（兵士。ポルトガル語でイルマン、入満）となった。そのうえ学問を積み志操堅固なものは霊父（パーテル。ポルトガル語でパドレ、日本ではパアデレといい、これがバテレンとなった）となった。パアデレとイルマンは教師であったが、彼らを補助する者として同宿（カテキスタ―教師補）と看防（かんぼう）（世話役）があった。日本にもコレジヨやセミナリヨが設置されて日本人教職の養成にあたった。文禄二年（一五九三）には、西洋人パアデレ五六名、同イルマン一一名、日本人イルマンおよび同宿八七名、日本人修練者五名、外三名、計一六二名がいた（同、三三一頁）。また慶長一八年（一六一三）司教セルケイラ（一五五二―一六一四）の報告によると、日本全体でパアデレとイルマン一二六名、同宿二八四名、看防一七〇名、計五八〇名がいた（同、二八六頁）。

さらに寺すなわち教会がどれくらいあったかについて考えよう。セルケイラの同じ報告によると、寺堂は木造であるから火災にかかり易く、また迫害や戦乱で容易に破壊されるとある。秀吉の第一回の迫害が始まった天正一五年（一五八七）に都や豊後や山口の地方でコレジヨと修練所と、十四、五の駐在所（パアデレの居住所）と寺が七〇破壊され、第二回の迫害が始まった慶長二年（一五九七）に有馬と大村で、コレジヨ、セミナリヨ、駐在所その他の家屋とともに寺が一五〇破壊され、第三回は慶長五年（一六〇〇）奉行等の戦いでキリシタン大名が敗れた時で、肥後と天草で訓練所と六七の駐在所と寺八七が破壊され、これら三回で駐在所はほとんど破壊され、寺三〇〇がなくなった。慶長八年（一六〇三）の初めに長崎と有馬の二つのコレジヨ、同じく二つのセミナリヨ、一つの修練所、二一の駐在所と九〇の寺があった。（同、二八八頁）。

スペインとポルトガルに続いてオランダとイングランドの船が日本に到来した。オランダとイングランドとの教会がカトリック教会から分離したことについては上述した。当時オランダとイングランドが航海、探険、植民、通商において世界中どこでもスペインとポルトガルと争ったが、オランダとイングランドも、またスペインとポルトガルも相互に争った。オランダ人やイングランド人は幕府にキリシタンの危険、ポルトガル等の侵略について讒言した。（同、三〇六―三一〇頁）。このような四者の争いが実にキリシタン伝道に大きな連関をもち妨げとなった。このように伝道と政治と経済とが複雑にからみあっているなかでも宣教活動が推進され、外国人教師も、日本人教師や信徒も信仰の証（あか）しを立てて殉教していったことを考えるとやりきれない気持ちにさえなる。

慶長七年（一六〇二）になると、他の修道会すなわちフランシスコ会、ドミニコ会、アウグスチノ会もクレメンス八世（在位一五九二―一六〇五）の条件付き許可をえて渡来した。これより前に潜入したフランシスコ会士ゼロニモは、江戸にロザリヨの聖母教会をたて関東開教の第一歩を印したが、これは同時にイエズス会との対立という問題を含み、のちに東北における迫害と殉教が激しかった時までもこの対立は続いた（同、二九一頁）。一六〇八年パウルス五世（在位一六〇五―一六二一）は、クレメンス八世の条件つき許可ではなく、ポルトガル領以外からも教師が日本に渡航することを許可した。

さて幕府は大阪と長崎に限って通商を許し、その覇権確立に勢力を集中していたが、オランダ人の東洋進出に関連してキリシタンの禁教はしても通商はできるという自信をえた。そして家康自身熱心な仏教徒であり、庶民の多数も仏教に帰依していたので、彼はキリシタン大名、つぎに江戸や駿府のキリシタン直参、それからキリシタン庶民へと圧迫の手をのばした。

イエズス会もその他の修道会も信心を説くとともに慈善事業にも携わったが、宣教師やキリシタンによる病人や難民への給養、ハンセン氏病者の収容、捨て子の収容、朝鮮役のさい捕虜となった朝鮮人の救助は、当時の人々には見なれないことであったので、彼らは宣教師やキリシタンは他に目的をもっている、つまり日本の植民地化をねらっていると解釈した。慶長年間初期には諸修道会の病院の数は二〇ないし三〇であったらしいが、当時仏寺ではそのような設備をしたものは一つもなかったといわれる。細川忠興夫人ガラシヤ（一五六三―一六〇〇）は大阪の自邸で孤児院を経営し、慶長五年の死の時まで続けた。またキリシタンは慈善事業を伝道の方便として用いたとの見解に対して、姉崎博士は、新しい福音を伝える者が無告（むこく）の民の社会的救済に当ったことは当然のことであって、伝道の方便に使ったというよりも、むしろやむにやまれずにした事業というべきであって、このことがわからない者は人間の動き方を知らない者であるといっている（同、四一六頁）。戦国乱世の日本では社会的救済事業は理解されず、仏僧のなかにはこれに関して讒誣した者さえいた。キリシタンはハンセン氏病の治療所や鉱山や獄舎等の群にはいって伝道と救済に当ったが、慶長年間後半に迫害が激しくなると彼らはそれらの場所に隠れ住んで同様の仕事に励んだ。またそのような環境のなかでキリシタン相互の助け合いも行った。

追放と迫害(一六一四—一六三七)

慶長一九年(一六一四)にキリシタンの大追放が行われ、長い迫害と殉教の悲惨な歴史が始まった。姉崎博士によれば、これは二世紀半におよぶ封建鎖国日本をもたらすものであり、今日まで問題を残す社会気風の形成の原因となった(同、四五二頁)。これは家康(一五四二—一六一六)、秀忠(一五七九—一六三二)、家光(一六〇四—一六五一)と彼らをめぐる者らの政治的宗教的政策によるところであった。それ以前に徳川の直参を主とした迫害が起こり、慶長一七年(一六一二)にパウロ岡本大八が火刑に処せられた。同一九年京で大久保相模守のもとで激烈な迫害が始まり、同年奉行長谷川佐兵衛が江戸から長崎に帰り、つぎに山口駿河守も来着してキリシタンを追放し、キリシタン教師信徒四〇〇名余が天川(あまかわ)とマニラに向って出帆し、そのなかに高山右近とその家族もおり、彼は翌年マニラで死んだ。

さてこの大追放の前後に多少とも連絡のとれた宣教が仙石(仙台)と津軽で行われたが、これによって東北に初めてキリシタンが存在するようになった。慶長一三年(一六〇八)津軽の越中守信枚(のぶかず)の時代に京阪の信徒七一人が流人として津軽に預けられ、その結果、教師の往来が頻繁となった。同一五年(一六一〇)伊達政宗(一五六七—一六三六)は京でドミニコ会教師と会い、同一七年キリシタン後藤寿庵が政宗の臣下となった。キリシタンの宣教の奨励というよりも通商を目的として、政宗は同一八年(一六一三)使臣支倉六右衛門常長

（一五七一―一六二二）とフランシスコ会士ソテロ（一五七四―一六二四）をローマに派遣した。彼らは陸奥国月浦を出帆し、支倉がローマでパウルス五世に会見したのは二年後であり、浦川（今の浦賀）に帰着したのはさらに五年後であった。

この間に幕府のキリシタン政策は全く変ってしまっていた。仙石の宣教が始まったのは慶長二〇年（一六一五）ころでイエズス会士アンゼリス（一五六八―一六二三）がこれにあったが、この宣教には津軽のキリシタンとの連絡が機縁となった。奥羽最初の殉教者は流人医者マチアスとほか五名で元和三年（一六一七）に高岡（今の弘前）で火刑に処せられた。元和六、七年（一六二〇―一六二一）ころ東北におけるイエズス会とフランシスコ会の教師の数は一〇名をこえるほどになり、そのころ仙石その他で組織的迫害が始まった。蝦夷の伝道はキリシタンの医者が松前に渡ったのが機縁となって始まり、アンゼリスやカルバリヨ（一五七八―一六二四）も東北からここへでかけた。東北でもフランシスコ会とイエズス会の争いがあり、当時キリシタンたちの信仰はまだ日が浅く、また迫害が迫っていたから彼らにとってこの争いはとまどいの種であったにちがいない。（同、四九六―四九九頁）。東北の諸藩の迫害はたいてい寛永元年（一六二四）に起こったから、アンゼリスの開教後一〇年ないし十四、五年であり、殉教者の多くは新しい信徒であった。九州と上方ではまず大名が信徒になり、それから信仰が一般武士や庶民に及んでいったが、東北では一般武士や庶民が信徒になったが、大名で信徒になったものは一人もなかったから、ここに宣教の前の時代と後の時代における相違が存在する。宣教後期に駿河と江戸などでも一般武士と庶民が信徒になり、実はこれが東北に波及したのであった。従って東北でも武士がまず迫害にあい、次第に一般庶民におよび、のちに山中の村や鉱山にも捜索の手がのびた。

慶長一九年の大追放に続いて、二〇年余にわたって続々諸修道会の宣教師や、外国にいた日本人で宣教師となった者が日本に潜入し、その数は六九名におよび、彼らとこれを防ごうとする幕府の双方が死力をつくした。これら宣教師は、羊である信徒が羊飼もなく倒れていくのを忍ぶことができなかったのであろう。当時幕府は鎖国どころではなく、外国との通商を促進したいと考えていた。しかし禁教政策のために次第に外国交通の門戸をせばめていった。元和八年(一六二二)に五五名のキリシタンが立山で火刑あるいは斬首にあい、この一年間に長崎付近で合計一二〇名が殉教した。寛永一三年(一六三六)ついに幕府はポルトガルとの通商を断った。家光はころび(棄教者)の密告と一般の訴人(密告者)の奨励や懸賞や五人組連坐制度(五人組の範囲内で互いに監視させる残忍な制度)を採用した。踏絵は初め長崎で行われ、九州全土に広がったが、長崎やその近在では正月の年中行事として明治まで続いた。長崎奉行竹中采女(うねめ)による拷問はことに激しく、温泉(うんぜん)における拷問苛責等残忍をきわめた。寛永一三年(一六三六)に幕府は鎖国令を発布し、異国への日本船の渡航禁止、日本人である異国への密航者の死罪、その船主の逮捕、異国に住む日本人で帰国した者の死罪を布告した。元和六年(一六二〇)に日本の教徒慰問のためビエイラが教皇の教書を持参して到着し、三年後同人が奉答文を携えてローマに向った。信徒も教師もたいてい無抵抗で、隠れるだけ隠れ、逃げられるだけ逃げたが、これは卑怯というわけではなく、迫害のさいの無抵抗と最後には喜んで殉教することとが教えられていたからである。迫害がまだ地方的であった時にはキリシタンはよそに避難し、そこで扶助を受けたが、それが全国的になってからはこれは困難になった。そして島原乱後寺請証文の制度（キリシタンの改宗者が仏教寺院に帰依し、その信徒となったことを証明してもらい、その証明書すなわち寺請証文を奉行所に差し出す制度）が施行され、移住が非常に困難になった。

苦闘と潜伏（一六三七―一六三八）

姉崎博士は、たとえ来世の信仰によって天上の栄光を保証されていたにせよ、このように無抵抗主義を実行して禁教政策の犠牲となったことは、実に教会の教えが彼らの心に徹していた血の証拠であるという（同、六九五頁）。天草と有馬の二領では迫害に加えて苛政が施かれ、過重な税の取り立てや圧迫が農漁民に加えられた。島原の苛税は最も激しく、滞納者から妻や娘を質に取りあげるほどであった。迫害と残忍な悪政に世界終末の黙示的要素が加わり、浪人も加勢して寛永一四年（一六三七）に天草四郎時貞（一六二二―一六三八）を将として島原の乱が起こった。キリシタンを中心とした軍は老若男女あわせて三万七〇〇〇人で、海岸の平地にある古城、原城にこもったが、寄手一二万五〇〇〇人（一四万五〇〇〇人ともいう）に包囲され、兵糧攻めにあい、九〇日間の戦いののちすべて虐殺された。その間、幕府の依頼によってオランダ船は海上から砲撃したことさえあった。幕府はこの乱をキリシタンを手先にした外国侵略の現われと考え、寛永一七年（一六四〇）に井上筑後守が宗門改役として全国の禁教政策を統轄した。こののちキリシタンは明治六年（一八七三）に禁教の高札が撤去されるまで潜伏した。宝永五年（一七〇八）に潜入したシドチを新井白石（一六五七―一七二五）は尋問し、伝道は必ずしも侵略のためではないことを認めた。和辻哲郎博士（一八八九―一九六〇）はその著『鎖国』のなかで、あの当時すでに日本の統一はほぼ完成されていたし、イングランドとオランダの対立もあったから外国による植民地化はありえなかったとし、秀吉や家康の視野の狭さを批判し、もし日本が鎖国をしなかったら日本人の創造力が欧州文化に接触してすぐれた文化を創造していたであろうという（五三四―五四八頁）。

キリシタン文化

これはキリスト教宣教の初めから江戸時代初期におよぶ約一〇〇年間に日本に渡来したキリスト教文化学芸技芸等を指し、のちの鎖国時代のオランダ文化と区別して用いられ、南蛮文化と同義語である（新村出『日本吉利支丹文化史』一頁）。諸修道会は神学を伝えたばかりでなく、西欧文化学芸技芸を伝達したが、とくにイエズス会の文化活動は日本の文化史上に顕著な足跡を残した。この修道会は京阪神や九州にコレジヨ、セミナリヨ、ノヴィシャト（修練所）を設置して青年信徒を教育した。またヴァリニァーノによる活字印刷術の伝来によって、宗教書、文学書、語学書の刊行が促進され、キリシタン文学が生まれるようになった。芸術面では絵画、彫刻、銅版印刷術、音楽が伝えられた。さらにキリシタン宣教に伴って西洋科学、すなわち天文学、南蛮医学（外科医術）、地理学、近代兵器、造船術、採鉱冶金術が伝えられたが、キリシタン禁制のもとではそれらの普及に制限があった。また慈善救済事業として教会に付属した病院、孤児院、貧民院、ハンセン氏病の治療所が設置され、これらの後援団体がキリシタンの間に設けられた。このような慈善事業は当時の人々に深い感銘を与えた。（同、一〇—一三頁）。

南蛮貿易はキリシタン宣教とともに始まった。ポルトガル人はゴアと天川を、スペイン人は天川をそれぞれの根拠地とした。宣教師は純粋な動機から宣教にあたったが、南蛮商人は貿易のために宗教を利用することさえしたであろう。信長時代までキリシタンと南蛮貿易は両立していたが、秀吉は天正一五年に教師追放令を発して両者の分離政策をとり、徳川幕府もこれを踏襲した。

また南蛮貿易もキリシタン禁教政策と関連があった。というのはポルトガル人やスペイン人のほかにオランダ人やイングランド人も渡来して商争が始まり、幕府に相互に誹謗中傷しあい、このことが幕府のキリシタン政策に影響を与えたからである。

四六　ピューリタン運動の発生と展開

序

エリザベス一世の治世にアングリカン教会の礼拝と組織と教理等に関してこの教会を純化し、改革しようとした者らがいたが、これがピューリタン運動の起源であった。エリザベスの治世には、『祈禱書』に基づいてこの教会の礼拝が規定され、『三九箇条』においてその信仰告白が明示され、「首長令」と主教の監理とのもとでその政治が行われていた。このような礼拝、信仰告白、教会政治において、エリザベスはこの教会の統一を保とうとした。また「信教統一令」によってローマ・カトリック教会からのアングリカン教会（イングランド国教会）の解放の基礎が置かれた。この法令に一致しないローマ・カトリック教徒や、非国教徒すなわち分離主義者（ピューリタンやのちの独立派等）は、違法者として処罰されたが、一六八八年の「信教自由令」によってローマ・カトリック教徒、ユダヤ教徒、ユニテリアン派をのぞくすべての非国教徒に、信教の自由が与えられた。しかし「審査令」によって国教徒以外は公職につくことはできなかった。

ピューリタンの主張

ヘンリ八世治下に発生したピューリタンは、エリザベス治世下に増加した。彼らは、ローマ・カトリック教会との関連で腐敗と考えたことどもからこの国教会を純化しようとした。カトリック教会の典礼や祭服の残存物が、アングリカン教会内にあるとして最初に反対したのはフーパー（一四九五ころ―一五五五）であった。彼はまた国王を教会の首長とよぶ冒瀆的な宣誓にも反対した。彼はメリーの治世に殉教した。一六〇三年王権神授説の強力な主張者ジェームズ一世（在位一六〇三―一六二五）が、即位後スコットランドからロンドンへ向う途中、「千人請願書」（ベッテンソン、三七九―三八一頁）がピューリタンの一〇〇〇人の教職者を代表しているものとして（実は一〇〇〇人という数は誇張）提出された。これはつぎのようなものである。

㈠　教会の礼拝に関して。幼児洗礼の際幼児への質問は廃止されること、堅信礼も廃止されること、教職者のキャップとサープリス（短白衣）は強制しないこと、聖餐の前に吟味が説教とともになされること、礼拝の冗長さは短縮されるべきこと、教会の歌や音楽は建徳的なものであるよう節度が保たれること、主の日は汚されてはならないこと、教理の一致が規定されること、教皇の意見は教えられたり、あるいは弁護されたりしてはならないこと、正典の聖書だけが教会内で読まれなければならないこと等。㈡教会教職者に関して。今後有能で適当な者、また熱心に、特に主の日に説教する者以外は、教職につくことをゆるされないこと、管区に居住しない牧師は許可しないこと、教職者の結婚を正当化したエドワードの法令は再実施されるべきこと、教職者は法律によるのでなければ宗教条項への署名を勧告されるべきではなく、ただ国王の至上権に従うべきこと等。㈢教会の教職録と維持について。主教らのある者は教職録、あるいは主教座聖堂参事会員としての教職録、あるいは教区牧師としての教職録を主教管区とともに有しているが、それらの教職録を預けること、二重に教職録を有している者ら、ある者は二つ、ある者は三つの教職録を牧師職とともに有し、またある者はほかに二つ、三つ、あるいは四つの高位教職を有しているが、これらを有することは許されないこと等。㈣教会戒規について。戒規と破門はキリスト自身の制定に従って執行することができること、あるいは少くとも無法な行為は改められるべきこと、すなわち破門は信徒、大臣、役人等の名のもとに発せられないこと、人々がつまらないことで破門されてはならないこと、だれも自分の牧師の承認なしで破門されてはならないこと、役人は不合理な手数料を強要してはならないこと、裁治権あるいは登録所を所有する者はそれらを貸してはならないこと、教皇の種々な条文（例えば特定の時の結婚の制限）は破棄されなければならないこと、教会法廷の訴訟の冗長さ（時には二年、三年、四年、五年、六年あるいは七年）は抑制されなければならないこと、職権上の宣誓によって人々はみずからを責めるのであるが、この宣誓はもっと控え目に用いられなければならないこと、教会における結婚予告なしの結婚認可証はもっと注意して付与されなければならないこと。

ジェームズは会議を開くことを約束し、これは翌年ハンプトン宮廷で開かれた。この会議はアングリカン教会の主教らとピューリタンの指導者らの会議でジェームズ一世みずから司会した。その目的は「千人請願書」に述べられている教会改革に関する申し出を検討することであった。しかしジェームズは、主教なければ国王もなしと主張して主教制の変革を受容せず、かえって主教らを支持し、ささいな点においてピューリタンに譲歩しただけであった。この会議の成果といえば、一六一一年に公刊された欽定訳聖書の制定であった。この翻訳のためジェームズは、五四人の学者を任命し、彼らは六組に分かれ、ウェストミンスター、オックスフォード、ケンブリッジに二組ずつ会合し、一六〇七年に翻訳に着手した。この聖書の文章は単純で、しかも卑俗でなく、荘重にして典雅である。

またピューリタンは日曜日は安息日であるから礼拝後もスポーツ等をしてはならないと主張したが、ジェームズは「スポーツの書」（一六一八年。ベッテンソン、三八二―三八四頁）が説教壇から読まれるようにと命じた。これによると、ピューリタンは、すべての礼拝が終ったあと、日曜日の午後に健全なレクリエーションとスポーツを行うことを禁止しているが、これは改められなければならない。そしてこれらは正しく適宜に行われなければならず、そのために礼拝を妨げたり怠ったりしてはならないし、さらにまず教会にきて神に仕えない者は、礼拝後のどのような正当なレクリエーションをするのに価しないとしている。しかし多くの教職者が「スポーツの書」に反対したので、彼はこれを撤回したが、一六三三年チャールズ一世（在位一六二五―一六四九）はこれを再発布した。

長老派

彼らはみずからが正しい教会制と考える長老主義の確立のために闘った。彼らの指導者はピューリタンのカートライト（一五三五―一六〇三）で、彼は教会首長としての国王と主教制に反対した。彼は長老制こそ聖書的であり、神法に妥当する制度と考えた。彼の同志ピューリタンのトラヴァーズ（一五四八ころ―一六四三）は『神の言から全く逸脱した教会戒規とアングリカン教会と、それらの明確な説明』（一五七四年）を著し、長老制を主の制定によるものとして弁護したが、この書はピューリタンの政策に決定的な影響を与え、彼らはこれを権威ある書として受容した。この書は国教会や大主教ホイットギフト（一五三〇ころ―一六〇四）から激しい抵抗を受けたが、彼らは国教会から離脱することなく、長老制総会会議において長老と執事の按手を行った。初めこのような秘密集会から彼らは分離教会への道を辿ったが、その道は容易なものではなかった。まもなく長老派は残酷な迫害にあい、その一部はネーデルランドやニューイングランドへ逃れた。

ピューリタン革命

エリザベスの治世に国家は少数派であったピューリタンに、アングリカン教会を承認するように強要した。このような緊張関係に加えて、議会から自由を除去しようとしたスチュアート王朝の専制主義への民衆の不満が高まった。ジェームズ一世は、国王による教会統治は主教制の貫徹によってのみ可能と考えた。初めのうちは、彼はカトリック教徒を寛大に扱ったが、彼らは彼に失望した。従って彼らに対する国王の態度はあまり好意的ではなくなった。さらに長老制に立つスコットランド教会にも主教制を導入するという彼の意図、「スポーツの書」の発布、彼の後継者チャールズ一世とフランスのカトリック教徒アンリエット・マリ（一六〇九—一六六九）との結婚計画は長老派を刺激した。このようにしてチャールズ一世の即位とともに長老派の憤激は高まった。即位後彼とマリとは結婚した。彼が立脚する絶対主義王政と主教制はピューリタンに嫌悪された。彼は教会政策に関してカンタベリー大主教ロード（一五七三—一六四五）から助言を受けた。ロードは主教制の強化や典礼への多くのカトリック的要素の導入を実施した。

国王による主教制の強化、ピューリタンに対する容赦なき裁判、カトリック教徒への寛容な取り扱いという理由によってピューリタンは、イングランドはカトリック化されるとの不安をいだき、また絶対主義王政に基づく政治的圧迫によって民衆は苦しめられたので、ピューリタン革命は発生した。一六三七年に、チャールズ一世がジェームズ一世によって始められた仕事、すなわちスコットランド教会をアングリカン教会と同一のものとしようとした時に暴動が起こった。これを鎮圧するためにチャールズは戦費を必要として、一一年間休会していたイングランド議会を召集しようとしたので、暴動はイングランドにも波及した。チャールズは長期議会（一六四〇—一六五三）を召集したが、彼は激しい反対にあった。王の助言者ストラッフォード伯爵（一五九三—一六四一）と大主教ロードは、国事犯としてそれぞれ一六四一年と一六四五年に処刑された。一六四二年に国会は上院からの諸主教の除外を決定し、ますます国王と議会の対立は激しくなり、革命が発生した。一六四〇年の短期議会の議員であったオリヴァー・クロムウェル（一五九九—一六五八）は、長期議会の議員にもなり、独立派の熱烈な宗教性をピューリタンの宗教的政治的見解と結合した。革命戦争において彼はまもなく反国王陣営の最前線に立ちこの戦いの遂行を宗教的義務と考えた。彼はピューリタン農民らからなる鉄騎隊を編成したが、これは議会軍の中核となった。議会軍が勝利をえてチャールズはスコットランドに逃れた。その後議会は国王との妥協を求め彼を救おうとしたが、議会軍は議会への服従を拒否し、彼を捕えロンドンを占領し、一六四八年武力によって議会から親国王派を追放し、その後実権はクロムウェルの手中に帰し、一六四九年に共和政が成立し、一六五三年からクロムウェルは護国卿となった。彼の死後その子リチャード・クロムウェル（一六二六—一七一二）が護国卿となったが、適任でなくまもなく辞職した。この間にウェストミンスター会議（一六四三—一六五三）が開催された。これは、革命発生以来の国王の地位を承認せず、アングリカン教会の改革をスコットランドの長老制にならって貫徹しようとした議会によって始められた。この会議は大多数の長老主義者によって構成され、監督制主義者と独立教会主義者の数はわずかであり、また少数のエラストゥス主義者（四〇六頁参照）もいた。この会議においてカルヴィニズムに基づく「ウェストミンスター信仰告白」が作成された。

キリスト教史上におけるクロムウェルの意義は、㈠　彼はプロテスタント政治家として生涯を貫ぬき、彼の治世は宗教的倫理的色彩が強かったこと、㈡　カトリック教徒と反三一神論と国教徒には信仰の自由は許さず、ただその他のプロテスタントに信仰の自由を許したことである。

独立派（会衆派）

ウェストミンスター会議によって、従来の主教制に立つ国教会が長老制に立つ国教会におきかえられた。そこでピューリタンのなかに一つの新しい群が発生した。この群に属するものは、教会制度の正しいあり方をめぐって従来の国教会や長老制に基づく国教会に抵抗し、個々の教会（会衆）、すなわち国家や教会法廷から全く独立した自治教会が、イエス・キリストの真の教会であるとした。彼らはあらゆる種類の強制に激しく抵抗して、国王の教会首長権や主教の裁治権を反キリスト的なものとして拒否した。また強制を伴う長老会や長老主義者の総会をも反キリスト的なものとして拒否した。彼らはこのような自治教会の構成員は、イエス・キリストとその王権への信仰を告白し、教会を管理し、キリストの真の教会に与えられているすべての権利を行使するとした。彼らは信仰告白、典礼、規律、牧師と執事等の選任に関して他に束縛されることなく決定した。彼らは予定説に立たないで、集められた教会が契約（悔い改めと回心に基づく神と人々との契約、および人々相互の契約）（三七四頁参照）によって神のもとで結ばれていることを信じた。彼らは個々の教会あるいは会衆の完全な自治を信じたから、独立派あるいは会衆派といわれ、また国教会から脱会したから分離派ともいわれた。この独立派の指導者の一人ブラウン（一五五〇ころ—一六三三）は、はじめはピューリタンであった。彼はノーヴィッチとその他に独立派の教会を立て、この分立的行動のゆえに投獄されたが、セシルの尽力で釈放され、ノーヴィッチの教会員とともにオランダのミドルブルクに移住した。しかしのちに彼はアングリカン教会に復帰した。一六〇六年にゲインスボローに建設された会衆派教会は迫害にあい、スミス（一五五四ころ—一六一二）の指導のもとにアムステルダムに移住した。スミスはオランダでメノー派の感化を受けた。また一六〇六年スクルビーに建設された会衆派教会も迫害にあい、ロビンソン（一五七五ころ—一六二五）とブリュースター（一五六七ころ—一六四四）の指導のもとに一六〇八年アムステルダムに渡った。ロビンソンとブリュースターの指導する教会はのちにライデンに移った。しかし彼らは外国居住に伴う種々な困難と新大陸への伝道意欲のゆえに、ロビンソン（メイフラワー号に乗船しなかったが、彼らを文書等で指導した）とブリュースターの指導のもとにニューイングランドに渡った。彼らはピルグリム・ファーザーズと呼ばれ、北米における会衆主義の発展の基礎を築いた。

バプテスト派

この時代に分派は非常に多く、一六五〇年代までにロンドンでは二〇〇以上に達したといわれる（H・G・アレキサンダー『イングランドにおける宗教《一五五八—一六六二》』一七九頁）。この当時バプテスト派も生まれた。最初のバプテスト教会は前述のスミスの指導のもとに一六〇九年アムステルダムに建設された。彼は、集められた教会の交わりの基礎は信徒の自覚的洗礼にあるとして、幼児洗礼を否定した。この幼児洗礼の否定という点で、この派は会衆派とは異なっているが、礼拝様式では非常に似ている。既述したようにスミスはメノー派の影響を受けたから、バプテスト教会の起源は再洗派にさかのぼることができるであろう。

イングランドにおける最初のバプテスト教会は、スミスの教会の会員のうち一六一二年にヘルウィス（一五五〇ころ—一六一六ころ）の指導のもとにロンドンに帰還した者らによって創設された。この教会からのちに多くのバプテスト教会が生まれ、彼らの新約聖書理解に基づいて洗礼の様式として水をふりかけることではなく、浸水が採用された。

レヴェラー派

これは平等主義派で、ピューリタン革命時に、クロムウェルによって疑惑をもってみられた急進的民主的宗教的一派であった。彼らは宗教上の完全な自由や成人への選挙権の付与を主張した。彼らの指導者リルバーンらは投獄された。

クエーカー派（友会）

これは一六世紀以降に発生した神秘的心霊主義者の群で、その創始者は靴屋のフォックス（一六二四—一六九一）であった。彼は一六四九年以後多くの危険や迫害にもかかわらず、巡回説教を続け、内的照明を重んじた。一六五四年から一六五七年にかけて多くの追随者をえたが、彼らはクロムウェルを嫌悪した。クエーカー派は内的光を重視するが、これは神による直接的超自然的照明である。ここからこの派の特徴、すなわち静かな集い、礼典と教職者と信仰告白との廃止、誠実や単純な生活の重視、兵役拒否、人類愛の強調（例、奴隷制度

話をする。の廃止運動）が起こった。この派の礼拝では、会衆のうち聖霊に感じた者が立ちあがって感

第五王国論者

彼らは極端な派を構成し、アッシリア、ペルシア、ギリシア、ローマに続く第五番目の王国の建設を意図した（ダニエル二・四四）。この王国においてキリストは、その聖徒と共に一〇〇〇年間統治するであろう（黙示録二〇・四）。一時彼らはクロムウェルを支持したが、それは彼による共和政がこの第五王国の準備の段階を形成すると考えたからであった。しかし彼らは、神政政治的希望が実現されそうもないことが分ったので、クロムウェルに抵抗し、一六六一年に立ち上ったが、失敗し、この分派は消滅した。

ランター派

彼らも極端な分派を構成し、道徳律廃棄論者で汎神論的傾向を有していた。彼らはキリストの内的体験を重んじたが、聖書の権威、信条、教職制度を否定した。この派は最初はクエーカー派と交際したが、クエーカー派はこの派と混同された結果誤解を受けて、悩んだ。一九世紀にランター派という語は、非国教派、ことにプリミティヴ・メソヂスト教会（四〇四頁参照）の説教者に適用された。

ピューリタン革命後

共和政時代の終結とスチュアート家の復位とともに、国教会はふたたび勢力をとりもどし、ピューリタンは苛酷な迫害を受けた。一六六四年から一六七〇年にかけて施行された「秘密集会条例」（ベッテンソン、三九三―三九四頁）は、国教会の儀式と慣行とによる以外の方法で行われる秘密礼拝や集会への出席を禁じた。また「五マイル条例」（一六六五年。同、三九四―三九六頁）は、非合法の秘密礼拝や集会を禁じ、これらの礼拝や集会の説教者はイングランド王国その他から五マイル以内に居住してはならないとし、さらに統治体のどのような改変も企てられてはならないとした。また「審査令」（一六七三年。同、三九六―三九七頁）は、公職者は国王至上権の承認と忠誠とへの宣誓をなし、実体変質説の否定等をしなければならないとした。この「審査令」は公職からのカトリック教徒の除外を意図するものであった。この法令のゆえに非国教徒は、公職就任のための資格の承認を教職者からえなければならず、ここに資格授与に関する乱用が起こり、国教会内にも多くの反対者が起こった。チャールズ二世（在位一六六〇―一六八五）の晩年非国教徒は烈しく迫害された。一六八八年の名誉革命は、イングランドの宗教生活に重大な結果をもたらした。同年ジェームズ二世は、「信教自由令」（同、三九七―四〇〇頁）を発し、非国教徒やローマ・カトリック教徒にも――革命的な説教がなされないかぎり――信教の自由を与えた。

ピューリタン運動の史的意義

この運動の理念には、キリスト教史上きわめて重大な意義がある。国家と教会の分離、個人的確信としての信仰の強調、および良心の自由と信教の自由との要請は、後世に影響を与えるところが多かった。また国家からなんの支持も受けない多くの教会形態の発生がここに可能となった。このことはまた政治的経済的文化的領域に影響を与えた（例、議会主義、民主主義、出版の自由、資本主義の発展等）。すべてのピューリタン運動に共通する本質は、神への畏れと敬虔である。これらは教会における悔い改め、回心、訓練となり、また家庭礼拝、青少年指導、道徳生活の向上への熱望となった。ここにイングランドのみならず、全世界に永続的に影響を与える宗教文学が生まれた。すなわちベーリ（一五六五―一六三〇）の『敬虔の訓練』（一六一二年）、バクスター（一六一五―一六九一）の『聖徒の永遠の憩い』（一六四七―一六四九年）、ミルトン（一六〇八―一六七四）の『失楽園』（一六六七年）、バンヤン（一六二八―一六八八）の『天路歴程』（一六七五年）である。

四七　社会と文化と教会

序

私はおもにルターとカルヴァンにおいて、教会との連関で国家や社会や文化の問題がどのように考えられたかについて述べたい。

倫理原則

ルターの倫理について考える場合二つのことにわれわれは注意しなくてはならない。彼は、キリスト教徒はつねに罪人であるが、同時につねに悔い改める者であり、また同時につねに義人（救われている者）であるといったが（WA 五六巻、四四二頁）、このことは、キリスト教徒において新しい人はつねに生成しつつあるということである。またルターは、キリスト教徒は嬉々として善い業をなすといったが、これはその倫理的行為は自発的であることを意味する。これら二つの点から明らかになることは、ルターにおいて新しい行為とは、人間がもっている力から生じるものではなく、それはただ神への信仰からくるのである。従ってそれは神における人間の被縛性（神に束縛されている人間）に基づいている。しかしルターによれば、この被縛性は同時に人間の自由である。人間は律法において罪への隷属性をもっているが、同時に信仰においてこの隷属性から自由であり、従って律法から自由である。このように人間は信仰における喜びと自由とにおいて神の意志を行い、律法を行うのである。

しかし神におけるこのような人生は、愛における人生、隣人への奉仕の人生である。われわれは、キリストがわれわれにしたと同様な奉仕を隣人にしなければならない。ルターはいう「愛においてなされないすべての業はのろわれている」（同一一巻、一七二頁）。しかしこの愛の戒めさえ、それが信仰において、すなわち神への喜ばしい信頼においてなされなければならないのである。

結婚

ルターは結婚を純粋な自然秩序（自然法に基づく秩序）と考えた。というのは結婚はキリスト教の固有の領域に属することがらであるばかりでなく、それはすべての人間に属することがらであるからである。従って、㈠ 結婚式は礼典ではない。㈡ なんぴとも結婚を禁じる権利をもたない。ルターによれば結婚は利己心を克服する高度の学校である。結婚によってわれわれは、日夜、他者への愛のためにわれわれが存在するものであることを知る。ここからルターは、生涯夫と子らへの奉仕に生きる母よりも大なる聖徒はないと考えた。

召命（職業）

ベルーフ（Beruf）は、召命と職業という二重の意味をもつ特有な語である。この用語の背景には、職業とは召命であるという倫理観が存在する。カトリック教会においては、教職者と信徒という二つの身分が存在する。前者は全く神への奉仕に献身するのであるが、後者は時々神に奉仕し、その職業において愛の業につとめる。しかしここでルターは完全な価値転回をする。ルターによれば、キリスト教徒にとって職業すなわち一つの務めが是認されるものであるかどうかは、それが愛の業であるか否かということにかかっている。ここから労働に関する新しい見解が生まれる。すなわちルターによれば、労働によってわれわれは自分や家族の生活を支えるのではあるけれども、これによってわれわれは隣人に仕えるのである。このことを神はわれわれに望む。例えば教師は教育によって青少年に仕え、牧師は説教によって会衆に仕える。労働がこのように理解されている時にのみ、それは神への奉仕である。すなわち人間は隣人に奉仕する時にのみ、神に奉仕することができるのである。職業すなわち労働はもう単なる生存のための手段ではなく、隣人における神への奉仕のために神によって与えられた機会を提供するものであり、ベルーフである。カトリック教会では、人間が神によって召されたただ一つの身分、すなわち司祭の身分あるいは修道士の身分があることを主張する。しかしルターは、この理解をすべての価値ある職業に与えた。今や人は司祭や修道士にならなくても、神に仕えることができるのである。

国家と教会

この問題について考える前に、ルターの時代には近代的な意味での国家はまだ存在していなかったことを銘記しておかなければならない。中世後期のドイツは諸侯によって約三〇〇もの領地に分割されており、おもな政治的要因は諸侯とその民に関連があった。

国家と教会に関するルターの見解について考察する場合、彼の「この世的」支配と「霊的」支配（初期においては彼は支配ではなく、王国といった）について考えなければならない。彼は「軍人もまた救われるか」（一五二六年。『ルター著作集』、七巻五四五―六一〇頁）で、神は二種類の統治を人間の間に設けたが、一つは霊的なもので、他はこの世的なものであるという。そして前者は、神の言（ことば）による統治であって、これによって人間は信仰をえて義なる者と認められ、永遠の生命を約束されるが、後者は、この世の平和を維持するための剣による統治である。彼は、「もし、だれかがあなたの右の頬を打つなら、ほかの頬をも向けてやりなさい」（マタイ五・三九）とのイエスの山上の垂訓から、この世でキリスト教徒は悪い者のもとで苦難を忍ばなければならないことを学んだが、また他方打たれることを拒否したイエス（ヨハネ一八・二二―二三）から、信仰の領域は自由の領域であることを学んだ。ルターの二つの支配についての見解は現実の歴史の姿を反映している。諸侯は諸侯としてその務めを果たさなければならない（にもかかわらず、彼らは人々の魂をも支配しようとしていた）。また司教は司教としてその務めを果たさなければならない（にもかかわらず、神のことばの説教による魂への配慮という本来の任務を忘れてしまった）。そして善も悪もいずれの領域においても見いだされる。「霊的」支配によってわれわれは永遠の生命に導く義をえるが、他の「この世的」支配によってわれわれはこの世のための義、すなわち善良な市民をえるのであり、この市民が社会秩序を構成し、平和を生みだす。すなわちこれら二つの支配とも神の主権の道具であり、二つの支配は神の領域に属している。（ピノマ『ルター神学概論』石居正己訳、三〇二―三〇七頁）。

ルターの立場は、福音はいろいろな方法で社会や政治に影響を及ぼすが、国家や社会の問題に直接には指示を与えないというものであった。

さらに国家に対するキリスト教徒の服従の義務に関するルターの根拠と限界について述べよう。彼によれば、国家は神によって与えられた秩序である。もしこの世に国家が存在しないとしたら、すべての人間はすべての人間に対して闘いをいどむことになろう。ここからルターは、アリストテレス的国家観（国家はまず人々の間の平和の成立を可能にし、従って文化の創造を可能にする）を肯定しなければならなかった。国家はこの世に平和と秩序をもたらし、このことによって福音宣教は可能になる。従ってキリスト教徒は国家に服従しなければならず、国家への反抗は、神への反抗であって罪である。そしてこの服従はしばしば苦難を伴う。しかしキリスト教徒が不当にその財産を奪われ、投獄され、あるいは拷問されたりするなら、彼は不正を不正と主張して、不正な者らに罪を確認させるべきである。

しかし国家への服従は、神の意志を侵すことになってはならない。「人間に従うよりは、神に従うべきである」（使徒五・二九）。従って国家が神への反抗を勧めるなら、キリスト教徒にとって国家への不服従は義務となる。そしてルターはもし下級官吏が不正を犯すなら、上級官吏がこれを罰し、上級官吏が不正を犯すなら君侯がこれを罰し、君侯が不正を犯すなら神聖ローマ帝国皇帝がこれを罰し、神聖ローマ帝国皇帝が不正を犯すなら選帝侯が彼を廃位すべきであるとした。

カルヴァンもまた国家に対する服従を訴える。官憲に対する臣下の第一の義務は、彼らの権能を最大の尊敬をもって考えることである。それを神から官憲に与えられた管轄権と認めることである。それゆえに官憲は神の仕え人であり、使者であるとして彼らを仰ぎ、また敬うことである（『基督教綱要』渡辺信夫訳、四・二〇・二二）。しかしカルヴァンはまた国家に対するつぎのような鋭い批判をも記している。ほとんどいつの時代にも、何人かの君主たちは、注意すべきことを一切なおざりにし、すべての配慮から遠ざかり、怠慢にも悦楽にふけり、ある君主らは自分の利益に熱中して、すべての権利や特典や裁判や公文書を売物にして汚し、ある君主らは下層民から金銭を搾りとり、それを狂気に類する寛大さで浪費し、ある君主らは家々を略奪し、処女と人妻を犯し、罪のない者を虐殺し、ただ盗賊的行為を行うのみである。しかしこのような者らもその命令に可能な限り服しなければならない君主として認めるようにと多くの人を納得させることはできない。彼らは人間としての義務にももとり、また官憲のうちに照りはえているべき神の形の何のあらわれをも認めることはできない（同、四・二〇・二四）。しかしカルヴァンはこのような場合でも武器に訴えることをためらったが、カルヴィニズムは、オランダの独立のための戦いと結びついた（なおカトリシズムは同じ役割を北アイルランドで果たしているのであろうか）（四〇五頁参照）。またスコットランドの宗教改革やピューリタン革命におけるカルヴィニズムの果たした役割にも注意したい。再洗派は平和主義に立脚していたものの、ミュンスター事件では彼らは武器をもって立った。

近代民主主義の起源としては、カルヴィニズムをはじめとしてバプテスト派、独立派（会衆派）、クエーカー派の主張をあげることができる。

経　済

ルターのザクセン地方は穀倉地帯であったが、カルヴァンのジュネーヴは商工業の中心地であった。当時は初期資本主義の発生期であったが、このことはルターの経済思想には直接には関係がなかった。ルターにとって利息とは、鵞鳥を借りて卵まで返すことと同じように思われた。彼は、利率は五分をこえてはならないとし、またトマス・アクィナスやカルヴァンのように、生産者と商人とが生産物売買に伴う危険を相互に分担し合うという契約を認めた。ルターは利潤を隣人からの搾取と考え、偽善よりも一層悪い罪と判断した。もちろん彼は、社会の維持のために誠実な商人の労働は不可欠なものと考えたが、その場合どのようにして商人は不可欠な商品に価格をつけるべきであるか。この場合彼は需要と供給の法則に従うことを重い罪と考えた。というのは、これは隣人である買い手の弱みにつけ込むことを意味するからであった。彼は、商人は仕入れ価格、労働者の賃金、商品に対する火事や地震等に関する危険率、雑費等を考慮して価格を決定すべきであるとした。

カルヴァンも利率は五分をこえてはならないとした。カルヴァンやカルヴィニズムが強調した倦むことのない勤労への義務感と、時間や金銭を娯楽のために浪費せず、蓄財することが、初期資本主義の育成となったことは事実であろうが、後期資本主義の飽くことなき貪欲や暴利は彼らが嫌悪したところであった。またルターの見解と比較して、カルヴァンの見解の特色は、労働は神が与えたものであるから、職人や労働者はその生活を支えるのに必要なものを与えられるべきであるとした点にある。そして彼らを人間的に取り扱わなかったり、彼らに過度の負担をかけたり、彼らから仕事を奪ってはならないという（ビエレール『人間と社会』倉塚平訳、六九―七四頁）。

文学

ルターによるドイツ語訳聖書は、ドイツ語学史に重要な段階を形成した。聖書は時代毎に新しく母国語に翻訳し直されていかなければならないものであるが、彼のドイツ語訳聖書は優れたものであり、ドイツ人に親しまれるものとなった。カルヴァンは『基督教綱要』をラテン語で出版したのち、これをフランス語でも出版したが、このフランス語版はフランス文学の古典と考えられている（パーム『カルヴィニズムと宗教戦争』一〇頁）。

芸　術

画家で彫刻家であったデューラー（一四七一―一五二八）に著名な絵画「騎士と死と悪魔」がある。この絵に、ルターにおいて顕著であった試練の体験が、困難な状況下にある騎士の姿のうちに表現されている。デューラーは生涯カトリック教会に留まっていたとはいえ、宗教改革に理解を示した。クラナッハ（一四七二―一五五三）は、ルターの宗教改革に共鳴した画家で、宗教改革者らその他を描いた。

音楽の方面では、ルターは詩人であり、賛美歌を作詩し、また作曲した。例えば「神はわがやぐら」（一五二九年）。

教　育

教育もルターにとって重大な関心事であり、彼は、初等教育を国家による義務教育とし、その際聖書の教科は重視されなければならないとした。彼は子供のための『小教理問答書』（一五二九年）と大人のための『大教理問答書』（同年）を書いた。

ジュネーヴのカルヴァンの宗教改革にも教育上重要な意義があった。彼によれば、人間は救われるためには聖書を学び、これに記されている神の意志を実行しなければならない。そのために人間は聖書を読めなければならない。そこでカルヴァンは、一五三八年にジュネーヴの基本教育についての見解を明らかにし、㈠　文章を書く前に文法を周到に教え込む必要があり、㈡　母国語と数学を教えるために十分な準備が必要であり、㈢　市民の指導者や教会教職者となるための訓練の必要を説いた。そして学校教育は、初等教育、中等教育、大学教育に分かれていた。(同、三二一―三三頁)。

なおパラケルスス(一四九三―一五四一)は、天文学と化学と神学と哲学について学び、神秘的自然観をいだき、新しい薬品の製作によって治療学の発展に貢献した。

四八　回　顧

宗教改革とは一体なんであったのであろうか。これにはいろいろな視点から種々な解釈が可能となるであろう。しかし私は、宗教改革の最も根本的な意義は、まずルターが信仰というものをその独自な領域へとりもどしたことであると思う。もっと具体的にいえば、主イエス・キリストに対する信仰によってわれわれは義と認められる、すなわち救われるということである。既述したように信仰を単なる心理的現象としてとらえてはならない。今日の人格精神医学の大家トゥルニエは、カウンセリングによって人間の多くの問題は解決されるが、しかもなお神の前におけるキリストによる人間の罪の赦しという領域が存在することを忘れてはならないという。また彼は病気は人生の危機の表現として発生するのであって、病気の深い原因はむしろ霊的なところにあるともいう。私は、ルターがとりもどした人間存在におけるキリストに対する信仰の意義の確認、これが宗教改革の最も根本的な意義であると思う。そしてこのこととの関連で、聖書が信仰と生活との唯一の基準であるということや万人祭司説ということも理解されるが、ある者はこれら二つのうちのいずれか一つこそが宗教改革の根本的意義であるという。

宗教改革は発展するにつれて、政治経済社会運動と複雑にからみ合い、国々においてそれぞれ独自な面が発生していった。それはオランダの独立戦争と結びついたし、スコットランドでは貴族等の抵抗運動と提携したり、またピューリタン革命の指導原理ともなった。

それでは再洗派、反三一神論、神秘的心霊主義はどのような位置を占めるのであろうか。私は、これらの運動を信教の自由という視点からとらえたい。どのように国家権力が剣によって彼らをおどそうとも、殺そうとも、彼らの心のなかから彼らの確信を取り除くことはできなかった。このことは日本のキリシタン史をみてもわかることである。

トレルチの指摘するように、宗教改革において教会類型とセクト（分派）類型が発生した。彼がいう教会類型とは、国教会が存在する地域において見られるものである。すなわちその地域においては、教会共同体とはそのまま地域共同体それ自体にほかならず、その地域に生をうけるということはその教会の会員になるということである。イタリアのローマ・カトリック教会、ドイツのある地方のルター教会、イングランドのアングリカン教会、スコットランドの長老教会がその例である。これに比してセクト類型とは、あるセクト教会共同体がそのまま地域共同体というのではない。このセクトの教会共同体への加入条件は、その教会共同体の存在する地方に生まれるということではなく、各人が自覚的にその教会共同体に加入するということである。例えば、ドイツやフランスにおける改革派教会、イングランド

における会衆派教会やバプテスト教会やクエーカー派がそれである。（三七七―三七八頁参照）

　また宗教改革は、ローマ・カトリック教会や東方教会以外の、ルター教会、改革派教会、再洗派、アングリカン教会、長老教会、会衆派教会、バプテスト教会、クエーカー派等を生んだ。このような種々な教会の存在は、「主は一つ、信仰は一つ、バプテスマは一つ」（エペソ四・五）とのみ言に照らして考えるとどういうことになるのであろうか。このことについてパウクのいうように私は、人間は聖霊の働きを妨げることはできないといいたい（パウク『宗教改革の遺産』）。従って典礼、神学思想、教会観、実践等に関して教会相互間に相違はあるが、このことは聖霊の自由な働きによるところと考えたい。しかし今日の世界教会運動においてみられるように、主にある各教会間の協力と理解こそが望ましいのである。

　宗教改革においてゲルマン類型が成立する。この類型の特色は、キリストに対する救贖信仰と、キリストにおける愛の神の意志の顕現との強調ということであり、この特色はルターとカルヴァンにおいて明らかにされた。魚木博士は、ルターとカルヴァンをゲルマン類型の最高峯的代表者という（魚木「精神史」二八頁）。ハルナックは、「神を父として知ること、恵みの神をもつこと、神の摂理と恩恵とによって慰められること、罪の赦しを信ずること――これが宗教改革においても、イエスの福音においても、最も重要な点である」という（ハルナック『本質』山谷省吾訳、二七七頁）。また宗教改革においてアングロサクソン類型が形成されつつあるといえるであろう。この類型の特色は、福音の綜合性の発揚とキリスト教徒の実践活動にあるが、前者はエリザベスの宗教改革の綜合性、すなわちカトリック的伝統とプロテスタント的伝統のいずれをも排除しないことによって明らかであるし（魚木同、三〇頁）、後者はピューリタン運動においてみられるところである。しかしこの類型の特色は、さらに宗教改革以降において顕著になってくる。

ローマ・カトリック教徒は、近代以降における人間、社会、文化の世俗化は、ルターの宗教改革を初めとする宗教改革が、西欧の人々の生活をローマ・カトリック教会から分離させたところに起因すると考えるが、果してそうであろうか。ルターやカルヴァンは確かにキリストにある人間の自由を主張したが、これは神のもとにある人間の自由であったのであり、近代以降の世俗化の問題にはむしろ啓蒙主義の影響が強いのである。

第四部　近　代

四九　近代キリスト教史の課題

時代的限定

私は、キリスト教史における近代を一六四八年のウェストファリア条約締結後一九一四年の第一次世界大戦の初めまでとしたい。この大戦の初めまでとしたのは、それ以後キリスト教会は、近世と比較して宣教と神学と社会的実践において新しい種々な課題に直面することになるからである。

課　題

近代の課題として、まずキリスト教や教会と、啓蒙主義との間に存する問題をあげることができる。ホイシは、宗教改革において各教会間や各教派間の相互の分裂と対立はどのように激しいものであったにしろ、これらの教会や教派はキリスト教が真理であるという点では一致しており、このことは信仰と行い、聖書と伝統、文字と霊、礼典等に関する論争の自明の前提であったが、一八世紀以来今日までこの前提そのものが動揺し、キリスト教の真理性が疑問視されるようになったという。そして彼は、三一三年のキリスト教寛容令あるいは三八〇年のキリスト教国教化以来一八世紀まで、西欧文化はいわゆるキリスト教的であったけれども、一八世紀以来多くの点でコンスタンティヌス大帝以前の時代を想起させる状況が発生し、このことは一九世紀から二〇世紀にかけて一層深刻になっていったという。ホイシが指摘したように近代においてキリスト教と一般文化との緊張関係は激しくなった。これは近代初期以来今日まで宗教と社会と文化に大きな影響を与えている啓蒙主義あるいは合理主義によるところであった。従ってキリスト教や教会が啓蒙主義あるいは合理主義とどのような関連にあったかがまず考察されなければならない。

第二の課題は、敬虔主義の発生と展開という問題である。敬虔主義は、啓蒙主義とともに今日までキリスト教界に影響を与えている。敬虔主義がどのような史的背景のもとで発生し、どのように発展し、どのような影響をキリスト教界に与えたかが問われなければならない。

第三の課題は、国家と社会と文化に対する教会の関連である。古代は別にして初めて一七世紀に宗教的に中立的な文化や、またキリスト教会から独立した国家や社会が形成された。これらの思想的基調は啓蒙主義と自然法であったといってよいであろう。このような文化や国家や社会の形成に教会はどのような関連をもったのであろうか、これが第三の課題である。

第四の課題は、アジアやアフリカ等における宣教はどのように推進されていったかについてである。

第五の課題は、日本におけるプロテスタント教会と正教会との創設と発展はどのようなものであったかについてである。

五〇　啓蒙主義とキリスト教思想

序

啓蒙主義はその基礎を理性におく。それは理性の光に照らしてすべての制度、慣習のうちにある非合理的なもの、不明瞭なものを徹底的に批判し排除しようとする。これは、ルネサンスにさかのぼることができるが、一七世紀における自然科学の進歩と成果に刺激されて発展し、自然科学的思惟方法を人間のすべての問題の解決のために適用しようとした。従って宗教や倫理までも自然科学的方法によって解明できる現象と考えた。また啓蒙主義の発生に三十年戦争に関連した教会への不信も作用した。啓蒙主義とキリスト教思想に関して私は英国、フランス、ドイツについて考察したい。

英国

㈠ロック（一六三二―一七〇四）　彼とニュートンの思想はイングランドだけでなく欧州大陸にも非常な影響を与えた。ロックは認識論的経験主義の祖といわれ、彼によれば経験からのみ観念は与えられ、経験は外的経験すなわち感覚と、内的経験すなわち反省によって成立する。彼は理神論者ではあるが、理神論の立場よりも、一層正統的キリスト教の立場に近かった。彼は、その著『聖書に叙述されたキリスト教の合理性』において、キリスト教の唯一の確かな基礎はその合理性であるとした。彼はまた、聖書に記された奇跡に基づいて聖書が神により導かれて書かれたものであるとした。またキリストの本質はメシアであるキリストであり、キリストが世に遣わされたのは神とわれわれ人間の義務とについての真の知識の普及にあったとした。

㈡ニュートン（一六四二―一七二七）　彼はその物理学の精神と方法とにおいて一八世紀を支配した。彼は、自然法則は人間悟性が浸透できるすべての領域を支配していると仮定した。すなわち彼は物理学的宇宙において発見した諸原理を学問のすべての分野にあてはめた。従って当時の人々は自然界の秩序のある合理的構造を知ることができると考えた。一八世紀になると英国では、キリスト教の真理は、冷静な感情に走らない人々にとって魅力的なものであろうし、またそうでなければならないと考えられた。信仰のことがらは最も合理的な光のもとに提供されるなら、最も魅力あるものであろうと考えられた。これへの反応は広教会主義と理神論となって現われた。

㈢広教会主義　この主義に立つ者らは英国教会のなかにとどまりながら、典礼、教義、教会制度にあまり重点をおかなかったが、彼らの立場は少し修正されたとはいえ一八世紀にも存続し、宗教思想運動となった。この運動は新たに変化した知的環境に教会を調和させるものであり、信仰の本質的なことがらは伝統的なものにはほとんど無関係な、単純な、非専門的用語で表現することができると考えた。またこれは道徳的実践を重んじ、徳には報いが生じるとし、キリスト教を理性の宗教とし、このようにしてキリスト教の妥当性を強調した。

㈣理神論　これは一七世紀後期と一八世紀に初めて英国で発展した自然宗教である。理神論の先駆者チェーベリーのハーバート（一五八三―一六四八）はその著『真理について』（一六二四年）に理神論の要点としてつぎの五点をあげ、これらはすべての宗教に共通なことがらであるとした。すなわち神の存在、神への礼拝、この礼拝の主要な要素としての徳、義務としての罪の悔い改め、報いと罰のための来世の存在。彼は、これらの観念はすべての人間に生来備わっているものとした。トーランド（一六七〇―一七二二）はその著『キリスト教は神秘的ではない』（一六九六年）において、神もその啓示も理性によって理解できないものではなく、神秘的なものはキリスト教には存在しないといった。ティンダル（一六五五―一七三三）はその著『創造と同様に古いキリスト教』（一七三〇年）において、神の創造の業は完全であって、それになにかを付加する必要はなく、キリスト教は自然宗教であるとした。しかし理神論者のなかでもティロットソン（一六三〇―一六九四）は、キリスト教における理性の役割とともに啓示信仰を認め、啓示信仰の根拠としてそれが自然宗教の原則と一致し、反論よりも立証が優っていることをあげた。そして神の業の証明である奇跡は、人間に明らかに感じられるものであり不思議なものであるとした。

理神論をめぐる論争は激しかった。ロウ（一六八六―一七六一）は、ティンダルを批判して、彼は理性は真理をはかる唯一の手段であるとの仮定に立ったが、彼は真理とはなにかを定義づけなかったと批判した。またティンダルによれば、神は人間理性の基準に従って行動することになると批判した。ロウは、『敬虔な聖なる人生への厳粛な招き』（一七二八年）を著し、のちのウェズリに影響を与えた。精神と実在について深い思索をした教職者バークリ

（一六八五—一七五三）によれば、諸観念は真に存在し、人間が知りうるものである。物質は感覚されるかぎりにおいて存在するから、その存在は第二次的である。人間自身の精神の産物でない諸観念の存在を可能にするのは、神である。彼は、キリスト教の諸観念は人間の精神の産物ではないが、人間の真の幸福を促進するとした。バットラー（一六九二—一七五二）は『自然界の構造と経過とに類比された自然宗教と啓示宗教』（一七三六年）において、理神論者を批判した。彼らは楽観主義に立ち、理性によって自然界や人生における神の知恵と目的とをすべて知ることができるというが、自然界や人生には不合理なことや混乱や、また神秘的なことさえ存在する。確かに理性は人間が判断する唯一の機関ではあるが、それは知識の完全な体系を与えず、蓋然的結論を与えるにすぎない。もし自然界や人生で人間が不合理なことや混乱や神秘的なことのような困難な問題に出会うなら、人間が宗教において同様な困難な問題に出会っても驚くにはあたらない。彼は自然界や人生から知りうることがらから、宗教のなかに含まれている蓋然的真理へと論議を展開した。これが彼が強調した類比である。彼は蓋然性が人間が行動する場合の基礎であるといって、宗教は理論ではなく実践のことがらであるとした。彼によれば、人生とはその目的との関連で意味をもち、また良心は人生の指針である。

理神論においては、自然と人生とのなぞや神秘は単純に論理化されるので、それは歴史を解明することはできないし、また罪や悪の問題も説明できない。ロウ、バークリ、バットラーの理神論への批判は注目に価する。しかしヒュームが合理主義の欠点を徹底的に明らかにした。

㈤ヒューム（一七一一―一七七六）　彼は、『人性論』三巻（一七三九―一七四〇年）を著した。彼によれば、知識は観念相互の間の関係として成立するが、この関係は因果律に基づき習慣によって成立するものであり、そこに必然的な関係が存するかどうかについては人間は知ることはできないとした。ここで彼は観念論を批判している。また経験を超越した神の存在を人間は知ることはできないとした。これら二点は経験論のいきつく結論であり、彼はすべての知識を破壊し、懐疑論に陥ったといいうるであろう。

一八世紀後半に英国の宗教思想は衰退し、思想界はフランス革命の影響で混乱した。

フランス

㈠デカルト（一五九六―一六五〇）　彼の哲学は、当時欧州の思想界に非常に大きな影響を与えた。彼はその著『方法序説』（一六三七年）において、明晰（clair）で判明（distinct）であること以外には、どのようなことをも真理として受けとらないこと、速断や偏見をさけることを提言した。彼は明証性が学的知識の基準であるとし、すべての学問に通じる普遍的な方法を確立しようとした。彼によれば、真偽識別の能力である理性は人々に平等に配分されている。また神の観念ほど非常に明瞭な観念はないが、それは感覚から引きだされたものでも、人間の行為によって形成されたものでもなく、神によって人間に植えつけられた先天的観念であるという。

デカルトの哲学は当時欧州で種々な反応を生んだが、ユダヤ人スピノーザはそれから非常な影響を受け、パスカルはそれに反論した。

(二)スピノーザ（一六三二―一六七七）　彼によれば、万物は神の外に独立して存在しているのではなく、それは神によって存在している。いいかえれば、神は万物の内在的原因であって、その超越的原因ではない。万物という概念を自然という概念に置きかえれば、この自然の存在の原因は神である。従って世界は所産的自然（生じさせられた自然）であり、神は能産的自然（生む自然）と表現できるであろう。万物を真に認識するということは、それを実体の必然的結果として、すなわち神に基づく必然的結果として、いいかえれば「永遠の相のもとに」認識することである。それではどのようにして万物の原因である神の観念を人間はもつことができるのであろうか。それは直観（直覚知）によってである。万物の原因としての神の観念を人間がもつ時、彼は喜悦を味わい、そこに「神に対する愛」の感情が生まれる。ここに人間の幸福と自由がある。この場合、有限な人間が、無限な神と合一するから、そこに有限と無限の区別は存在しなくなる。従って神に対する人間の愛は、神が自己に対する愛ということができる。ここに「神に酔える人」スピノーザの姿、永遠において安らかにある人間の姿がある。このようにスピノーザの立場は汎神論である。

デカルトにしろスピノーザにしろ宗教における人間理性の役割を重視したが、彼らはけっして神を否定したのではなかった。

(三)理性的宗教理解への批判者パスカル（一六二三―一六六二）　彼はデカルトの哲学思想に鋭く反論した。彼は優れた数学的科学的才能を非常に深いキリスト教信仰と結合させることができた。デカルトは理性の権威を打ち立て、理性のうちに宗教と科学の基本的要素が存在するとしたが、パスカルにとってこれは基本的に未決定の問題であった。というのは理性は善あるいは悪に従うかも知れない中立的力ともいえるものであるからである。彼は、人間が生来の素質により、自己の科学的知識に導かれて、豊かな人生を形成できるという確信を迷想とみた。人間理性は非合理なものであり、人間の善意は憎悪と交錯している。正義と力は区別できるが、分離できない。人間の生は矛盾と混乱のなかにある。パスカルは人間において二つの状態、すなわち人間の堕落の状態と神の恩恵に立つ状態をみた。彼によれば、理性と同様に信仰は人間にとって不可欠のものであり、信仰は神の恩恵であり、理性は信仰にとって代わることはできない。宗教は悟性を導き科学を支配するとさえいえる。というのは宗教だけが、自然のすべての神秘を明らかにするかぎであるからである。また宗教は理性あるいは科学に対立しているものではない。というのは宗教はそれらを包括し、しかもそれらを超越するからである。パスカルがキリスト教弁証論を執筆するために書いた断章が、その死後『パンセ』（一六七〇年）として公にされた。

㈣サロン　一八世紀になるとフランスでサロンに自由思想家や著述家が集まり、哲学や社会について論議した。『百科全書』（一七五一―一七七二年）はこの時代の最大の著述であり、これの編集者ディドロ（一七一三―一七八四）とその協力者らは思想に革命をもたらそうと意図したのであった。このことは従来の信仰への挑戦であって、神学と倫理と伝統的権威は、理性と自然法との立場から厳しい批判を受けた。とはいえ、おもに中流階級であった自由思想家は秩序のある社会を望んでおり、無秩序の世界は彼らにとって嫌悪すべきものであった。彼らは、神は秩序の保証人のようなものであり、第一原因というような抽象的な存在であると考え、聖書と教会を不要なものとし、また啓示を否定した。このような自由思想家の見解をルソーは批判した。

㈤ルソー（一七一二―一七七八）　彼は、単に論理だけでは人間の心情を満足させることはできないとし、理性より重要な感情の役割を説き、神に対する崇敬と人類に対する愛との単純な宗教を主張した。彼は自由、平等、社会契約（人類は初め家族または個人として生活していたが、共同生活の利点を認め、個人の権利を抑制して社会全体の利益の確保に自発的に合意する）を唱えた点において啓蒙主義の立場に立った。

㈥ヴォルテール（一六九四―一七七八）　彼は、キリスト教を全く否定した。彼はイングランドの理神論者から聖書の権威や奇跡や預言に対する批判を学んだ。彼は理性は、権威と生得の諸観念と啓示とから解放されていると主張した。彼は啓示、教義、教会制度、奇跡等を批判し、暴君の圧制、封建制度、高位教職者の腐敗、迫害、戦争等を激しく攻撃した。

ドイツ

フランスと同様にここでもイングランドの思想、ことにニュートンとロックの影響が非常に強かった。啓蒙主義はドイツでは敬虔主義運動ののちに浸透したが、イングランドではその逆であり、フランスでは当時敬虔主義運動は静寂主義やヤンセニズム以外には存在しなかったといえるであろう。従ってドイツの啓蒙主義の思想家は、たいてい敬虔主義運動を経験していた。

㈠ライプニッツ（一六四六―一七一六）　彼は、自然科学の精神を十分に認めたが、同時にそれを宗教的思考と調和させようとした。彼によれば、物体が真に実在するということは物体が活動することができるということであり、活動しないものは存在しないのであり、従って実体は活動することができる存在である。このように彼は物理学的考察から大きな影響を受けていることがわかる。というのは物理学の根本的事実は運動であるからである。さて物体は延長をもって（空間を占めて）いるから無限に分割することができる。もし物体が実在するならば、物体をなりたたせている、もう分割することのできない単元の実在性を認めなければならないと彼は考えた。この単元を彼はモナドすなわち単子と名づけた。単子の活動は自己を展開する活動である。展開するとは表現するということである。単子においてその展開のすべてがわかる。すなわち単子は宇宙全体をあらわしているから、宇宙全体の活きた鏡であるといえる。すべての単子は最下のものより最上のもの、すなわち神まで系列をなしている。しかし彼は、神はこの系列の外側にあってすべてのモナドの存在の原因であるとか、またモナドが電光のように神から発出したとかいっているように思われる。

㈡ヴォルフ（一六七九—一七五四）　彼はライプニッツから影響を受け、啓蒙主義に立ち、その見解のゆえに敬虔主義の中心地の一つであるハルレから一時追放されたが、のちに復帰した。彼は宗教には多くの類型があることを指摘し、キリスト教を相対化した。

㈢ライマールス（一六九四—一七六八）　彼も啓蒙主義に立ち、奇跡や啓示を退ぞけ、聖書記者らに偽りや矛盾等があることを指摘し、自然宗教を弁護した。

㈣歴史的批判的聖書研究　啓蒙主義の影響を受けた者のなかには教会内にとどまり、聖書の歴史的批判的研究にたずさわった一群もあり、彼らは聖書の各書のテキストや著者等について検討した。そのなかにゼムラー（一七二五—一七九一）、エルネスティ（一七〇七—

一七八一)、ミカエリス(一七一七―一七九一)、アイヒホーン(一七五二―一八二七)がいた。

史的意義

啓蒙主義に立つキリスト教思想の歴史的意義は、それが誤っている聖書崇拝、宗教上の魔術、不寛容、宗教戦争、異端審問所に対する鋭い批判をした点にある。また一般に人間の社会的倫理的生活を強調し、さらに信教の自由の確立に貢献した。しかしこのようなキリスト教思想は一般に自然や人間本性に関する浅薄な楽観主義的見方に立っていて、しばしば人類の歴史的宗教的現実に関する認識が欠如していた。

五一　敬虔主義

序

三十年戦争の結果、ドイツの国土は荒廃し道徳は低下し産業も衰え、その人口は三〇〇〇万人から一二〇〇万人に激減した。このような苦悩のなかから信仰復興のきざしが見え始めた。しかしこの信仰復興運動は、長期におよぶ神学論争によって枯渇した教会の霊的生命回復への動きでもあった。この国に敬虔主義が浸透したころ啓蒙主義の波が押し寄せてきた。

私はまずドイツにおける敬虔主義について述べたのち、英国のメソヂスト運動とフランスのヤンセニズムとスペインの静観主義について叙述しよう。

先駆者

他のキリスト教運動と同様にこの運動にも先駆者があった。アーント（一五五五—一六二一）はその著『真のキリスト教（四巻）』（一六〇六年）に心情におけるキリストの働きについて述べているが、ルターから彼はキリストとの神秘的一致に関して影響を受けた。この著書はシュペーナーに影響を与えた。ベーメ（一五七五—一六二四）は三十年戦争の時期に生き、ルター教会の正統主義が認めない神秘的自然哲学を唱え、ドイツ、オランダ、フランス、英国、ロシアの宗教界に影響を与えた。ゲルハルト（一六〇七—一六七六）も同じ時期に生き、ルター教会最大の賛美歌作者として霊的影響を与えた。

シュペーナー

敬虔主義の父といわれるシュペーナー（一六三五—一七〇五）は一六六六年にフランクフルトの牧師となり、その家庭で集会を開き、キリスト教徒の生活の充実のために説教に関する討論や聖書研究をし、祈禱を重んじた。彼の運動は「敬虔の集い」と呼ばれ、教会の精神的革新を意図した。彼は敬虔主義運動一般の指針となった『敬虔な願い』（一六七五年）を著し、神の言に親しむこと、キリスト教的実践の重視、信仰を異にする者への愛、信仰を高めるための説教等を主張した。彼は新生と宗教体験を重んじた。彼はルターの教理に忠実でないとの批判を受けたが、彼はもし人間が真の回心をし、正しい心をもっているなら、教理上の相違は重要ではないといった。彼の運動は敬虔主義として著名になり、一六九四年ハルレ大学が彼の影響のもとに創立され、その弟子のなかにフランケがいた。

フランケ

フランケ（一六六三―一七二七）は、二〇歳のなかばに新生を経験し、その後シュペーナーを訪れて敬虔主義を受容した。そのために彼はライプツィヒ大学から追放されたが、新設のハルレ大学に教授として迎えられ、彼の影響のもとにハルレは敬虔主義の中心地となった。彼はまた貧しい者のために学校を創設し、孤児院、印刷工場、聖書協会等をたてた。彼は、「デンマーク・ハルレ外国伝道協会」を国王の協力のもとに創設したが、これはインドや北米に伝道した。

ベンゲル

ベンゲル（一六八七―一七五二）は、一七〇八年にハルレを訪れてフランケに会い、深い感化を受け敬虔主義を受容した。彼は新約聖書注解書『グノーモン』を著した。

ツィンツェンドルフ

ツィンツェンドルフ（一七〇〇―一七六〇）は、ハルレのフランケの学校に学び、敬虔主義の影響を受け伝道と慈善事業に深い関心を示した。一七二二年にモラヴィア兄弟団の一行がボヘミアとモラヴィアにおける迫害を逃れて彼の領内にきたので、彼は彼らに定住の地を与えた。彼らはそこをヘルンフート（ドイツ語で「主の守り」の意味）と呼んだ。彼らの指導にあたった彼は、領邦教会からの分離を望んでいたわけではなかったが、この教会から圧迫を受けたので独立教会をたてた。このモラヴィア教会は外国宣教に非常な貢献をし、西インド諸島、グリーンランド、北米、エジプト、南アフリカ等に宣教した。ウォーカーによればその外国宣教の特色は宣教の困難な土地に宣教したことにある（ウォーカー、四五二頁）。

ドイツ敬虔主義の史的意義

ドイツにおける敬虔主義が聖書研究や祈りを奨励し、新生や宗教体験を重視したことは、宗教改革者の強調したキリスト教徒の内面性の重視であったといえよう。またこの運動はキリスト教徒の交わりを尊び、実践生活を重んじ、貧しい者や虐げられた者への奉仕を喜び、教職者も信徒も外国宣教に力を注ぎ、神学論争で活力を失っていた教会に霊的生命を吹きこみ、教職者の資質の向上と説教の改善につとめた。モラヴィア教会を除いて他の敬虔主義運動はルター教会内にとどまった。敬虔主義への批判としては、これがややもすると律法主義に陥り易いことと宗教における知的要素の軽視をあげることができるであろう。

メソヂスト運動

英国における理神論の影響によって庶民の宗教生活は低下し、産業革命の影響で文化の恩恵に浴さない労働者が都市にあふれた。このような宗教的社会的経済的変動の状況下でメソヂスト運動は発生した。

ジョン・ウェズリ（一七〇三―一七九一）は、オックスフォード大学在学中に友人と「神聖クラブ」を結成して聖書研究や刑務所伝道に従事し、ロウの著書『敬虔な聖なる人生への厳粛な招き』によって影響を受け、その後米国ジョージア伝道に失敗して帰国し、悶々の日々を送るうちに、一七三八年五月二四日（水）ロンドンのアルダスゲート街の教会の集会に出席し、午後九時一五分前ころルターの『ローマ人への手紙の序文』が読まれていた時、「キリストへの信仰によって神が心のうちに働き、これを変えるということを聞いているうちに、私の心がうちに燃えるのを覚えた」（ウェズリ『日記』山口徳夫訳、一巻二四三―二四四頁）。その前後に彼はモラヴィア教会の人々――例えば米国への船中で暴風雨時にさえ平静を失わなかったモラヴィア教会の人々や、ロンドンの同教会牧師ベーラー――にも接触し影響を受けた。彼の小団体はメソヂスト派（「几帳面な人々」とのあだ名から由来した名称）と呼ばれ、大衆伝道に従事した。その運動の特色は屋外説教、信徒伝道（信徒も伝道に参加）、組会（数名の信徒からなる集りで相互に信仰生活について奨励し合う）、巡回伝道師（教職者の不足を補うため伝道師が教会を巡回する）を採用した点にある。ウェズリはその同僚ホイットフィールド（一七一四―一七七〇）と訣別したが、それは後者がカルヴァンの二重予定論に立っていたのに対して、ウェズリは人間が自分自身で滅びを選びさえしなければ滅びないと主張し、この意味で人間の自由を認めたからである。この運動はイングランドの大衆に信仰の復興をもたらす大運動となり、外国宣教にも積極的に取り組んだ。ウェズリはイングランドのアングリカン教会から激しい攻撃を受けたが、生涯この教会にとどまり、その死後メソヂスト教会はこの国教会から分離し独立した。メソヂスト運動は、日曜学校運動、社会奉仕、刑務所改良、禁酒運動、奴隷解放運動にも顕著な貢献をした。ウェズリの神学の特色は、その著『キリスト教徒の完全』(一七六六年)に記されているが、キリストへの信仰による救いの体験(宗教改革者の強調点)、聖化(潔め)、聖霊の内的証明(ロマ八・一六。キリストの贖(あがな)いのゆえに彼を信じる者の罪が赦され、聖霊がその心のうちに働いてこの者が神の子であることを証明する)である。彼の弟チャールズ・ウェズリ(一七〇七—一七八八)は賛美歌作者として六〇〇〇以上の作詩をしこの運動に貢献した。メソヂスト運動が非常に発展したことはジョン・ウェズリの組織力にもよっていた。

ヤンセニズム

『アウグスティヌス』の著者ヤンセン(一五八五—一六三八)の信仰思想に基づくフランスのカトリック教会内の運動で、キリスト教徒の厳しい倫理生活を主張し、この点でイエズス会の蓋然論(良心に基づいて善悪を判断しかねることがらについては、多分これでよいであろうと考えられる方を選んでよいという説)は倫理の弛緩を生むとしてこれに反対した。一七一三年クレメンス一一世(在位一七〇〇—一七二一)は回勅「ウニジェニトゥス(御独子)」においてヤンセニズムを異端としたが、パスカルはヤンセニズムを受容した。

静観主義

この創設者はスペインのモリノス(一六四〇ころ—一六九六)で、その著『霊的指針』

（一六七五年）において、瞑想を習性とすべきことを唱えた。すなわち彼は、救いには神への絶対的信頼だけで十分であり、業（わざ）は不要とした。フランスのギュイヨン夫人（一六四八―一七一七）は静観主義を受容し、フェヌロン（一六五一―一七一五）に影響を与えた。

五二　北米における教会の移植と発展

序

北米植民地におけるキリスト教は、欧州のキリスト教から直接影響を受けた。プロテスタント諸教会のうちで改革派教会は、ルター教会と比較して英語圏において非常な発展をとげた。この教会はライン地方の諸都市とフランスに及び、またイングランドとスコットランドに達し、ことにピューリタンを媒介にして北米植民地に発展した。イングランドのチャールズ二世の治世に多くのピューリタンは、彼らの改革の希望が達成できなかったので、北米ことにニューイングランドに渡ったが、彼らのなかには中産階級と下層階級の出身者が多かった。イングランドでクエーカー派に対する為政者の弾圧がことに厳しかったので彼らも北米に移住した。その後種々な教会が北米に発展した。北米キリスト教史の特色の一つは、現地人への伝道を除けば、教会が福音宣教のまだなされていなかった地方に発展したのではなく、欧州の教会が宗教上、政治上、経済上等の理由で移民した者とともにそこに移植されたことである。私は北米における諸教会の移植から独立戦争前後の教会状況について考察しよう。

教会の移植

アングリカン教会は一六〇七年にヴァージニアに移植され、植民地時代を通じて国教会的性格を保った。ニューイングランドにピューリタンであるピルグリム・ファーザーズが一六二〇年に移住し、マサチューセッツへの植民が始まった。一六三〇年にウィンスロップ（一五八八―一六四九）とともに多くの移民がきて、まもなくボストンのコットン（一五八四―一六五二）やドーチェスターのメーザー（一五九六―一六六九）らの指導のもとにマサチューセッツ湾付近に有力な諸教会が建設された。マサチューセッツ植民地の建設者は、ピューリタンに好意をよせるアングリカン教会員であった。

一般にニューイングランドの教会政治は、会衆派教会の制度をとりいれ、神学はカルヴィニズムで、教会と国家の関係はジュネーヴの形態に従って非常に密接であった。この地方では、一七世紀末までは会衆派教会以外の他の教会の教職者は在住することができず、市民権は教会員にだけ与えられた。一六四〇年までにこの地方に少なくとも二万人のピューリタンが移住したと考えられる。教職者養成等の目的をもって一六三六年にハーヴァード大学が創立された。現地人への伝道もなされ、一六四九年にイングランドで最初の伝道協会が創立された。ニューイングランドの初期の会衆主義者は神学的にはイングランドのピューリタンの立場をとり、契約神学（恩恵の神と神への人間の義務とに基づく契約を主張する神学で、選びや予定の神学と対照的な神学）（三二六頁参照）を強調した。一六三一年までにマサチューセッツやその他のピューリタンの植民地において会衆派教会が国教とされ、他のすべての教会を抑圧したり排除しようとした。ピューリタンの植民地における国教制度は米国の他の地方のそれよりも長期間存続した。一六七〇年ころになると、次第にニューイングランドには宗教体験をもたない第二世のキリスト教徒が増加するにつれて、彼らの子女に洗礼を授けるべきかどうかとの問題が起こった。

ロードアイランドは信教の自由を求める人々の移住地となり、クエーカーはとくにここに定住した。中部植民地にはその初期から改革派教会、長老教会、ルター教会、アングリカン教会、ローマ・カトリック教会、メノナイト派、ピューリタン、クエーカー派が存在した。ペンの所領であったペンシルヴァニアは信教の自由を最も大幅に認めた植民地で、クエーカーのほかにバプテスト教会、メノナイト派、ルター教会、改革派教会が到来した。一八世紀にスコットランド系アイルランド人の長老教会が中部植民地をはじめ他の植民地に到来した。一七八五年フリーマン（一七五九―一八三五）のもとに最初のユニテリアン教会がボストンに建設された。

第一次大覚醒運動（第一次信仰復興運動）

一八世紀の北米の最大の宗教運動は第一次大覚醒運動であり、これは種々な段階を経て半世紀以上も続いた。その原因としてフロンティアにおける民衆の疲労、経済的社会的問題、宗教的倫理的生活の低下、啓蒙主義による宗教思想の混乱等をあげることができるが、ドイツの敬虔主義やイングランドのメソヂスト運動の影響もその要因となったであろう。この運動では回心や新生に力点がおかれ、これらが教会加入の条件になり、また倫理生活が強調された。

この運動は一七二六年にフレーリングハイゼン（一六九一―一七四八）の指導のもとにニュージャージーのオランダ改革派教会内に始まった。長老教会のテネント（一七〇三―一七六四）がこの運動に共鳴し、この教会の大覚醒運動の指導者となった。この教会内でこの運動に賛成する者は「ニューサイド」の群を、この運動に反対する者は正しい教理の把握に重点をおいて「オールドサイド」の群をそれぞれ形成し、一七四五年にこの教会は二つの総会に分裂したが、一七五八年に再び統一された。

ニューイングランドの大覚醒運動は、一七三四年から翌年にかけてマサチューセッツのノーサンプトンで会衆派教会のエドワーズ（一七〇三―一七五八）の指導のもとに展開された。彼はカルヴィニズムに立脚し、神の主権と予定とを強調し、『宗教的感情について』（一七四六年）において宗教における感情の正しい位置について論述した。また『自由意志論』（一七五四年）において、人間は神に復帰する自然的能力をもっているが、そのための道徳的能力をもっていないから、これを可能にする神の恩恵を必要とすると論じた。またその遺稿『真の徳の本質』（一七六五年）において真の徳は神への崇高な愛に存し、それは神の賜物であると論じた。彼はマサチューセッツの現地人にも伝道した。彼の神学はニューイングランドの神学思想に非常な影響を与えた。

まもなく大覚醒運動はニューイングランド全土に広がり、この運動に反対する者は「古い光」の群を、賛成する者は「新しい光」の群をそれぞれ形成した。またこの運動への反動としてアルミニウス主義（カルヴィニズムの予定論に反対したアルミニウス《一五六〇—一六〇九》の立場で、人間の自由意志を主張した。ドルトのオランダ改革派教会会議で異端とされ、迫害されたが、一七九五年に信教の自由を獲得した）やユニテリアン主義が会衆派教会のなかに進入してきた。

南方の植民地にもこの運動は展開し、一七五〇年以降にバプテスト教会内にも、またメソヂスト教会内にも起こった。

ニューイングランドのアングリカン教会はこの運動にあまり影響されなかった。というのは南方のこの教会のなかには宗教上の自由主義の傾向が強く、また北方のこの教会には高教会の傾向があったからである。またルター教会も大きな影響は受けなかった。というのは当時のこの教会の発展は、多数のドイツ人移民によるものであり、彼らのなかにはすでに敬虔主義の影響を受けている者がいたからである。北米にきたミューレンバーク（一七一一—一七八七）は敬虔主義と正統主義の調和を意図し、ルター教会の発展に尽力した。

北米（カナダを除く）キリスト教の性格は、欧州の伝統と北米風土からの動的性格との緊張関係によって基礎づけられた。一六九〇年以前に三つの教会類型が北米に移植された。㈠トレルチによれば教会類型に分類できる教会。すなわちローマ・カトリック教会。ルター教会、改革派教会、長老教会、アングリカン教会の、いわゆるプロテスタンティズムの右派と呼ばれるもの。その特色は、一定の教義や礼拝様式を重視し、しばしば国教会の性格をもっていた。教会は新生したキリスト教徒からのみなるものではなく、従ってキリスト教の高度の倫理をすべての教会員に課すことはできなかった。㈡　トレルチによればセクト（分派）類型に分類できる教会で、プロテスタンティズムの左派と呼ばれるもの。この教会では一定の教義や礼拝様式は強調されなかった。教会とは集められた者の群、高度のキリスト教倫理への献身者の群であり、従って国家と教会は分離された。またこの教会では宗教体験や信徒による伝道が重んじられた。バプテスト教会やメソヂスト教会等がこの類型に属し、北米の自由を尊重する風土に適合したので、一九世紀までにそれらの信徒数は、欧州の同じ教会の信徒数をはるかに上まわった。㈢　中間道の教会。すなわち部分的に㈠と㈡の要素をもつ教会で、会衆派教会がこれであった。この教会は新生した群からなる教会の形成を理想とし、ニューイングランドでは初期には国教会であった。しかしのちに㈡に傾き、民主主義を強調した。（スミス、ハンディ、レッチャー『米国キリスト教―資料に基づく歴史解釈―』、以下『スミス、ハンディ、レッチャー』と略記。一巻一〇頁）。のちに米国においては国教会は存在しなくなり、また各教会間の連絡や協調を尊重する傾向が現われたから、その意味では、㈠と㈡と㈢の区別は稀薄となり、従って㈠と㈡と㈢のすべての教会に適用できる教派類型が成立した（三五一頁参照）。

ミードのいうように、北米においては欧州の改革派教会、ルター教会、アングリカン教会、ローマ・カトリック教会のような国教会の建設は不可能であった。というのは移民は、かつて欧州でこれらの教会によって宗教的政治的経済的に圧迫された者であったからであるという。従ってそこでは国教会でないプロテスタント教会、すなわち自由なプロテスタント教会が進出した。（ミード『シカゴ大学講義ノート』）。リチャードソンのいうように、大覚醒運動はフロンティアにおいて重要な役割を果し、教会の伝統に無関心であった者や、しばしば教会と礼典になんの意味も見いだせなかった者に宗教体験とはどのようなものであるかを教えた（リチャードソン『世紀を通じての教会史』二二七頁）。またミードのいうように、一七二〇年ころに始まったこの運動は教派の障壁を越え、大衆の教会の形成に寄与し、この運動の指導者の相互往来もあって、植民地的民族的障壁を破り、この意味でまもなく起こる独立戦争の時の植民地人の団結の形成にも寄与し、またのちの信教の自由の確立にも貢献した（ミード、同）。

独立戦争と教会

北米植民地の独立戦争のおもな原因として英国の政治的経済的圧迫があげられるが、そのために宗教的原因についての探究がしばしば無視されてきた（ハドソン『米国における宗教』八七頁）。この戦争前数十年間に、抵抗権を教えたカルヴィニズムが、北米植民地にかなり浸透していたし、他方理神論がジェファソン（一七四三—一八二六）やフランクリン（一七〇六—一七九〇）をはじめ、この戦争の指導者の間に強力であった。そしてロックが合理的宗教思想と政治思想を結合させた。彼は『統治に関する論文集』（一六九〇年）において、すべての平和を愛する政府は被統治者の同意に基づいて建設されるものであり、自然権である彼らの生命、自由、財産を保護し、これが侵犯される場合に彼らは抵抗権を有すると主張し、この戦争を弁明した。ロックの諸著述は植民地で広く読まれ、彼の宗教的政治的思想はこの戦争の多くの指導者に甚大な影響を与えた。しかし彼の政治思想はほとんどカルヴィニズムの政治思想のなかにすでに存在していたものであり、イングランド国王と議会の抗争の初期にすでに大部分のイングランド人がいだいていた公理ともいうべきものであった。(同、九二―九四頁)。

この戦争に対する各教会の態度について考えよう。アングリカン教会教職者は多少の例外はあるが、これを権威に対する不当な反乱と考えた。しかし南方のこの教会の信徒は強力にこの戦争を支持した。平和主義に立つクエーカー派やメノナイト教会やモラヴィア教会やダンカー派(ドイツ・バプテスト派でオランダやスイスにも伝播。迫害を受けて一七一九年から一七二九年にわたって北米に移住。一九〇八年以来チャーチ・オブ・ブレズレンと称している)は、この戦争に関与しなかった。オランダ改革派教会やドイツ改革派教会やルター教会にはこの戦争を支援しなかった者も多かったが、これらの教会の大多数の会員はこれを支持した。このことはまだ比較的少数であったローマ・カトリック教徒とユダヤ人とについてもいえることである。会衆派教会や長老教会やバプテスト教会がこの戦争に対して与えた支援は重大なものであった。会衆派教会は、人権と民主主義と抵抗権を強調した。長老教会とバプテスト教会との会員は、数個の植民地ですでに法律上無資格者であったから、彼らはこの戦争を支持した。(同、九五―九六頁)。

それでは教職者はこの戦争に対してどのような役割を果たしたのであろうか。ニューイングランドほど読み書きが普及しておらず、また新聞報道に接する機会も少なかったところでは、植民地人は時代の諸問題がどのようなものであるかを知ることができず、これらについて知るためには、説教者による以外には手立てはなかった。説教者は人権について語ったばかりでなく、当時の植民地の艱難は英国の犯した悪に基づくものというより、植民地人の不信仰が招いたものであるとして、悔い改めを訴え、神による赦しと艱難からの救いとを祈るように勧めた。艱難が植民地人の罪に対する罰として考えられる場合でも、人権を擁護することは神の統治に属することであり、従ってこのことはキリスト教徒の義務の一部であると考えられた。それゆえに悔い改めと謙遜への招きは、同時に独立戦争への参加の招きと考えられた。（同、九七―九八頁）。

北米植民地一三州と英国の抗争は、一七七五年の独立戦争の開始となった。翌年独立宣言が発せられ、戦闘は一七八三年まで継続し、一七八七年に米国憲法が制定された。

信教の自由の確立

北米合衆国憲法会議は一七八七年にフィラデルフィアに召集され、一七八九年三月第一水曜日にこの憲法は施行された。その補則第一条に、国教の禁止、言論出版の自由、請願の権利が明記され、また国会は国教に関してどのような法律も制定してはならないし、宗教の自由な礼拝を禁止してはならないとある。ここに信教の自由と、国家と教会の分離が確立されたが、信教の自由とはどのようなことであったのか。㈠　特定の宗教的見解の宣伝のためにこの宗教を財政的に支えるように、国家は市民を強制するどのような権利ももっていない。㈡　市民権は市民の宗教的見解に依存しているのではない。㈢　公職採用のための資格は宗教的見解を告白したり、あるいは告白しないことによって制限されるべきではない。㈣　市民は礼拝する自由、また礼拝しない自由を有している。㈤　市民は宗教に関する見解を表明する自由をもっているが、また反宗教的見解を表明する自由ももっている。

ウォーカーのいうように、宗教的寛容令はすでに欧州のある国々、ことにオランダやイングランドにおいて存在したが、国家的原理としての宗教的自由の容認は初めてのことであった（ウォーカー、四七二頁）。信教の自由の確立の原因として、多くの教会教派による相互牽制、欧州の国教会の存続の困難、労働力の低い植民地における営利的目的に基づく宗教的相違の軽視、イングランドにおける宗教的寛容の発展、メノナイト派やダンカー派やバプテスト教会やクエーカー派の宗教的自由の強調、ロードアイランドやペンシルヴァニアの植民地が宗教的一致や国教がなくても存在が可能であったこと、信仰復興運動による植民地的民族的教派的障壁の打破、理神論者を含めて啓蒙主義者による宗教的自由の強調等をあげることができる。

欧州の教会や教派からの独立

米国の独立はこの国の教会や教派に新しい課題、すなわち欧州の教会や教派から独立するための再組織の問題を課した。独立戦争で最も打撃を受けたのはアングリカン教会であり、一八七五年にプロテスタント監督教会を創立した。メソヂスト教会は一七八四年にメソヂスト監督教会を創立した。オランダ改革派教会やドイツ改革派教会はオランダの教会に依存していたが、それぞれ一七九二年と翌年に独立した。ローマ・カトリック教会は教皇庁との関係は断たないで、一七九一年に第一回ローマ・カトリック教会総会を開催した。会衆派教会、バプテスト教会、クエーカー派はすでに独立していたから、この戦争による組織上の影響は受けなかった。長老教会はすでに独立していたが、再組織された。ルター教会はすでに独立していたが、独立戦争時に組織化された。モラヴィア教会は依然としてヘルンフートとの緊密な関係にあり、一九世紀になって初めて米国モラヴィア教会として独立した。

この時期に米国に新しく生まれた教派はユニヴァーサリスト教会であった。この教会の創立者ミューレイ（一七四一―一八一五）は、イングランドで普遍的救済（最終的にはすべての人間が救われる）を説くレリー（一七二二ころ―一七七八）から影響を受け、キリストは選ばれた限定された人々の罪のためにではなく、すべての人々のために十分な償いをしたこと、また審判の時、神の恩恵に対するすべての不信仰が消滅し、すべての人々が祝福にあずかると主張し、選びの教理に立つカルヴィニズムに反対した。

五三　啓蒙的絶対主義王政と教会

序

一八世紀に欧州の諸国は啓蒙主義に立つ独裁君主によって支配され、国家と教会は非常な緊張関係にあった。中部イタリアを分断している広大な教皇領においては、教会である国家と、国家である教会が存在した。教皇は、諸国の君主と世俗的また霊的関係を保っていた。それゆえに彼は、それらの君主から抑圧された。はじめに教皇統治について考え、そののちにフランスとロシア以外の諸国における国家と教会の関係について考えよう。(クラッグ『教会と理性の時代―一六四八―一七八九』二〇九頁)。

教皇領

当時教皇領の統治者である教皇は一般に老齢であり、貪欲な親族によってかこまれていた。教皇領のおもな管理者らは教職者であって経済に疎く、その政策には一貫性がなかったので、ここは未開地であるうえに貧困と圧政が存在した。教皇庁の財政の困窮は甚しかった。啓蒙主義君主のようにベネディクトゥス一四世(在位一七四〇―一七五八)は財政の再建のために努力し、また文学と芸術と教育と研究との向上に尽力した。彼は精神的な世界的指導者というよりもしばしばイタリア公と考えられた。国際政治に関して教皇らにはもはや発言権はなく、この二世紀間に教皇庁の政治的威信はかってないほど低下した。(同、二〇八―二一二頁)。

プロイセン

フリードリヒ大帝(在位一七四〇―一七八六)は、一八世紀半ばまでに啓蒙主義君主として顕著な立場を確立した。プロイセンは絶対主義王政に立脚する国家として外見的には最高の恩沢に浴しているように見えたが、現実はこれに反していた。フリードリヒは、国家機構を国民への奉仕の観点から効率の高いものとし、また軍隊の規律のようなものによって国民生活を律しようとした。彼は農民の生活の改善を願ったが、事実はこれに反して農奴が増加した。彼は拷問を廃止し、教育を促進し、富国強兵策をとった。彼はキリスト教にはなんの共感をも示さなかった。彼によれば、信仰生活とは国家への奉仕に生きることであった。彼は寛容を強調したが、このことは、彼がすべての宗教信仰は一様に愚かしいものであると考えたからである。（同、二二八頁）。

ドイツ

ドイツの小さな諸州においては統治形態には種々性があった。ある州は啓蒙主義的支配体制をとり、他の州はそうではなかった。諸選帝侯の諸州では伝統的思想と生活様式との啓蒙主義的影響は他の州よりも弱かったけれども、これらの州においても新しい思想が生まれた。すなわち教会の本質と権威の起源とに関する真剣な問いかけがあった。そして一七六三年ホンタイム（一七〇一―一七九〇。トリエル副司教）がフェブロニウス（彼の理論をフェブロニウス主義という）の仮名のもとに『教会の状態とローマ教皇の正当な権力について』を公にしたが、これは啓蒙主義の精神をよく表わしている。彼は教皇を教会の頭として認めるものの、教皇は無謬ではなく、全教会や一般教会会議に服従しなければならないとし、また教皇の世俗的権力を否定した。彼はカトリック教会の反集権化を意図していたので、当時の多くの国々に起こった国家の独立を望む者らの意にかなった。「コブレンツ条項」に署名した三人のラインランド選帝侯は、教皇庁の強奪に反対した。（同、二二八―二二九頁）。マインツ、トリエル、コローニュ、ザルツブルクの四人の大司教は、一七八六年にエムス会議でフェブロニウス主義に基づきドイツからの教皇庁への提訴の抑制、ドイツ司教によって受容されるまでは教皇勅書等は拘束力をもたないこと、などを協定した（「エムス協定」）。しかし司教らはこの協定に大司教の権力の拡大の意図が存すると解釈して、これを拒否した。

オーストリア

マリア・テレジア（大公一七四〇―一七八〇）は熱心なキリスト教徒で、国教であるカトリック教会を保護し、刑法を修正するとともに、拷問を緩和し、国家による教育の実施のために尽力し、啓蒙主義者として君臨した。ヨーゼフ二世（オーストリアおよび神聖ローマ帝国皇帝在位一七六五―一七九〇）は、母テレジアが始めた改革を熱心に遂行し、法律と行政を刷新し、世俗的基盤に立つ義務教育を計画した。一七八一年に発布された「寛容令」において彼は国教であるローマ・カトリック教会の支配的立場を認め、公の礼拝をこの教会だけが執行することができるとしたが、ルター教会や改革派やギリシア正教会会員には私的な礼拝の執行の権利を認めた。またこの「寛容令」において彼は非国教徒にも市民権を与えたが、理神論者やユニテリアン主義者にはなんの特権も与えず、ユダヤ人にもほとんど特権を与えなかった。この「寛容令」に教皇は反対した。またヨーゼフは五つの神学校を創設し、神学教育を国策のもとにおいた。合計二一六三の修道院のうち七〇〇以上が圧迫を受けた。修道士の数は六万五〇〇〇人から二万七〇〇〇人に減じた。ただ教育とか病人の看護等のために働く修道会だけが存続できた。彼の後継者レオポルト二世（オーストリアおよび神聖ローマ帝国皇帝在位一七九〇―一七九二）も啓蒙主義に立ち、ヨーゼフのように、君主は教会の業を指導し監督する権利と義務とを有していると考えた。しかし彼は教会権力に対して許容できる限度以上に干渉した。彼は異端審問所から文書検閲権を剝奪し、異端審問所の反対に直面してこれを弾圧したが、のちにある程度異端審問所の復興を許可した。彼は教職者の収入に課税し、またローマへの財源の流出を制限した。さらにこの国への教皇庁の勢力を弱めた。(同、二二二―二二五頁)。

北欧諸国やスペインやポルトガルにおいても啓蒙的絶対主義国家が、種々相はあったけれども教会政策に取りくんだ。

改革を意図する啓蒙的絶対主義国家のうち、カトリック教会の優勢な国々では、教皇庁とカトリック教会との結合が弱められ、この教会は国家に従属する傾向を示し、国家は修道院や修道会を圧迫し、教会財産を没収した。このようなことは啓蒙主義精神の表われであった。

五四　フランス革命とローマ・カトリック教会

序

フランス革命発生直前のフランスのローマ・カトリック教会の状況はどのようなものであり、この革命によって教会はどのように変化をしたのかを探究しようとする。革命前のフランスの思想的状況についてはすでに「啓蒙主義とキリスト教思想」の項で述べたから省略する。

宗教的状況

㈠ 教会は巨大な富をもち、そのうえ免税の特権ももっていた。教会だけが教育と医療に携わっていた。㈡ 一八世紀にフランスではキリスト教は単なる道徳にすぎないようになり、顕著な信仰復興運動はなかった。㈢ 教職者は特権階級に属し、ナントの勅令廃止後カトリック教徒だけが市民権をもっていた。㈣ 修道院（女子修道院を含む）は依然として多く、男子修道士の生活は低調であり、その数も減少しつつあった。㈤ フランスにおいて高位教職者は、イングランドと比較して貴族によって独占されることが非常に多く、司教は文化人であったとはいうものの教区の牧会よりも教会政治に関心を奪われていた。彼らは秘跡の執行以上に司教区の行政に忙しく、豪華な生活を営み、たびたび司教区を留守にした。教区司祭は一般に貧しかったが、尊敬を受けていた。従って革命の初期に彼らはこれを歓迎した。㈥ 教職者は信徒と同様に啓蒙主義的思想や文学にとりつかれ、人権の研究に励んだ。このようにしてのちに「教職者民事基本法」を多くの教職者が受容する基盤がつくられた。㈦ 信徒は教会の権利の乱用を批判した。しかし信徒のうちの知識人のなかにはパリやその他の教会管区の中心地で、ヴォルテール的懐疑論と不信仰に立つものが多かった。革命直前の教会は全く腐敗した教会というわけではなかったが、無気力な教会であったといえよう。社会一般は教会の権利の乱用の除去と合理的改革とを希望していた。

革命の第一段階（一七八九―一七九二）

国民議会は普遍的人権とともに宗教的寛容を宣言したが、革命政府は一七八九年に教会の十分の一税を廃止し、財的裏づけを必要とした国家は同年全教会の財産の国有化を宣言し、すべての修道会と修道院の解散を命じた。一七九〇年に「教職者民事基本法」が発布されたが、その内容は㈠教会教区は行政区の分割に従い、後者と同一になり、その結果一三五から八五に削減された。㈡教職者は国家公務員となった。㈢教皇はフランスのカトリック教会（ガリカン教会、三九一頁参照）になんらの権威ももたなくなった。すなわち教皇はただ名誉上の優位を保つにすぎなくなった。㈣司教座聖堂参事会と大司教職は廃止された。しかし首都司教職は存続した。㈤司教はその司教区の選挙民によって選挙され、教皇ではなく首都司教あるいは先任司教の確認をえなければならなかった。主任司祭は小教区において選挙民によって選挙された。

「教職者民事基本法」はルイ一六世（在位一七七四―一七九二）によって承認されたが、このことは教皇の権威を承認していたカトリック教徒に混乱と不安を与えた。さらに、すべての司教と主任司祭にこの法律の受容への宣誓を義務づけるもう一つの法律を、ルイは不本意ながら承認した。教皇はまだこの「教職者民事基本法」に対する態度表明を保留していたので（のちに一七九一年に教皇はこれを否定した）、司教や主任司祭は教皇の意志について不明のまま宣誓の可否について決断しなければならなかった。推測によると宣誓した者と拒否した者の数は、それぞれ約三万人であり、従ってフランスの教会は二分され、この状態が一〇年間続いた。司教のほとんどは非宣誓者で彼らの大部分は移民となったが、その補充は選挙によってなされた。初めのうちは非宣誓者はその職務を遂行することがゆるされたが、革命の激化とともに彼らは狂信者また反動家として取り扱われ、多くの者は追放され、なかには虐殺された者もいた。

第二段階

この時期（一七九二―一七九五）は恐怖時代で教会に対する攻撃はキリスト教に対する攻撃となり、キリスト教暦年の廃止、キリスト教の祝祭の禁止、女神であるとされた理性の殿堂への教会堂の変容となった。ロベスピエールのもとで国民議会はある至高なものの実在と不死を承認した。一七九五年に国家と教会の分離が立法化され、義務教育が施行された。もはやカトリック教会はフランスの国教ではなくなったが、それを根絶しようとするすべての試みにもかかわらずフランス人一般の精神生活のなかに生き続けた。とはいえ「教職者民事基本法」宣誓者、教皇に従う教職者、共和制を支持する教職者、国王を支持する教職者等の間で種々な反目があり、また反教職主義者と反キリスト教主義者が政府の内外にあったので、この教会の将来は多難であった。

ナポレオンの教会政策

ナポレオン（フランス皇帝一八〇四―一八一四、一八一五）がどの程度のカトリック教徒であったかは未解決の問題であるが、彼は少くとも宗教が国の統一と一致に寄与すると考えて教会の統一をもたらそうとした。従って上述した宣誓者と非宣誓者との分裂をいやし、また教皇の協力を求めようとした。

(一)「教政条約」　この教政条約は一八〇一年にナポレオンとピウス七世（在位一八〇〇―一八二三）の間に締結されたが、ナポレオンはこの締結のための主導権を握った。これによれば、カトリック教会はフランスの国教で、その国民の大部分の信仰であること（厳密には国教ではない）、大司教や司教は政府が任命し、教皇が確認すること、他の教職者は司教が任命すること、教職者は国家から俸給を支給されること、教皇は十分の一税の廃止を承認し、革命政府が没収した教会財産の現在の所有者の権利を承認すること（ミルプト、五五八）となった。この条約は一九〇五年まで有効であって、教皇庁に対するフランスの関係を決定づけた。

(二)「基本条項」　ナポレオンは一八〇二年に「基本条項」（ミルプト、五五九）をつけて「教政条約」を発布したが、このことは教皇の意外とするところであった。この規則によれば、すべての神学校においてガリカニズム（一般にある国、ことに、フランスにおいて、教皇庁からのその国のローマ・カトリック教会の自由を主張する立場、教皇権制限主義）を教えること、教会のすべての集会は、教区総会にしろ全国大会にしろ政府の許可を必要とすること、すべての教皇の書簡や教会会議の法令は公表前に政府の検閲を受けることが命じられた。教皇はこれに反対し、また他の事件も加わってナポレオンを破門したが、彼は教皇を捕えて五年間幽閉し、教皇領も占領した。彼のこのような行為はカトリック教徒の間に強い反感をよび起こした。

五五　啓蒙主義克服の試み

序

啓蒙主義の克服のための努力が哲学や神学の領域においてもなされたが、このことに関して私はカント、シュライエルマッハー、ヘーゲルについて述べたい。

カント

ヒュームの懐疑論によって覚醒したカント（一七二四―一八〇四）は『純粋理性批判』（一七八一年）において理性の限界を明らかにするとともに信仰のための場所をあけた。彼によれば、時間と空間においてわれわれに与えられる対象の表象を悟性（その内容は範疇表に明らかである）によって綜合するところに認識が成立する。われわれの認識は対象から生じるのではなく、逆に対象が、われわれのなかに先天的に存在する時間と空間とに関する直観（感覚）を媒介にして悟性によって綜合されるところに、対象の経験的認識が可能になる。これが認識論においてコペルニクス的転回とよばれるものである。従って彼によれば、霊魂の不滅、意志の自由、神の存在という理念は無制約的なものであるから、これらの理念に対応する対象は時間と空間のなかに現われえない。それ故にこれらの観念の伝統的な形而上学的認識は成立しない。しかし彼は『実践理性批判』（一七八八年）においてこれら三つの理念は、実践理性から要請されることを明らかにした。彼は、われわれの意志の格率（客観的原理であり義務）が常に同時に普遍的原理として妥当するように行為せよという。われわれは有限な人生において義務を遂行することは不可能であるから、義務の完成のためには霊魂の不滅が考えられ（要請され）なければならない。また義務の遂行を決意する意志は、この世のすべての名利から解放されているものでなければならないから、そこに意志の自由が考えられ（要請され）なければならない。さらにこの世における義務の遂行に対する報いが存するにちがいないから、これを与える神が考えられ（要請され）なければならない。彼は『単なる理性の限界内における宗教』（一七九三年）において、人間における根本悪、善と悪との原理の抗争、善の原理の勝利と地上における神の国の建設等について論じた。彼の宗教思想は倫理の枠内に存したといいうるであろうし、そこには神秘体験とか救済者の必要性は存しなかったが、彼は敬虔主義から影響を受けた哲学者であった。

シュライエルマッハー

青年時代に家庭と学校で敬虔主義の影響を受けたシュライエルマッハー（一七六八―一八三四）は、カントから宗教を形而上学から解放することを学んだが、彼にとって宗教とは感情とか直観に基づくものであった。また彼はスピノーザの汎神論からも学んだ。

彼は『宗教論―宗教の嘲笑者のうちの教養人への講演』（一七九九年）において、宗教は人間の優れた心の底からおのずから湧きあがるものであり、人間には無限なものへの感情、無限なものに対するあこがれや畏敬の念、無限なものを直観しようとする欲望が存する。そして宗教の本質は思惟でも（ヘーゲルへの反論）道徳でもなく（カントへの反論）、直観と感情である。宗教は宇宙（シュライエルマッハーにおいてこれは自然的歴史的社会的総体と考えられる）を直観しようとし、宇宙自身の表現と行為とのなかで敬虔の念をもって宇宙に耳を傾けようとする。彼において直観と感情は分離されていないものであり、両者は本来一つである。彼は、「空の鳥をみるがよい。まくことも、刈ることもせず、倉に取り入れることもしない。それだのに、あなたがたの天の父は彼らを養っていて下さる。だから思いわずらうな」（マタイ六・二五―三四）とのイエスの教えのなかに、人生についての喜ばしい見方、快活なほがらかな感能が存するといい、これは宗教の偉大な先達の一人が自然への直観からえた最高のものであったという（『宗教論』佐野勝也訳、七七頁）。

彼にとって罪とはこのような直観の欠如であり、完全な直観を所有したイエスにくることによってこの欠如が補われるのであり、ここに救済がある。彼は宇宙を直観するためには人間は、まず人間性を発見しなければならないという。このことは『宗教論』にも彼の『独白録』（一八〇〇年）にも記されている。人間性とは間断のない活動によって互いにからみ合い、相互に依存しあっているものであり、自分の力で動いているものはなく、また自分のみで動かしているものもない。それ故に人間には謙遜であることがふさわしく、ここに自分と同様に人間性をもつ他者への愛が生まれる。彼は、体系欲は冷ややかな単一性に陥るものであり、ついには闘争したり迫害したりしなければならないものであるといい、このような観点から戦争に反対する。無限なものにおいてはすべての有限なものがなんら妨げられないで併立し、すべてが一であり、すべてが真理である。永遠なものを真に見る者は、常に静かな心をもって自分自身あるいは無限者とともにある。彼の『キリスト教信仰』（一八二一—一八二二年）においてこの信仰は絶対依存の感情であることが明らかにされる。彼の永遠へのあこがれの感情、宇宙に対する直観から学ぶべきものは多く、ディルタイは彼から影響を受けている。

なお『宗教論』第五講「諸宗教について」は、今後ますます重要になると考えられるキリスト教と他宗教との対話という問題に示唆を与えるであろう。

ヘーゲル

ヘーゲル（一七七〇—一八三一）は理性と宗教との調和、哲学と神学との調和を意図した。その哲学は精神哲学であり、その対象である絶対者は絶対精神である。彼によれば実在すなわち神は、思考によって客観的に把握することができる。従って哲学と宗教とは同一の内容、すなわち絶対精神としての神を対象とする。彼は理性主義に立って宗教と神学を調和させようとし、従って歴史的宗教を哲学思想としてしまった。

カントとシュライエルマッハーとヘーゲルは、のちの自由主義神学（五二九頁参照）の道備えをしたといえるであろう。

五六　フランスの自由主義カトリック運動

序

フランスにおける王政復古（一八一五―一八三〇）によっても、革命前の教会の巨大な財産と特権とは回復されず、教会と国家の関係は依然として一八〇一年の教政条約によって規定されていた。七月革命（一八三〇年）は反教職者的性格をもつものであったが、ピウス八世（在位一八二九―一八三〇）はルイ・フィリップ（在位一八三〇―一八四八）の新政体を直ぐに承認した。新憲法においてもはやカトリック教会は国教ではないが、大部分のフランス人の宗教として認められ、この教会とこれ以外の諸教派との教職者に国家が従来通り給与を支払うことになった。また新政府は従来通り司教の任命権を含む伝統的ガリカン的（ガリア的、すなわち国粋的）特権を保持しようとした。このような事態にカトリック教徒はどのように対処したのであったのか。（ヴィドラー『革命の時代の教会』、以下ヴィドラーと略記。六八―六九頁）。

ラムネの自由主義カトリック運動

上述した状況下で修道院長ラムネ（一七八二―一八五四）の指導のもとに自由主義カトリ

ック運動が展開されたが、すべての自由主義者が教皇の政治権力に反対していた時にこのような運動を展開したことは驚くべきことである。彼は教皇権至上主義者で自由主義カトリック教徒であった。彼は、教会は政府からの特権や保護を放棄し、国家から独立することによって自由を獲得できるし、また教会は宣教に関して教皇の指導を受けなければならないとした。教会が精神的に発展することができる自由な教会であるためには、自由を尊重する政権を歓迎するともいった。ルイ・フィリップの新政府は出版の自由を認めたので、ラムネは機関紙『未来（ラヴニール）』を発刊した。彼の協力者に修道院長ラコルデール（一八〇二―一八六一）とモンタランベール（一八一〇―一八七〇）がいた。『未来』は王権神授説を拒否し、主権在民、良心の自由、政教分離、政府による教職者への給与支払いの禁止、教育と出版の自由を主張した。またそれは教皇がどのような世俗的権力にも依存せず、霊的権威にのみ立って立憲的自由と道徳的再生に基づくこの世界の新秩序の建設に寄与すべきであると主張したが、このことを教皇庁に期待することはできなかった。司教の一部が彼に反対したので、『未来』の頒布が不可能になり、またこの雑誌の主張が革命的で危険であると考えた政府もその続刊を支援しなかったので、これは一三ヵ月間しか続かなかったが、教職者や信徒に影響を与えた。グレゴリウス一六世（在位一八三一―一八四六）は一八三二年に回勅「ミラーリ・ヴォス（汝らを驚かしめ）」を発して、『未来』の政教分離や、信教と言論の自由等の主張を非難した。まもなくラムネは教会から去り、共和主義者、民主主義者として民衆のために働き、ラコルデールやモンタランベールは教会にとどまった。

自由主義カトリック運動は、その初期のうちは教皇権至上主義と両立することができたが、のちに両者は分離し、ついにはこの運動は終りをつげる。(同、六九—七二頁)。

五七　ピウス九世の信仰箇条宣言

序

カトリック教会の歴史の転回期を構成したピウス九世(在位一八四六—一八七八)は、国家主義や啓蒙主義や自由主義と闘い、教皇権至上主義(ウルトラモンタニズム、字義的には山を越えての意。アルプスの向う側にいる教皇への誠意を示す意)を確立したが、これは「マリアの無原罪の懐胎」の教義の宣言、「謬説表」の回勅の発布、「教皇不可謬性」の教義の決定となって表われた。

「マリアの無原罪の懐胎」

教会におけるマリア崇敬はかなり古い時代から存在し、イエスの母マリアを「神の母」と呼ぶことは古代教会において始まった。アウグスティヌスは原罪を否定したペラギウスに反対して、原罪は生殖によって子孫に伝わると主張したが、マリアについては特別な恩恵が与えられたとし、マリアには生来原罪は存在しなかったと主張した。トマスもマリアの無原罪の信仰を説き、フランシスコ修道会も非常にマリア崇敬を奨励した。トリエント会議もマリアの無原罪を確認した。そしてベネディクトゥス一四世は、マリアの無原罪の信仰はまだ信仰箇条として制定されていないことを明らかにした。多くの司教やイエズス会の人々から、これを信仰箇条として制定することの請願がグレゴリウス一六世に対してなされた。ピウス九世が教皇に就任し教義制定準備委員会を組織した。この委員会は聖書に明白な記述がなくてもそれが明白に教会の伝統であれば、教義の決定には十分であるとし、また伝統であるかどうかについてはある時代から一定数の証拠があげられれば、伝統として証明されるとした。なかにはパリ大司教のように信仰制定について慎重論を説いた者もいた。ピウスは四〇人の司教をローマに招いて相談し、一八五四年に大勅書「マリアの無原罪の懐胎」（ミルプト、五九六、ベッテンソン、三七三―三七四頁）を教義として宣言したので、ローマ・カトリック教会においてはこれは信じなければならない教義となった。しかし、自由主義カトリック教徒のなかにはこれに反対した者もいた。これにはこの教義の内容上からの理由もあったが、キリスト教史上重要なことは、会議を開くことなくして、ピウスが信仰箇条の宣言をしたことであり、このことは信仰箇条に関する教皇宣言は無謬であることを明らかにしたからである。この信仰箇条制定四年後フランスのピレネー山中の寒村ルルドの近くの洞窟でマリアが一四歳の少女ベルナデッタ（一八四四―一八七九）に現われ、「わたしは汚(けが)れなきやどりである」と伝え、このことが一八回に及んだ。それ以来この地への巡礼は跡をたたない。

一九五〇年の聖年にピウス一二世（在位一九三九―一九五八）は、「聖母マリアの被昇天」を教義として宣言した。これは地上の生涯を終えたマリアの霊魂と肉体が共に昇天したということである。このことは、マリアは生来原罪をもっていなかったとの教義の当然の帰結であった。

「謬説表」の発布

ピウス九世は一八六四年回勅によって自由主義と国家主義等に関する「謬説表」(ミルプト、六〇二、ベッテンソン、三七四―三七六頁)を発布した。これにおいて汎神論、合理主義、社会主義、聖書協会、政教分離への反対を表明した。これについてビスマルク(一八一五―一八九八)は、これが実施されるとすべての世俗的国家権力に動揺が与えられるといった。

この回勅は、啓蒙主義の影響を受けたフランス革命と啓蒙的絶対主義王政とから打撃を受けたカトリック教会の対応策であったばかりでなく、この教会の思想や政治に関する態度表明でもあった。

「教皇不可謬性」の教義

一八七〇年に開催された第一回ヴァチカン会議において、教皇の不可謬性に関して激論が交わされたが、ついに五三一票対二票でもってこれを教義とすることが決定した。少数の反対者は投票前に教皇の許可をえて帰国し、また反対した二名の司教もまもなく賛成した。そこで教皇はみずからの不可謬性に関する教義(ベッテンソン、三七六頁)を朗読した。それによると、教皇が教皇の座から(ex cathedra)、いいかえれば、全キリスト教徒の牧者、教師として最高の使徒的権威に立って、教会によって守られるべき信仰または道徳に関する教理を定義する時、ペテロにおいて教皇に約束された神の助力によって、彼は不可謬性を付与されているというのである。この教義の決定に最も強硬に反対したミュンヘンの歴史家デリンガー（一七九九―一八九〇）は破門されたが、彼は分派は形成しなかった。他の者が分派すなわち古カトリック教会を形成し、これはドイツ、スイス、オーストリアなどに発展し、その会員数は現在一〇万人余である。レヴェニッヒが批判するように、この教義において神にのみ属することがらが人間的制度に帰されている（レヴェニッヒ『教会史概論』赤木善光訳、四三五頁）。

文化闘争

これは文化へのローマ・カトリック教会の支配に反対する闘争を意味し、「謬説表」の発布後五〇年間ドイツ、フランス、イタリアおよびカトリック教会の支配的な国々に起こった。文明を攻撃したピウス九世以後もレオ一三世やピウス一〇世（在位一九〇三―一九一四）によって第一次大戦まで種々相はあるが、文明への批判がなされた。文化闘争の発祥地であるドイツにおいてビスマルクは、一八七一年に「説教壇条項」（説教壇の政治目的への使用の禁止）、一八七二年に「プロイセン学校管理法」（教育制度の管理を教会から国家へ移管すること）、一八七三年の「五月法」（教会教職者となるための国家試験の施行）、一八七五年の「五月法」（宗教的儀式によらない民法上の結婚の有効性）を発し、また一八七二年にイエズス会を解散させた。しかし彼はカトリック教徒の激しい抵抗にあいなどして、イエズス会の禁止と民法上の結婚に関するもの以外のほとんどの反カトリック的法律を廃止した。

教皇領の喪失

「教皇不可謬性」が宣言された翌日一八七〇年七月一九日にナポレオン三世（在位一八五二―一八七〇）はプロイセンに対する宣戦布告をした。これにともなってフランス軍がローマから撤退し、イタリア人が教皇領であるローマに侵入し、まもなく国民投票によってローマはイタリアに属するようになり、一九二九年まで教皇は教皇領を喪失し、彼は「ヴァチカンの捕囚」の地位に甘んじた。イタリア王国は一八七一年に教皇の権利と財産を定めた「保証法」を発布した。

五八　英国の教会とオックスフォード運動

序

フランス革命とナポレオン戦争は英国の教会に衝撃を与え、教会内に保守的傾向が強まった。従ってイングランドにおいては一七九〇年ころから約四〇年間非国教徒やカトリック教徒に対する圧迫が続いた。しかしこの圧迫はどのようにして緩和されていったのであろうか。また今日でも紛争の続く北アイルランドの宗教事情はどのようなものであったか。さらに復古運動とも考えられるオックスフォード運動の経過と意義について、また保守的傾向と反対の立場に立つスコットランドの自由教会について考えたい。

アングリカン教会

この時期のアングリカン教会の信仰理解には多様性が存在し、福音主義者と高教会主義者といわゆる自由主義者がいた。福音主義者としてシメオン（一七五九―一八三六。キリストの贖いの死における回心と信仰とを強調）、クラファム派（ヴェン《一七五九―一八一三》、ウィルバフォース《一七五九―一八三三》らがこれに属し、キリスト教徒の敬虔な生活や社会事業や奴隷制度廃止を強調）、他の諸団体（「教会宣教協会」、「英国・国外聖書協会」「ユダヤ人伝道ロンドン協会」等）をあげることができる。高教会主義者は神学的関心が強く、その代表者としてワットソン（一七七一―一八五五）をあげることができるが、彼らはイエス・キリストの贖いの死よりもむしろ受肉を中心的教義と考え、人道的運動を支持し、急激な人口増加に対応して約一〇〇の新教会の設立と困窮者の教育のために尽力した。いわゆる自由主義者のなかには、スミス（一七七一―一八四五）のように政治と宗教に関して自由主義的見解に立ち、弱者や被迫害者のために論じた者もいたが、彼らのうち最も顕著なものはオックスフォードのオリエル大学を中心とした群で、これは批判的学問の復興の指導にあたるとともに、教会の使命に対する深い自覚をもっていた。（ヴィドラー、三六―四〇頁）。

諸分離派

一八世紀の諸分離派すなわち会衆派教会、バプテスト教会、長老教会（大部分はユニテリアン派となった）は、多くの点でアングリカン教会と同様に、理性の時代に適応するものであって、常識的で、熱情を嫌悪する教会となっていた。従ってメソヂスト派のもつ熱情には批判的であったが、ついにはこの派の影響を受け、一八世紀末に外国宣教と博愛運動に関係するようになった。そして一九世紀の初期四半世紀に「審査令」の廃止運動に加わり、一八二八年のその廃止に伴い、諸分離派に属する者も国会議員をはじめ公職に就任する権利を獲得したが、なお多くの差別待遇を受け、例えば彼らは古い歴史をもつ大学すなわちオックスフォード大学やケンブリッジ大学に入学することはできなかった。この世紀を通じて彼らと国教会に属する者との摩擦はますます激しくなった。（同、四〇—四一頁）。

メソヂスト派

メソヂスト派はジョン・ウェズリの在世中はアングリカン教会から分離しなかったが、のちに三つの教派すなわちウェズリアン・メソヂスト教会（教会的政治的社会的に保守的）、プリミティヴ・メソヂスト教会（民主的で、政治的には急進的）、メソヂスト合同教会となったが、メソヂスト派は非国教的諸教会のうちで最も影響力のあるものとなった。（同、四一頁）。

ローマ・カトリック教会

一八世紀末イングランドのローマ・カトリック教徒の数は全人口の一パーセント位で、彼らは政治的にも経済的にも差別を受け、貧しく悲惨な生活を送っていた。しかしフランスから宗教的迫害を逃れて移住してきた多くのカトリック教徒を国家が保護したことが契機となって、カトリック教徒の政治的差別からの解放が促進された。そして一八二八年に「審査令」が廃止され、翌年「カトリック解放令」が施行され、彼らは国会議員をはじめ官吏に就任することができるようになった。(同、四二―四四頁)。

北アイルランドの宗教事情

北アイルランドは数世紀にわたり英国の植民地的存在であり、北部の住民の多数はプロテスタント教徒であったが、南部では大多数がカトリック教徒であった。カトリック教徒は前述の「カトリック解放令」成立のために闘った。北アイルランドでは、プロテスタント教徒が政治経済の実権をにぎり続け、他方少教派のカトリック教徒は政治的経済的差別を受けてきたので、両教徒の争闘が始まり現在にいたっている。

オックスフォード運動

一八三三年にアングリカン教会内に高教会主義の復興運動ともいうべきオックスフォード運動が、オックスフォードに起こって、一八四五年まで続いた。この運動の代表者はケーブ

八二）であった。この運動の原因として教会生活の低下、自由神学の普及に対する憂慮、原始キリスト教や中世キリスト教への関心の増大、「カトリック解放令」発布に伴うアングリカン教会員のカトリック教会への復帰の懸念をあげることができる。

一八三三年ケーブルは説教『国家の背信』によって、アイルランドの一〇の司教区への政府の圧迫はエラストゥス主義（教会のことがらに関しても国家は裁治権を有するとのエラストゥス《一五二四—一五八三》の説）による教会への冒瀆であると論じた。このような圧迫は、教会自体がその神的起源や権威や使命に関する自覚を失った時に起こった。この運動は「現代の小冊子（トラクト）」を発行するようになったので、トラクテリアン運動ともよばれるが、一つの公同の使徒的教会の権威について語った。これは九〇冊発行され、アングリカン教会の典礼と組織に革新をもたらした。この運動は教会の本質と神学に関する教職者の関心を喚起することができた。しかしこの運動は学問的、教職者向きの、保守的運動であり、教養人に訴えたとはいえ、当時急増過程にあった労働者階級のなかから多くの共鳴者は起こらず、アングリカン教会がこの階級に浸透するには、のちのキリスト教社会運動をまたねばならなかった。

やがてニューマンは、ローマ・カトリック教会は新約聖書と教父らとの正統な後継者であるとの自覚に達し、この教会に転会した。この転会は衝撃的な出来事ではあったが、オックスフォード運動は、ケーブルとピュージの指導のもとにオックスフォード以外の広い地域に及び、イングランドの教会の礼拝、教理、教会建築、とくに教会観に影響を与えた。

スコットランドの教会

スコットランドの長老教会はアングリカン教会と比較すると反エラストゥス主義の傾向が強かったが、このことはこの教会の歴史からも影響を受けている（同、五六頁）。この教会の福音主義者は国教制度のもとでは自由を守ることは不可能であることを知り、一八四三年にスコットランド自由教会を創設し、シャルマーズ（一七八〇―一八四七）を総会議長とした。この教会に国教会の約三分の一の会員が転会し、国内外への宣教に熱意を示した。（同、六〇―六一頁）。

キャンベル（一八〇〇―一八七二）は長老教会に所属していたが、カルヴィニズムを放棄して万人救済説を主張したので、この教会から追放され独立教会を創設した。アーヴィング（一七九二―一八三四）は、かつてキャンベルのロウ牧会区で、使徒時代の教会における聖霊の賜物の付与とは、キリストのからだの付与であるということが強調されているのを知った。ロウやその他の地方で奇跡的いやしと異言が突発し、このことに多くのスコットランド人は関心を寄せたが、一八三二年ロンドンのアーヴィングの教会にも同様の現象が発生した。彼は、キリストは自分自身を人間性と同一視したと説いたので、キリストの人間性に罪が存すると彼は考えていると受けとめられ、異端の嫌疑で一八三三年にスコットランド長老教会から追放された。彼の追随者らはカトリック使徒教会を創設した。この教会は二〇世紀のペンテコステ運動の先駆者の一つと考えることができる。（同、六四―六六頁）。キャンベルとアーヴィングの歩んだ道はそれぞれ異なるが、彼らは一様にキリストの人格について深く思索し、人間のうちに働く聖霊なる神を待望し、聖霊の働く共同体としての教会について考えた（同、六六―六七頁）。

五九　教会への新しい思想的挑戦

序

ここで私がキリスト教思想への挑戦としてあげたいのは、フォイエルバッハとシュトラウスとルナンの思想である。フォイエルバッハはキリスト教の人間学的把握を試み、シュトラウスは福音書における超越的要素の歴史性を否定し、ルナンはキリストにおける超越性を否定して、いずれも教会に衝撃を与えた。フォイエルバッハとシュトラウスは、ともにヘーゲルから影響をうけた。

フォイエルバッハ

フォイエルバッハ（一八〇四―一八七二）は初め神学研究に携わったが、ヘーゲルの影響を受けて哲学研究に転じ、のちにヘーゲル哲学を批判し、キリスト教における超越性への信仰を排撃し、宗教や神学はただ人間性（人間の本質）にかかわるものであるとした。彼はその『キリスト教の本質』（一八四一年）において幻想のキリスト教の秘密をもらしたにすぎないという。彼はこの書において人間と動物との相違点から出発し、この相違点は、前者が自己の類（本質性、人間性）の意識をもっていることにあるとする。このような類の意識が宗教の根底をなすばかりか、宗教の対象であるとする。すなわち彼にとっては、人間の本質性、人間性が神である。また彼によれば、人間性を形成するものは理性と意志と心情（感情）であり、真の存在者とは思惟し意欲し愛する存在者である。人間が無限者を思惟するならば、その時彼は、思惟能力の無限性を思惟し、また確証しているのである。人間が無限者を情感するならば、その時彼は、感情能力の無限性を情感し、また確証しているのである。さらにフォイエルバッハは人間の最も固有な本質である感情自体が神であるともいう。従って感情の否定は神の否定となる。それゆえに外的対象に結びついている正統信仰は妄想となる。さらに彼において神についての意識とは人間の自己意識であり、神についての認識とは人間の自己認識である。人間と人間の神とは一つである。人間が愛の神を信じているのは、人間自身が愛する存在であるからであり、賢明で慈悲深い神を信じているのは、人間が悟性と慈愛よりも一層善いものをなにも知らないからである。彼によれば、摂理とは人間が自己の実存の無限の価値について有している確信である。またキリストは初めて解明され開かれ、自分にとって対象となった心情である。われわれの心情の神は閉鎖され、隠蔽された神性をもっているが、キリストだけが目に見える神性である。このキリストはわれわれにとって範例であり、この範例は人間を活気づけ、人間を引きずっていき、人間に救済を与える。ただキリストだけがわれわれの心情の本質にふさわしい実存である。

このようにフォイエルバッハは超越的な神の存在を否定することにより、キリスト教思想に真っ向から挑戦した。彼はヘーゲル学派の内部から反ヘーゲル運動を開始し、ヘーゲルの抽象性に対して身体を備えている感性的な人間の本質性としての神を措定した。彼のこのような神観念こそまさに妄想そのものである。また彼は人間性を形成するものとして理性と意志と心情をあげているが、これらの起源や本質については不問に付している。しかしこのことこそが神学や哲学の重大な課題である。彼は広範囲に、ことにニーチェ、マルクス、ドイツの唯物論者に影響を与えた。

シュトラウス

シュトラウス（一八〇八—一八七四）もヘーゲル哲学の影響を受けたが、彼はイエスの生涯に関する正統主義的解釈と合理主義的解釈とを止揚し綜合しようとした。彼によれば、正統主義者は記録のなかの自然的なものとともに超自然的なものを受容し、他方合理主義者は歴史的記録を受容するが、彼は事実のなかの奇跡的色合いを除去し、この色合いは事実の拡大解釈あるいは誤解から発生したことを明らかにしようとする。これら正統主義者と合理主義者の論争は行きづまっているが、イエスの生涯の研究に彼は神話という概念を適用することによって、これを解決しようとした。

彼は『イエスの生涯』（一八三五—一八三六年）において、以前から聖書に適用されていた神話という概念を福音書に適用した。彼はイエスが歴史上の人物であったことを否定しなかったが、イエスは自己をメシアと信じ、その弟子らに強烈な印象を与えたという。ここに神話が生まれ、これはイエスの死と第二世紀における福音書の記述との間の期間に発展し、その結果神的超自然的キリスト観が発生した。シュトラウスの意図はキリスト教信仰を崩壊させることにあったのではなく、これを再解釈し、理性的人間に受容されうるものにしようとしたことにあったが、前記の書物において彼が福音書におけるすべての超自然的要素の歴史性を否定したことはキリスト教会への重大な挑戦であり、非常な反響をよび起こした。

ルナン

シュトラウスの『イエスの生涯』はフランス語に翻訳されたとはいえ、それは知識人の狭い範囲内で読まれたのであったが、ルナン（一八二三―一八九二）はその『イエス伝』（一八六三年）によってドイツの批判的イエス伝研究の成果を広くフランス人に伝達した。この書は単なる歴史的立場から執筆されたものであるから、イエスの生涯は十字架の死で終っている。とはいえイエスへの彼の愛着は深く、四つの福音書に基づき、またその他の史料を駆使しつつ、文学的想像味豊かな作品をうみだした。彼はイエスの生涯は人々の涙をさそうものであり、この世の最良の良心もその生涯に感動するであろうという。

しかし彼がイエスの復活について叙述せず、その神性を否定している点が教会に非常な衝撃を与えた。

六〇　キリスト教社会運動

序

一八世紀の八〇年代から一九世紀の中ごろまで西欧と北米には、技術革新が起こり、これに伴って経済的社会的大変動が発生した。産業革命といわれるこの現象は資本主義の先進国英国で最も早く展開した。一九世紀初めこの国で最も影響力のあった社会哲学は、最大多数の最大幸福を目的とする功利主義であり、なんの抑制もない営利主義が横行し、自由放任経済が謳歌された。個人は自らの利益を追求するために自由にされていなければならず、そうすればすべてのことは最大多数の最大幸福となるという理念が、当時の上層階級と中産階級――これらは教会の支柱を構成していたし、また政治経済学者もこれらに属していた――の社会的公理ともいうべきものであった。既述した福音主義者は、オックスフォード運動に加わった者よりは、社会的関心は大きかったとはいえ、いずれも産業革命のもたらす深刻な問題には目ざめていなかった。(ヴィドラー、九二頁)。

ここにとりあげるキリスト教社会運動とは、一九世紀後半にアングリカン教会員によって始められた社会改革運動であった。これはキリスト教の倫理的原理に基づいて産業革命の犠牲者を救済するのみならず、それ以上に社会の改革と再建を意図するものであった。その前段階としてオーエンとチャーチスト運動をあげることができる。

オーエン

オーエン（一七七一―一八五八）は社会改革者で労働条件の改善（例、少年の労働時間の短縮、労働者の病気への配慮、労働者の住宅改善等）に取り組み、資本主義経済機構を鋭く批判し、一八二五年以降米国で社会主義共同体建設の実験を試み、英国の協同組合運動の先駆者となった。

チャーチスト運動

これはイングランドにおける政治上の改革運動で、その名称は一八三八年のいわゆる「国民憲章」(People's Charter) に由来している。この運動は、中産階級は選挙権を獲得したが、労働者階級に対する政治的経済的不公正は是正されないままであった時、民衆の選挙権獲得運動として起こり、一八四〇年に組織化され、会員四万人を有する「国民憲章協会」となり、一八四八年労働者階級の貧困の問題を受けとめ、またフランスの革命の影響を受けて強力となった。しかしのちに急進的民主主義運動のなかに組みこまれてしまった。チャーチスト運動に加入した者には、なぜ教会が貧しい工場労働者や農民の悲惨な状況に無関心でいられるのかが不思議に思えた。彼らの関心はキリスト教に基づく社会的実践であり、政治参与であった。ある意味でこの運動からキリスト教社会主義運動が発生した。

キリスト教社会主義運動

これは一八四八年から一八五四年にかけて展開した運動であり、その指導者としてマォリス（一八〇五―一八七二）、キングズリ（一八一九―一八七五）、ラドロー（一八二一―一九一一）をあげることができる。この運動の発生に直接影響を与えた信徒ラドローは、パリ留学中一八四八年の革命を体験し、社会主義は単に空想にではなく、パリの労働者の良心に立脚していることを知り、社会主義をキリスト教化しなければならないと考えた。マォリスはラドローの影響をうけて、英国の神学的革新は、外国の革命からよきものを学びつつ、しかもどうしたら革命をさけることができるかとの探究にかかっていることを自覚した。マォリス、キングズリ、ラドローは小冊子『民衆のための政治』を発刊したが、これは二、三ヵ月しか続かなかった。マォリスは営利的競合を意図する自由放任経済主義を攻撃し、人間は神によって創造され、キリストによって救われた者であるから、利潤追求のために競合するという法則は虚偽であると論じ、人間は神の子らとして、キリストにおける兄弟として共同体のなかで協力的に生きるように造られていると主張した。この運動は具体的行動を提起する必要があるとして、協同組合を組織した。例えば、洋服業、建築業、印刷業等の協同組合。これは今日の協同組合運動のさきがけとなった。またマォリスは労働者にも教育の機会が与えられる必要を感じ、「労働大学」を創立した。（同、九五―九八頁）。

六一　米国の教会の西部への発展から南北戦争まで

序

㈠　米国の教会は、一八二〇年から一八六五年にかけて国民の西部への大移動とともにそこへ浸透した。この時期に長老教会、会衆派教会、ルター教会、アングリカン教会よりも、バプテスト教会とメソヂスト教会が大きな飛躍をとげた。というのはバプテスト教会は、多くの農夫を説教者として採用したし、メソヂスト教会は巡回騎馬伝道者を採用したので、これら両教会は国民の西部への大移動に伴う精神的要求に応ずることができたからである。㈡またこの時期、すなわち北米独立戦争から南北戦争までの時期に契約の民という国家の古い理想が、個人のキリスト教徒の理想や教会の自発的動きによって置きかえられ、内国外国伝道が企画された。㈢　この時期に移民が急増した。一八二〇年にその数は、八三八五人であったが、一八五四年には四二万七八三三人となった。一八五四年から五七年までに三〇〇万人以上の移民があり、彼らはおもに西南ドイツおよびアイルランドの中部と南部の貧しい農夫であった。一八六五年ころにスカンジナビア諸国からの多くの移民が中西部に定着した。ドイツ人は東部と中西部で農夫となり、アイルランド人の多くは港湾都市ことにボストンとニューヨークとのスラム街に定着し、発展途上の産業社会に労働力を提供した。大部分のド

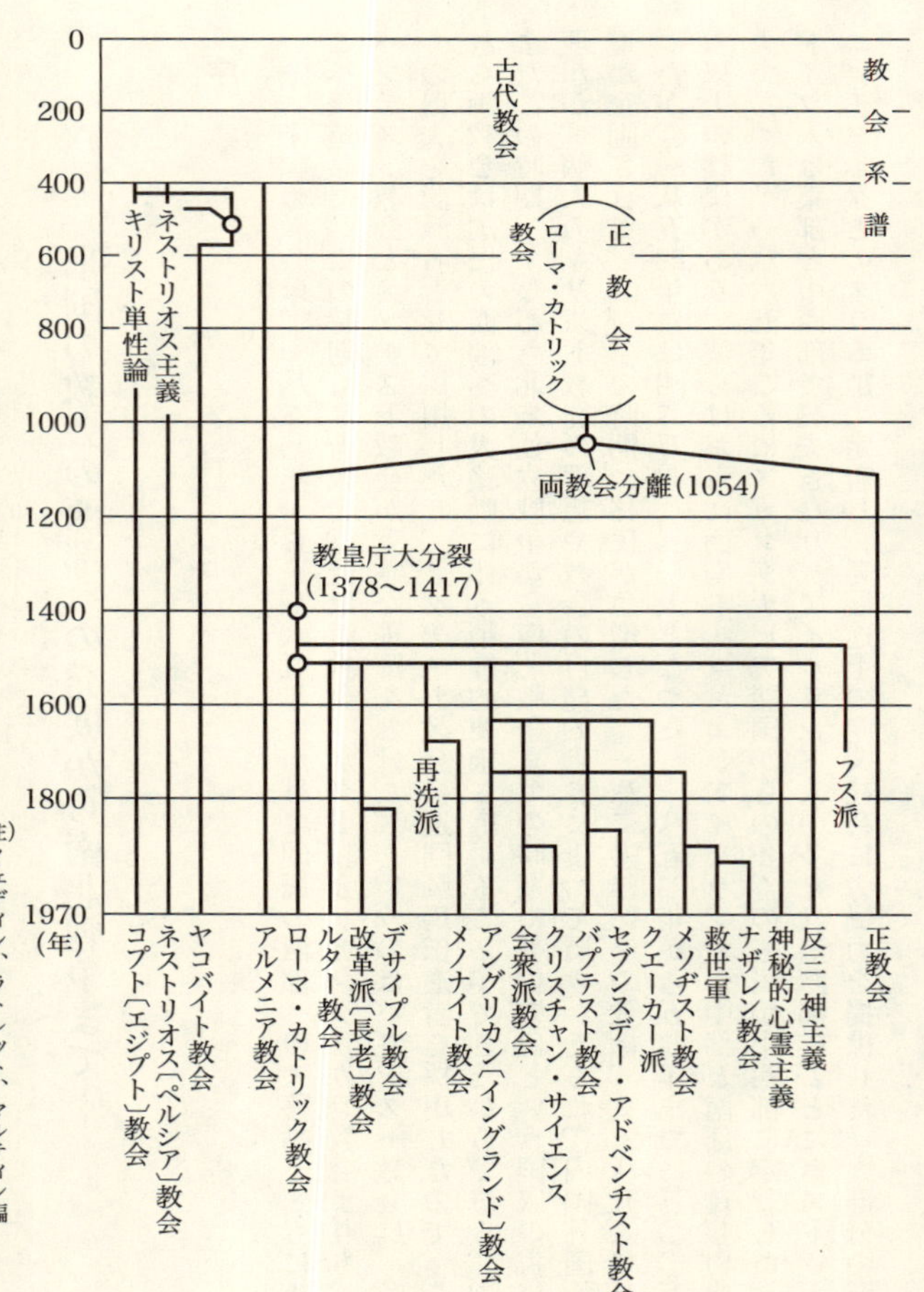

(注) イェディン、ラトレット、マルティン編「教会史地図」一四八頁と一〇二頁を参考にした。

イツ人とスカンジナビア人のほとんどすべては、ルター教会に属していたので、この教会は急速に発展したが、彼らは言語的、神学的相違のゆえに多くの派に分かれて、二〇世紀に及んでいる。多くのドイツ人とアイルランド人のほとんどすべてはローマ・カトリック教徒であり、一七九〇年から一八四〇年までに約四倍半に増加した全人口に比較して、カトリック教徒の数は約一九倍になった。従って植民地時代のプロテスタント教会の絶対優位はもはや保てなくなった。しかし他方カトリック教徒はプロテスタント文化から不断の圧迫を受けたので、彼らは高価な財的支出を伴うが、教区付属学校を創設した。(四)　この時期に第二次大覚醒運動（信仰復興運動）が発生したが、これは、以前信仰復興運動に関心を示さなかった教派内に受容されたし、種々な方法（キャンプ・ミーティング等）が案出された。(五)　一八三〇年代に奴隷廃止論がますます盛んになるにつれて、奴隷問題に関する南と北との分裂の問題が米国大衆の政治意識を左右し始めた。南北戦争の時、両陣営に属する諸教会はそれぞれの政府を支援し、戦闘員を激励した。(六)　一八二〇年以降米国の富は増大し、大統領ジャクソン時代（一八二九―一八三七）に民主主義が大いに発展し、大衆の学問への関心が高まった。諸教会、ことに会衆派教会と長老教会は多くの大学創設の先がけとなった。多くの神学校も設立された。日曜学校協会とトラクト協会は多くの文書を発行し、宗教に関する定期刊行物も非常に増加した。(七)　この時期に米国で民主主義の傾向が強くなったが、同時に国家主義的傾向も強まった。これらの傾向によって教会は欧州の伝統的キリスト教から離れ、キリスト教の個人主義的形態が強まり、自由主義神学が発生したが、他方超越論的運動も起こった。なお一八世紀に米国に発生した教派形態はこの時期になって確立された。（スミス、ハンディ、レッチャー、二巻三―九頁）。(八)　ダーウィン（一八〇九―一八八二）の『種の起源』（一八五九年）や『人類の祖先』（一八七一年）は米国にも非常な影響を与え、人間起源に関する伝統的正統的理論に挑戦した。ダーウィンの進化論は反論されたけれども、米国において急速に発展し、その結果聖書の批判的研究が盛んになり、これも激しい論争をひき起こした。(九)　自然科学の発達は機械文明の発展となり、米国の市民生活や社会生活に非常な変化を生みだした。社会問題に対する多くのキリスト教徒の関心は高まり、キリスト教社会事業や社会的福音となって現われた。（同、二二六―二二八頁）。

西部への宣教

一七九〇年の米国の人口調査によると、全人口は四〇〇万人にすぎず、その五パーセントがアパラチア山脈の西方、西南ペンシルヴァニア、ウェストヴァージニア、および今日のケンタッキーとテネシーに住んでいた。従って中部から西部にかけて広大な未開拓地が存在していた。一七九〇年から一〇年間に人口の大移動が起こり、今やケンタッキーの人口は二二万九五五人、テネシーは一〇万五六〇二人、オハイオは四万五三六五人、インディアナは五〇〇〇人、ミシシッピ地域（テネシー南方）では八〇〇〇人となった。西方への初期の大移動を実施した者の大部分は米国生まれの者であった。

西部への大移動の時期は、米国の教会史で極めて重大な意味をになない、国家の将来も教会の将来も教会が西部の問題によく応答することができるかどうかにかかっていたのであり、この問題に最もよく応答できた教会が最も発展した。（スウィート『米国宗教史』二九八―

三〇三頁)。バプテスト教会とメソヂスト教会はこの移住民の問題によく応答することができたので他の教会に比して著しい発展をとげた。アレゲニー山脈をこえてケンタッキーやテネシーに移住した初期の者のなかには、ヴァージニアやノースカロライナからのバプテスト派の者が多かった。彼らは安価な土地にひきつけられたし、またバプテスト教会の民主的な教会制度に基づく、フロンティアの一層自由にして民主的な生き方にひきつけられたのであろう。彼らの説教者は民衆のなかから選ばれ、自給伝道をする農夫であった。(同、三一二頁)。メソヂスト教会はその機構と教理においてフロンティアによく適していた。この教会の巡回騎馬伝道者は広い巡回範囲を四、五週間かけて巡回し、適宜に組会を設立してその指導者を任命し、組員は相互に信仰を励まし合い、交わりを保った。平均して一巡回区域に二〇あるいは三〇の組会が形成された。またこの教会はすべての人に対する神の恩恵とこの恩恵を受容する人間の自由意志とを説教したので、予定論に立つカルヴィニズムよりも開拓者に訴えるところが多かった。さらにこの教会が信徒説教者を採用したことも、教会の発展の理由の一つであった。(同、三一六—三一七頁)。

第二次大覚醒運動（第二次信仰復興運動）

米国独立戦争によって国民は疲労し、そののち十数年間教会は衰退した。そのうえ理神論の影響も強かった。(同、三二二頁)。エドワーズの孫イェール大学総長ドワイト（一七五二—一八一七）が理神論と唯物主義に挑戦し、学生の信望を集めた。その結果一八〇二年大学内に第二次大覚醒運動が起こり、学生の三分の一が回心した。ダートマス大学、ウィリアムス大学、アーモスト大学でも同様な信仰復興運動が起こり、これはこの国の中部と南部、ことに長老教会内に浸透した。

西方のこの大覚醒運動の初期の指導者長老教会のマクグリーディ（一七五八ころ―一八一七）のもとでカンバランド信仰復興運動が起こった。人々は食糧を携えて数日間滞在してキャンプ・ミーティングを開いた。この運動は、転倒、けいれん、走り、踊り、大声等の現象を伴った。初期のこの運動はおもに長老教会内のものであったが、終局的にはこの運動の結果、メソヂスト教会とバプテスト教会がますます盛んになった。

この信仰復興運動は長老教会内に二つの分派を生じた。一つはカンバランド長老教会で、他は「新しい光」の分派といわれるものである。ケンタッキーのこの運動の指導者は、マクグリーディとストーン（一七七二―一八四四）であった。この運動に賛否両論があり、その結果これに賛成する群が長老教会から分裂してカンバランド長老教会を形成した。ストーンと彼に共鳴する四人の教職者は、カルヴィニズムの選びと予定との教理に苦しみ、全世界に対する神の愛とすべての人間における救いの可能性を強調したので、ケンタッキー長老教会総会の反対にあい、その結果彼らはこの教会から分離し、のちのクリスチャン教会を形成した。彼らはすべてのキリスト教徒の一致を望み、聖書のみがその結合のきずなであるといった。のちにストーンと行動を共にした者のうち二人は、「シェーカー」派（「震える者」の意。主にある喜びのゆえに踊り、手をたたく。イングランドに起こり、米国に伝えられた）に移り、他の二人は長老教会に復帰した。またストーン自身もバプテスト教会と協力した。「新しい光」の運動に似た運動をトーマス・キャンベル（一七六三―一八五四）と、その子アレキサンダー（一七八八―一八六六）が始めた。アレキサンダーもその父と同様に初めはバプテスト教会に属していたが、古代教会の秩序の回復を強調し、教会に入りこんだ日曜学校、伝道協会、監督制度、総会、協議会、牧師職等は人工的なものであるとして、これらに反対した。ケンタッキーだけでも一万人以上のバプテスト教会員が彼とともにこの教会から離脱して、デサイプル教会を形成した。彼の運動は、教会が多くの教派に分れていることに対する反対運動として始まったが、それらを結合しないでさらに一つの新しい教派を生むことになった。のちにデサイプル教会とクリスチャン教会は合同した。（同、三四三―三四四頁）。

メソヂスト教会にも分裂があり、一八三〇年にメソヂスト・プロテスタント教会が生まれた。また一九世紀初期に分裂からではないが、同胞教会が生まれ、西部の初期ドイツ人移住者に伝道した。この教会の教理は、メソヂスト教会のようにアルミニウス主義に立っていた。さらに一八〇三年にドイツ人のメソヂスト教会のなかから福音教会が生まれた。（同、三四五―三四七頁）。

この時期の分派でフロンティアとなんらの関係もないものにユニテリアン派（反三一神論に立つ派）があった。ニューイングランドの三一神論争は第一次信仰大覚醒運動の直後に起こった。一七八五年ニューイングランドの最古の監督教会キングスチャペルが最初の米国のユニテリアン派の教会となり、その牧師にフリーマンがなった。一八〇五年ユニテリアン派のウェア（一七六四―一八四五）がハーヴァード大学の神学教授に選ばれ、このことによってニューイングランドのユニテリアン派は大いに発展をとげた。それ以前から多年にわたってボストンとその近在の会衆派教会牧師らは、次第に反ユニテリアン派の見解を受容しつつあったが、表面的な分裂は起こらなかった。しかしウェアのこの教授選任に伴って正統主義者の間に反感が高まり、三年後アンドヴァー神学校がハーヴァードに対するプロテストとして創設された。チャニング（一七八〇―一八四二）は米国ユニテリアン派の指導者となった。ボストンとその近在の富裕で社会的地位のある者の大部分は、ユニテリアン派に所属するようになり、神学思想に関して彼らは自らを自由主義者といったが、彼らは、ことに経済的政治的思想に関して最も保守的であった。（同、三四九頁）。正統主義に立つ新しい諸教会が形成され、古い神学に立ちつつもそれを大衆に新しく訴えることができる牧師らが、招聘された。そのうちで最も影響力のあった牧師はビーチャー（一七七五―一八六三）であった。（同、三四七―三四九頁）。なおブルックス（一八三五―一八九三）も著名な説教家であり、「ああベツレヘムよ」（讃美歌一一五）を作詩した。

内国伝道と外国伝道

第二次大覚醒運動は諸分派を生みだしたとはいえ、教派協調的傾向が高まり、その結果、内国伝道や外国伝道の面で多くの教派協調的協会が設立された。マサチューセッツ・バプテスト宣教協会（一八〇二年創立）、アメリカン・ボード伝道会社（一八一〇年創立。初め会衆派教会から出発したが、一八一二年に長老教会、さらに四年後オランダ改革派教会がこれに協力するようになった）、先住民と外国のためのメソヂスト宣教協会（一八一九年創立）、アメリカ内国宣教協会（一八二六年創立）、内国外国伝道のプロテスタント監督宣教協会

（一八二八年創立）、バプテスト教会の内国伝道協会（一八三二年創立）等。（同、三五四―三六二頁）。バプテスト教会内には、伝道協会に反対する動きもあった。その理由は、㈠伝道協会は中央集権化をもたらし、各個教会の完全な独立というバプテスト教会の原則を犯す。㈡超カルヴィニズムというべきもの。すなわち神は選ばれた者を悔い改めに導くために人工手段を必要としない。これら二つのことは、大学、聖書協会、トラクト協会、日曜学校協会に反対するバプテスト教会員についてもいえることである。（同、三七〇―三七二頁）。

神学校と大学

一八〇八年から一八四〇年までに少なくとも二五の神学校が、会衆派教会、長老教会、バプテスト教会、オランダ改革派教会、ドイツ改革派教会、ユニテリアン教会によって創設された。アンドヴァー神学校（一八〇八年創立）、ニューブルンスヴィックのオランダ改革派教会の神学校（一八一〇年創立）、長老派のプリンストン神学校（一八一二年創立）、バンゴール神学校（一八一六年創立）、ニューヨークのエピスコパル神学校（一八一七年創立）、オーバーン神学校（一八二一年創立）、イェール大学神学部（一八二二年創立）、ヴァージニアの長老派のユニオン神学校（一八二四年創立）、マサチューセッツのニュートンのバプテスト神学校（一八二五年創立）、ペンシルヴァニアのヨークのドイツ改革派神学校（同年創立）、ゲッティスバークのルター派神学校（一八二六年創立）、他の諸神学校と数個のカトリック神学校（一八三〇年代から一八四〇年代にかけて創立）、ニューハンプシャーのコンコードの最初のメソヂスト神学校（一八四七年創立、のちにボストンに移った）等。初期のすべての神学校は東方に設立された。（同、三六三―三六四頁）。

同じ時期に西方に一般教育のために多くの大学が創立されたことも非常に重要なことであり、教派による小さな大学は、一般に民衆の定住の過程で設立された。このことはかつて、ハーヴァード大学、イェール大学、ダートマス大学、ウィリアムス大学、アーモスト大学等がフロンティアの大学として設立されたようにであった。これらの大学はほとんどすべて教会教職者によって創立されたものであった。アレゲニー山脈西部の初期の諸大学は会衆派教会員や長老教会員によって創立されたが、一八三〇年代までにはバプテスト教会員やメソヂスト教会員も教育にますます関心をもち始めた。メインのコルビー大学（一八二〇年にバプテスト教会の後援のもとに創立）、バプテスト教会員によるオハイオのグランヴィルの大学《のちのデニソン大学》（一八三二年創立）、コネティカットのウェズリアン大学（一八三一年創立）、ヴァージニアのランドルフ・マコン大学（一八三二年創立）、メソヂスト教会のディキンソン大学（一八三三年創立）、アレゲニー大学（一八三四年創立）、メソヂスト教会のマケンドリー大学（一八二八年にレバノン神学校として開校し、一八三四年に大学となった）、インディアナのアズベリ大学（一八三七年創立、のちのデパウ大学）等。（同、三六四―三六五頁）。

なお米国聖書協会（一八一六年設立）、米国トラクト協会（一八二五年設立）があり、一八二四年に始まった運動が米国日曜学校同盟となった。（同、三六六―三六七頁）。

新しい教派

一八三〇年から南北戦争の終りまでは、政治面では新しい党派的な動きが、また宗教面でも新しい教派的動きが活発な時期であった。後者については数多くのものをあげることができるが、ここではモルモン教会とアドベンチスト派と心霊主義者と科学者キリスト教会をあげることにする。

㈠モルモン教会（末日聖徒イエス・キリスト教会）　この教会の創設者スミス（一八〇五―一八四四）は、天使モロニが彼に現われて、西方世界の聖書がニューヨーク州西部の彼の住居の近くの丘に埋没しているが、この天使の許可があるまではそれを発掘することは許されないと告げたと語った。やがて許可が与えられて、一八七二年に彼は石の箱を掘り出した。そのなかに文字の記された薄い金の板からできている本があった。これは「改正されたエジプト語」と彼が呼ぶものであった。この本とともに二個の石が発見され、その助けで彼はその文字を読むことができた。彼は四人の補助者の協力をえて三年間かかってこの本を翻訳した。一八三〇年に『モルモン経典』が出版されたが、まもなくこの金の板の本はさきの天使によって取り去られてしまった。この経典は、ヤァレディト族（バベルの町から散らされた民族の一つ）のアメリカ定住以来のアメリカの歴史である。最初の定住者は争って相互に滅亡し、その後エルサレムからの一団がチリーの海岸に定住したが、彼らは二つの群、すなわちラマナイト族（アメリカ先住民）とネーフィート族（神の選民、ネーフィーの子孫）に分かれて数世紀にわたってまた相争った。その結果ついにネーフィート族は真の信仰から離れ、三八四年にニューヨークのオンタリオの戦いでほとんど滅亡し、ただモルモンとその子モロニとほかに二、三の者が逃れることができた。モロニは彼の民族の記録と個人の記録とを一冊の本にまとめて、丘に埋めた。のちに真の預言者がこの丘でこの本を発見するとモロニに告げられた。『モルモン経典』の由来については種々研究されてきたが、それはフロンティア時代の産物であるかも知れない。たとえこの経典の由来がなんであれ、スミスとその新しい啓示とはまもなく真正のものとして多くの追随者によって受容され、一八三〇年に教会が創設された。一八三一年から一八三七年までオハイオのカートランドがモルモン教会の本部となり、ここでヤング（一八〇一—一八七七）がこの教会に加入した。この教会は無免許銀行取締りの法にふれ、ミズリー州に逃れた。ミズリー州へのモルモン教会員の大移動に伴って彼らとこの州の従来の住民との間に争いが起こり、その結果一万五〇〇〇人のモルモン教会員がイリノイ州に移住した。一八四〇年から一八四六年までこの州のナウボオが、この教会の新しいエルサレムとなった。この町は急速に発展し、大学も設立されたが、一八四三年にスミスが一夫多妻主義（今日では一夫多妻主義ではない）を唱えたので、彼とモルモン教会員は攻撃された。スミスとその弟は投獄され、一八四四年暴徒に殺された。二年後モルモン教会員はヤングの指導のもとにソートレークの谷（今日のユタ州）に移住した。彼らは荒野を開拓し、ソートレークをモルモン教会の本拠とし、今日国外にまで宣教師を送っている。（同、三九七—四〇一頁）。

この教会による聖書解釈の内容と、またこの教会が聖書とともに『モルモン経典』等も神の言としている点とは、検討を要する。

(二)アドベンチスト教会　モルモン教会が発展しつつある間に、バプテスト教会出身のニューイングランドの農夫ミラー（一七八二―一八四九）による新しい運動が東部と中部に発展しつつあった。彼は、キリストの再臨と終末の時期を設定したので、すべての教会から多くのキリスト教徒が彼に従った。当時再臨は多くの伝道者によって説教されたけれども、だれもその時期については語らなかった。彼はダニエル書とヨハネの黙示録に基づいて一八四三年三月二一日ころに再臨があるとした。彼は一八三一年からこのことについて力説し、彼に従った者は五万人位であったと思われる。彼らは、その日に主の再臨を待ったが、何事も起こらなかった。彼は翌年それが起こるであろうといったが、また何事も起こらなかった。しかし指導者らは再臨への信仰を放棄しなかった。そして一八四五年にすべてのアドベンチスト（キリスト再臨論者）の群が形成され、この群から一八四六年に「セブンスデー・アドベンチスト教会」がユダヤ教の安息日（土曜日）問題に関して分かれた。一八六六年に「神の教会」が形成され、また一八八八年に小さなアドベンチストの諸団体が、「イエス・キリストにある神の教会」を形成した。（同、四〇一―四〇四頁）。

(三)心霊主義者　一八五五年に米国に約二〇〇万人の心霊主義者がいたといわれる。一八三七年に心霊的現象がいくつかのシェーカーの団体に起こり、一八四七年にフォックス姉妹、すなわちマーガレットとケートがある知恵によって導かれている大きな音を聞いた。スウィートによれば、このような音は欺瞞によって起こされたのではなく、多くの者がこの音に引き付けられた。心霊主義の他の指導者はデーヴィスであり、オーエンら共産主義的実験をした者もこの運動に加わった。（同、四〇四―四〇五頁）。

㈣科学者キリスト教会（クリスチャン・サイエンス《キリスト教科学》）　エディ夫人（一八二一―一九一〇）は、病弱であったが、聖書に記されているイエスの業について読み、癒しを体験し、神についての理解によって人間の生命が改善されると主張した。『科学と健康―付聖書の鍵』（一八七五年）を著わし、罪や苦難や病気等は、キリスト・イエスに従うことによってえられる霊的力によって癒されるとする。一八七九年にボストンに「科学者キリスト教会」が創立された。世界的に信頼度の高い新聞とされている「クリスチャン・サイエンス・モニター」はこの教会が発行している。現在この教会も世界中に発展している。

共産主義的共同体の実験

この時代にこれは数多くなされたが、そのうちラッパイト共同体とオナイダ共同体とブルック農園共同体の三つについて述べることにしよう。ラップ（一七五七―一八四七）は一八一四年にインディアナにニューハーモニー（共同体）を創設した。彼とその追随者は敬虔主義者で、国教会にとどまることを拒否したためにドイツで迫害を受けて米国に移住した。インディアナで彼らは農作物の生産に成功した。その質朴な生活は隣人愛、自己犠牲、祈り、礼拝、労働、独身からなっていた。マラリアの流行のために彼らはその財産をイングランドの社会改革者オーエンに売り、オハイオ川の河岸に移動し、そこに共同体をたてたが、のちにこれは衰えてしまった。（同、四〇五―四〇七頁）。

オナイダ共同体は、一八四七年完全主義を強調するノイス（一八一一―一八八六）によって創設された。ノイスは、神からの直接の導きは聖書にまさるものであり、真のキリスト教徒は罪を犯さないと主張し、彼に賛成する者の共同体を創設した。ついに彼は婦人をも含むすべての共有を主張した。一八四八年にこの共有制はニューヨーク州のオナイダで実践されたが、世論の反対にあって三〇年後に廃止された。経済的にはこの共同体は成功したが、このことは毛皮をとるための動物にしかけるわなの生産によっていたのである。そのほか絹の生産機械、旅行用カバン、金物、銀製品等の産物があったが、一八八一年にこの共同体は家畜会社となった。(同、四〇七―四〇八頁)。

すべての共同体的実験のうち最も著名なものは、マサチューセッツ東部のブルック農園共同体であった。これは一八三二年の米国のユニテリアン主義の分派から発生した。この年にボストン第二教会の牧師エマソン(一八〇三―一八八二)は、主の聖餐遵守に関する変革について説教した。この教会がこの提案を拒否したので、彼は辞職して文筆生活に入り、信仰に関するすべての固定化に反対し、自由な知的活動への抑制に反対した。まもなく彼はニューイングランドの多くのユニテリアン主義者の知的指導者となったが、彼らは超絶主義者(唯物的宇宙論ではなく、精神的直覚的超感覚的な宇宙論に立つ)とよばれた。一八三六年ボストンに理想主義者の群による超絶主義者クラブができ、一八四一年にこの群はブルック農園協会を設立し、教養人を集め、思索を実践に移すために農園を購入した。しかし彼ら思索家は、農夫となることができず、実験は失敗した。(同、四〇八―四〇九頁)。

奴隷解放問題

米国教会で起こった分派のうち最も重要なものは、奴隷解放問題に関するものであった。

先住民の奴隷は、先住民と白人の戦いの結末として早くからニューイングランドで起こった。先住民の奴隷を正当化することは、やがてアフリカ人奴隷の正当化となった。ニューイングランドのカルヴィニズムらは自らを選民と考え、神は彼らに異邦人を遺産として与えたと考えた。このような思想がニューイングランドに広がっていたので、この地方の教会は奴隷制度反対を唱えなかった。ここで奴隷制度反対が叫ばれだした時は、このようなカルヴィニズムの誤れる理解（カルヴィニズムは本来奴隷制度を肯定するものではない）が修正されてからであった。一八世紀にニューイングランド、ことにロードアイランドは奴隷売買の中心地となった。一七六九年にロードアイランドのニューポートにある第一会衆派教会牧師に就任したホプキンズ（一七二一—一八〇三）は奴隷制度を痛烈に批判し、誘拐、売買、奴隷保有に反対し、人々に奴隷を自由にするよう熱心に勧め、その影響力はニューイングランドに非常に強かった。彼は『アフリカ人奴隷に関する対話』（一七七六年）を著した。スコットランドとアイルランドとの長老派は、大体植民地時代には奴隷を保有せず、バプテスト派も同様であった。植民地時代の最も強力な反対者はクエーカー派であった。奴隷売買と奴隷保有への彼らの反対は一七世紀後半に始まり、ついに一七七五年のクエーカー派の年次総会で奴隷制度は徹底的に攻撃された。（同、四一二—四一六頁）。

奴隷制度反対に影響を与えた二つの流れがあった。一つは博愛主義の流れで、これはイングランドで奴隷売買に反対運動を起したクラークソン（一七六〇—一八四六）とウィルバフォースに影響を与えた。他の流れは、米国独立宣言の万人の平等と独立の思想であった。一七七五年に最初の反奴隷制度協会として、フィラデルフィア協会が設立された。デラウェアとメリーランドの北部諸州は奴隷制度廃止の備えをし、他方南部諸州は奴隷輸入を禁じた。独立戦争終結時には新政府の指導者層は奴隷制度反対論者であった。このように反奴隷制度の空気が広範囲におよび多くの奴隷制度廃止協会が設立された。ついに一七九四年「奴隷制度廃止諸協会代表者米国大会」が組織され、これは一八一八年に「奴隷制度廃止アフリカ民族身分改善促進米国大会」に発展した。（同、四一八—四二〇頁）。

独立戦争時代以後、とくにメソヂスト教会とバプテスト教会は黒人への伝道と奉仕に尽力し、一七九五年にメリーランド以南の諸州に一万七六四四人の黒人バプテスト教会員がおり、一八〇〇年に全国に一万五六八八人の黒人メソヂスト教会員がいた。一七八四年クリスマス協議会でメソヂスト監督教会が組織され、すべての奴隷保有者は一年以内に奴隷を自由にしなければならず、そうでなければ教会を退会しなければならないことになった。一八〇七年にバプテスト教会諸連合体のなかに組織された「人類の友協会」は奴隷制度反対の団体であった。しかしこれよりもバプテスト教会内でレーメンの指導のもとにイリノイで組織された奴隷制度反対運動は大きなものであった。（同、四二〇—四二二頁）。

反奴隷制度運動の第一段階は、一七九〇年と一八三〇年の間に起こった南部の農業革命と共に過ぎ去った。というのは紡績機の発明のゆえにイングランドに綿花の新しい市場が開拓されたので、綿花の需要が増加したことなどによる。一七九一年から一七九五年の間に、五二〇万ポンドの綿花が産出されたが、一八二六年から一八三〇年の間に三億七二四万四四〇〇ポンドの綿花が産出された。一八二〇年に綿花は米国の輸出の二二パーセントを占めていたが、一八六〇年にはその五七パーセントを占めた。一七九〇年には効用の高い黒人は三〇〇ドルで売買されたが、一八三〇年にはその四倍の価格で売買され、一八六〇年には、一五〇〇ドルから二〇〇〇ドルで売買された。いいかえれば、南部にとっても米国全体にとっても奴隷制度は、一七七五年と一八三〇年の間の時期よりも、一八三〇年と一八六〇年の間の時期において経済的に非常に重要であった。綿花は米国の最も重要な産物となり、輸出の半分以上をも占めたので、一八三〇年までには南部の指導者らは、国家の福利は綿花に依存していると確信するようになった。（同、四二四―四二五頁）。

米国の奴隷制度に変化を与えた第二の原因は、反奴隷制度のための極めて積極的な指導者らが、ことにニューイングランドと、ニューイングランド人が定住した地方に起こったことである。機関紙『解放者』を発行したガリソン（一八〇五―一八七九）、雄弁家フィリプス（一八一一―一八八四）、反奴隷制度について多くの詩を書いたホイッティア（一八〇七―一八九二）等のもとで、奴隷制度廃止の新しい福音運動が展開された。この運動はこの種の古い運動とは非常に相違して、即刻廃止すべしと訴えた。ふたたび多くの反奴隷制度協会が形成され、一八三三年には「米国反奴隷制度協会」が組織された。このようにして南方で奴隷制度が経済的見地から一層重要となった時に、果敢にして積極的な奴隷廃止運動が北部で展開された。このような背景のもとでわれわれは、奴隷制度をめぐって教会内に起こった分派等を理解しなければならない。奴隷制度廃止問題をめぐってバプテスト教会とメソヂスト教会と長老教会に――これらの教会組織は非常に民主的であったから――それぞれこれらの教会を二つに分つ分派（北部と南部）が発生した。会衆派教会は一般に奴隷制度に反対であり、そのうえ北部に大部分存在していたので、この教会には分裂は起こらなかった。（同、四二五—四二七頁)。

北部の諸教会は、南北戦争(一八六一—一八六五)を一致して支持した。すなわちバプテスト教会、ローマ・カトリック教会、メソヂスト教会、ルター教会、会衆派教会、モラヴィア教会、ドイツ改革派教会、オランダ改革派教会、長老教会は北部連邦諸州を支持した(同、四四九頁)。

六二　東方とロシアとの正教会

序

東方の正教会に関するかぎり一九世紀の初めまでに圧倒的にロシア正教会の教徒の数が多くなった。エルサレム、アンテオケ、アレクサンドリア、コンスタンティノポリスの古代から存続した大(あるいは総)主教区は、トルコ帝国の支配のもとでかろうじて存続した。小アジアとエジプトのそれらの大主教区のキリスト教徒の数は、僅かなものであった。ギリシアとセルビアとブルガリアとルーマニアにおける正教会も、やはりトルコ帝国の圧迫を受けなければならなかった。ただロシアの正教会だけが自由を享受しており、その教徒の数は全正教会の教徒数の約五分の四であった。(ニコルス『一六五〇年から一九五〇年までのキリスト教史—西洋の世俗化—』、以下ニコルスと略記。三三五頁)。

バルカン半島の正教会の解放

一八二九年トルコ帝国からギリシアは独立し、また一八八一年にルーマニア王国が、翌年セルビア王国が成立した。ブルガリア王国の独立は一九〇八年であった。ギリシア正教会はギリシア独立運動の意図について疑惑をいだいていたので、ギリシア独立戦争を支援しなかった。そこで一八三三年にギリシア国会は、ギリシア正教会は自立教会（コンスタンティノポリス総主教の管理を受けない国教会）であると宣言し、ロシア正教会の例にならって「聖なる宗務院」（後述）を設立し、この会議がギリシア正教会を管理した。このことはもちろんコンスタンティノポリス総主教のよしとしないことで、一八五〇年になって初めて彼はこのことを容認した。一八七〇年にブルガリア正教会は、コンスタンティノポリス総主教区から脱し、一八三〇年以後セルビア正教会には府主教に類似するものが存在していたが、一八七九年にセルビア正教会は自立教会となった。一八八五年ルーマニア正教会は同様に自立教会となった。そして西方諸教会、すなわちローマ・カトリック教会とプロテスタント教会と関係することもこれらの国々において自由となった。（同、三三五―三三六頁）。

一八世紀末までのロシア正教会

ロシアの民衆は一般に文字が読めず、教会はおもに宗教画、宗教建築、荘厳な合唱曲、華麗な典礼によって彼らを指導しようとした。西方のキリスト教会と対照的に東方とロシアの正教会は、規律と神学の点で組織的な営みをほとんどしなかった。聖人の祝日、祭り、種まき時と収穫の祈り、部屋や店にある聖画像が、ロシア人の日常生活に浸透していた。(同、三三六頁)。

一七世紀以来ロシアに諸神学校が存在したとはいえ、そこで教えられるアリストテレス哲学に基づくスコラ神学は、ロシア人には異質のものであり、彼らのキリスト教の解釈には不適当なものであった。ロシアではキリスト教の知識階級といえるものは存在していなかったから、一九世紀まで土着の神学は生まれなかった。(同)。

今や国教会であるロシア正教会はオールドビリーヴァー派(古儀式派)と闘うために国家の援助を必要とし、その代わりに国家に服従し、その機構の一部分にさえなった。教職者は孤立した階級となり、世襲的階層、名誉なき階層となって貧しかった。司祭は社会の最下層にあった。しかし一八世紀になると司祭のなかから哲学者や神学者も現われた。しかし教職者の身分は依然として低く、彼らは民衆に説教したり、教えたりすることはほとんどしなかった。

ピョートル大帝(在位一六八二―一七二五)は国家への教会の服従を徹底させ、一七二一年にロシア総主教職を廃止し、その代わりに官吏である信徒を議長とする「聖なる宗務院」を設置し、この宗務院の補佐を受けてロシア正教会を支配した。その後の歴代皇帝も同様であった。ニコルスによれば、ピョートル大帝の時、教会は言論の自由を失い、また牧会区、教区、全国的次元でも自治を有しなかった。公務員が教会政治や教会財政を決定し、出版物と説教は検閲を受けなければならなかった。このようにして教会は国教会として特権を与えられていたとはいえ、ロシア革命前二世紀にわたって国家による束縛のもとにおかれていた。（同、三三七頁）。

オールドビリーヴァー派（古儀式派）その他

一六世紀末ころにロシアの正教会は実質的にも形式的にも国教会となっていた。中央集権的大ロシア民族国家として成長したモスクワ公国の国王は非常に宗教的な色彩を帯びており、この国王は真の信仰を維持するために神によって任命されたものと考えられた。また第一ローマと同様に背教のゆえに第二ローマ（コンスタンティノポリス）も滅亡したが、第三ローマ（モスクワ）はキリストの再臨まで存続するであろうと考えられた。当時キリスト教信仰は民衆のなかにまだ深く根を下していなかったのであり、それは伝統的儀式との連関において考えられていた。定式化した祈禱はいわば魔力的効力をもつものと考えられたから、これを多少でも変更することはこの効力の喪失になると考えられた。この教会は伝統の存続を重要な仕事と考えた。従って教職者はその職務のための準備教育も受けていないし、しばしば文字が読めないほどであった。

一七世紀中ころのモスクワ総主教ニコン（在位一六五二―一六六八）は、教権の拡張とスラヴ伝来の信仰の改革を意図し、ロシア正教会の礼拝様式をギリシア正教会の様式に一致させようとした。長期間キリスト教は典礼と同一視され、信仰は外的諸形式すなわち聖画像、音楽等とのみかかわるものとされていた。今や信徒は長期間崇敬するように教えられてきた聖画像や音楽等を排除するように要求された。今や彼らは、国王は正教会が奉ずべき国王であるのかどうか、ロシア民族がメシア的使命を達成しつつあるのかどうか等の問題に直面した。彼らは第三ローマ（モスクワ）は損なわれているのではないか、真の信仰が軽視されているのではないかと考え、反キリストが国家と教会の支配者となったので、最後の日が近いと信じた。一六六六年に礼拝改革が断行され、反対者らは破門されたが、教職者の大多数は沈黙を守った。オールドビリーヴァー派すなわち古儀式派の主導者は修道士アヴァークムであり、彼らは信仰に関して非妥協的反国家権力的教会を構成した分離派であり、スラヴ派であった（野田茂徳『ロシア的情念とは何か』一五七―一五九頁）。一般的に信徒は指導者に裏切られたと感じ、今や反キリストが出現したから、一六六六年にキリストの再臨があると信じた。オールドビリーヴァー派は耕作の必要はないとして森林にいき、その日を待ったが、終末はこなかったので、再臨の年を一六九九年とした。しかしやはり再臨は起こらなかった。オールドビリーヴァー派は国家の烈しい迫害にあい、団結を保つことはできなかったが、彼らのなかから二つの群が発生した。一つは「司祭なき群」で、彼らは地上にもはや真の教会はなく、従って秘跡も存しないと考え、他は「司祭の群」で国教会の背教に汚されない司祭の職務を維持しようとした。一六八四年に迫害が苛烈となり、一〇年間に「司祭なき群」から無数の殉教者がでた。しかしその後彼らは避けられない場合にのみ殉教することとし、東北の森林地帯やシベリアに避難した。

このような状況のもとで外国のプロテスタント教会の影響もあって新しい諸派が発展した。そのなかにバプテスト派とドゥフオボール派があった。前者は神の業の卓越性を主張し、後者は一八世紀中ごろ農民の間に起こり、強い神秘的傾向をもち、霊魂の転生説（霊魂は完全に純化されるまで一つの霊魂から他の霊魂へと転移するという説）や霊肉の二元論を主張し、神はすべての真のキリスト教徒の心のなかに住むと説いた。

一九世紀のロシア正教会

一九世紀初期ロシアには農奴制が存在し、約一〇〇万の家族がロシア全土を所有し、全人口の五分の四が農奴であった。土地所有者である貴族は西欧の文化の影響を受けたが、彼らは大衆の宗教を理解できなかった。(ニコルス、三三七頁)。

一八一二年のナポレオンのロシア侵入とモスクワの大火ののち、フランス思想への反動としてドイツ哲学、ことにヘーゲルとシェリング(一七七五―一八五四)の哲学が一八三〇年代から一八四〇年代にかけて読まれた。そしてこの時期に正統神学が復興し、これはドイツ観念論、ことにシェリングの哲学によって非常な影響を受けた。教父研究の再興も正統神学の復興に寄与した。ロシアでは、古代教会の教父時代が一九世紀まで続いていると考えられた(同、三三七―三三八頁)。私はこのことは、東方教会と西方教会はかつて分離したが(一七八一―一八六頁参照)、東方教会は分離後も教父研究を継承して一九世紀に及んでいることを意味していると考える。そして私は、このことは、ロシア正教会が、西方神学によって影響を受けていないキリスト教神学を保持し続けたとの自負――東方教会も同様の自負を有しているであろう――を意味していたことを表わしているのであり、このことは極めて重要なことであると思う。一八世紀末に修道院長ヴェリチョフスキーは、ギリシア教父の文献のうちの信心書の研究をして、これらをスラヴ語に翻訳した。彼の作成した写本を一九世紀にオプチノの修道士らが継承して、編集し校合し、スラヴ語とロシア語に翻訳した。一九世紀末にウッシァの主教フェオファンは『フィロカリア』（霊的生活に関する教父の著作からの抜粋）の五巻ものの新版を公にした。これらの書物がロシア語の聖書といっしょに広くゆきわたった。（同、三三八頁）。

このような神学的傾向を、修道院の非常に敬虔な生活にふれた一九世紀の知識階級のある者らは認めた。この世紀に修道院の宗教生活は復興し、これはボリシェヴィキの革命まで続いた。この復興現象の特徴は長老らの牧会にあった。彼らは修道士で、教会の特別な職務を有しなかったが、数千の巡礼者が罪を告白したり、助言を求めたり、癒しを求めて彼らのもとにきた。彼ら長老の教えは、ドストエフスキー（一八二一―一八八一）の『カラマーゾフの兄弟』のなかのゾシマに関する描写のなかに記されている。（同、三三八―三三九頁）。

また人道主義的社会改革を訴える者が文学者や知識階級のなかにいた。この改革の対象は、文字が読めず、極貧であった農奴の大衆であった。ある者らは、ロシアは後進国であるから、西洋文化を採用してできるだけ早く改造されなければならないと考え、他の者らは、ロシアは独自の伝統、すなわち正教会の信仰を有しているのであって、この伝統は西洋文化のうち最も有益なものよりも尊いと論じた。（同、三三九―三四〇頁）。このような対立は、西洋化論者とスラヴ主義者との対立といえるであろう。西洋化を主張する者は、イエスは、専制政治とむちとを支持する正教会に反対する社会改革者であると主張した。イワン・キレエーフスキー（一八〇六―一八五六）とその弟ピョートル（一八〇八―一八五六）やホミャコーフ（一八〇四―一八六〇）その他は、スラヴ主義を唱え、宗教に依存しない改革には多くを期待できないという農民に同意した。国家と全く癒着し、その御用機関となった当時のロシア正教会に対して批判的であったホミャコーフも教父神学に立脚し、教皇の教会やプロテスタント教会——プロテスタント教会もラテン系の教会といいうる——に反対した。ローマ・カトリック教会は自由なしで統一を保ち、プロテスタント教会は統一なしで自由を保っている。彼はキリストの身体としての教会は、制度的に、あるいは教理的に決められないのであって、それは兄弟性や、個人の統合性を傷つけない人々の集合体であると考えた。彼はロシアにおける宗教的自由を願い、社会問題に関してはこの集合体を政治経済面に実現することが、正教会の使命と考えたし、キリスト教に基づく兄弟性を世界に発展させることがロシアの使命と考えた。ドストエフスキーのような知識階級のある者らは、農民の素朴な信仰にふれることによって正教会の信仰に再び帰った。彼らによれば、ロシア人と世界との希望は、西方からの科学のうちにではなく、ロシアの農奴の間にすでに存在しているのであった。(同、三四一—三四二頁)。

ドストエフスキーの未完成の小説『カラマーゾフの兄弟』のなかに、正教会の信仰のすべての特色がみられる。すなわち人間の自由の強調、自然界や宇宙の変移への熱望、強い黙示的傾向、謙遜と苦難と自己犠牲とによる救済の強調である。またドストエフスキーも、ホミャコーフの説いたキリスト教に基づく社会主義を主張した。(同、三四四頁)。

トルストイ(一八二八—一九一〇)は、ポベドノースツェフの時代にその生涯を全くイエスの山上の垂訓、ことに無抵抗の教えにならうものとしようとした。このことは彼にとって戦争と国家と裁判制度との廃棄の主張となった。彼は国家による正教会の統治とこの教会の教義と儀式とに反論した。彼の著述は発禁となり、彼は破門された。彼の立場は、神秘的汎神論と転生説と菜食主義とのゆえに、正教会の立場というよりもロシアのある分派に近い立場であった。彼の福音理解は並はずれのものであったとはいえ、彼の真価は信仰を近代文化のなかでいわば飼いならすことを拒否しながら、生（生きること）と信仰との統合を追求したところにあった。（同、三四六頁）。

「宗務院」の宗務総監ポベドノースツェフ（任期一八八一―一九〇五）は、ある外面的な点で正教会に助力した。この宗務院は、正教会の管理委員会のようなもので、上述したようにその議長、皇帝の代理者として官吏である信徒が置かれた。この制度は次第に教会を以前より一層皇帝の専制政治にしばりつけることになった。本来これに奉仕する国家公務員にすぎなかった代理者が、今や大臣となり、皇帝の代表として教会に対する独裁権をふるうようになった。ポベドノースツェフの長い任期中がちょうどこのような状態であった。彼の見解は、超保守的で、正教会を帝権のおもなとりで、また統一のきずなとしようと努めた。彼自身熱心な信徒であったが、教会を国家の一部分であるかのように統治した。そしてすべての不安と動揺に対抗するために教会を利用した。この目的達成のためには、教会は強力な器であった。というのは教会は、宗教宣伝を独占し、宗教文学の検閲権をにぎっていたからである。宗務総監は主教職の任命権をほしいままに利用し、主教はすべて一教区から他の教区へたえず移動させられるから、彼らが大きな影響を与える機会はほとんどなかった。そのうえ各教区には、宗務総監に従属する信徒からなる官僚制度があった。この制度には無数の官僚的形式主義と、これにまつわるかなり多くの賄賂と腐敗があった。（ヴィドラー、二二八―二二九頁）。しかしポベドノースツェフは教区に財政的援助をし、ことにそれまで廃校になりかかっていた、質の低い教区学校を大いに援助した。その結果、一八八五年から一九〇〇年の間に教区学校の数は、四五〇〇から四万二〇〇〇に殖え、ほとんど一〇倍になった。彼は国内のロシア化と正教会の発展とを政策としたので、ユダヤ人やフィンランドやバルト海沿岸の諸国は圧迫された。一九世紀の初めにアラスカに宣教したウェニアミノフは「アラスカの使徒」と呼ばれたが、ポベドノースツェフは彼をモスクワ府主教に任命した。マカリは初めてシベリア東部に宣教した。カザンの神学院は、タタール人やカルムック人（中国西部よりヴォルガ川にいたる西蒙古人）や中央アジアの他の諸族への宣教の重要な中心地となった。この神学院でイルミンスキーは、キリスト教文書を多くの国語に翻訳した。コサトキン（のちのニコライ）は日本に正教会を設立した。（ニコルス、三四六―三四七頁）。

他方、ポベドノースツェフは教会を利用して恐怖政治を行った。彼は反ユダヤ主義運動を計画的に発展させ、このことによって経済的不満に対する農民の不平をまぎらわせた。教会教職者は、政府のスパイとして利用された。主教と修道士は反動的殺人団（例えば「ロシア人同盟」）を賞賛したから、彼らも大虐殺に責任があった。もちろんこれらに携わった教職者の数はごくわずかではあったが、彼らには出版の自由が与えられていた。従って彼ら以外のものからは教会になんの報道も与えられなかったから、教会をそのような暴虐から離れさせるような企てはなにもなされなかった。（同、三四七頁）。ポベドノースツェフは当然ロシアのすべての自由主義的改革分子から憎悪を受け、彼のゆえに教会も憎悪の対象となった。彼の頼みの綱は農民大衆の敬虔であり、これは迷信と混合されていないわけではなかった。（ヴィドラー、一二一九頁）。

一九〇五年に日露戦争に敗北したロシアに自己反省の機会が訪れた。聖ペテルブルク神学院の会員は教会改革、ことにロシア正教会会議を要求する覚え書きを作成した。ヴィッテ（一八四九―一九一五。ポーツマス講和会議の全権）はこの覚え書きに賛成したが、ポベドノースツェフはもちろんこれに反対した。しかしついにポベドノースツェフは罷免され、皇帝はこの会議の開催を府主教らに約束した。信教の自由に関する政令が発布されたので、多くの者が正教会から他の諸教会に転会した。一九〇六年にこの会議の開催のための委員会が設立され、教職者に対する財的援助や主教職や神学教育や教区学校に関する批判や提案を収集した。無検閲の多くの論文があふれたが、それらには大幅な教会改革に関するほとんど全国的な願望が記されていた。農民でさえ教会の信仰を失いつつあった。名目上の正教会会員のおそらく半数がオールドビリーヴァー派や他の諸派に所属するようになった。一九〇五年に開かれた諸農民会議から判断すると、農民大衆は完全な信教の自由、教育制度の国家管理、国土の国有化、教会領の国有化を願った。おもに追従によってポベドノースツェフによって任命された六三人の主教のうち六一人もがこの会議を支持し、憎悪すべき宗務院からの教会の独立を願った。第二の帝政ロシアの国会は四対一の割合で、正教会が有する信教の自由と教育と財産とに関する特権に反対した。一九〇七年にこの会議の開催は無期延期となり、まもなくまた沈黙が訪れた。ロマノフ王朝は、第一次大戦中の一九一七年の二月革命によるニコライ二世（在位一八九四―一九一七）の退位まで約三〇〇年間一八代続いたが、それまでロシアの正教会を束縛し、非常に虐待した。一九一七年の革命時に臨時政府は、ボリシェヴィキ独裁政権成立の直前に長期間待望されていたこの会議の開催のための準備を完了した。(ニコルス、三四七—三四八頁)。この革命が発生した時、ロシアの知識階級の大部分は、キリスト教について無知であり、これに無関心であった(同、三四五頁)。

六三　中国、東南アジア、アフリカ、シベリア、および北極圏宣教

序

キリスト教会一般の外国宣教は一九世紀にはいると非常に顕著になる。ローマ・カトリック教会のみならず正教会もプロテスタント教会も積極的に宣教にとりくんだ。

ローマ・カトリック教会

㈠インド　一六七三年インドにポルトガル人デ・ブリットーが着任し、一六九三年に殉教した。ベッシも一七一一年から一七四二年までインドで宣教し、タミル語文法書や修養書を著した。

㈡中国　中国では明朝から清朝への過渡期の間も宣教活動に支障はなかった。しかし、一六六四年に宣教師らはポルトガル植民政策に関連してスパイの嫌疑をかけられ、シャルはすでに七四歳になっていたが、その中国人協力者五人とともに死刑を宣告された。彼は執行猶予となり、翌年病死したが、他の五人は処刑された。当時中国在任の司祭三八名は国外追放

のため広東に集められた。その内四名のイエズス会修道士だけは例外の措置をうけ、北京にとどまることができた。その後一六六七年に清皇帝はシャルの後継者フェルビースト（一六一七―一六八八）と親交を結んだので、迫害はやみ、一六九二年に寛容令が発布された。（ニール『キリスト教宣教』、以下ニールと略記。一八九頁）。一八世紀に多くの中国の留学生がナポリの聖家族大学に派遣され、この大学の存続した一五〇年間に一〇〇人の中国人が教育された（同、一九一頁）。

　種々の宣教師の群や修道会の間に大きな見解の相違があった。すなわち新任の宣教師らはイエズス会の宣教による改宗者のなかに半異教的な要素が存在するのをみ、彼らは、イエズス会修道士らが貴族に迎合し、迫害をまぬがれるために、キリスト教信仰の本質的なことがらを歪曲したと思い、他方イエズス会修道士らは、新参の宣教師らが中国人の心情を理解しようとしないと批難した。具体的には、(イ)葬式の習慣、(ロ)祖先崇拝。これら二つは一般的敬意なのか、それとも宗教的礼拝なのか。(ハ)「神」という語の訳語。これら三点に関して彼らの間に見解の相違があった。一六五六年教皇庁は、孔子と祖先に対する儀礼は単なる市民的性格のものであるかぎり、それは許容されることであるとした。イエズス会はこれをみずからの見解と宣教方法との一時的承認であると考えた。しかし一六九三年にフランス人代牧（まだ司教区が設置されていない布教国における教区の長すなわち代牧区の長）メグロ（一六五二―一七三〇。彼は一六八三年以来中国在住）は、イエズス会修道士らを批判し、「天」と「上帝」とは「神」に関して用いられるべきではないといい、また死者への習慣的敬意も払われるべきではないという命令を発し、この見解をローマに送った。これに対してイエズス会修道士らは、論争中の祭儀と用語に関する裁定を皇帝に求めた。皇帝は、孔子への儀礼は立法者に対する儀礼であり、先祖への儀礼は愛の表明であり、また死者がその生涯においてなした善の記念であり、天への供物は不可見的天に対するものではなく、最高の主、天と地の創造者と保持者に対するものであるという趣旨の書面を与えたので、イエズス会修道士らはこれをローマに送った。そこで教皇庁は一七〇四年に教令を発して、孔子や祖先に対して儀礼は払われるべきではなく、また「天主」のみが「神」に関して用いられるべきであるとした。従ってこの教令はイエズス会修道士らの見解にほとんど反対するものであった。(同、一九一—一九三頁)。

一七〇一年に教皇庁は、東方に教皇特使トルノン(一六六六—一七一〇)を派遣した。彼は一七〇五年に北京に到着した。首都にイエズス会修道士らの居住することを喜んでいた皇帝は、教皇庁の立場に立つトルノンの見解をイエズス会修道士らが喜んでいなかったにもかかわらず、教皇特使の来着を契機にして彼らの教皇に対する忠誠心を知って非常に当惑した。そして教皇が、教皇自身と清の皇帝との同等性を主張するかのような言葉でその使節を派遣したことを知って、皇帝は侮辱されたと思った。トルノンは南京、つぎにマカオに送還され、ここで死んだ。皇帝は勅令を発し、トルノンとその同僚への怒りを表明し、リッチの立場を受容する宣教師だけが中国滞在を許されるとした。その結果、当時中国在住の司教のうち四人と多くの宣教師がこの勅令を受領した。(同、一九三—一九四頁)。

このように教皇庁は、カトリック教会の慣習が布教国においても遵守されなければならないとしたが、これはその後二〇〇年間この教会の外国宣教を規定することとなった。従って、布教国の習慣や文化にできる限り順応しつつ伝道するというイエズス会の布教方針、すなわち順応方策は最初の重要な布教方針であったにもかかわらず挫折した。（同、一九四頁）。

㈢東南アジア　東南アジアの宣教に尽力したロード（三一五—三一六頁参照）は欧州に帰国後外国宣教には宣教師が不足するし、しかも孤立したキリスト教共同体を維持しなければならないと思い、独身信徒伝道者の必要性を訴えた。これら伝道者は医学の基本を学んだのち、つぎの三つの誓約、すなわち独身、受領した施しや贈物は宣教の共通資金とすること、宣教師によって長として任命された者に従うことを誓わなければならなかった。彼は独身信徒伝道者の団体の形成に尽力した。その結果ヴェトナムの宣教は進展し、一六五八年に全土にかなり多数のキリスト教徒がいたといわれる。またロードはヴェトナム語をアルファベットで表記した。このののちヴェトナムの教会は迫害の時期を経なければならなかった。（同、一九五—一九七頁）。

㈣アフリカ　ポルトガルは幾度もアフリカ西海岸に宣教地を確立しようとした。そのためにカプチン派が選ばれ、多くの司教区が設置された。一六五五年にジンガアンゴラのマタンバの王妃が改宗し、一六六三年までにキリスト教徒は八〇〇〇人となった。不確かではあるが、一六四五年と一七〇〇年の間にカプチン派は、コンゴ、アンゴラおよび隣接地で六〇万人に授洗し、一七〇〇年以後も一年間に一万二〇〇〇人に授洗した。また教理問答書が現地語で書かれた。（同、一九七—一九八頁）。

一六四三年以来オランダ人がロアンダに貿易商社を設置したが、彼らの行動はローマ・カトリック教会の宣教活動にけっして有利には作用しなかった。

一六一二年にモザンビークに代牧区が設置された。一六二四年にイエズス会は、ザムベッィに八つの伝道地をもち、約二〇人の宣教師を派遣していた。ドミニコ会修道士とアウグスチノ会修道士もこの海岸に定住した。一六二八年にモノモタパの王カプラツィンがポルトガルの代表者を殺し、ポルトガル人とキリスト教徒に宣戦を布告した。キリスト教徒がドミニコ会修道士の指導のもとに武器をもって立ちあがって勝利し、キリスト教徒が立てた王マヌザはポルトガル王への忠誠とキリスト教徒への保護を誓った。(同、一九八―一九九頁)。

一六四二年にフランス東インド会社はマダガスカル島にフランス植民地を建設しようとした。跣足(せんそく)カルメル会(カルメル修道会は一二世紀に創立されたが、のち履足(りそく)カルメル会と跣足カルメル会《はだしという表現によっても分かるように、前者よりも戒律が厳しい》に分かれた。前者は教育と布教に携わり、後者は観想生活を重視するが、教育と布教にも携わる。カルメル修道女会はテレジア《一五一七―一五八二》によって改革され、非常に発展した)修道士とラザリスト会(ヴィンセンチウス《一五八〇ころ―一六六〇》によって創立された宣教会で、宣教と慈善事業に携わる)修道士が宣教を開始した。一六七四年に住民が七五人の入植者を殺したので、他の入植者は撤退した。一八世紀にラザリスト会修道士はここに定住しようとしたが、フランス革命のゆえにこの地の宣教は不可能になった。一九世紀の初めには初期宣教の足跡はもう残されていなかったようである。(同、一九九頁)。

以上述べたアフリカにおける初期ローマ・カトリック教会の宣教史には、宣教師の伝道の熱意、炎熱と宣教師の高い死亡率、現地のきわめて不安定な政治状況、欧州からの断続的支持が相互関連をなしている。(同、一九九―二〇〇頁)。リヴィングストン(一八一三―一八七三）も宣教に携わった。

正教会

ロシアの地理上の発見はめざましく、一五八六年にトボリスク市が建設され、一六一九年にエニセイ川の渡河に成功し、一六三二年レナ川に、一六四八年太平洋岸に達し、ベーリング海も発見された。ロシア正教会が宣教を始めた時、民衆の間に三種類の宗教が存在した。(イ)単純なアニミズム（自然界のあらゆる事物、例えば、木石等にも霊魂が宿るとする信仰で、シベリア北部等の原始宗教）、(ロ)南部からのラマ教（チベット風の仏教）の浸透、(ハ)ある地域のイスラム教。シベリアの宣教はピョートル大帝の時に始められた。彼は宗教的政治的意図をいだいており、彼においてもロシア革命までの正教会と国家の密着をみることができる。

ロシア正教会の宣教はつぎの七段階を経た。(一)西シベリア　一七〇二年にフィロテオスは西シベリアで宣教を始めたが、彼の時代に教会数は一六〇から四四八に殖え、彼は四万人に授洗したといわれる。彼の死後宣教は後退したが、主教ゴロヴァスキーの時復興し、一七五三年に四六二人、一七五四年に三一一人が受洗した。この地方の宣教活動が盛んになるのは一世紀後である。(二)中国　一七世紀末以来多くのロシア人が北京に定住したので、彼らのための司祭がロシアから派遣されることになった。紆余曲折をへて四人の司祭が北京に定住した。一八世紀に宣教に当ったロシア人はイエズス会修道士と交わった。受洗者は徐々に殖え、一七九五年に北京の教会に二五名のロシア人キリスト教徒と一〇名の中国人キリスト教徒がいた。㈢　カルムック人　カルムック人は、ウラル山脈の東南草原地帯の遊牧民であった。修道士レンケーヴィッヒ（一六七三—？）が宣教し、まもなくカルムック人であるキリスト教徒にロシア内の定住地が提供される計画があったが、彼らを遊牧生活から引き離すことはできなかった。一七八〇年の記録によると、カルムック人はキリスト教徒であるというよりもラマ教徒であった。㈣　ヴォルガ川中部　この地方の宣教では、回宗する者に兵役免除の特典や贈物が与えられたので、一七四一年から一七六二年までに四三万五五〇人がキリスト教徒になった。㈤　東部シベリア　一七二七年にイルクーツクが独立教区となったが、この教区は広いので宣教に困難であった。スハノフ（一七四一—一八一四）は、宣教は言葉によるよりもむしろ生活によると考え、旅行カバンにはいるだけの荷物をもって遊牧民の間をたえずゆききし、民衆から敬愛された。一七七六年に彼は教会を建設し、その周囲の一定の地域にキリスト教徒を集めて信仰指導をしたばかりでなく、農業と手芸をも教えた。㈥　カムチャツカ　カムチャツカ発見以来この酷寒の地は流刑地や軍事基地として使用された。西方の文化がこの地に及んだ時、住民は石器時代からやっとぬけだすところであった。一七〇五年に宣教師マルティニアンが宣教を開始した。彼の宣教によって多くの改宗者が生まれたが、彼は一七一七年に殉教した。宣教は発展し、一七三三年と一七四四年の間に八七八名が受洗した。一七四五年に宣教師チョツンシェフスキーが到来し、多くの者が受洗した。現地人の生活水準はロシアの移民よりも高くなった。一七四八年にキリスト教徒の数は一万一五七四名となった。一七六六年から翌年にかけて、疱瘡が流行し、住民の半数以上が死亡し、司祭七名のうち四名が死亡した。この痛手から教会が回復したのは一九世紀になってからであった。㈦　アリューシャン列島　この列島は一七四三年に発見され、一七六六年にロシアに合併された。一七七〇年にロシア商人シェレクホフは、現地人が天幕のまわりで流人であるロシア人の賛美歌を熱心に傾聴しているのをみて、一七八七年に彼は元老院と教会会議とへの手紙で宣教師派遣を依頼した。その結果、修道院長ボロトフが修道士四名と執事二名と信徒二名を伴って来着した。彼らは、現地人の宗教の内容は諸悪霊への恐怖であることを知った。現地人はすでに長期間ロシアの移民と親交を結び、キリスト教について知っていたので、ひと冬にコージアク島だけで六〇〇〇人が受洗した。一七九六年にキリスト教徒数は一万名となり、宣教はここから北アメリカにまでおよんだ。一七九八年にウオッカに害され疾病に襲われ、現地人は非常な痛手を受けたが、のちに宣教が再開された。(同、二二一—二二〇頁)。

ロシア宣教史は、一方で政治、強制、賄賂、他方で使徒的単純さと苦難と死とが織りなしている歴史である。当時ロシアの教会は依然として中世、あるいはそれ以前に生きていたといえる。(同、二二〇頁)。

プロテスタント教会

宗教改革時代にプロテスタント教会は、多少外国宣教に携わったが、ほとんどそれについて考えなかったといってよい。その理由として、つぎの五点をあげることができる。㈠　一六四八年までプロテスタント教会は、その生存のための闘いを続けなければならなかった。この年のウェストファリア条約によって改革派教会に初めてローマ・カトリック教会とルター教会と同様に信教の自由が付与された。㈡　一六世紀にはプロテスタント教国はまだ海外に植民地をもっていなかった。㈢　ドイツでは領邦教会制度（「その州の宗教はその君侯がきめる」）が実施されていたので君侯は外国のことには責任を感じなかった。㈣　ルターは終末は近いと信じていた。というのは、ヨハネ黙示録の二大サタン、すなわちローマ教皇とトルコ帝国が出現したからである。従ってルターは外国宣教のいとまはなく、むしろ内国伝道に力を傾注すべきであると考えた。㈤　プロテスタント教会は修道院や修道会を解散させたが、実はこれらは外国宣教の力となるものであった。この点においてプロテスタント教会には、これらに代わるものがまだ当時は存在していなかった。

しかし一七世紀に状況が非常に変化した。というのはオランダとイングランドが海上に勢力をふるうようになったからである。オランダとイングランドとのプロテスタント教会が宣教を開始したのは、これら両国の通商が遠隔地にまで拡張された時であった。

㈠東南アジア　オランダのグロティウス（一五八三―一六四五）は、その著『キリスト教の真理について』（一六二七年）を極東に船出する水夫らに与えたが、彼らがこれによってどれほど福音宣教をしたかは不明である。キリスト教徒の強い要請があってオランダ東インド会社（一六〇二年創立）がライデンに神学校を創立し、一六二二年と一六三三年の間にインドネシアやスリランカ（セイロン）の宣教のために一二人の宣教師を養成した。彼らは現地在住のオランダ人と現地人のために働いた。改宗者には特権が与えられたのでその数は多かった。この改宗に政治的動機が宗教的動機と同様に大きな役割を果した。一七世紀末までにジャワのキリスト教徒の数は一〇万人であり、アンボンでは四万人であったといわれる。このような宣教の結果として一六八八年に新約聖書のマレー語訳が完成した。オランダ人は、スペインから一六二四年に奪取した台湾で宣教を開始し、教会設立のため努力したが、一六六一年に彼らは中国人によって追放されてしまった。(同、二二三―二二四頁)。

デンマーク王フレデリク四世はインドの東南トランクェバルのインド人への宣教に関心を示し、敬虔主義運動の指導者の一人フランケに相談した。フランケはツィーゲンバルクとプリュッチァウを宣教師として紹介した。この二人は一七〇六年にトランクェバルに到着したが、カトリック教会の宣教師を除いては、インドに来た最初の宣教師であった。ツィーゲンバルクが宣教を開始したのは二三歳の時で、彼は一三年後に現地で死んだ。一九五七年に出版されたツィーゲンバルクの膨大な『インドからの古い手紙』はこの初期の宣教について語っている。ツィーゲンバルクもプリュッチァウも絶え間のない困難、すなわちデンマーク人居留地の敵意、現地の統治者のいやがらせ、在住欧州人のために派遣されたデンマーク人教職者の悪意、コペンハーゲンにおける誤解と偏見、宣教に対する高いカストの嫌悪、宣教への低いカストの無関心、カトリック教徒の軽蔑に直面した。しかし最大の困難は自らの居住地を探すこととタミル語を教える人を見つけることであった。彼らは宣教に関する五原則を確立した。(イ)教会と学校との並存。聖書を読むことができるために教育が施されなければならない。(ロ)ツィーゲンバルクは一七一四年に新約聖書のタミル語訳を完成した。その後一七九六年にファブリキウスによるタミル語訳聖書が出版されたが、彼はまた賛美歌翻訳者のうち最大の者であろうといわれる。(ハ)福音の説教は、聴衆の精神状態の正しい認識に基礎づけられていなければならない。ツィーゲンバルクは南インド人の宗教信仰を研究した。彼の研究は、一八六七年『マラバル地方の神々の系譜』として出版された。(ニ)貧者が宣教師のほどこしにひきつけられて信者になるということへの注意と、改宗のための水準の向上。㈭　できるだけ早く現地人教職者の指導する教会が建てられなければならない。ヒンズー教からの改宗者であったインド人アーロンは一七三三年に按手礼を受けた。厳選のすえ一〇〇年間にわずか一四人が按手礼を受けることができた。（同、一二一八―一二三一頁）。

南インドの宣教師ドイツ人シュワルツ（一七二四―一七九八）は四八年間インドで宣教し、トランジョール教会は二〇〇〇人の会員を有する教会となった。彼は多くの人々に感化を与え、また孤児や未亡人を助けた。彼の信仰の中心は救い主のいさおしへの信頼であった。（同、一二三三―一二三四頁）。

㈡グリーンランド　グリーンランド宣教についてはデンマークのルター教会のエゲドの働きをあげなければならない。彼は家族とともに一七二二年から一七三六年までここに定住していた。彼はエスキモー語の習得に苦心した。エスキモー人は悪霊信仰と占いに支配されていた。一七三三年に疱瘡が流行した時、彼ら夫妻は献身的な働きをし、ついに彼の妻は健康を害して死んだ。彼らの息子パウル（―一七八八）もグリーンランド宣教に献身し、一七七六年に新約聖書を口語体エスキモー語に翻訳し、また一七六〇年に『エスキモー語文法』を著した。（同、一二三五―一二三六頁）。

一七三一年にツィンツェンドルフは、コペンハーゲンでエゲドから受洗した二人の先住民に会い、グリーンランド宣教に関心をもつようになった（同、一二三六―一二三七頁）。

六四　日本カトリック教会の復興

序

切支丹邪宗門、切支丹破天連（ばてれん）という名称が、二〇〇年余に及ぶ日本の鎖国下で国民にどのような嫌悪と猜疑と不安を与えたかは今では想像もできぬものであろう。徳川幕府は、士分の教養には儒教（とくに朱子学）をもってし、一般には幕府が公認した仏教宗旨の一派を強制し、身分の保証や変動には寺請証文（てらうけしょうもん）を必要とすることにした。キリシタンは潜伏したが、寛政二年（一七九〇）、文化三年（一八〇六）、天保年間、安政から万延（一八六〇―一八六一）に多少の召捕があった。（姉崎正治『切支丹禁制の終末』一―三頁）。しかしキリシタン迫害が政府の訴訟事件となったのは慶応三年（一八六七）であった。安政年間の外国との条約には、宗門については双方の国民がそれぞれその信仰をもって差し支えないとある。そこで自国居留民のためという名目で、外国宣教師が次第に横浜や長崎に渡来した。フランスの宣教師は、かつてキリシタンの本拠であった九州を目指し、長崎に重点を置いた。カトリック教会の復興をなしとげたパリ外国宣教会のプティジャン（一八二九―一八八四）もその一人で、居留地大浦に領事館が開設されるころ、文久三年（一八六三）に長崎にきて、居留民のための大浦天主堂建築に尽力した（同、一八頁）。この天主堂の完成が、明治初年のキリシタン迫害の起こりと、ついにはカトリック教会復興に関連をもっている。

明治初年のキリシタン迫害の発端

この天主堂を見物にきた者のなかにサンタマリア様と口に出した者がいたので、居合わせたプティジャンが潜伏キリシタンについて知る端緒をえた。これらの信徒は皆浦上村の者であって、寛永ころの先祖以来「七代たてばロマから黒衣のパアテル様がきて、よか世の中になる」といって教師の再来を待っていた。(同、一九頁)。彼らキリシタンは、アニマ(魂)の救いを確かめようと洗礼やミサにあずかろうとする。熱心にオラショ(祈り)を復習し、教理を習い、またローマ等について聞こうとする。これを伝聞した長崎港外の諸島、彼杵の外海地方、近接の大村領、佐賀領、五島、平戸からもキリシタンがやってきた。人目をさけ、奉行所の張番に見つけられないように、夜きて教師館の屋根裏に泊まり込み、教理を習い、村に帰って教える者もいる。ついには教師らも彼らの居村にいかなければならなくなり、それも夜、山路か海路かで日本服に変装して出かけた。このような状勢は到底秘密裡におかれることがらではなくなった。(同、一九―二〇頁)。

さて、隠れキリシタンは今や教師から教えを受けるようになり、譲歩やごまかしの態度は罪であると考えるようになり、教会の規則通りに行おうとした。踏絵は安政の条約で廃止になったから問題は起こさなかったが、葬式が事件の直接の契機になった。信徒が、アニマの救いのために最も気にかけていたのは、たとえあとでやり直しをするにしても、一度は仏僧の引導で葬式をしてきたということであったが、宣教師はこれを禁じた。慶応三年(一八六七）三月に、三八という者の母が死に、それを旦那寺に告げないで自分だけで埋葬したので、庄屋の調べにあった。信徒らは大胆に信仰を主張し、今後とも仏僧の引導は受けないという。そこでこの件は庄屋から代官に、代官から奉行所の手に移った。（同、二一―二二頁）。

外交問題へと発展

長崎で迫害が進んでいる間に、宣教師がこれをフランス公使に訴えたので、これは外交問題へと発展した（同、三六頁）。フランス公使は、幕府が国禁を理由にして信徒を入獄させたり拷問したりするのは、文明国の道理に反するとして抗議し、信徒の赦免を要求した。信徒赦免については、フランス公使は入獄を解き、浦上全体を大獄舎と考えて、一種の集団的監視（幕府の用語では「村預け」）にすることを要求し、幕府は大体これを承諾しつつも、事実は出牢に先だって信徒らに棄教改心の誓いを立てさせて、幕府としての面目を立てようとし、そのために事件の解決が遷延した。結局幕府は、小人数を改心させることはできたが、大部分の者は名目上の改心をしたにすぎず、全部の村預けを実施し、公使もそれで満足し、事件は落着した。（同、九〇―九一頁）。

迫　害

明治新政府の多くの者は、かつて攘夷党であり、また幕府と特に親善の深かったフランスの勢力の失墜とともにフランス宣教師を多少軽視していたため、浦上のキリシタン処分は新たに断固遂行された。また新政府の方針の一つとして神道国教主義（祭政一致）のもとに民心の統一を図る勢力が次第に強くなってきた時であるから、徳川時代の邪宗門観に養われた偏見とともに、キリシタン問題は一層重要で切迫した問題として取り扱われた。（同、九五頁）。明治二年一二月に新政府はかねてから計画中であった追放移民を断行し、浦上の村民三〇〇〇名余を各藩に分配して、外国人の見聞にふれぬところで信徒に改心を迫った（同、九六頁）。彼らは皆貧農であった。新政府は島原の乱のような彼らの叛逆を恐れた。信徒のなかには迫害に屈して改心した者も少数はあったが、その大多数は殉教の覚悟であらゆる迫害にたえた。その間、外交方面の抗議や勧告もあり、西洋諸国の世論も、日本政府を攻撃した。すでに慶応元年（一八六五）横浜在留の外国人有志は切支丹禁制の高札撤去のために努力することを誓い、公開状を発して、海外のキリスト教徒にその協力と祈禱を求めた（比屋根安定『日本プロテスタント九十年史』、以下『九十年史』と略記。三六―三七頁）。

追放移民

明治二年新政府は約三〇〇〇人の教徒を各藩に預けたが、その分配の状況はつぎのとおりである。

	人数	女	男
高知藩	一一四	二五	八九
高松藩	一〇二	一四	八八

松江藩	八七	一二	七五
和歌山藩	二五六	六一	一九五
岡山藩	一一四	二一	九三
郡山藩	八八	一〇	七八
名古屋藩	一七九	五六	一二三
津藩	一〇〇	二〇	八〇
姫路藩	四五	一九	二六
広島藩	一七九	四二	一三七
鹿児島藩	二〇九	七一	一三八
金沢藩	五二五	一一五	四一〇
大聖寺藩	八三	？	？
福岡藩（山口へ送るべき分）	二三四	三七	一九七
鳥取藩	一五五	三五	一二〇
徳島藩	一一二	二三	八九
津和野藩	九三	一七	七六
福山藩	六六	九	五七
総　計	二七四一	五八七以上	二〇七一以上

ほかに一八五人は、船ができるまで待ち、約五、六十人は出奔して行方不明、計約三〇〇〇人になるが、のちに帰村した時の計数を考えれば、計三五〇〇人近くになっている。この

なかには老若男女のみならず幼児もいた。（姉崎同、一二二―一二三頁）。この浦上村全村の総配流は、日本史上未曾有のことであったが、片岡弥吉「異宗門徒人員帳の研究」（『キリシタン研究』第一四輯所収）は、このことに関する詳細な研究である。

この追放移民は、明治六年「切支丹高札」の撤廃とともに残存者が帰村するまで、信徒の間には「旅の話」として子孫に伝えられた。大仏次郎（一八九七―一九七三）は『天皇の世紀』の第九巻『旅』において浦上キリシタンの迫害について詳細にふれ、「私がこの事件に、長く拘り過ぎるかに見えたのは、進歩的な維新史家も意外にこの問題を取上げないし、然し、実に三世紀の武家支配で、日本人が一般に歪められて卑屈な性格になっていた中に浦上の農民がひとり『人間』の権威を自覚し、迫害に対しても決して妥協も譲歩も示さない、日本人としては全く珍しく抵抗を貫いた点であった。当時、武士にも町人にも、これまで強く自己を守って生き抜いた人間を発見するのは困難である。権利という理念はまだ人々にない。しかし、彼らの考え方は明らかにその前身に当るものであった」といっている（大仏次郎『天皇の世紀』、第九巻三二二頁）。この「旅の話」は、浦川和三郎『浦上切支丹史』に詳しく記されている。各藩のとった処置には差異があり、鹿児島藩は比較的寛大に取り扱ったのに対して、山口藩や福岡藩は非常な虐待をした。虐待は飢渇のほかに拷問もあり、あらゆる手段をもって改心させようとし、説教や説諭も加えた。しかし少しもキリスト教の内容にはふれないで、外国の宗教を信ずることはもってのほかであるというような威嚇であった。（姉崎同、一二四―一二五頁）。このように迫害の中心は浦上村のキリシタンにあったが、当時拷問や迫害は五島や他の九州地方にもあった（同、一二五頁）。

切支丹禁制の高札の撤去

「切支丹禁制」の高札は、兵庫や横浜において各国使臣の間で問題になり、すでに慶応四年（一八六八）英国、フランス、オランダ、プロイセンの四国領事は勧告的抗議を提出した（同、一二八頁）。政府は、外国の要求による追放移民の解放はその威信に関するからできないとしながらも、できるだけ使臣の心を和らげようとした（同、一四三頁）。

明治政府がキリシタンを迫害した思想的背景には、神道国教主義が存在した。明治初年の為政者の間には、各自内心の信仰問題と独立して、平田派の神道観を政治の基とする風潮が強く、王政復古と祭政一致とを不可分離のものとし、そのために神祇官を再興して八省の上におき（のちに神祇省となり教部省となる）、また神仏分離の遂行のために廃仏棄釈をも行ったから、キリシタン禁制は必然のことがらであった。（同、一四五頁）。明治二年末、四国公使が外務省に出頭した時、右大臣岩倉具視（一八二五―一八八三）も、外務卿沢宣嘉（一八三六―一八七三）も、単にキリシタンであるからではなく、叛逆だから罰するといっている。岩倉はいう「とにかく天子の教えを奉じないから罰するので、それ以外に理由はない。キリシタンだからということは、つまり皇国の教えを奉じないということ。神道の教えでは、天子は太神（天照大神）の御裔（すえ）であり、天子の政権は、神から出ている。しかし耶蘇は、この教えを信ずるなと教える。浦上の太神宮へ彼らが参拝しないのは、天子を軽蔑するものである」。政府部内で岩倉は最も強く神道国教主義を代表している。慶応四年の春に長崎総督府が、教徒への対応策の手始めに浦上村に太神宮を建て始めたのは、単に彼らを試みるためばかりでなく、太神宮の崇敬へと彼らの心を転じさせようとする考えからであった。(同、一五三—一五四頁)。

流離迫害のなかにあった教徒に、明治四年(一八七一)教皇ピウス九世から慰問の手紙がとどき、彼らは苦難のなかにも喜びに満たされた。

安政条約中の治外法権の項は、日本の面目を傷つけるからこの不平等条約は改正しなければならないとの意見が朝野に起こり、明治四年右大臣岩倉は特命全権大使として欧米に遣わされた。米国、英国、フランス、ベルギー等行く先々で岩倉と随員は、キリシタン追放への抗議と信教の自由の要請に接した。岩倉の進言に基づいて、明治六年政府は「従来高札面の儀は一般熟知の事に付向後取り除き申す可きこと」と布告した。これは、従来切支丹宗門を禁制したが、今後はこれを解禁するという明文ではなかったが、切支丹禁制の高札を撤去するという画期的出来事であった。(比屋根同、三八—四二頁)。

赦免帰村

浦上追放者の帰村第一着は、明治六年三月薩摩から帰った者で、四月には紀州から、そして五月中にすべて帰村した。しかし約五分の一は生還できなかったのであり、帰村者のなかには家や田畑を失った者が少なくなかった。なお、これより先に拷問の責苦にたえられず、背教した者や逃亡した者もいた。「三百年近くの禁制迫害は、此の如くにして霧の如く散じ、浦上村民三千の流離困苦は、信教の自由をあがなう代価となった」。(姉崎同、一八一—一八四頁)。

明治六年浦上に赤痢が流行した時、教徒らが救護にあたったが、これが浦上十字架会創立の要因となった。明治一三年（一八八〇）浦上旧庄屋の邸宅が聖堂とされた。明治一七年（一八八四）にプティジャンが死去したが、彼は日本カトリック史上特筆すべき指導者で、明治初年の迫害の開始ころ『聖教初学要理』を編集した。

東京の築地と神田に聖堂が建立されたのは明治八年（一八七五）であり、日本教区が南北両教区に分けられたのは明治一〇年（一八七七）であり、南教区の司教にプティジャン、北教区の司教にオズーフが就任した。同一三年南教区の司教座が大阪から長崎に移された。北教区の司教座は東京であった。同年日本人三名が司祭に叙階された。明治二四年（一八九一）南北の二教区が四教区、すなわち東京、大阪、長崎、函館に分けられ、東京だけに大司教が置かれ、オズーフがこれに就任した。明治三七年（一九〇四）四国地方はドミニコ会の教区となり、大正元年（一九一二）新潟地区が神言会（一八七五年にオランダでヤンセンによって創立された修道会で、異教国への布教を目的とし、民族学や比較宗教学の分野で業績を残し、南山大学等を創立した。――小林珍雄編『キリスト教用語辞典』二九四―二九五頁）に託された。

教　勢

明治二八年の教勢をあげよう。教区四（東京大司教区、長崎司教区、大阪司教区、函館司教区）、信徒五万三〇二名、大司教一名、司教三名、パリ外国宣教会士八八名、マリア会士二七名、邦人司祭二〇名、伝道士三〇四名、修道女一一八名（うち外国人八五名、邦人九名、志願女二四名)、天主堂七一、支聖堂九八、小学校四一(うち男子校一六、女子校一八、共学七)、孤児院一九、ハンセン氏病病院七〇、病院五四、施薬所一四である。(『カトリック大辞典』第四巻六頁)。

六五 日本プロテスタント教会の創立と発展

序

日本のプロテスタント教会の歴史を、私はつぎのように区分したい。安政六年(一八五九)から明治六年(一八七三)までを宣教準備の時期、同年から二二年(一八八九)までを創立の時期、同年から四二年(一九〇九)までを試練の時期、同年から昭和六年(一九三一)までを発展の時期、同年から二〇年(一九四五)までを艱難の時期、同年から今日までを信教の自由の時期とし、この章では初めの三つの時期を取り扱いたい。

すでに述べたように明治新政府はキリシタン禁教政策をとったから、禁教高札の撤去までプロテスタント宣教師は公には宣教できなかったが、将来の宣教の準備はできた。従って第一期を宣教準備の時期とした。この時期に、将来の教会指導者の養成、聖書の邦訳、宣教師の日本語研究などがなされた。同六年から二二年までの創立の時期には、教会、教派、およびキリスト教主義学校が創立され、教会の発展が目ざましかった。同年から四二年までの試練の時期には、「教育勅語」が発布され、国粋主義のもとでキリスト教に対する激しい反対運動が起こり、また教会自体も新神学によって動揺した。私はこれら三時期に起こった出来事を項目別に述べていきたい。

プロテスタント教会の宣教開始

嘉永六年（一八五三）に米国使節ペリーが来航し、日米和親条約が締結され、下田と箱館（函館）が開港された。嘉永七年（一八五四）に日英和親条約が締結され、長崎と箱館が開港された。同年オランダに下田と箱館が開港され、また日露和親条約が締結され、下田と箱館と長崎が開港された。安政二年（一八五五）に日蘭和親条約が締結された。開港とともに宣教師が来日して、自国民の信仰生活を指導したが、同時に彼らの渡来は日本伝道の準備をすることにもなった。

プロテスタント教会が日本にもたらされたのは、外国宣教師、ことに米国宣教師によるところであった。安政六年（一八五九）最初に日本宣教のために渡来したのは、米国監督教会のリギンズ（一八二九―一九一二）とウィリアムズ（一八二九―一九一〇）であった。つぎに同年、米国長老教会のヘボン（一八一五―一九一一）夫妻と、米国オランダ改革派教会のS・R・ブラウン（一八一〇―一八八〇）とシモンズ（一八三四―一八八九）とフルベッキ（一八三〇―一八九八）が来日した。ブラウンとシモンズとフルベッキとの家族も同年おくれて来日した。翌年安政七年（一八六〇）に、米国バプテスト伝道会社からゴーブル（一八二七―一八九八）夫妻が、さらに文久三年（一八六三）に米国長老教会のタムソン（一八三五―一九一五）が来日した。（佐波亘編纂『植村正久と其の時代』第一巻、以下『植村』一巻と略記。二三一―二三二頁）。彼らのうちフルベッキとシモンズ以外は、長く中国で伝道に携わった人々である。リギンズは在日約一年にして病気のために帰国し、ウィリアムズは日本の最初の主教となり、立教学院の前身である一つの学校を創立し、三七年間日本に滞在した。三三年間滞日したヘボンは『和英辞書』を編纂し、西洋医学を紹介し、青年のために英学校を開設し、聖書の邦訳に着手し、明治学院第一代総理となった。フルベッキは、初め長崎で大隈重信（一八三八―一九二二）、松方正義（一八三五―一九二四）、西郷吉之助（一八二八―一八七七）、大久保利通（一八三〇―一八七八）等に英語を教え、明治二年創立の開成学校の教授となり、日本の教育制度や法律の制定に尽力し、明治九年以後は聖書邦訳と神学教授と福音伝道に専念し、三九年間滞日ののち死去し、青山墓地に葬られた。二〇年間滞日したブラウンは、横浜で青年の教育に当り、植村正久（一八五七―一九二五）、井深梶之助（一八五四―一九四〇）、山本秀煌（一八五七―一九四三）、押川方義（一八四九―一九二八）、本多庸一（一八四八―一九一二）等は彼のもとで教育を受けた。彼はまた、ヘボン、D・C・グリーン（一八四三―一九一三）とともに新約聖書の邦訳に貢献した。シモンズは、宣教医で医業に携わった。初め宣教師らは日本語習得のために非常な苦労をしたばかりか、政府の厳重な監視のもとにおかれた。（小崎弘道『日本基督教史』小崎全集第二巻所収。以下『小崎』と略記。一三―一七頁）。

　安政七年（一八六〇）にゴーブル夫妻が来日して伝道したが、その後一旦帰米し、明治六年（一八七三）バプテスト教会伝道会社の招きで再び来朝し、聖書販売者として各地を巡回した。明治六年に来日したN・ブラウン（一八〇七—一八八六）は、バプテスト教会の最初の宣教師で、横浜に同派最初の教会と神学校を創立した。文久元年（一八六一）米国オランダ改革派教会のJ・H・バラ（一八三二—一九二〇）とその夫人が来日して伝道に当り、日本の最初のプロテスタント教会である日本基督横浜海岸教会の設立に大いに尽力した。バラから受洗した者のなかに、押川方義、篠崎桂之助（一八五二—一八七六）がいる。

ブラウンやバラのもとで教育を受けた者を横浜バンドという。文久三年（一八六三）にタムソンが長老教会伝道会社から派遣され、東京最初の教会新栄（しんさかえ）教会の設立に大いに尽力した。明治二年に同伝道会社からコロンス夫妻が、また翌年同じくカロゾルスとその夫人が来日した。明治三年コロンス夫妻は京浜航路の船中で船の機関破裂のため死去した。カロゾルスは東京で教育に当った。慶応二年（一八六六）横浜の宣教師らは、初週祈禱会を開き、日本伝道のため多くの宣教師の派遣を要請する文書を各本国に送り、その結果明治二年（一八六九）エンソルが派遣されたが、七年後病気のため帰国した。同年前記のグリーンとその夫人が来日し、彼はのち同志社で教え、聖書邦訳、出版事業に尽力し、また世界への日本の紹介や条約改正のためにも働き、四四年間滞日し、大正二年（一九一三）逗子で死去した。明治二年には米国オランダ改革派教会のスタウト（一八三八—一九一二）や最初の婦人教師キダ（一八三四—一九一〇）が来日した。キダは翌年フェリス女学院の前身である女学校を創立した。文久三年から明治二年まで米国からは一人の宣教師も来日しなかったが、これは南北戦争のためであった。明治四年（一八七一）O・H・ギューリック（一八三〇—一九二三）とその夫人がアメリカン・ボード伝道会社から派遣され、日本で最初の基督教主義週刊雑誌『七一雑報』を発行し、福音印刷会社を設立して出版事業に尽力した。同年同伝道会社が派遣したデイヴィス（一八三八—一九一〇）は新島襄（一八四三—一八九〇）を助けて同志社教育に尽力した。翌年同伝道会社から宣教医J・C・ベリー（一八四七—一九三六）とゴルドン（一八四三—一九〇〇）が派遣された。明治四年米国婦人一致伝道会社は、プルム夫人、ピアソン夫人、クロスビー女史を派遣し、翌年アメリカン・ミッション・ホームを設立したが、これはのちに横浜共立女学校となった。（小崎、一八—二二頁）。

以上述べたようにプロテスタント教会の宣教は、優れた宣教師らによって開拓された。日本の最初のプロテスタント教徒矢野元隆は、元治元年（一八六四）に、神奈川でバラから病床で受洗した。彼はブラウンとバラの日本語の教師であったが、バラの指導のもとにマルコによる福音書とヨハネによる福音書とを漢訳聖書から和訳する間に、キリスト教について学び、受洗するようになった。二番目の信者は荘村助右衛門で慶応二年（一八六六）長崎でウィリアムズから受洗した。彼は熊本藩の武士で同藩の学生の監督として長崎に出張中、フルベッキやウィリアムズに接して西洋の知識を吸収し、ついに受洗するようになった。三番目の受洗者は村田若狭守政矩で弟綾部とともに同年フルベッキから受洗した。村田若狭守は、英国との条約がまだ締結されていなかった安政元年（一八五四）に、長崎にきた英国軍艦のため一時人心が不安であったので、幕府が差し遣わした軍の司令官であった。彼の臣下が拾ってきた蘭訳聖書の内容を知ろうとして、漢訳聖書を上海から取り寄せ、綾部らとともに研究した。彼は耶蘇基督の品性と事業に感動し、ついに受洗するようになった。（植村、一巻三七一—三七七頁）。

明治四年（一八七一）にグリーンの日本語の教師で、のちギューリックの教師となった市川栄之助は、ただ聖書を所持していたために密告により夫妻ともに捕えられ投獄された。宣教師らは彼らの救済のため公使の援助をかりたが、効果がなかった。そのころ岩倉大使は米国で外交交渉にあたっていたが、この件や浦上キリシタンの迫害について抗議を受けた（四六一頁参照）。市川は明治五年に京都で獄死したが、妻松子はまもなく出獄を許され、初めは摂津第一公会に、のちに長く霊南坂教会に所属した。市川もわが国における信教自由への導火線となったと考えられる。（同、二〇八—二一〇頁）。

諸教会の創立と発展

㈠日本基督一致教会　明治五年（一八七二）に最初のプロテスタント教会（のちの海岸教会）が横浜に創立された。この教会は当日受洗した学生七名と、それ以前に受洗した年長者二名（小川義綏《一八三一—一九一二》と仁村守三）からなっていた。会員はこの教会に「日本基督公会」という名称をつけた。この教会の創立は、万延元年（一八六〇）以来宣教師と外国人キリスト教徒によって続けられてきた初週祈禱会、ことに明治五年に日本人学生によって開かれた初週祈禱会の結果である。その後この教会は急速に発展し、明治八年（一八七五）に教会の本建築が完成したころには、教会員一六六名、小児受洗者一九名となった。（同、四二二—四二三頁）。明治七年に作成されたこの教会の条例の第二条に「我輩ノ公会ハ宗派ニ属セズ唯主耶蘇キリストノ名ニ依テ建ル所ナレバ単ニ聖書ヲ標準トシ是ヲ信ジ是ヲ勉ル者ハ皆是キリストノ僕我儕ノ兄弟ナレバ会中ノ各員全世界ノ信者ヲ同視シテ一家ノ親愛ヲ尽スベシ是故ニ此会ヲ日本国基督公会ト称ス」とある（同、四五五―四五七頁）。明治六年東京で最初のプロテスタント教会である東京公会（のちの新栄教会）が設立された（同、四一三頁）。明治一一年この教会において日本基督一致教会の中会が開かれた。その記録によるとこの中会に総代として議員を送った諸教会がすでに創立されていたことがわかる。すなわちこの教会のほかに、東京芝露月町教会、横浜住吉町教会、下総法典教会、信州上田教会、東京品川教会、長崎教会、下総大森教会、東京麹町教会、同浅草教会、同牛込教会、同両国教会である。（同、二巻一四五―一四六頁）。

明治七年（一八七四）に横浜における宣教師の会合で、同五年（一八七二）横浜の宣教師大会で表明された一致合同の希望に向って進むことが決議された。わが国の初代の信徒はこのように無教派主義に立って教派の合同を希望したが、実現されなかった。これは、そのころ帰朝した新島襄と宣教師デイヴィスが合同に賛成しなかったのが一つの原因である（小崎、六七頁）。しかしケーリがいうように、最初の日本基督横浜公会も新栄教会も教理的にも制度的にも同様の基盤に立っていた（ケーリ『日本キリスト教史』、以下『ケーリ』と略記。二巻『プロテスタント宣教』、以下『二巻』と略記。九九頁）。この同様の基盤とは、長老教会の神学と長老制である。従って私は、当時無教派主義とはいうものの、その神学は長老教会の神学であり、その教会制度は長老制であり、真の公会ではなかったことが合同が実現しなかったおもな理由であると考える。

明治一四年（一八八一）日本基督一致教会は、全国二三教会を三分して三つの中会（北部、中部、西部）を設立した（小崎同、六九頁）。

㈡組合基督教会　明治七年神戸公会（現在の日本基督教団神戸教会）、梅本町公会（仮牧師ゴルドン《現在の日本基督教団大阪教会》）、同八年に摂津第三公会（現在の日本基督教団摂津三田教会）、同九年摂津第四公会（現在の日本基督教団兵庫教会）、京都の第一公会（主任ラーネッド《一八四八―一九四三》と第二公会（仮牧師新島襄、これら第一公会と第二公会は現在の日本基督教団同志社教会）、同第三公会（主任ドーン、現在の日本基督教団平安教会）、同一〇年浪花公会（牧師沢山保羅《一八五二―一八八七》）が設立された。沢山は教会の自給独立を主張した。新島と沢山が全国の教会に及ぼした感化は実に大きかったから、同二〇年の沢山の死と同二三年の新島の死は、全国の教会の教勢に影響を与えた（同、一三九頁）。同一〇年神戸多聞教会、同一一年安中教会（海老名弾正が同志社卒業後牧師となる）、同年明石教会、同一二年天満教会、彦根教会、今治教会、東京第一教会（牧師小崎弘道《一八五六―一九三八》、のちの霊南坂教会）、同一三年岡山教会、同一五年に島之内教会、高梁教会が設立された。これら浪花、神戸多聞、安中、明石、天満、彦根、今治、霊南坂、岡山、島之内、高梁教会は、同一九年に日本組合基督教会に、そして現在は日本基督教団に所属している。

明治一一年神戸、大阪、三田、兵庫、京都第一、同第二、同第三、浪花、多聞の九教会によって日本伝道会社が設立されたが、これはのちに組合教会が組織されるまで会衆派教会を結合する唯一の機関であった（同、六九―七三頁）。

㈢聖公会　明治二〇年（一八八七）に成立したこの教会は、米国の監督教会、イングランドの教会宣教協会、同福音宣教協会によって設立された諸監督教会が合同したものである。

明治八年に真光教会が東京に、ほぼ同じころ大阪の聖テモテ教会、長崎の監督教会、東京神田の聖公会、同九年東京の聖パウロ教会、同一一年大阪の聖三一教会、同一二年大阪の聖救主教会、同年東京の聖アンデレ教会が設立された。同年英国の教会宣教会社のバチェラーが来日し、アイヌ人への伝道を開始した。

㈣メソヂスト教会　この教会は、米国メソヂスト監督教会の系統である美以(ミイ)教会、カナダ・メソヂスト教会の系統であるメソヂスト教会、米国南メソヂスト教会の系統である南美以教会が、明治四〇年（一九〇七）に合同したものであるが、この合同の気運は明治二十一、二年ころからあった。美以の美とは、英語のメソヂストの最初のMの漢音訳であり、以は同じくエピスコパルの初めのEの漢音訳であって、中国で用いられたものがわが国に伝えられた。米国メソヂスト監督教会のハリス（一八四六―一九二一）は明治八年に来日して函館や東京で宣教し、同九年札幌農学校の教頭としてクラーク（一八二六―一八八六）が来日し、その感化によって学生の間にキリスト教を研究する者が生じ、ハリスもまた彼ら学生を指導した。佐藤昌介（一八五六―一九三九）、大島正健、太田（のちの新渡戸）稲造（一八六二―一九三三）、内村鑑三（一八六一―一九三〇）、宮部金吾（一八六〇―一九五一）は当時の学生でハリスから受洗した。明治六年に来日した同じ教会のソーパー（一八四五―一九三七）は東京で宣教し、津田仙（一八三七―一九〇八）夫妻に洗礼を授け、津田の農学社内に聖書研究会を設けた。カナダ・メソヂスト教会のカックラン（一八三四―一九〇一）と宣教医マクドナルド（一八三六―一九〇五）は明治六年に来日した。カックランは中村敬宇（正直(まさなお)。一八三二―一八九一）と知り合うようになり、中村の創立した同人社内に住み、英語を教え、日曜日には午前九時から一〇時まで聖書を講義し、同一〇時から一二時まで説教した。明治七年クリスマスに、中村はカックランから受洗した（比屋根安定『日本プロテスタント九十年史』七五—七七頁および同『日本近世基督教人物史』一二九—一三〇、二二六頁）。カナダ・メソヂスト教会の宣教師は東京のほか、静岡県と山梨県に宣教し、カックランの影響を受けて中村敬宇のほかに平岩愃保（一八五七—一九三三）が入信した。のちに静岡県から江原素六（一八四二—一九二二）、高木壬太郎（一八六四—一九二一）、山路愛山（弥吉。一八六四—一九一七）等がでた。

㈤バプテスト教会　この教会の宣教は横浜を中心として行われたが、その後東京でも宣教した。明治九年（一八七六）に東京第一浸礼教会が設立されたが、この設立は明治七年に来日したアルソンから受洗した内田はま子他四名とアルソン夫妻によるものであった。当時の浸礼は、東京では駿河台近くの神田川で行われたが、その光景は、これをかつて見たことのない人々の間で評判になった。（桜井匡『教派別日本基督教史』九八—九九頁。内田はま子については、植村、一巻三八一—三八三頁に興味深い記事が掲載されている）。

イングランド・バプテスト外国伝道会社も東京を中心にして宣教を始めた。米国バプテスト教会のボードは、東京、盛岡、仙台、花巻、柳津、酒田、八戸、気仙沼、塩釜に宣教し、これらの地に教会が設立された。この教会の関西地方の宣教は、明治一一年（一八七八）に来日し、東京で宣教に携わっていたリースによって、同一四年から始められ、神戸に教会が設立された。のち姫路にも教会が設立された。同一七年にジョーンズ夫妻が来日し、仙台、盛岡、八戸、花巻、気仙沼、塩釜等で宣教した。その他、平、水戸等に教会が設立された。

（桜井同、九九―一〇二頁）。

明治一九年（一八八六）にカーペンター夫妻は、アイヌ人への宣教のため根室にきた。しかし彼は病気のため一般の宣教に転じ、翌年死去した。しかし短期間ではあったが、彼は深い感化を与え、根室教会設立の基礎を置いた。彼は自給宣教師であった。（同、一〇二―一〇三頁）。

明治二二年米国南部バプテスト教会の宣教師マコーラムとブランソンが来日し、おもに九州に宣教した。若松、福岡、久留米、熊本、長崎、小倉、門司等に教会や講義所が設立された。横浜教会の川勝鉄弥（一八五〇―一九一五）が九州にきて、各地の宣教を援助した。（同、一〇四―一〇五頁）。

㈥福音教会　この教会が日本宣教を開始したのは明治九年であった。この教会は、米国でメソヂスト教会に属していたアルブレヒトの創設したもので、そこでは主としてドイツ人への宣教に携わった。教義はアルミニウス主義に立つが、極めて聖書的であり、制度はメソヂスト監督教会とほとんど同じであった。宣教師としてヘーゲライン、ハウク、アンブライト、メーヤーがあり、のちに幼稚園保育に携わったキックリッヒがいた。（同、二五七―二六一頁）。

㈦美普教会　この教会が日本宣教を開始したのは、明治一三年（一八八〇）である。この教会は、米国でメソヂスト監督教会の政治上の改革を唱えたが、受けいれられなかった者らが、一八三〇年にメソヂスト・プロテスタント教会（日本名で美普教会）を組織した。彼らは、立法権は教職者にあるとして、これへの信徒の参与を認めなかったメソヂスト監督教会の改革を主張し、教会政治への信徒代表の参与を主張した。従って美普教会は、信仰告白や教義においてはメソヂスト教会と同じであるが、ただ教会政治においては教職も信徒も平等で、監督とか長老は置かない。（同、一二六三—一二六五頁）。明治一三年最初の宣教師ブリテン女史が来日した。同一六年にクライン（一八五七—一九二六）、同二〇年にカルハオが来日した。この教会は横浜と名古屋を中心に宣教を始め、のちに静岡や東京にも発展した。（同、一二六六—一二六八頁）。

㈧基督教会　米国におけるクリスチャン教会の起源については既述した（四二〇—四二一頁参照）。明治一六年（一八八三）この教会のガースト夫妻とスミス夫妻が来日した。日本ではこの教会を基督教会という。この教会は初め宣教師のまだいない秋田市に宣教し、つぎに東北から東京、さらに関西へと発展した。（同、一二七三—一二七四頁）。

㈨基督友会（ゆうかい）　イングランドにおけるクエーカー派（友会）の起源については既述した（三三八頁参照）。日本ではこの派を基督友会という。この派は明治一八年に日本宣教を開始した。最初の宣教師はコサンドであった。この派は茨城県と東京において宣教した。（同、一二八〇—一二八一頁）。

㈩基督同信会　基督同信会は一教派というべきものではなく、ただ同じ信仰の人々によって組織された教会であったが、次第に発展して一教派となった。この教会の起源は、明治二二年に東京日本橋区のキリスト教徒浅田洋次郎他数名が、青年指導のための集会を開いていたが、いずれの教派にも属さないで自給伝道を意図して来日したイングランド人ブランドを招いて聖書の講義をきいたことにある。このようにしてキリスト教徒のための集会所ができた。集会所は東京、大阪、京都、神戸、姫路、名古屋、横浜、茅ケ崎、浦和、堺等にもできた。この派には信仰告白や教義はなく、聖書を重視する。洗礼と聖餐を重んじるが、教職者はいないで、さきにキリスト教徒になった者が洗礼を施す。(同、二八八—二九〇頁)。

(二)スカンジナビアン・アライアンス　明治二四年(一八九一)にスカンジナビアン・アライアンス(スカンジナビアン伝道協会)から一五名の宣教師が来日した。この伝道協会は、元バプテスト教会員であったスウェーデン人フランソンによって米国に創立されたものである。彼は、シカゴでムーディと協力して福音宣教に携わり、その後中国の宣教師テーラーと知り合い、その勧めによって一〇〇〇人の宣教師を作る運動を起こし、一八九一年スカンジナビアン・アライアンスを創立した。来日した宣教師は、キリスト教のまだ宣教されていない遠隔地、すなわち当時最も交通の不便な飛驒(岐阜県)の山奥や伊豆の沿岸と伊豆諸島に赴いた。その後この教派は千葉や東京でも宣教した。彼らは純聖書的福音といわれるものを教え、伝道は熱烈であった。各地に設立された教会は、教派を超越したものであったが、ついに一教派を形成するようになった。これが現在の日本同盟基督教団である。(同、二九八—三〇〇頁、『基督教年鑑』一九七八年版、一四九—一五〇頁)。

(三)日本福音ルーテル教会　明治二五年(一八九二)に米国ルーテル教会のシェーラーとビリーが来日し、佐賀、熊本、久留米、日田で宣教した(桜井同、三〇五頁)。

(三)アライアンス教会　日本アライアンス教会は、一八八九年に米国でキリスト教宣教協力会を創立したシンプソンが、明治二八年(一八九五)に来日して宣教したことによって始まった。この教会の特色は、教派を超越し、キリストに基づいて協同伝道をするところにあった。（同、三〇八頁）。

㈣同胞教会　米国の基督同胞教会は、明治二八年にかの地でこの教会の会員となった入江錦五郎、土井操吉らを宣教師として日本に派遣し、宣教を始めた。この教会は、一八〇〇年米国においてオッターバインの創立したものである。彼は一七二六年にドイツで生まれ、のちドイツ改革派教会宣教師として米国に渡り、牧会に携わるうちに回心を経験した。彼は教派的偏見の強かった時代に、ただキリストの福音を伝え、他教派の人々と交わった。キリスト教徒は、キリストにあって同胞であるということが、この教会の主張である。明治三一年（一八九八）にハワード、同三三年にニップ夫妻が来日した。この教会は東京、滋賀、千葉、神奈川に宣教し、のち京都、大阪等に発展した。（同、三一一—三一四頁）。

㈤セブンスデー・アドベンチスト教会　明治二九年（一八九六）に米国のセブンスデー・アドベンチスト教会のグレンジャーが、米国に留学中この教会に所属するようになった大河平輝彦を伴って来日した。この教会の起源については既述した（四二七頁参照）。この教会は東京で宣教した。宣教の方法は文書伝道と天幕伝道である。機関誌『末世之福音』が発刊された。（同、三一八—三二二頁）。

㈥フィンランド福音ルーテル教会　この教会は一八七〇年に創立された。明治三三年（一九〇〇）にこの教会のウェルヌース夫妻とクルビネン女史が来日した。ウェルヌースは健康を害して夫人と共に帰国したが、クルビネンは佐賀で宣教した。明治三六年（一九〇三）にミンケネン夫妻とウーセタロー女史が来日し、諏訪湖畔で宣教した。長野はこの教会のおもな伝道地であるが、東京や山梨等にも宣教した。（同、三二三—三二四頁）。

(七)自由メソヂスト教会　明治二八年（一八九五）に米国自由メソヂスト教会の柿原正治が帰国して、淡路島の福良で宣教を始めた。この教会は、米国のメソヂスト教会が奴隷制度を黙許したことに反対したロバーツによって一八六〇年に創立されたものである。やがて柿原は実業界に入ったが、河辺貞吉（ていきち）（一八六四―一九五三）が明治二九年（一八九六）にこの教会に転じて宣教に携わった。淡路島のほか大阪においても宣教がなされた。この教会に所属した西阪保治は日曜世界社を経営した。（同、三二五―三二八、三三〇頁）。

(八)神の教会　米国の神の教会のアレキサンダーと矢島宇吉は、明治四一年に帰朝して宣教を開始した。矢島は在米中にこの教会に所属した。この教会は一九世紀末ころ米国でワーナーが創立したもので、原始キリスト教に立ち、聖書に基づく団体であることを意図した。そして救われた信者はみな神の教会に属するもので、神の側においては教派はなく、キリストをかしらとする唯一の教会があるだけであるとした。この教会はおもに東京で、また茨城（潮来町）や和歌山市においても宣教した。（同、三三四―三三五頁、『基督教年鑑』同、一九八頁）。

(九)ナザレン教会　明治四三年（一九一〇）に米国ナザレン教会のシュノルトが来日して京都で宣教を開始した。彼はまもなく帰国したが、エコールらが来日して宣教を続けた。この教会は、米国メソヂスト監督教会の改革を唱えたマックレリーによって一九〇七年に創立されたもので、聖潔を強調する。大正三年（一九一四）に在米中にこの教会に所属した永松幾五郎、喜多川広、諫山修身らが帰国して、宣教に携わった。この教会は最初から教会の自給独立を奨励した。（桜井同、三三六―三三八頁）。

㈢ペンテコステ教会　米国のペンテコステ教会に属するイングランド人テーラー夫人は明治四四年（一九一一）に来日し、東京神田で警察伝道を始めた。一九〇六年ロサンゼルスを中心として大信仰復興運動が起こり、それは原始教団のペンテコステの出来事のようであった。この教会の起源はこの運動にあり、ペンテコステという名称はここに由来する。大正元年（一九一二）にバーラー女史、同二年（一九一三）にジェルゲンセン一家が来日した。その後、この教会は神戸にも宣教した。この教会は日本では初めペンテコステ教会といったが、昭和四年（一九二九）に日本聖書教会と改名した（同、三三九―三四二頁）。

㈢世界宣教団　大正二年世界宣教団のアベル家族が来日して埼玉や東京で宣教した（同、三四三頁）。

㈢日本伝道隊　日本伝道隊は、明治三六年（一九〇三）に英国宣教師バックストン（一八六〇―一九四六）およびウィルクスが竹田俊造らとともに、教派を超越して広く聖書的キリスト教の宣教を目的として組織したもので、各地で巡回伝道会を開いた。そして日本伝道隊として存続しているものもあるが、他方これは昭和一〇年（一九三五）に日本イエス・キリスト教会を設立し、同一六年（一九四一）に日本基督教団に合流したが、同二六年（一九五一）にこの教団を離脱し、日本イエス・キリスト教団を設立した。（『基督教年鑑』同、一七二―一七四頁、桜井同、三四四頁）。

㈢スコットランド一致長老教会　スコットランド一致長老教会伝道会社の日本宣教は、明治六年（一八七三）に始まり、同三三年（一九〇〇）ワルデの帰国をもって終った（植村、五巻一九九頁）。

七六頁)。

㉔改革派教会　ドイツ改革派教会(のちの米国改革派教会)のグリングが明治一二年(一八七九)に来日して東京で宣教を始めた。つぎに仙台で宣教し、学校を設立した。(小崎、七六頁)。

㉕カンバランド長老教会　米国のカンバランド長老教会(四二〇頁参照)のJ・B・ヘール(一八四六—一九二八)が、大阪にきたのは明治一〇年で、大阪と和歌山で宣教した(同)。

㉖スコットランド・エジンバラ医師宣教会　この宣教会のパームは、明治八年から新潟で宣教し、新潟、中条、村上に教会を設立した。パームの帰国後、アメリカン・ボード伝道会社がこの事業を継続した。村上教会は日本基督教会に、他は日本組合教会に加入した。(同、七六—七七頁)。

㉗ホーリネス教会　初め日本メソヂスト教会に所属していた中田重治(一八七〇—一九三九。米国のムーディ神学校に学んだ)は、明治三四年(一九〇一)に米国のメソヂスト教会のカウマンと協力して、東京の中央福音伝道館に東洋宣教会を創設した(植村、五巻九七〇頁)。この教会に笹尾鉄三郎(一八六九—一九一四)が加わった。東洋宣教会は、最初は超教派的運動であって、新しい教派を起こす意図はもっていなかった。従ってここで信仰に入った者を、各人の希望する教会に送っていた。しかし東洋宣教会にとどまりたい者が多くなり、ついに大正六年(一九一七)にホーリネス教会が創立された。この教会は聖書的キリスト教を伝えることを意図し、聖潔(ホーリネス教会の名称の由来)を重んじ、監督政治を採用した。昭和四年に全国で二百余の教会があり、樺太、朝鮮、満州、上海、シンガポール、

ブラジル、蘭領セレベスにも宣教した。(桜井同、二四二―二四五頁)。この教会は、四重の福音、すなわち新生、聖化、神癒、キリストの再臨を信じる。また救世軍のように路傍伝道を熱心に行なった。(同、二四六―二四七頁)。機関紙として『きよめの友』や『天国新聞』等があった(同、二五一頁)。

㈥救世軍　明治二八年(一八九五)に救世軍のライト大佐等一四名が来日し、東京で救世軍の伝道を開始した。同年末これに加わった山室軍平(一八七二―一九四〇)は、終生その発展に尽力した。明治四〇年(一九〇七)に救世軍創立者ブース(一八二九―一九一二)が来朝した。次第に救世軍は全国的に発展し、昭和七年に士官および士官候補生の数は五一三名となり、小隊および分隊の数は二七二となった(同、二三三頁)。

救世軍の教理は、キリスト教正統信仰に立脚するものであるが、洗礼や聖餐式はとりいれられていない。ことに信者の潔めを強調する。救世軍は社会福祉事業に尽力し、免囚保護、芸娼妓救済、労働者援助、隣保、少年保護、医療等に甚大な貢献をした。年末の「社会鍋」は有名である。また機関紙『ときのこゑ』や、『平民の福音』等の山室軍平の多くの著書がある。

㈦無教会主義集会　これは内村鑑三によって始められた集会である。彼は、明治三三年(一九〇〇)に『聖書之研究』を創刊し、翌年東京角筈の自宅の書斎で聖書研究会を始めた。同三八年この雑誌の読者による「教友会」が各地に生まれた。同四一年に聖書研究(講演)所として今井館が完成し、研究会をここに移した。その後さらにこの研究会は、神田基督教青年会館等に移った。山本泰次郎はいう、内村は、教会のうるわしい使命と尊い歴史とをけっして無視したのではない。また教会や団体の欠点や害毒を嘆き恐れて、教会をつくることをためらったのではない。余りにも生き生きと神と共にあり、キリストと共に生きていた彼には、教会の必要がなかったと。（山本泰次郎『内村鑑三　信仰・生涯・友情』一三四—一三五頁）。彼の群のなかから畔上賢造（一八八四—一九三八）、藤井武（一八八八—一九三〇）、南原繁（一八八九—一九七四）、塚本虎二（一八八五—一九七三）、黒崎幸吉、矢内原忠雄（一八九三—一九六一）等が起こった。

㈢普及福音教会　明治一八年（一八八五）に、ドイツとスイスとの福音プロテスタント宣教協会のスピンネルが来日した。この宣教協会は、一八八四年に組織され、自由主義キリスト教の立場において宣教に協力しようとするものであった。この宣教協会は、文明国である異教国に福音を宣教しようとしたが、その福音理解はつぎのとおりであった。人間の知恵としての福音ではなく、神の啓示としての福音。唯一の啓示としての福音ではなく、完全な啓示としての福音。新しい文化としての福音ではなく、道徳的苦悩にある者への助けとしての福音。党派や教派にかかわる福音ではなく、唯一の救い主に関する証言としての福音。集成されたすぐれた教理としての福音ではなく、神の救いの行為としての福音。過去の歴史としての福音ではなく、キリスト教徒の心に体験された神の力としての福音。スピンネルは、来日後すぐに月刊誌『真理』を発行した。これは無料で多くのおもな説教家に配布され、彼らに非常な影響を与えた。明治二〇年（一八八七）にこの宣教協会の最初の教会が東京壱岐坂に設立され、普及福音教会と称した。同年この教会の神学校も開校された。（ケーリ、二巻一八〇—一八一頁）。

㈢ユニテリアン協会　米国ユニテリアン協会（四二一―四二二頁参照）がユニテリアン信仰の代弁者としてナップを日本に送ったのは、在米中にユニテリアン主義と接触した日本人の提案にもいくらか関係があった。彼は明治二〇年（一八八七）に来日したが、宣教師と呼ばれることを求めないで、使節であることを望んだ。彼は、日本における進歩的宗教運動の促進のために米国のユニテリアン教徒の好意を伝達するためにきたといった。彼はまた宗教生活における人類愛の使者として受けいれてほしいといった。彼は二年後に帰国したが、まもなくマコーレイらを伴って再来した。明治二三年（一八九〇）に東京にユニテリアン協会が創立され、月刊機関誌『ゆにてりあん』（のち『宗教』と改題）を発刊した。（同、一九九―二〇〇頁）。村井知至（一八六一―一九四四）、安部磯雄（一八六五―一九四九）、岸本能武太（一八六五―一九二八）はユニテリアン協会に加わった。

㈢同仁教会　米国ユニヴァーサリスト教会（三八三頁参照）の宣教師らは、明治二三年に来日し、ペリンの指導のもとに教会を設立した。また神学校や英語学校も開校し、まもなく機関誌も発行した。（同、二三二頁）。この教会は、のちに中村敬宇に相談して「宇宙神教教会」と称したが、神道と混同されるので、増野悦興の提案により明治三四年（一九〇一）に「同仁教会」と称した。増野は韓退之の「一視同仁」から「同仁」をとったのである。（桜井同、二九四―二九五頁）。

これら三つの教会の信仰と神学思想は新神学として、当時の他の正統主義プロテスタント教会に大きな動揺を与えた。

昭和二三年（一九四八）に普及福音教会とユニテリアン協会と同仁教会は、日本自由宗教連盟を結成した（『基督教年鑑』同、二二四頁）。

㈢近江ミッション（近江兄弟社）　これは明治四〇年（一九〇七）ころにヴォーリズ（一八八〇—一九六四）とその同志によって創設された。彼は滋賀県立商業学校の教師として来日したが、伝道に熱心なため解職されたので、近江ミッションを創立した。その教え子吉田悦蔵、村田幸一郎らがこれに加わったので、伝道と社会福祉事業のためのこの運動は発展した。ヴォーリズはまた設計技師として活躍して、資金を獲得した。これはのちに幼稚園と小中高等学校、近江療養院、製薬会社（メンソレータムを販売）、図書館、ＹＭＣＡ、設計事務所をも開いた。（桜井同、三三一—三三二頁）。近年財政上の理由でこれらの事業はそれぞれ独立し、またメンソレータムの利権は他の製薬会社に譲渡された。近江ミッションの伝道の結果、琵琶湖畔に数個の教会が創立された。

㈣その他の教会

括弧内は、その教会の発端の年、あるいは設立年度と創立者である。

道会（明治一五年、松村介石《一八五九—一九三九》）、キリスト信徒の集会（同二二年、プレマス・ブレズレン）、日本自由メソヂスト教団（同年、米国自由メソヂスト教会）、日本アドベント・キリスト教団（同三一年ころ、岩越政蔵）、日本基督会（同三七年、尾嶋真治（さねはる）《一八六七—一九五一》）、キリストの教会（明治年間、米国チャーチ・オブ・クライスト、同クリスチャン・チャーチ、同デサイプル・チャーチ）。（『基督教年鑑』同、一三七—一二四頁）。

一致教会と組合教会の合同の挫折

初期に一致教会と組合教会の発展は著しかった。明治二〇年これらの教会は合同の理想を実行することに決定し、合同案の起草委員として一致教会からは、インブリー（一八四五―一九二八）、押川方義、井深梶之助、吉岡弘毅、組合教会からはグリーン、宮川経輝（一八五七―一九三六）、横井時雄（一八五七―一九二七）、金森通倫（つうりん）（一八五九―一九四五）、小崎弘道があげられた。これら委員の合同案は両教会の賛同をえられたので、憲法規則の起草委員が両教会から一〇名ずつあげられた。同二一年五月一致教会は東京、組合教会は大阪にそれぞれ大会と総会を開き、憲法および細則付録を修正なしで可決し、両教会はこれらを各教会に配付し、六ヵ月後大阪で臨時大会と総会を招集し、これらを決定することとした。

両教会はそれぞれこの臨時大会と総会を同二一年一一月に開いたが、一致教会はわずかの修正ののち原案を可決したが、組合教会では反対の声が急に起こったので、決議を翌年の総会まで延期することとした。同二二年五月に両教会は最終的に決議をするために一致教会は東京に、組合教会は神戸にそれぞれ大会および総会を開き、一致教会は合同の議を可決したが、組合教会では異論が百出し、原案に大修正を加え、委員をあげて一致教会と協議せしめることとなった。しかし一致教会ではこの修正が非常に根本的なものであったので、ある点は受容したが、ある点は拒絶し、これらを組合教会側に通知した。翌二三年京都で開かれた組合教会総会は、合同中止を決議して一致教会に通知した。この合同挫折の原因として小崎があげている点は、新島襄とデイヴィスがこれに反対したことである（小崎、一一八頁）。

新島の反対理由は、この合同案が自由主義を犠牲にするということであった（同、一一九頁）。

いわゆる教育と宗教の衝突

これまでの日本のプロテスタント教会の発展には著しいものがあったが、明治二四年からこの教会は試練の時代に入った。このような教会衰微の原因としてつぎの五点が考えられる。㈠　政府の条約改正の失敗による排外的精神の発生と、欧化主義の反動としての国粋主義の興隆（同、一三四—一三五頁）。㈡　いわゆる教育と宗教の衝突。ここでいわゆるというのは、教育と宗教とは本来衝突するはずのものではなく、ただ誤解に基づく衝突であるからである。（同、一三五頁）。㈢　教会のリヴァイヴァル運動に対する反動。明治一六年の初めから横浜と東京の諸教会に信仰復興運動が起こり、これが各地に伝わり、また同志社にも伝わった。そして同年五月に東京で第三回日本基督信徒大親睦会が開かれた。当時キリスト教徒は、もし一年間に一人が一人を信仰に導けば、一〇年以内に日本はキリスト教国になると確信したほど、教会は隆盛の道をたどっていた。（同、八七—九一頁）。しかしこの信仰復興運動は持続しなかった。このことは、この運動への反動と考えられる。（同、一三七—一三八頁）。㈣　一致教会と組合教会の合同の挫折（前述）。㈤　新神学による教会内の動揺（後述）。

教育勅語の発布（明治二三年）に先だつ同二二年に日本帝国憲法が発布され、その第二八条に「日本臣民ハ安寧秩序ヲ妨ケス又臣民タルノ義務ニ背カサル限ニ於テ信教ノ自由ヲ有ス」とあった。しかしこの信教の自由は、神社神道に基づく天皇制国家における臣民としての義務にそむかない限りにおいてという制限付きのものであって、真の意味における信教の自由ではなかった。このような矛盾は、第二次大戦終結までの国家によるキリスト教会への圧迫によって明らかとなる。

明治二二年憲法発布の当日、キリスト教の感化を受け、これを弁護した文部大臣森有礼(ありのり)（一八四七―一八八九）は国粋主義者に暗殺された。また二四年第一高等中学校教師内村鑑三は、仏教側の『令知会雑誌』に始業式の時教育勅語に礼拝しなかったと事実を曲げて報道され、ついに教師を辞任した。のちに内村が井上哲次郎（一八五六―一九四四）にあてた公開状によると、これは曲解のはなはだしいものであるといい、「礼拝とは崇拝の意ならずして敬礼の意なるを校長より聞いて、喜んで之をなせしなり。また爾来もこれを為すべきなり」と論じた。しかし『令知会雑誌』の記事は種々に用いられ、井上が明治二六年（一八九三）に『教育時論』誌上に「国家と耶蘇教との衝突」という談話を発表したことが契機となって、ここに教育と宗教の衝突という論争が始まった。（比屋根『九十年史』九五頁）。これに先だって熊本県知事が、熊本英学校の設立者浜田に向って、キリスト教徒である教員奥村禎次郎の解雇を命じた。その経緯は、奥村が同校校長就任式当日にした演説が教育勅語に違背するものであると保守党系の地方新聞が捏造した記事を書きたてたからである。そこで第一高等中学校における内村鑑三の不敬事件が再燃して、井上は前記の書を公にし、ここに教育と宗教の衝突を主題にして大論争が展開した。井上はこの書を公にする前に、『教育時論』（第二七二号）に、「教育勅語対基督教の問題について」と題する談話を発表したので、明治二五年末から論戦が展開し、新聞雑誌の論文や論評、および著書の数は二六〇にのぼった。(植村、五巻七七三―七九一頁。二六〇の論文、論評、著書の筆者名や題名等について詳細に記している)。

井上の『教育ト宗教ノ衝突』の要旨は、イエスの教えやキリスト教は、教育勅語の忠孝や愛国の教えにそむくものであるということである。「耶蘇教は非国家主義にして共同愛国を重んぜず、其徒は己の主君も如何なる国の主君も皆之れを同一視し、隠然宇宙主義を取る、是故に到底勅語の精神と相和すること能はず」(井上哲次郎『教育ト宗教ノ衝突』九九頁)。イエスの教えは、けっして非愛国的なものではなく、真の意味で国を愛し民族を愛することを教えている。またイエスがその母マリアに深い愛の思いをいだいていたことは明らかである(ヨハネ一九・二六―二七)。またイエスは、父母に対して子がただ礼物を与えるだけでよいとはいっていないのであって、父母に対する真心とそれに基づく実践が必要であると教えている(マルコ七・九―一二)。「耶蘇教の東洋の教に異なる要点は四種なり、第一、国家を主とせず、第二、忠孝を重んぜず、第三、重きを出世間に置いて世間を軽んず、第四、其博愛は墨子の兼愛の如く、無差別的の愛なり」(井上同、一二五頁)。彼が、重きを出世間に置いて世間を軽んずといっていることは、キリスト教徒は来世の永遠の生命を重んじるが、現世のことを軽視していると理解していることである。キリスト教徒が来世における永遠の生命を重視することはもちろんであるが、彼らはまたイエスの教えに従ってこの現世にあって愛の実践に心を砕くものである。井上はさらにいう「神に祈るも慈善を行ふも、皆己れの精神を未来に救ひ、永世の快楽を得んが為めにあらずや」(同、一二〇頁)。従って彼によればキリスト教徒は功利主義者であるということになる。しかしキリスト教徒が永遠の生命を祈り求めるのは、これは功利主義ではない。問題はわれわれ人間が、人生の目的をどこにおくかということである。井上は、キリスト教の説く愛は、無差別的の愛であると批判する。さらに井上が「又耶蘇教に拠れば神の下にありては人類は一切平等にして男女も尊卑の別あることなし、要するに、社会平等主義なり、然るに日本支那にては古来男尊女卑の風俗を有し、学者も亦之れを唱道せり」(同、一三一頁)といっている点については、もう私がその見解の低劣なることについて批判を加える必要はないであろう。彼は「余は唯国家的教育的の問題を解釈」したのであるというが(同、一四〇頁)、彼の見解に対する批判は以上で十分であろう。彼はこのようにして教会とキリスト教主義学校を攻撃した。

神学上の苦闘

金森通倫と横井時雄と海老名弾正との神学思想は、従来、普及福音教会やユニテリアン協会や同仁教会の信仰思想とともに新神学と呼ばれ、これは当時わが国のプロテスタント教会に動揺を与えたといわれてきた。そして金森も横井も海老名も彼らの神学思想をみずから新神学と呼んでいる。確かにこれらの教会と三人の先達は、当時のプロテスタント教会に動揺を与えたといいうるが、金森や横井や海老名の著述を読むと、彼らは単に外国の神学思想をうのみにするのではなく、聖書の内容をみずからのものとすることができるかどうかと苦闘したのであり、また日本の精神的伝統との関連でこれを解釈し、日本人に理解させようと苦闘したということができるであろう。

金森は明治二四年(一八九一)に『日本現今之基督教並ニ将来之基督教』を著わし、日本には神道のほかに仏教も存在し、また孔子、孟子、老子、荘子の思想も伝えられ、キリスト教も伝来したと述べる。そして真理は一宗一派の専有物ではなく、むしろ諸教が分有するものであるといい、さらに最大の真理を有する宗教が他の諸宗教の真理を吸収し、最強の生命を有する宗教が他の宗教の生命を吸収し、そこに一大宗教が生まれると主張する（八―九頁）。ここに金森がキリスト教と諸宗教の関係を課題にしていることがわかる。彼は「活力ナク精神ナキ宗教ハ、最早コノ上我邦ニ入ルヲ好マズ」（三〇頁）といい、活力を失い、精神を失ったキリスト教は無用であることを指摘する。この点においても彼の指摘は妥当である。また彼は、一九世紀の欧州の聖書批評学に基づいて、聖書は唯一無二にして完全無欠の天啓の書であるという見解を批判する（一二―一三、三七―四〇頁）。しかし彼は、イスラエルの預言者や使徒等の高尚な宗教思想は、神の働きであるといい、とくに古今独歩の宗教家であるイエス・キリストにおいて、神の顕現は最も著しく、キリストの光輝はちょうど宗教世界における太陽のようであるという（七九頁）。そしてキリストにおいてキリストと神との一致と和合とをみることができるとくりかえし主張する（例えば一一一頁）。しかし彼は、キリストは神ではないという（一一六頁）。またキリストにおける宗教心を強調し（第四章）、神は愛であるということが、キリスト神学であるといい（一二二頁）、キリストの心のなかには、神は特別にキリストを愛し、キリストは神の愛子であるという信仰が強くなっていったといい（一二三頁）、さらに神がキリストのうちにあってすべてのわざをなすとの信仰がキリストのうちにあったという（一二四頁）。キリストは神の心をもってみずからの心としたこと、すなわちキリストの意志と神の意志とが合体していたという（一三〇頁）。

それでは金森は、罪をどのように理解していたのであろうか。彼は、人間の心が神を離れて動く時、すべての行為は罪となり、神に合して動く時はすべての行為は善となるという（一四〇頁）。また彼は救済をどのように理解していたのであろうか。彼は、天地の一部分である人間の救いとは、天地の本体である神と和合することであり（一四一頁）、神人の合同にあるという（一四二頁）。また救いとは、われわれの心が神の心と和合し、神人一致にいたることであるともいう（一五三頁）。そしてキリストは、神人和合の理想的模範であり、キリスト教徒は、その心に完全な神人のキリストをえがいて、これを救い主とあがめ、みずからの救いをえようとするのである（一五四頁）。彼は、キリストの神性説や十字架の贖罪論には一種の真理が含まれているけれども、それらはキリスト教の中心的教説ではないといい（二三―二四頁）、また三一神論をも認めない（一五二頁）が、これらの点は確かに正統的キリスト教理解からそれている。金森はこの書を公にする前に、番町教会牧師を辞任した。彼はのちにユニテリアン協会に加わったが、さらにこれからも離れ、実業界に入った。しかし最後には正統信仰にもどり、東京や北米太平洋岸で熱烈な伝道をした。

横井は明治二七年（一八九四）当時国粋主義のただなかにあったわが国で『我邦の基督教問題』を著わし、キリスト教を弁明した。彼はまずこの書で、ローマ・カトリック教会とギリシア正教会の分離、サヴィエルの日本宣教の開始、キリシタン禁制、ニコライやプロテスタント宣教師の来日について詳細に、しかも正確に叙述しているが、よくあの当時にこれだけのものを書くことができたと驚かされる。

彼は一九世紀の自然科学の進歩によって従来の哲学思想は一変し、また歴史批判学が発達したので、正統神学である旧神学の根拠は動揺したという（一三七頁）。彼も金森のように聖書批評学のゆえに、聖書を完全無欠の天啓書であるとはもはやいえないとする。そして比較宗教学のゆえに、聖書以外の他の宗教の経典もまた有益な教えを含んでいることが明らかになったとし、宗教の基礎を各宗教に普遍な唯一の道すなわち聖賢の心に充実し一致した宗教上の真理としたいという。（一五一頁）。彼は新神学の第一の基礎として唯一普遍なこの道、すなわちわれわれが最も単純にして謙遜な心に立ち返る時に、学問や経典によらないでたやすくえられる仁の道について考える（一五二頁）。この仁の道に基づく宗教は、無我無心の心にあり、恨みもせず、とがめもしない精神にあり、仁愛をもって人に接し、身をささげて世界の救済に当ろうとする大精神にある（一五五―一五六頁）。また彼は、われわれの良心は天地間に一大良心が存在していることを証明しており（一六四頁）、人の心はその奥底においては善であり、善であるからわれわれは善でありたいと思い、善をなすことを考えるが、これが宗教の地盤であり、そしてキリストもわれわれの人生は霊妙にして善であることを信じていたのであり、この信仰が新神学の建設において非常に重要なものであるという（一六〇―一六一頁）。彼によれば、これが新神学建設の第二の基礎である。さらに人間における倫理道徳の観念は、人間における神の意志であり、最上善は神であるという（一七二―一七三頁）。キリストの意識のなかには、最も完全なる神の理想が形成されている（一七五頁）。いまキリストを知ってその道に入ろうとする者は、キリストと同じように神の心に受けいれられるのであり、その神をば他人に示すことができる（同）。彼によれば、このキリストに新神学建設の第三の基礎がある。キリストは天真爛漫で、ただ人間の普通の道を示し、最も単純にして最も簡明な、欠くことのできない人間の道を教えた（一九一頁）。また彼は、諸教会の有志が一致し結合し、その結合の結果として宗派の区別を除き、日本独立のキリスト教会を設立することを勧めている（二一九頁）。以上のような彼の所説から考えると、彼の立場はキリスト教的理神論であったといえるであろう。

海老名は、『新人』（明治三五年一月号、八―一九頁）に「三位一体の教義と予が宗教的意識」を発表した。彼は、三位一体の教義を理解しようと読書し苦闘した。そしてキリスト教史においてキリスト論や三位一体論は、深遠な宗教的意識を理解するために考究されたものであったことがわかったという。またロゴスとイエスとを結合させた古代教会のロゴス・キリスト論は大いなる思想であるという。しかし彼は、三位一体の教義を理解することはできなかったといい、キリスト自身の秘訣を知りたいという気持が非常に強かったので、海老名の宗教的意識は本来キリストを信じてえたものであるから、キリスト自身の解釈を聞きたいと思ったという。彼によれば、彼はキリスト信者となって二つの著しい体験をした。一つは、キリスト信者となったその瞬間であった。すなわち彼は主我主義をすてて主神主義に立つようになった。しかし名利と知識と権勢との欲望に対する闘いは、彼のうちで激しかったが、やがて神は彼を神の意志のみを楽しむ境遇に導いたという。その時に初めて彼は、キリストのゲッセマネの祈りを体験することができた。すなわち海老名は、「神は我が父にして、我はその愛子である」という意識をいだくことができた。その後二十余年間の彼の宗教的意識は、この神の子であるとの意識であって、これが彼の宗教思想の源泉となった。そして彼はこの二つの体験と意識とによってイエス・キリストの意識を推測することができた。

キリストには、キリストと神との父子有親（父と子の間に親しみがあること）の意識があったと海老名は考える。父のほかには子を知るものはなく、子のほかには父を知るものはいないとの知識をキリストはもっていたが、この知識は父子有親のうちに生活するものでなければ、けっしてもつことのできない知識であるという。キリストの情意は清かったから、キリストはこの父子有親の意識をもつことができたのである。このような知識と意識をもっていたイエス・キリストは真に少しの罪をももっていなかったと信ずると海老名はいう。彼によれば、キリストには神子の実相があったから、天地の神を自分の父と呼んだのにちがいない。キリストに倫理的神子の実相があるのは、それは、キリストの性情において神と本質を同じくするものがあったからである。キリストは神に対しては子としての情が清く温かであって、神との交わりに少しの障害もなく、また人類に対しては、父母の至情を示して、天地万有を愛育する天父の実相を示すのである。

「私は、キリストにおいて天父の実相を認識しないではいられない。これはキリストが真に神の実相を有する神子であるからと思われる。キリストには二方面がある。すなわち神に対しては人、人に対しては神である。この二方面をもっていることが、すなわち真の神子の実相であると思う」（筆者がわかりやすい文に改めた）。さらに海老名はつぎのようにもいう。

「キリストの性格は人類の至善（すなわち最高善＝筆者注）であると考えれば、キリストが神であることはまたおのずから明瞭であろう。私はナザレのイエスにおいて神の衷情を見ることができたのである。神は天地万有によってわれわれに語るけれども、神はキリストの人格によって神の衷情を示した。私はキリストによってただちに神の衷情を仰ぎ見ることができる。キリストにある神が、天地万有の主であるならば、天地は初めて無限恩愛の光明を現わしてくる。従って私は、キリストによって直ちに神に接することができるのである。ヨハネによる福音書が、キリストをして、父がわたしにおり、わたしが父におり、父とわたしとは一つであると言わせ、またニカイア信条が神より出た神、光より出た光と論断したが、私もまたキリストについてこのように言うほかには言いあらわすべき言葉を知らないのである」（筆者がわかりやすい文に改めた）。これらの文章によってわかるように、海老名は、キリストは神であるといっているのである。さらに彼によれば、われわれが親愛なる天父として愛慕する神の恩愛にあずかることができるのは、イエス・キリストによって神の恩恵が啓示され、また聖霊との交わりを与えられるからである。この聖霊の実在を体験することによって初めて、神がわれわれのなかに、またキリスト教会のなかに現存することを知ることができるのである。また海老名によれば、聖霊の働きは神自身の働きである。ではキリストと聖霊との関係は、彼によってどのように理解されていたのであろうか。彼によれば、聖霊はキリストの人格よりほとばしりでて、流れて世界を霊化する生ける水であり、またキリストと聖霊とはもと一体である。以上によって海老名における天父なる神と、神子なるイエス・キリストと聖霊との関係が明らかになったであろう。

彼は伝統的な三位一体（三一神）の理解を受けいれなかったとはいえ、キリスト教のこの中心的教理を、自己の信仰と体験において再解釈しようと苦闘したといいうると私は思う。ただ彼がこの論文において、一方にキリストの宗教があり、他方にキリストを宗（開祖）として建てた宗教があるが、キリスト信者は後者を取らないで、前者を心にとめて忘れないようにすべきであろうといっている点は批判されるべきであろう。というのはキリストは父なる神への信仰をもち、このことについて教えた（キリストの宗教）とともに、キリストは神の啓示そのものである（キリストを開祖として建てた宗教、もっと適切に表現すれば、キリストを礼拝の対象として建てられた宗教）からである。また海老名が、キリストに礼拝と祈禱をささげるということは、キリストの霊をもつものの行為であるかどうか疑わしいといっている点も私は認められない。彼によれば、キリスト信者は、キリストのように神を礼拝し、神に祈禱をささげるべきであるというのであるが、このこととともにキリストを礼拝し、キリストに祈禱をささげることも当然認められるからである。

ここにキリスト論と三一神論は、キリスト教会の大問題となり、海老名と植村の論争が始まった。植村は、カルヴィニズムの立場に立っていたからである。

教育

教会や宣教師や日本人キリスト教徒は、福音宣教や社会福祉事業とともに、早くから教育に深い関心を示し、これととり組んだ。明治六年にキリシタン禁制の高札は撤廃されたとはいうものの、政府のキリスト教に対する態度は偏見に満ちたものであり、神道や仏教からの圧力もあり、国粋主義に基づく圧迫もあった。さらに前述したように「教育勅語」を盾にとった批判もキリスト教に向けられた。従ってキリスト教主義教育に立つ諸学校も多くの困難をなめなければならなかった。ことに明治三二年に発令された文部省訓令第一二号によって、課程外であっても宗教上の教育を施こし、また儀式を行なうことが禁止された。これらの学校は、宗教教育の廃止によって高等学校への入学資格や徴兵猶予の特典を保持するか、それともこの教育の存続によってこれらをもたない各種学校となるかの選択を迫られ、学校当局者は苦悩した。また日本では女子教育の無用化が叫ばれていた当時、宣教師や教会は早くからこの教育のために尽力し、多くの女学校が設立された。この節では、男子校（のちに共学となった学校を含む）と女子校（のちに同じ学校法人のもとで男子校を併設した学校を含む）に分けて述べたい。

㈠東奥義塾　明治七年（一八七四）に本多庸一は、宣教師イングを伴なって横浜から弘前に帰り、その後一二年間菊池九郎と協力し、塾長として東奥義塾の教育と経営に当った（キリスト教学校教育同盟編『日本キリスト教教育史・人物篇』、以下『日本キリスト教教育史』と略記。一四四頁）。この学校からメソヂスト教会の有力な教職者山田寅之助、平田平三、山鹿旗之進（一八六〇―一九五四）、同元次郎、古坂啓之助が輩出した。

㈡札幌農学校　この学校は明治九年八月に開校し、クラークは米国公使吉田清成の斡旋で一年間の休暇をマサチューセッツ農科大学から取り、この学校の教頭として赴任してきた（植村、一巻五四六―五四七頁）。彼は滞在わずか八ヵ月にして、翌年四月札幌を去るにあたって「耶蘇信徒の誓約」を起草し、入信を決意する学生たちの署名を求めたが、第一期生の全員一五名と第二期生一八名が署名した。これにはキリストの十字架の死による贖いと信徒の生活綱領が記されていた。（同、五四一―五四三、五五四、五五八―五五九頁）。彼らのうちで函館に在住した米国メソヂスト監督教会ハリス（のちの日本と朝鮮の宣教監督）から受洗した者のなかに、佐藤昌介、太田（新渡戸）稲造、内村鑑三、宮部金吾がいた（同、五四

九、五六九頁)。クラークは信徒であったから授洗できなかったので、ハリスが第一期生ら(佐藤昌介を含む)に授洗したのである(同、五六四頁)。しかし第二期生ら(太田、内村、宮部を含む)にハリスが授洗したのは、明治一一年(一八七八)であったから、クラークはすでに離日したあとである(同、五六九頁)。「耶蘇信徒の誓約」に署名し、クラークによって導かれた者を札幌バンドというが、彼らはキリストによる贖罪を信じた点で福音主義の立場に立っていた(署名後彼らのうちには信仰から離れた者らもいた)。またハリスの感化を受けた点でも、彼らはさらに福音主義的立場を強めたといいうるであろう。

㈢同志社　明治八年(一八七五)に新島襄は、京都府顧問山本覚馬(かくま)(一八二八—一八九二)とデイヴィスと協力して同志社英学校を創立した。教師は新島とデイヴィスで、生徒は八名であった。上州安中藩士新島は元治元年(一八六四)に、外国の近代科学技術を習い、日本を強国にするという大望をいだいて国禁を犯して函館から脱出した。二年後に米国アンドヴァーにある教会で受洗し、のちアーモスト大学とアンドヴァー神学校を卒業し、アメリカン・ボード伝道会社の宣教師として帰国した。在米中、特命全権大使岩倉具視を長とする遣外使節団の一員であった文部理事官田中不二麿と会い、教育事情視察のための通訳を委嘱され、米国と欧州を旅した。明治九年藩校熊本洋学校が閉鎖され、それまでジェーンズ(一八三八—一九〇九)のもとで教育を受けていた熊本バンド(小崎弘道、宮川経輝、海老名弾正、金森通倫、横井時雄、浮田和民《一八六〇—一九四六》、原田助《一八六三—一九四〇》、徳富猪一郎《一八六三—一九五七》ら)が、創立の翌年同志社英学校に入学した。彼らのうち年少者は本科を修めたが、上級者は神学を学んだ。従って特に本科のほかに余科を設けて神学や哲学などを教授することになった。これが現在の神学部の起源である。当時伝道者を養成する目的をもって、聖書の講義をすることは、許可されていなかったので余科を置いたのである。当時の教授は、新島やデイヴィスのほかに、テイラー、ラーネッド、ドーンがいた（余科の項『同志社九十年小史』三〇九―三一〇頁）。明治一七年（一八八四）に新島は、同志社大学設立の趣旨を発表し、募金運動に着手したが、同二三年（一八九〇）一月に大磯にて病死した。

㈣立教学院　この学校の前身である立教学校は、聖公会の監督ウィリアムズが明治七年（一八七四）に築地に創立したものであるが、同一一年彼はまた三一神学校を開設した。これは同四四年（一九一一）に聖教社神学校と合併し、聖公会（中央）神学院となった。またウィリアムズは、ガーディナーと協力して明治一六年（一八八三）に立教大学（のちの立教学院）を開設した。（『日本キリスト教教育史』一〇三―一〇四頁）。

㈤明治学院　ヘボンは横浜で塾を開いていたが、これは明治一三年（一八八〇）に東京築地に移転して、築地大学校となった（植村、一巻二六五頁）。この学校に米国改革派教会が横浜に創立した先志学校が合併し、これらの学校は東京一致英和学校と改称した。その後この学校の予科として神田に英和予備校が新設された。明治一九年（一八八六）に明治学院邦語神学部（もとの東京一致神学校）と明治学院普通学部本科（もとの東京一致英和学校）と明治学院普通学部予科（もとの英和予備校）との設置が決まった。（同、三巻四八九―四九一頁）。明治二〇年（一八八七）明治学院は芝白金台に移転し、院長にヘボンが就任した。しかし邦語神学部のこの地への移転は三年後れた。また専門学部（英語神学部と正科に分かれていた）が新設され、普通学部本科を卒業した者を入学させた。（同、四九一―四九三頁）。同三六年植村正久は、明治学院神学部の講師を辞任し、翌年東京神学社を創立した。辞任の理由は、植村がW・S・クラークの『基督教神学』を使用するのを、同学院の宣教師で保守主義の人々が反対したからであると彼はいっているが、実際には種々事情があったらしい。（同、五二五頁）。二五年後昭和五年（一九三〇）にこの神学校と明治学院神学部とは合同して日本神学校が創立された（同、五九五―六〇〇頁）。

㈥青山学院　この学校は、明治七年創立の女子小学校（五〇四頁参照）と同一一年創立の耕教学舎と同一二年創立の美以神学校が合同したものである。美以神学校は、米国メソヂスト監督教会日本伝道総理マクレー（一八二四―一九〇七）の尽力に負うところが多く、第一回の入学生は神学生五名であった。この学校は二年後に東京に移り、東京英学校と合同した。耕教学舎は、同一一年に築地に同教会のソーパー（一八四五―一九三七）、津田仙（一八三七―一九〇八）、古川正雄、生島閑のメソヂスト派の邦人信徒の協力のもとに創立された。やがて菊地卓平、ハリス、ビショップがこの学校の教育に携わった。しかし創立後三年にこの学校は新しい経営者元良（もとら）勇次郎（一八五八―一九一二）、和田正幾のもとに、東京英学校と改名し京橋に移転した。耕教学舎創立時には、学生数は十四、五名であったが、東京英学校となってからは一〇〇名をこえた。明治一四年美以神学校と東京英学校は合同し、青山に移転し、同一六年校名を東京英和学校とした。（青山学院編集『青山学院九十年の歩み』四―二九頁、四六―五二頁）。そして同二七年（一八九四）にこの学校は青山学院と改称した。

㈦東北学院　押川方義は明治一九年（一八八六）に仙台神学校を創設した。買収した廃寺の一室を教場として、二人の教師すなわち押川とホーイ（一八五八―一九二七）のもとに六名の学生が集まった。これが東北学院の初めである。この神学校は、明治二四年（一八九一）に東北学院と改称し、伝道者養成のための本科に加えて、一般青年も入学できる予科を開設した。明治三四年（一九〇一）に院長を辞した押川の後任にシュネーダー（一八五七―一九三八）が就任し、約四〇年間にわたってこの学校の発展に尽力した。（『日本キリスト教教育史』一六二―一六六頁）。

(八)関西学院　この学校は、明治二二年（一八八九）に当時の神戸市外に米国南メソヂスト教会によって創立され、普通学部と神学部が設けられた。この学校設立のために第一代院長ランバス（一八五四―一九二一）は尽力した。（同、一八一―一八五頁）。また吉岡美国（同、二三一―二三七頁）やJ・ニュートン（一八四八―一九三一）やウェンライト（一八六三―一九五二）もこの学校の初期の発展に尽力した（同、四三一―四三三頁）。

(九)松山学院（松山城南高等学校）　この学校の前身である普通夜学会は、明治二四年（一八九一）にジャドソン女史を創立者とし、二宮邦次郎、西村清雄（一八七一―一九六四。賛美歌四〇四「やまじこえて」の作詩者）らの協力によって設立された。当時は授業料を納付しなければ小学校にも入学できなかった時代であったが、この学校は無月謝と教科書無償配付ということで始められた。翌年に西村は校長に就任し、同二七年に校名は松山夜学校と改められ、わが国で最初の勤労青少年教育に当った。同三三年（一九〇〇）に小学校令が発布され、尋常小学校の授業料が全廃されたので、この学校は同三九年（一九〇六）に中学校となった。のち大正一〇年（一九二一）に夜間部と並行して昼間部が設けられた。（同、二九二―二九七頁)。

㈡名古屋学院　名古屋学院の前身である愛知英学校は、明治二〇年(一八八七)に美普教会宣教師クラインによって創立された。彼は、宣教がまだなされていない名古屋における宣教と教育とを志した。この学校はまもなく名古屋英和学校と改名したが、この学校にも国粋主義や仏教の側からの圧迫は激しかった。大島多計比古や木村克己(一八七三―一九五一)は、この学校の発展に尽力した。(同、四四三―四四五頁)。

㈡その他の男子校(共学を含む)　メソヂスト系鎮西学院は明治一四年(一八八一)に、聖公会系桃山学院は同一七年に、正則学院は同二二年に、山形学院高等学校は同四一年に、ルーテル教会系九州学院は同四三年(一九一〇)にそれぞれ創立された。また同一八年に新島襄が仙台に創立した東華学校や、アメリカン・ボード伝道会社が新潟に創立した北越学館はのちに廃校になった。

㈢フェリス女学院　明治二年(一八六九)にキダ女史が、米国改革派教会外国伝道局から派遣されて来日した。翌年キダはフェリス女学院の前身である女学校を創立した。当時は、維新創業の時とて、教育制度は混沌としてその方針もまだ決まらず、国立にも私立にも女学校のようなものはまだ一つもなかったころであった。それどころか女子教育は無視されていた時代であった。(山本秀煌編『フェリス和英女学校六十年史』一頁)。その時、生徒はわずか三名であったが、うち一名は男生徒であった。ヘボン夫人の学校の方では生徒の数はこれよりもはるかに多く、ここは男女混級であった。そこで協議して生徒を交換することになり、キダは女子を教えることにした。その時ヘボン夫人から譲りうけた女生徒は四名で、前の生徒を合わせて六名となった。(同、六頁)。同九年校名を、アイザック・フェリス女学校としたが、のちにアイザックを省いた。

㈢横浜共立学園　この学校の前身であるアメリカン・ミッション・ホーム（アメリカ婦人教授所）は、明治四年（一八七一）に米国婦人一致伝道会社から派遣されたプライアン女史、ピアソン女史、クロスビー女史（四六八頁参照）によって創立された。この伝道協会は、文久元年（一八六一）に、ドリーマス夫人によって、おもに外国婦人をキリスト教により教化し教育する目的で、ニューヨークに設立された超教派のものである。ピアソンは明治一四年（一八八一）に婦人伝道者養成のために偕成伝道女学校を設立したが、これがのちの共立女子神学校である。(『日本キリスト教教育史』四七五―四七六頁)。

㈣女子学院　明治三年（一八七〇）にカロゾルス（四六七頁参照）は、東京築地に女学校を開き、A六番女学校と称した。これは同九年に廃校になったが、カロゾルスの薫陶を受けた原胤昭（たねあき）（一八五三―一九四〇）が独力で銀座に設立した原女学校にこの学校の生徒の多数が収容された。他方同じ教会の別の宣教師が、同六年にB六番女学校を創立したが、廃校になったA六番女学校の生徒の大半がこの学校に移籍した。この学校は、同九年築地新栄町に移り、新栄女学校と改称した。のち女子学院はこの年を創立の時とした。また同一三年廃校になった原女学校の多数の生徒が新栄女学校に移籍した。横浜共立女学校出身者の桜井ちか子によって同九年に創立されたキリスト教主義に立つ桜井女学校は、のちに米国長老教会の管理に移された。この教会は新栄女学校をも管理していたのであるが、同二二年これら二つの女学校を合併して、校名を女子学院とした。(同、一一一―一一四頁)。女子学院初代校長矢嶋楫子（かじこ）（一八三三―一九二五）と、のちの院長三谷民子（一八七三―一九四五）は、この学校の発展に尽力した。

(二五)青山女学院　明治七年（一八七四）に米国メソヂスト監督教会のスクーンメーカー女史によって東京麻布に女子小学校を開校したが、これがのちの青山女学院の前身である。同女史は後年手紙のなかで「私たちは女子三名、男子二名と付添の婦人二名とで、日本の男女のためメソヂスト監督教会最初の学校を始めました。それは暗き場所におけるまことに小さな光りでありました」と述べている（『青山学院九十年の歩み』三一―三三頁）。翌年この学校は、救世学校と改名したが、同九年築地に移り、海岸女学校と称した（同、三五、三七頁）。同二一年（一八八八）にこの学校は、下級生を収容する海岸女学校と、上級生を収容する青山の東京英和女学校とに分かれた（同、七一頁）。同二七年（一八九四）の地震によって海岸女学校は青山に移り、東京英和女学校と合体して青山女学院となった（同、七三―七四頁）。また大正一二年（一九二三）の関東大震災による打撃が一つの契機となって青山学院と青山女学院の合同の議が起こり、この合同は昭和二年（一九二七）に実現した（同、一三〇―一三三頁）。

(二六)神戸女学院　明治六年（一八七三）に来日したアメリカン・ボード伝道会社のタルカット女史と同ダッドレー女史（一八四〇―一九〇六）は、同年花隈村に女学校を設立したが、翌年これを北長狭に移した。この学校の生徒数は二、三十名位であった。現在神戸女学院の創立年は同八年（一八七五）とされているが、その理由は、「それ自らの建物を持ち、かつミッショナリー・ボードの正式の支持を得た寄宿学校の開学の時」が創立の日と定められているからである。従って私塾的性格をもった花隈・北長狭時代は、前史的時代として区分されている。（神戸女学院百年史編集委員会『神戸女学院百年史―総説』一二〇―一二一頁）。神戸女学院は、明治二〇年代、第三代ブラウン校長の時代から、米国の女子大学と同程度の女子大学の設立の希望をもち、これが大正八年（一九一九）に専門学校令により、当時の専門部を神戸女学院大学部と改称し、日本女子大学、東京女子大学についでわが国で三番目の女子の最高教育課程として結実した。それはデフォレスト（一八七九―一九七三）の院長時代であった。（『日本キリスト教教育史』三四〇頁）。

㈦同志社女学校　同志社創立の協力者デイヴィスは、明治八年（一八七五）以来女教師の派遣をアメリカン・ボード伝道会社に熱心に勧告し、その結果、翌年スタークウェザー女史とパーミリー女史が来日した。スタークウェザー女史はデイヴィス邸に寄寓し、同邸内で同年五、六月ころから二名の少女を教育したが、その後パーミリーや新島襄夫人八重（一八四六―一九三二）も教え、同年末に生徒数は一〇名ほどになった。翌年四月新島襄は正規の女学校を開設した。その校名は初めは同志社分校女紅場（にょこうば）であったが、まもなく女紅場は女学校と改称された。（『同志社九十年小史』二四七―二四八頁）。同一八年の同志社とアメリカン・ボード伝道会社の対立、同二三年の新島の死去によって、同志社女学校の経営は極度に困難となったが、松浦政泰教頭はこの学校の存続のために尽力した（同、二五〇―二五三頁）。同二一年（一八八八）に同志社女学校は同志社学院女学校と改称し、普通科のうえに専門科を設置した。これが同志社女子専門学校、さらに同志社女子大学の初めである。（同、二五三―二五四頁）。デントン女史（一八五九―一九四七）と大沢徳太郎と片桐哲は同志社女子教育の発展に尽力した。

㈥梅花学園　明治一〇年（一八七七）に当時大阪における ただ二つの組合教会、すなわち梅本町公会（現在の大阪教会）と浪花公会（現在の浪花教会）の沢山保羅や成瀬仁蔵（一八五九―一九一九）らが集まり、女子教育の急務とキリスト教主義教育による女学校の開設が論ぜられた。その結果、翌年梅花学園の前身である梅花女学校が大阪に創立された。梅花という校名は、梅本町公会と浪花公会という名称から一字ずつ取ったものである。これは大阪における最初の女子教育機関であり、入学者は一五名であった。初代校長に沢山保羅が就任した。（梅花学園九十年小史編集委員会『梅花学園九十年小史』三頁）。この女学校はこれら両教会によって運営された。また運営の方針は自給と独立にあった。（『日本キリスト教教育史』一七七頁）。大正三年（一九一四）に専門部が設置され、昭和二五年（一九五〇）に梅花短期大学、そして同三九年（一九六四）に梅花女子大学が設立された（『梅花学園九十年小史』四―五頁）。

㈦平安女学院　この学校の前身である照暗女学校が、明治八年に米国監督教会のエディ女史によって大阪川口に設置された。これはのちに京都に移り、平安女学校と改称した。（小崎、六一頁）。

㈧立教女学院　この学校の前身である立教女学校は、明治一〇年（一八七七）に米国監督教会ミッションによって設立され、初期の校長は監督ウィリアムズで、教師はピットマン（のちのガーディナー夫人）と小宮珠子（一八四四―一九二八）であった（同）。

㈨その他の女子校　以上に記した女学校はいずれも明治一〇年（一八七七）までに創立さ

れたものであるが、これらのほかに明治年間に創立された女学校で現存するものを現在名で列挙しよう。括弧内は教会関係と創立年を示す。

プール学院（聖公会、一二年）、活水学院（メソヂスト、一二年）、成美学園（前身横浜英和女学校—美普、一三年）、夙川学院（一三年）、聖和女子大学（前身ランバス女学院—メソヂスト、一三年）、順正高等女学校（組合、一三年）、遺愛女子高等学校（メソヂスト、一五年）、東洋英和女学院（メソヂスト、一七年）、北陸学院（日本基督、一七年）、大阪女学院（日本基督、一七年）、福岡女学院（メソヂスト、一八年）、弘前学院（メソヂスト、一九年）、宮城学院（日本基督、一九年）、頌栄女子学院（一九年）、捜真女学校（バプテスト、一九年）、山陽女学校（組合、一九年）、広島女学院（メソヂスト、一九年）、松山東雲学園（組合、一九年）、北星学園（大学共学、男子高校もあり。日本基督、二〇年）、普連土学園（基督友会、二〇年）、静岡英和女学院（メソヂスト、二〇年）、大江高等学校（組合、二〇年）、共愛学園（組合、二一年）、香蘭女学校（聖公会、二一年）、山梨英和学院（メソヂスト、二二年）、金城学院（日本基督、二二年）、頌栄短期大学（組合、二二年）、尚絅女学院（バプテスト、二三年）、松蔭女子学院（聖公会、二五年）、日ノ本学園（前身日ノ本女学校。バプテスト、二六年）、柳城女子短期大学（聖公会、三一年）、津田塾大学（三三年）、聖学院（男子中高校もあり。デサイプル、三八年）（『基督教年鑑』同、一九一—三〇二頁、『日本キリスト教教育史』）。

聖書邦訳

聖書の邦訳における宣教師の貢献も非常に大きい。プロテスタント教会で初めて聖書の一部分を和訳したのは、ギュツラフ（一八〇三―一八五一）で、天保七、八年（一八三六、一八三七）ころ日本の漂流水夫からマカオで日本語を学び、ヨハネによる福音書およびヨハネの手紙を訳し、それらを天保八年ころシンガポールで出版した（植村、四巻九頁）。

S・W・ウィリアムズも漂流水夫の助力をえて聖書の邦訳をしたが、それは出版されなかったようである。ベッテルハイムは琉球に在留中に新約聖書を琉球方言に翻訳し、ルカによる福音書の彼の翻訳が香港で出版された。のち彼はシカゴに在住中に、日本人の助力をえて日本語によくあう翻訳をした。その結果、四福音書と使徒行伝が、明治五年（一八七二）にウィーンで出版され、それらの多くが日本に送られた。長崎にいるプロテスタントの宣教師らも聖書邦訳を試みた。一八六一年ヘボンが聖書邦訳中に、キリスト教に対する偏見と政府に対する恐れが非常に大きかったので、彼の日本語教師はマタイによる福音書の翻訳が少し進んだところで教師をやめてしまった。慶応二年（一八六六）米国の『クリスチャン・インテリジェンサー』は、改革派伝道会社の宣教師らの邦訳事業についてつぎのようにいっている。「諸福音書は翻訳された。出版の資金もある。……われわれは福音書を印刷しようか。宣教師らはためらい、流血を恐れている。というのは日本の法律によれば、神の言を読んで回心する者はだれでも、家族もろとも処刑されるであろうからである」。このことは多分S・R・ブラウンによる邦訳に関連していわれているのであろう。しかし彼の邦訳原稿は、慶応三年（一八六七）に火災のため焼失したので、この問題は解決した。明治四年（一八七一）ゴーブルのマタイによる福音書の邦訳が出版された。このことについて彼は、横浜で版木屋を探したが、皆引き受けるのを恐れているようであり、東京でこの本の内容を知らないと思われる者にやっと依頼することができたといっている。翌年ヘボンとブラウンが、マルコによる福音書とヨハネによる福音書との邦訳を出版し、さらにその翌年マタイによる福音書の邦訳を出版した。（ケーリ、二巻八五―八六頁）。

明治五年（一八七二）に横浜で開かれた外国宣教師会議で新約聖書の翻訳委員があげられた（植村、四巻一一六頁）。この委員は、S・R・ブラウン、ヘボン、グリーンで、補佐役は奥野昌綱（一八二三―一九一〇）、松山高吉（たかよし）（一八四六―一九三五）、高橋五郎（一八五六―一九三五）であった。定本としては、ジェームズ欽定訳の原本ギリシア語新約聖書が採用され、また他の諸ギリシア語原本も参考にされた。また文体については、一般の人々が理解できるものということになった。（同、一八〇―一八二頁）。そして明治一三年（一八八〇）に一四の宣教師団の代表者によって新約聖書翻訳完成祝賀会が、東京新栄教会において開かれた（同、一〇二頁）。

明治一一年（一八七八）にプロテスタント宣教師四一名が築地に会同して旧約聖書の翻訳について協議した。その結果一二名の常置員を選んでこの翻訳事実に当らせた。しかしその後ヘボン、ファイソン（一八四六―一九二八）、フルベッキ、松山高吉、井深梶之助、植村正久が翻訳委員に選出された。（同、一一六―一一九頁）。そして旧約聖書訳成感謝会は、明治二一年（一八八八）に新栄教会において開かれた。（同、一一三頁）。

賛美歌編集

賛美歌歌詩及び曲譜一覧表（同、四四四―四五二頁）をみると、各教派によってそれぞれ賛美歌集が編集されており、明治七年（一八七四）から同三四年（一九〇一）までに合計六四種類が出版されていたことがわかる。その大部分は個人あるいは数名によって編集されたものである。明治二三年（一八九〇）に組合教会と日本基督教会が協力して『新撰讃美歌』を出版したが、これはわが国で活字で印刷された最初の譜付賛美歌集であった。編集委員は組合教会側では松山高吉、宮川経輝、田村初太郎、オルチン（一八五二―一九三五）、そして日本基督教会側では奥野昌綱、植村正久、瀬川浅、フルベッキであった。

明治三三年（一九〇〇）に福音同盟会大会において各教派共通の『賛美歌』の編集に取りかかることが決議され、同年の宣教師大会もこれに賛意を表明した。初めこの案に賛成したのは日本基督、組合、日本バプテストの三教派であったが、のちにメソヂスト教会も加わった。聖公会だけは別に『古今聖歌集』を出版したが、そのうち一二五篇の賛美歌は共通賛美歌といい、『古今聖歌集』にも『賛美歌』にも採用された。この『賛美歌』の編集に当った者は、前後二七名にのぼるが、そのうち最も尽力した委員は、別所梅之助（一八七一―一九四五）、三輪源造（一八七一―一九四六）、藤本伝吉（一八六七―一九三五）、マクネア（一八五八―一九一五）、オルチンで、委員長は小崎弘道であった。これは明治三六年（一九〇三）に、そしてその第二編は同四二年（一九〇九）に出版された。（小崎、一八四―一八五頁）。

社会福祉事業

わが国の教会は、教育ことに女子教育また西洋音楽の開拓と普及に貢献したが社会福祉事業においてもそうであった。イングランドのブリストル孤児院の設立者ミュラー（一八〇五―一八九八）は明治一九年（一八八六）八二歳の時来日し各地で講演し、その孤児院はただ祈禱によって維持されることを証しし、多くの人に非常な感動を与えた。それ以来わが国に多くの孤児院が設立されたが、それは彼の感化によるところであった。(同、一六五頁)。医学生ですでに数名の貧児を養っていた石井十次（一八六五―一九一四）も、ミュラーの感化を受けて、同二〇年学校を中退して岡山孤児院を設立した。彼の事業を助けたのは岡山在留の宣教師ペティー（一八五一―一九二〇）であった。同二四年の濃尾大地震による約一〇〇〇名の孤児のうち多数を彼は収容したが、のち五十嵐喜弘が岐阜に濃飛孤児院を設立したので、これらの孤児はそこに移された。石井はこの世を去るまで二七年間に孤児二〇八九名を育てた。同二五年金子正志は前橋に上毛孤児院を設立し、大阪にも博愛社孤児院が創設された。その他にも小孤児院が開かれたが、これらはいずれもキリスト教徒の設立したものであった。(同、一六六頁)。小橋勝之助（一八六三―一八九三）は兵庫県に博愛社を創立し、感化、育児、施療に尽力し、明治二六年死去ののちは、弟実之助（一八七三―一九三三）と林歌子（一八六四―一九四六）が博愛社を経営した。本郷定次郎は、暁星園を設立して孤児を養った。(比屋根同、一〇五頁)。石井亮一は立教学院に在学中入信し、濃尾大地震の時孤児二〇名を救済したが、そのうち二名が知的障害の児童であったために、のち東京に滝ノ川学園を設立し、知的障害者の教育に尽力した。野口幽香(ゆか)（一八六六—一九五〇）、斉藤峰子は二葉保育園を創立し、のち徳永恕がこれを援助した。ほかにキリスト教主義の保育所として二宮わか子の創立した相沢託児所、アダムスの岡山博愛会保育所、大森安仁の有隣園がある。（同、一〇五—一〇六頁）。

キリスト教医療事業に関する初期宣教師の活動については前述したが、明治六年に来日したカナダ・メソヂスト教会のマクドナルドは同一一年まで静岡で宣教と医療に尽力した。同二年に設立された神戸病院は、同五年に来日した組合教会のJ・C・ベリーを迎えた。彼は生田に治療所を設け、同一八年京都に看護婦養成所を創立し、また刑務所改良にも尽力した。同六年に来日した監督教会のラニングは同七年に施療所、同八年にバルナバ病院を設立した。スコットランド長老教会のフォードは築地に施療所を設け、同八年には中村敬宇、津田仙、岸田吟香(ぎんこう)（一八三三—一九〇五）らとともに楽善会を創立して視覚障害教育に当った。同一七年に来朝したメソヂスト教会のスワルツは、仙台で施療と育児と苦学生救護に尽力した。同一八年ホイットニィは赤坂氷川町に赤坂病院を設け、同二四年濃尾大地震の時には臨時施療所を設けた。（同、一〇四頁）。ハンセン氏病救済では、同二七年ヤングメン、和田秀豊(しゅうほう)（一八五四—一九四六）、大塚正心が東京目黒に慰廃園、翌年リデル女史（一八五四—一九三二）が熊本に回春病院を設立した（同、一〇六頁）。

日本で最初に刑務所の改良を訴えたのは、前述の宣教師ベリーである。基督教の教誨師を最初に採用したのは兵庫県の刑務所で、明治九年に前田泰一がこれに当った。また同県には同二一年仮留置所が設置され、霊南坂教会員坂部寔が典獄となり、原胤昭が教誨師に採用された。かつて原は三ヵ月間獄中で悲惨な体験をしたことがあり、刑務所改良に生涯をささげるようになった。のち北海道に刑務所が設置されると、原や、同志社神学校出身の留岡幸助（一八六四―一九三四）、牧野虎次（一八七一―一九六四）、山本徳尚、大塚素（一八六八―一九二〇）、松尾音次郎等が招かれ、北海道刑務所の教化はすべてキリスト教の感化のもとに置かれ、大いに成果を収めた。のちに原は出獄人保護事業に当り、留岡は犯罪防止には要保護少年に対する感化が重要と考え、明治三二年東京巣鴨に家庭学校を創立した。（小崎同、一六六―一六七頁）。また北海道で大塚素は、同二七年暮から翌年春までマルコによる福音書を注解して毛筆で記し、友人の教誨師有馬四郎助に送ったが、やがて有馬は入信し、のち小菅刑務所の典獄として受刑者から慕われた。この書は昭和九年に『友愛』と題して公にされた。

禁酒会は、明治四年バラが有志とともに横浜に創立し、つぎに奥野昌綱、津田仙、安藤太郎（一八四六―一九二四）、伊藤一隆が禁酒運動に尽力した（比屋根同、一〇六頁）。日本基督教婦人矯風会は、レビット女史が来日して各地で遊説した結果、矢嶋楫子を会頭として明治一九年に創立され、婦人解放を目的とし、世界平和、純潔、禁酒を目ざして活動した。今日でも活発な活動が続けられている。

わが国で最初に廃娼が実施されたのは群馬県であったが、これには紆余曲折があった。明治一五年県会は廃娼を決議したが、これは当時の県会にはキリスト教徒の議員が多く、議長湯浅治郎（一八五〇―一九三二）、医師で議員であった斉藤寿雄らが熱心に廃娼を主張したことによる。当時の知事は、同二一年六月をもってこれを実施する旨公示した。しかしのちの知事は、実施期日の迫った同二一年五月に遊廓営業者の激しい反対に会い、これを延期したので、県会と衝突した。その結果知事による県会の停会、内務大臣による県会解散、県会議員選挙、廃娼派の議員の再選、知事の交代、公娼全廃の県令の布告となった。そして知事の交代ごとに存娼運動が起こった。(小崎同、一六八—一六九頁)。

他方明治四四年に創立された廓清会は、江原素六、島田三郎(一八五二—一九二三)、安部磯雄、矢嶋楫子が創立し、公娼廃止に尽力した(比屋根同、一〇六頁)。

出版事業

明治一六年警醒社が植村正久、湯浅治郎、小崎弘道の発起によって創立され、『東京毎週新報』(のちの『基督教世界』)を発行した。また従来基督教青年会が発行していた『六合(りくごう)雑誌』も同社が発行するようになった。同二三年植村は『福音週報』を創刊したが、のちにこれは『福音新報』と改題された。メソヂスト教会は同二四年に『護教』を、バプテスト教会は同二九年に『基督教新報』を、聖公会は初め『日曜叢誌』、のちに『基督教週報』を発行した。

ＹＭＣＡとＹＷＣＡ

英国のＧ・ウィリアムズ(一八二一—一九〇五)は、一八四四年に一一人の同志と共にロンドンＹＭＣＡ(基督教青年会)を創立した。その後一八五五年にパリで世界ＹＭＣＡ同盟が成立した。

日本におけるＹＭＣＡの歴史は、明治一三年（一八八〇）の東京ＹＭＣＡの創立とともに始まる。同年初め神田乃武（ないぶ）（一八六〇―一九二三）が、米国アーモスト大学を卒業して帰国し、その歓迎会でかの地におけるＹＭＣＡの状態について述べ、わが国にも同様の団体が欲しいと訴えた。当時すでに東京在住の外国人の間にＹＭＣＡが組織されていたので、小崎弘道、井深梶之助、植村正久、田村直臣（一八五八―一九三五）、平岩愃保、吉岡弘毅等がＹＭＣＡの創立を発起した。そしてその第一回の会合を同年五月に京橋教会で開いた。当時まだ青年という語がなく、ヤングメンをどのように訳すべきかと協議のすえ、小崎の発案によって青年と訳した。最初の会長に小崎が選ばれ、毎月二回集まり、そのうち一回は会員の修養のために、他は伝道のために用いた。そして同年『六合雑誌』を創刊したが、これはのちにユニテリアン協会の手に移った。ＹＭＣＡは大阪にも設立され、同二一年（一八八八）には東京帝国大学にも設立された。（比屋根安定『日本近世基督教人物史』三二二―三二三頁）。同年米国ＹＭＣＡのスウィフト（一八六一―一九二八）が派遣されて来日し、学生ＹＭＣＡの発展に努め、また彼自身の受けた遺産二万五〇〇〇ドルと米国での募金をもとにして、同二七年神田美土代町に東京ＹＭＣＡ会館が建設された（落合則男『スウィフトものがたり』一五―一六、二五―二六頁）。明治二二年同志社で第一回夏季学校が開かれ、四〇〇名余の学生が集まった。翌年第二回夏季学校が明治学院で、翌々年第三回夏季学校が箱根で開かれた。上述したように明治二七年に神田美土代町に青年会館が新築され、地方にも青年会が設立された。同二九年万国学生基督教青年会幹事モット（一八六五―一九五五）が来朝し、その指導により翌年日本学生基督教青年会同盟が組織された。YWCA（基督教女子青年会）は、ホイットマン女史、マクドナルド女史（一八七四―一九三一）、河井道、津田梅子（一八六五―一九二九）、小崎千代子らの尽力により、同三八年一〇月に組織され、翌年万国基督教女子青年会に加盟した。同四〇年第七回万国学生基督教青年会大会が前記の青年会館で開かれたが、これはわが国で最初の国際的集会であり、二五ヵ国の代表者六二七名が集まった。

日清、日露戦争と教会

『植村正久と其の時代』第五巻に「戦争と基督教会」という一章（八六九―九一三頁）がある。それによると、日清戦争については、日本のキリスト教徒も他の国民とともにこれを義戦と考えたようである。三国干渉による遼東半島の返還を一つの要因として発生した日露戦争に対しても、キリスト教徒はこれをやむをえずして起こったものと考えたようである。しかし「日清戦争の義戦」であることを英文で世界に訴えたといわれる内村鑑三は、日露戦争の時には、この訴えを悔い、非戦論を公表して、同僚の堺利彦（一八七〇―一九三三）、幸徳秋水（一八七一―一九一一）らとともに万朝報社を脱退した（同、九一三頁）。なぜ内村は非戦論を説いたのであろうか。彼は日清戦争ののち勝ち誇る日本の軍人をはじめ、官民のあくなき貪欲と高慢に驚き、以後一〇年間後悔し、反省し、熱心に聖書を学び、祈り、考えた。その結果、徹底した無抵抗主義者、非戦論者となった。人を殺す戦争は、その理由と事情がどのようなものであっても、絶対に許されないし、そのような立場が聖書とキリスト教の根本精神であると彼は考えた。従って社会主義の立場から非戦論を唱えた堺や幸徳の立場とは相違していたと山本泰次郎はいう。（山本泰次郎同、一四六―一五〇頁）。

教　勢

明治四〇年（一九〇七）における日本プロテスタント教会の教勢を、ケーリ『日本キリスト教史』第二巻『プロテスタント宣教』に掲載されている統計（三五八―三五九頁）を参考にして記そう。

	教職者	**宣教師**	**成人会員**	**教会**
組合教会	一二六	五三	一万四五九七	八九
バプテスト教会	五〇	四三	二六〇八	三一
南バプテスト	一一	九	三三九	七
基督教会	三一	一七	一六四七	二三
基督教宣教同盟	六	六	一三三	二
福音同盟	五	五	八八八	一八
自由メソヂスト	一六	六	三七七	二
ドイツ福音	八	三	二一四	四
福音ルーテル	六	五	二〇〇	四
フィンランド・ルーテル	一	六	一八	一

日本メソヂスト教会	一八五	一二一	一万一六一	八五
美普	一八	一〇	八八三	九
日本基督教会	一六四	一一六	一万六二八七	七二
日本聖公会	二一三	一七五	七〇八六	
東洋宣教協会	三六	五		
救世軍	一一七	一八		二九
セブンスデー・アドベンチスト	一二	八	一一〇	四
友会	六	六	四八	
スカンヂナビア日本同盟	九	五		四
同胞教会	一五	三	三八二	二二
ユニヴァーサリスト	六	三	二二三	五
他（省略）				
合計	一〇九八	六七二	五万七八三〇	四一〇

六六　日本正教会の創立と発展

安政六年（一八五九）にロシアの領事館が函館に設立された。当時この地にも浪人が多く、尊王攘夷の風潮が強かった。日本正教会はこの地に創立されるのであるが、キリシタン禁制の高札もまだ掲げられていたことでもあり、この教会への為政者による圧迫も厳しかった。また幕末以来の樺太や千島の領有に関するわが国とロシアの緊張した外交関係と、日露戦争のゆえにこの教会の歩みは多難であった。

ニコライの来日

ロシア領事館付司祭は健康上の理由から在日一年足らずで帰国したが、その後任として文久元年（一八六一）に着任したのがニコライ（一八三六―一九一二）であった。領事館の業務は軽かったので、彼はまず日本語を研究した。その日本語教師の一人は新島襄で、一ヵ月共に生活したのち新島は脱国の決意を打ち明け、そのための援助を要請した。そしてニコライの警告にもかかわらず彼は脱国した。（ケーリ『日本キリスト教史』第一巻、『ローマ・カトリックとギリシア正教会との宣教』三七六―三七七頁）。土佐藩士沢辺琢磨は領事の子息に剣術指南を依頼され、領事館でしばしばニコライに会った。彼は、欧州の宗教の司祭である外国人ニコライを嫌っており、ニコライと論議し、もしこれに負けたら彼を殺そうと決意した。しかし論議の末、かえって彼はキリスト教に興味をもち始め、ニコライに導かれて入信するようになった。（同、三七八―三七九頁）。沢辺はその友人二名に信仰を伝え、慶応四年（一八六八）に彼らはニコライから受洗した（同、三七九―三八〇頁）。翌二年函館戦争が起こり、この地は混乱した。沢辺は、のちに伝道者となった金成（かんなり）善兵衛と、新井常之進をニコライのもとに連れてきた。新井は仙台の出身で、彼の友人らもキリスト教に関心をもち始めた。ニコライは明治二年に帰国して、日本伝道のためにロシア正教会の宗務院と友人に援助を訴えた。(同、三八三―三八六頁)。同四年に再び来日したニコライはすぐに、キリスト教に関心をもつ仙台在住の者らが、彼のもとに学びにくるように手紙を送り、また中国語に精通した学徒を伴うように依頼した。この手紙を受けて、彼の帰日を待っていた者らは儒教の学者を伴って直ちに函館に向かった。彼らは領事館付属の建物に居住し、ここは一種の学校となった。ニコライは彼らにキリストの教理を教え、希望者にはロシア語を教えた。同時に彼は、中国語訳新約聖書を用いて日本人に聖書を教えた。まもなくさらにこの学校に仙台人が集まってきた。(同、三九〇―三九一頁)。

沢辺はニコライに東京移住を勧めた。というのは、仙台は文化、政治、経済等の中心である東京からは遠隔地であり、日本民族に影響を及ぼす運動を起こすのには有利な場所ではなかったからである。ニコライは彼の見解に同意したが、多くの仕事のため函館になおしばらく在留しなければならなかった。彼のもとにはロシア語を学ぶ者らもいたし、翻訳にも多くの時間を必要とした。学生らの助けをえて彼は、石版刷りの『主の祈り』や『教理便覧』を作った。彼は『露和辞典』を編集したが、これは明治一四年(一八八一)まで重版された。仙台からきた数人が同四年に受洗したが、そのなかの小野荘五郎は仙台に帰って伝道し、笹川貞吉と高家(たかや)仲は小野の伝道を助けた。(同、三九二頁)。

ニコライの東京移住

アナトリイが函館に来たので、ニコライはその仕事を彼に託し、明治五年（一八七二）に東京に移住した（同、三九三頁）。同年彼はロシア公使館の名義で駿河台に土地を借り、そこにあった数軒の家を学校にしたり、住居とした。彼は昼間はロシア語を教え、夜間にキリスト教教理を解説した。同年九月に一〇名、そして一二月にはさらに一〇名が受洗した。彼の学校には数名の政府の探偵が潜入し、なにか危険なことが教えられはしないかと監視した。しかしそのうちの一人はキリスト教徒となり、政府にキリスト教公認のための申請書を作成した。同一〇年（一八七七）に神学校の学生の一人が、自分は警察から送られた探偵であったとニコライに告白したが、この学生もキリスト教徒となった。（同、四〇二―四〇四頁）。この地に復活大聖堂（ニコライ堂）が完成したのは同二四年（一八九一）であった。

迫　害

明治四年（一八七一）に小野と笹川と高家は仙台に帰って伝道し、小野がニコライを助けるために東京に移住したのちも、小野の家がおもな伝道所であった。集会はしばしば求道者の家々でも開かれ、会衆は急速に増加した。まもなく毎日一〇〇名以上の聴衆が集まり、なかには近隣の村々からきた者もいた。同五年沢辺と笹川と高家と数名の会衆はキリシタン禁制の法を犯すとして投獄され、喚問のため警察に呼びだされた会衆もいた。家族の監視下に置かれた者も一五〇名いた。小野はニコライに励まされて彼らの救済のためにのりだし、外務大臣や、友人を通じて福沢諭吉（一八三五―一九〇一）に会った。福沢は、キリスト教徒迫害は日本の不名誉であるとして、このことに反対して、政府高官に働きかけるようになった。東京在住の他の仙台藩士から相談をうけた当時の太政官顧問フルベッキは、大隈重信や政府関係者に訴えた。これらの結果、政府の訓令によってこれらのキリスト教徒は放免された。(同、三九四―三九七頁)。

明治六年(一八七三)に仙台にキリスト教を受容した者が約二〇〇名いたが、そのうちごく少数が同八年以前に受洗した。そして司祭になった沢辺から同年に一二九名が受洗した。(同、三九八頁)。

函館でニコライの伝道を引きついだアナトリイはキリスト教徒を集めて、福音宣教にすぐ携わることができる人々を選ぶように求めた。その結果影田孫一郎、酒井篤礼、津田徳之進が選ばれた。函館の諸所にキリスト教研究の集会のために必要な家がえられ、集会出席者数が急激に増加したので、この三人の伝道者を助けるためにキリスト教徒が呼び集められた。明治五年(一八七二)三月領事館礼拝堂における復活節の礼拝に約三〇名の信徒のほかに多数の者が出席した。この礼拝に続いて一週間毎日集会が開かれ、群集が出席した。町中の人々がキリスト教について話合い、ある者はこれはよい宗教と思うといい、他の者は不道徳であるとか魔法を使うとかといって非難した。開拓使庁の役人らは、キリスト教が公然と教えられていると聞いて、すぐこれの抑圧に取りかかった。その結果、酒井と津田と影田は投獄された。三人の伝道者の逮捕に驚き、民衆はもう礼拝堂に集まらなかった。開拓使庁はこれらの伝道者を改宗させることができず、またどうしてよいかわからなかったので、政府に報告書を送付し、指令をまった。報告書が着いた時は、ちょうど仙台の件が結着していたころであったので、政府は訓令を発してこれら伝道者の放免を命じた。彼らは二ヵ月の獄中生活ののち放免されたが、仙台地方に帰郷しなければならなかった。（同、三九八―四〇二頁）。

教会の発展

酒井は一度帰郷してのち、明治六年に再び函館にきて、伝道を開始した（同、四〇五頁）。東京においても次第に諸所に伝道所が開かれ、ニコライから教えを受けた者が伝道所に配置された。彼らのうちには、名古屋、京都、大阪等を訪れた者らがいた。これらの者は、どこにいっても初めて伝えられた福音は歓迎されたといった。（同、四〇七頁）。

伝道者の増加につれて、東京と仙台との伝道者間に伝道方策に関する見解の相違が起こった。そこでニコライは、明治七年（一八七四）に彼らすべてを集めて数日間会議を開いた。この会議で決められた規則はつぎのようなものである。伝道者には二つの種類、すなわち伝道者と補助伝道者があること、伝道者の任地の変更は大主教のいる東京教会によって決定されること、伝道者はその主要な働きである福音宣教に携わるが、余暇には自分に適した仕事につくことができ、その勤勉さによって信徒の模範となること、伝道者は洗礼志願者をきめうること、伝道者となるべく選ばれる者は、一七歳から四〇歳までの者で、敬虔で知的であり、伝道旅行に関して家庭事情に基づくなんのさまたげも受けない者であること、一二歳から一七歳までの青少年で正直で知的能力のある者は、東京の学校に派遣されるべきことなどであった。（同、四〇七―四〇八頁）。これより先明治二年（一八六九）ニコライは、将来伝道者の会が組織されることを希望して、その会のための規則を作成した。この規則のなかに、もし信徒数が五〇〇名に達した時には、伝道者のうちの一人が司祭職に叙聖されることが記されていた。この規則に従って、同八年（一八七五）にロシアの主教が函館にきた時、沢辺は司祭に、酒井は輔祭に叙聖された。さらに同一一年（一八七八）に五名の伝道者がウラジオストクにいき叙聖された。（同、四〇八―四〇九頁）。

日本のローマ・カトリック教徒やプロテスタント教徒のように、正教会に属するキリスト教徒も、愛の実践に励んだ。一例をあげると、同六年に函館の正教会の婦人信徒は、貧困者を援助した。このことに刺激されてその男子信徒も同様にした。（同、四一一頁）。

教勢

明治一六年（一八八三）の統計によってこの教会の発展を知ることができる。

司　祭　一四名（内訳、外国人三名、日本人一一名）
外国人教師　二名
伝道者（叙聖を受けていない者）　一〇六名
信徒（幼児洗礼を受けた者も含む）　八八六三名
教　会　一四八
教会堂　一一〇
伝道所　二八一

（同、四一二―四一三頁）。

なおニコライは、とくに日露戦争時に日本人から誤解と迫害を受けたが、伝道の生涯を全うし、明治四五年（一九一二）に東京で死去した。来日以来五一年目のことであった。

六七　一九世紀後半のプロテスタント神学思想

序

ニコルスによれば、一九世紀後半ドイツの約二〇の大学の神学教授は極めて有能な学者で、教会との関係において、世界中のどこよりも自由を享受していた。その結果、時には彼らの神学は信徒の信仰にとまどいを与えるもの、あるいは危険なものであり、また牧師養成に必らずしも最適な準備を与えるというものではなかった。（ニコルス、二八三頁）。彼らの学問的態度は科学的ということであった。ここでは私はヘーゲル哲学を受容したバウルと、これに激しく対抗したリッチュルの思想について述べたのち、リッチュル学派のカフタン、ヘルマン、カッテンブッシュ、ハルナック、ローフス、トレルチの思想について触れたい。そしてヘーゲル哲学を批判し、またリッチュルやリッチュル学派と対照的立場に立ったキェルケゴールの思想について述べたい。

バウル

チュービンゲン学派の創始者であるバウル（一七九二―一八六〇）は、ヘーゲル哲学の影響を受けた歴史学者であった。彼は新約聖書の科学的研究を意図し、そのなかの各文書の起源、構成、年代、文書間の関係、教会史の発展段階におけるその背景等について研究した。彼によれば使徒時代のキリスト教は、ユダヤ的キリスト教と世界的キリスト教に区分される。この二つの区分、すなわち定立と反定立が綜合されたのは、紀元一五〇年以後のことである。その時キリスト教は、普遍主義においてはパウロ的であり、新しい律法、新しい祭司制、新しい典礼においてはペテロ的であった。新約聖書のすべての文書には、この弁証法的過程の特色がみられる。例えば使徒行伝においては、儀式に関して律法遵守に熱心な弟子らの立場と、律法は異邦人改宗者を拘束しないというパウロの立場との綜合である。バウルはキリスト教を発展過程においてとらえている。このように彼はヘーゲルの定立・反定立・綜合に基づく歴史の理解に立って新約聖書やキリスト教史を理解した。バウルは聖書批評学上重要な貢献をした。

リッチュル

リッチュル（一八二二―一八八九）は、ヘーゲル哲学を神学に導入することに反対し、神学を哲学から分離させようとした。彼は『義認と和解のキリスト教教理』（一八七〇―一八七四年）を著した。㈠ リッチュルはカントから影響を受けたとはいえ、カントがわれわれは物自体は知りえないといったのに対して、彼は物自体はわれわれへの物自体の影響によって知りうるとした。従ってわれわれは、神をわれわれに人格的衝撃を与える啓示によって知りうるとした。ここに人格と人格との応答が存在するのであり、従って知性よりも意志が大きな役割を演じる。㈡　リッチュルは、福音理解のために科学的研究方法を採用し、この研究方法は、主観主義的誤謬からわれわれをまぬかれさせるとした。宗教は具体的事実や出来事を重視しなければならず、それが歴史的基盤を失うと、神秘主義や合理主義に陥ってしまう。彼は歴史学的方法によって、すべての歴史上の事実を批判検討していく。この場合、彼の課題は歴史のなかの神の啓示であった。偉大な宗教的諸人物と彼らの経験における神の啓示、ことにキリストにおいて与えられた神の啓示の研究が、その課題であった。㈢　リッチュルは価値判断を強調した。これは、対象によって人間のうちに起こる快や不快の感情であり、満足感や不満の感情であり、人生目的の遂行の過程における充実感や挫折感であり、すなわち宗教の実践的価値ともいうべきものである。

つぎにリッチュルのキリスト論について考えよう。彼は、キリストにおける神の歴史的啓示を強調した。神を啓示するキリストは真に歴史のうちに存在する。このことは、世界と教会との主であるキリストは、教会にキリストが与えた影響によって知られるということである。すなわちリッチュルは、教会の歴史という発展過程に永遠なるものが内在すると考えた。彼の神学の出発点は、キリストにおける神の啓示であり、この啓示は歴史上の信じる者らの理解を媒介にして理解されるのである。

われわれは、キリストをその行為を理解することによって最もよく把握することができる。キリストは、神のみがなしうる業をなしたがゆえに、彼は人類にとって価値ある存在である。キリストは地上に教会を建設し、人類を救済し、神の国を建設しようとした。キリストは父から命じられた業を、神への完全な服従において成就した。この行為のゆえに彼に従う者らすなわち団体、教会が、神によって義とされ救われる。キリストはその服従のゆえに終始神の愛のうちにあったのであり、従って彼を信じる人々、すなわち団体、教会にゆるしが与えられ、彼らは神に近づくことができる。義認ののちに和解がくる。使徒らにとって和解は神の業であったが、リッチュルにとってそれは、人間が神に関する誤った見解に基づく不信を放棄することである。この不信の放棄は、キリストを観察することによって可能となる。

リッチュルにおいて、キリストの死は模範の死であって、刑罰の代償のための死ではなかった。キリストはその死にいたるまでその意志において、神と完全に結合し、調和していた。このキリストに従う者のうちに神と人間の新しい関係が始まる。

それでは人間はどのようにして神との交わりに入ることができるか、どのようにしてキリストの業にあずかることができるか、どのようにしてキリストの服従を自己のものとすることができるか。リッチュルによればこれらのことは教会、信ずる者の団体としての教会を通して起こる。この教会において福音が説教され、キリストの業が永続する。人間がキリストとの人格的関係に入ることができるのは、教会、信ずる者の団体においてである。教会員になることは、神に赦され神との交わりに入れられることと同一である。

リッチュルにおいて、キリストの両性、すなわち神性と人性、三一神における子の父に対する関係等は人間の経験にはなんの連関ももたないとされる。彼は歴史的キリストから出発する。このキリストにおける神の啓示は、歴史上の信ずる者らの理解を媒介にして把握される。リッチュルに対する評価と批判についてまず考えられることは、彼が、歴史的存在であったキリストが、同時に超歴史的存在であることを把握しなかったことである。また彼がキリスト教神学に科学的方法を採用したことは評価できても、彼には信仰による福音理解が欠如していた。この意味で彼の神学は自由主義神学（カントやシュライエルマッハーやヘーゲルの神学思想の影響を受け、神学において理性とか感情とか意志とか経験とかの役割を重視し、従来の伝統的神学思想を再解釈しようとする立場）といえる。彼は、神の国をこの地上にもたらす努力の必要性を強調したが、このことによってキリスト教の倫理的社会的理解、ひいては社会的福音に非常な影響を与えた。

リッチュル学派

この学派に属する者としてカフタン（一八四八—一九二六）、ヘルマン（一八四六—一九二二）、カッテンブッシュ（一八五一—一九三五）、ハルナック（一八五一—一九三〇）、ローフス（一八五八—一九二八）、トレルチ（一八六五—一九二三）をあげることができる。

カフタンはリッチュルの救済論を再解釈して、贖罪は神秘的倫理的カテゴリーによって理解されなければならないとし、キリストの業に関して償いや、神と人との和解という概念を退けた。ヘルマンはリッチュルのように、福音書をある意味で歴史的人物の記録と考え、教会は人間に影響を与えるキリストの事実、すなわち処女降誕や復活ではなく、キリストの倫理的教説だけを教えなければならないとした。しかし彼はリッチュルの見解をこえて、神秘主義（あるいは宗教体験）や形而上学（あるいは究極的実在者に関する理論）を宗教から除外し、キリスト教の中心は歴史的キリストであり、キリストの人生は倫理的価値があるかぎり、われわれに適切であると主張した。カッテンブッシュは、使徒信条の歴史に関する研究をなし、古代ローマ教会の信条を紀元一〇〇年ころのものとした。ハルナックは、教父学、教義史、新約聖書学等に優れた業績を残した。そのなかに『教義史』三巻（一八八六—一八八九年）や『キリスト教の本質』（一九〇〇年）がある。彼は『教義史』において、ヘレニズム的要素が福音のなかに浸透し、ここに古代教会の教義（ドグマ）が成立したと考える。キリスト教思想のなかにヘレニズム的要素が浸透したとする点において、彼におけるリッチュルの影響をみることができる。『キリスト教の本質』において、彼はすべての教義的なものを排除し、父なる神の愛や隣人愛を強調した。ローフスも教父学や教義史に優れた業績を残し、そのなかに『教義史綱要』（一八九〇年）がある。トレルチは、神学ではリッチュル、哲学では新カント学派のヴィンデルバンド（一八四八—一九一五）とリッケルト（一八六三—一九三六）、そして文化の宗教的理解についてはディルタイ（一八三三—一九一一）からの影響を受けた。

キェルケゴール

今日の実存主義の先駆者キェルケゴール（一八一三—一八五五）は、バウルとリッチュルとリッチュル学派すなわち自由主義神学者と全く対照的に、徹頭徹尾信仰の立場に立つ思想家であった。彼は、膨大なヘーゲルの哲学体系に対して、『哲学のくず』（一八四四年）と題する小著を公けにし、信仰の立場は、むしろ理性にはつまずきであることを明らかにした。彼は人生の三段階について述べる。㈠　彼は、われわれ人間は死ぬであろうという確実性と、まだ死んでいないという確実性の間に生きているという。われわれは、このしばらくの間になにをなすべきかとの課題を担っている。このしばらくの間を満たすのに三つの道が存在する。すなわち審美的段階と倫理的段階と宗教的段階である。㈡　審美的段階における生活には、幻想的な輝かしさがあるかも知れないが、そこには隠された絶望があり倦怠と不安がある。不安とは空虚と悲痛な感じであり、人間の実存（今ここに人間がいること）が支えを失ったことを悟っている状態である。いいかえればわれわれの存在が無の深淵におびえていることを絶望的に理解することである。㈢　この絶望を打破するためには飛躍以外に道はない。人間は自由な選択によって美的快楽主義的な立場から倫理的立場に飛躍することができる。今や人間は、自由な道徳的行動者として、また神の律法に対して責任ある存在として行為し始める。そのために人間はまず自己放棄、自我の放棄、利己性の放棄をしなければならないが、これを実行することはきわめて困難であり、これを実行することはできない。自己放棄の努力をしている間にも時間は経過していく。ここで人間は自己が罪ある者であることを認めなければならない。というのは人間は時間を浪費したからである。また人間は、道徳を実行しようとしても、実行できないことが分かる。従って人間は、道徳あるいは律法は人間を助けることができず、人間に良心の苛責を与えるだけであることが分かる。㈣　人間は道徳あるいは律法を守ることができない。これを守ろうとする努力は空しく終る。

このような人間実存をキェルケゴールは『非学問的補遺』（一八四六年）において、宗教性Aといい、この宗教性Aにつきあたって、初めて人間は宗教性Bに目ざめるという。宗教性Bとは贖い主についての使信であり福音である。自己救済という幻想が粉砕されるまで宗教性Bは馬鹿らしい不合理なものと思われ、理性にとってはつまずきである。この宗教性Bは二重の逆説のうえに立っている。(イ)永遠な神はまさにその本性と反対のもの、すなわち時間的なもののうちに現われた。(ロ)時間的な人間は――(イ)の逆説への信仰によって――まさにその本性と反対なもの、すなわち永遠なものとなりうる。宗教性Bにおいて、創造者、律法の付与者、審判者である神が、歴史のなかに生活し、十字架の死をとげた人間のうちに受肉した。イエスは時間のなかにおける神である。イエスのなかに神が啓示されている。人間は、イエスにあって過去の罪が赦され、未来の至福を保証される。今や人間のうちに不安と恐れの代りに、神への賛美と感謝と信頼が溢れ、人間はこのイエスにならって愛の業に励むのである。

以上述べたようにキェルケゴールは、神の啓示の逆説性を説き、これは理性にはつまずきであることを明らかにし、信仰を思惟（思弁）から区別した。そして信仰による飛躍によって（理性により漸次的にではなく）絶対的真理は把握されるとした。彼は人間の罪とそれからの救済のために労苦した思想家であり、それゆえに彼においては社会的実践にかかわる責任についての十分な思索はなされなかった。しかし、一九世紀においてはまだ理解されなかった彼の哲学は、今日実存主義として知られている。彼は人間の不安、罪、絶望、死を分析することによって一九世紀の自由主義神学に問題を提起した。

六八　カトリック・モダニズム

序

一八八〇年代のローマ・カトリック教会の神学的発展は目覚ましかった。一九世紀の第三・四半世紀にこの教会は国家権力や「教皇不可謬性」をめぐって大論争を展開しなければならなかったので、これら以外の問題に取り組むことはできなかった。しかしレオ一三世は、学問研究を奨励したので、ほとんど過去一世紀にわたるプロテスタント側の聖書研究と歴史研究が突如としてローマ・カトリック側に非常な影響を与えるようになった。その間トマス神学が復興し、他方においてカトリック・モダニズム（カトリック近代主義）が発生した。一八七九年の回勅「エテルニ・パトリス」によってトマス神学が、神学校や大学においてほとんど強制的に研究されるようになった。トマス神学の復興は、一方には歴史的批判的宗教研究への対応となり、他方には心理学的宗教研究への対応となった。

カトリック・モダニズムとは、ローマ・カトリック教会の伝統的正統主義からの分離をあらわす傾向、あるいは思想であった。この運動は一八九〇年ころに起こったが、ピウス一〇世は、これを批判した。この運動は一九一〇年ころに終結した。

経過

レオ一三世は、教皇庁の威信と教会の勢力との回復への唯一の道は、近代社会との調停と、またある点まで近代の学問との協調を必要とすると考えた。彼は民主主義や歴史的研究を奨励し、またヴァチカンの記録保管所を公開した。このような彼の政策に励まされてこの教会の若い学者は、カトリック神学と聖書批評学の綜合や、カトリック神学と近代の学問の綜合を企てた。(ヴィドラー、一八一―一八二頁)。

フランスの自由主義プロテスタント神学者サバティエ(一八三九―一九〇一)は、新約学研究に歴史的批評学を適用し、また教義を宗教感情の象徴と解釈し、フランスのプロテスタンティズムのみならず、カトリック神学界に影響を与え、このことによってカトリック・モダニズムの先駆的役割をになった。ヴィドラーによれば、この運動の中心的指導者は、パリの新設のローマ・カトリック研究所の教会史家デュシェヌ(一八四三―一九二二)とその門弟のロアジ(一八五七―一九四〇)であった。デュシェヌは、フランスのローマ・カトリック教会の起源に関する伝説に対して批判的であった。ロアジは、聖書研究に歴史的批評学を適用したので、この研究所から追放された。聖書批評学に反対して、一八九三年に回勅「プロウィデンティスムス・デウス」が発布され、神学者や哲学者がプロテスタント側からの影響を受けている主観主義や形而上学的不可知論に立たないように勧告された。(同、一八二―一八三頁)。

ロアジは、カトリック・モダニズム運動の共鳴者フォン・ヒューゲル(一八五二―一九二五）らに激励されて、『福音と教会』（一九〇二年）を公にし、ハルナックの『キリスト教の本質』に反論した。ハルナックは、キリスト教を神の父性への信頼および兄弟愛と同一視したが、ロアジは、キリスト教の起源、あるいは最初の福音は神の父性への個人的信頼だけを教えているのではないと考えた。ロアジは、新約聖書の終末論を重大視し、イエスは神の父性だけについて説教したのではなく、将来におけるメシアの国の到来を説教したと主張した。メシアの国が直ぐには到来しなかったが、制度的教会が組織され、現在とメシアの国の到来時の中間時における福音の保全のために必要なものとして教義が制定された。いいかえれば、もし福音が存続し、人類に救済をもたらすなら、教階制度と教義と典礼を有する教会において福音は保たれ、表わされ、発展させられなければならなかった。（同、一八三―一八四頁）。すなわちここにおいては、教義とか教会制度のなかにおける超自然的要素が否定されているのである。図書検閲聖省（一五七二―一九一七）は教令によってこの書を禁書にしようとしたが、レオはこの教令に署名しなかった。その後教皇は死去した。一九〇三年末、後継者ピウス一〇世のもとで極めて保守的傾向に立つ聖書委員会が再組織され、ロアジの五冊の書物が禁書とされた。

一九〇七年に教令「ラーメンタビリ」が発布され、約六五の命題が非とされたが、そのうち五〇以上はロアジやミニョやティレルらからの引用であった。同年回勅「パスチェンディ・ドミニ」が発布され、モダニズム運動を異端として批難し、またモダニズムについて、これはローマ・カトリック教会内に異端の体系を普及させる陰謀であると述べた。さらにこの回勅は、この体系がモダニズムによる歴史的聖書的研究の基礎となっていると述べた。この運動の根絶のためにこの教会内にスパイ組織さえ設けられた。ティレルはこの回勅を批判し、この運動を弁護したけれども、少数の者が彼を支持しただけであり、多くのモダニストはこの教会に服従したり、この教会から離脱してプロテスタントとなったり、社会主義者となったりした。ロアジもこの教会から離脱した。一九〇九年のティレルの死とともにこの運動は衰退し、残存するモダニストらは秘密裡に運動をすすめた。そこで彼らを排除するために一九一〇年に教皇は、有名な反モダニスト宣誓を課した。すべての教職者はこの宣誓をしなければならず、さもなければ破門された。このようにしてこの運動は崩壊してしまった。

六九　回　顧

キリスト教近代史において啓蒙主義あるいは合理主義の影響が極めて大きかったことは既述したとおりである。またこれと対照的に敬虔主義がこの時代を貫いて流れ、啓蒙主義とともに敬虔主義も現代へと受けつがれてきている。啓蒙主義の影響を受けた理神論が一時力をえたばかりでなく、同じ影響を受けた聖書批評学が発達したし、またフォイエルバッハにおいて極端な無神論が唱えられた。カントやシュライエルマッハーは、敬虔主義の影響を受けた思想家であり、カントの哲学やシュライエルマッハーの神学は宗教の領域における啓蒙主義の克服を意図するものであった。またヘーゲルにおいても啓蒙主義克服の意図はみられる。

米国独立戦争の思想的基調は、カルヴィニズムや啓蒙主義、ことにロックの思想であったといってよいであろうが、米国憲法は国家と宗教の分離を唱えた。フランス革命の思想的基調は啓蒙主義や自然法であったといってよいであろうが、その過程においてキリスト教を撲滅しようとした。米国は宗教的に中立的な国家として発展したが、フランスは再びローマ・カトリック教国へ復帰した。

ローマ・カトリック教会は、合理主義、民主主義、社会主義、近代哲学、近代歴史学を批判し、このことは第一ヴァチカン会議によって頂点に達した。近代においてこの教会は、トリエント教会会議の決定を再確認し、強固な基盤に立った。これに比して、プロテスタント教会は、合理主義や近代哲学や近代歴史学に直面して動揺したけれども、そのような動揺のなかにあって真摯に苦悩し、理性と信仰、哲学と神学、歴史と福音の問題に取り組み、模索した。

近代において欧州諸国は、アフリカとアジアを分割したし、また米国もフィリピンを獲得した。アフリカとアジアの諸民族の苦悩は甚大で深刻であった。この間、ローマ・カトリック教会とプロテスタント教会との宣教師は、アフリカにもアジアにも北氷洋にも赴いて福音の宣教に携わった。彼らはアフリカやアジアにおいて侵略国のスパイや手先とみられて苦渋と迫害を受けたが、彼らのほとんどすべての意図は福音宣教と社会福祉事業に携わることにあったと考えられる。ラトレットは、キリスト教徒の良心は、白人以外の人々に対する白人の搾取と闘ったのであり、このことは時々宣教師という形になって表われたのであり、さらにそれ以上にこのことは、宣教師ではなかったキリスト教徒を行動へと駆り立てたといっている（ラトレット『キリスト教史』一三三六頁）。このような点から考えて、一九世紀は福音宣教の地域が史上かつてなく拡大された時代であった。

近代キリスト教史においてアングロサクソン類型が展開したといえるであろう。この類型は、アングリカン教会を含めて西洋のプロテスタント教会が形成する類型の一つであるが、この類型の特色は、綜合性や実践面にある。綜合性は、教派（デノミネーション）の発展においてみられるし、また実践面は、福音の社会的実践や宣教活動においてみられる。

第五部　現　代

七〇　現代史の課題

時代的限定

第一次世界大戦の開始から今日までを、私は現代史とする。もちろん第一次大戦の開始からといっても、ある場合にはそれよりさかのぼってこれについて叙述しなければならない。

課　題

二つの世界大戦がもたらした精神現象の第一の特色は、精神的規範と道徳的基準の崩壊である。これらの大戦によって三〇〇〇万人が死んだ。今日われわれは、果して人生に意味があるのであろうかとの疑惑の前に立たしめられている。従ってわれわれは今日われわれを生かす精神的基盤、あるいは支えを求めているのである。また今日われわれは、原子力による人類の破滅の危機におののいている。従ってわれわれは懐疑主義に陥ったり、あるいは逆に快楽主義に陥り易い。今日のわれわれの精神的基盤と、人生の規範、道徳は一体どこに求められるのであろうか。これらが現代史の第一の課題である。

二〇世紀には全体主義国家が勢力をふるい、この国家のなかで一般民衆はいうまでもなく、ローマ・カトリック教会も正教会もプロテスタント教会も苦闘した。全体主義国家は、それが国家社会主義的なものであろうと、ファシスト的なものであろうと、資本主義的なものであろうと、人民社会主義的なものであろうと、民主主義や人本主義や自由主義や国際主義に反対したり、あるいはこれらの発展をさまたげたりする。従って教会の自由な宗教活動や教会による政治批判をゆるさない。従ってここに国家と教会の問題が発生するが、この問題との取り組みは、一般民衆の幸福に連関したことがらなのでもある。国家と教会の関係を究明すること、ここに第二の課題がある。

二〇世紀は革命の時代である。二つの世界大戦後今日までにアジアとアフリカのほとんどの国々は独立した。すなわち二〇世紀は植民地支配の終る時代である。しかしかつて植民地であった国々、そして今もなお植民地である国々では、生活や文化の水準はきわめて低く、貧困と疾病と飢餓に民衆はあえいでいる。人権がおびやかされていることもしばしばである。個人の霊魂の救済にかかわる福音は、また隣人のこの世における生にもかかわる。今日われわれが置かれている世界的状況を認識し、これにどのように取りくむか、これが第三の課題である。

人類は今原子力による破滅の危機にさらされているといった。米ソをはじめとする大国のエゴイズムはいつ人類をこのような危機に投げこむかも分らない。われわれは平和を希求し、このために協力しなければならない。経済大国といわれる日本が、人類の平和と幸福にどのようにかかわろうとしているのであろうか。このような平和の問題について考えること、これが第四の課題である。

七一　神学思想

序

第一次大戦の結果、歴史に関する理性と道徳とに基づく進歩観が崩壊した。このような状況のなかで自由主義神学は語るべきものをもちあわせていないように思われた。リチャード・ニーバーは、「救済者キリストは、教師となり、または人間の宗教的諸可能性を十分に発展させた精神的天才となった。……進化、成長、発展、宗教的生に基づく文化、親切な感情の養成、人類愛という理想の展開、文明の進歩が、キリスト教の革新であるとされた。……怒りを知らぬ神が、罪をもたぬ人間らを、十字架なきキリストの奉仕によって審判なき国へとつれていった」(リチャード・ニーバー『米国における神の国』一九二―一九三頁)といった。自由主義神学はすでに第一次大戦前から動揺していた。

今世紀の初めにA・シュヴァイツァー(一八七五―一九六五)は、その著『ライマールスからヴレーデへ』(一九〇六年)においてイエス伝研究史について考察し、一九世紀に出版された多くのイエスに関する自由主義的伝記に致命的打撃を与えた。彼は近代的精神に受容されるようなイエス像とその教説は破綻したと考えた。もとより自由主義神学の貢献をある程度までわれわれは認める。それは近代自然科学、近代哲学、近代歴史批評学等からのキリスト教への挑戦に対応し、このことはある程度成就された。しかし今や自由主義神学者らの教説は、安易な道徳的理想主義のように思われるようになった。大戦の結果道徳は弛緩し、倫理的理想的価値観は崩壊し、福音が求められた。このような状況は第二次大戦後にもますます助長された。第一次大戦後の思想的経済的政治的宗教的混沌のなかからバルトを中心とする弁証法的神学は生まれた。しかし弁証法的神学においてもバルトとブルンナーとはその主張を異にするし、北米ではバルトに学びつつ彼と異なる思惟動機に立つネオ・オーソドクシィが現われた。ティーリッヒは弁証法的神学者とは全く異なり、神学と哲学の関係の体系化に努力した。なおR・オットー（一八六九―一九三七）は『聖なるもの』（一九一七年）において、宗教のヌミノーゼ（非合理的要素）について研究し、また ハイラー（一八九二―一九六七）は『祈禱論』（一九一八年）において祈禱の重要な意義について包括的歴史的研究をした。

バルト

バルト（一八八六―一九六八）は初めリッチュル学派に属し、自由主義神学の立場にあり、また宗教的社会主義（スイスのラガッ《一八六八―一九四八》やクッター《一八六三―一九三一》によって唱道されたもの）に賛同した。しかし第一次大戦下にスイスの小教会の牧師であった彼は、自由主義的社会的福音の説教はもう当時の人々に妥当しないことを確信した。聖書やキェルケゴール、ルター、カルヴァン、ドストエフスキーの著述によって、彼は、真実の神、活ける神は人間的次元で見いだされる神とは全く相違しており、また哲学者によって説かれる神とも相違していることを確信するようになった。彼は『ローマ人への手紙の註解書』(第一版一一九一八年、同書第二版一一九二二年)を出版した。この第二版は、ハルナックの『キリスト教の本質』以後、どのような神学書も人々の心にこの種の感動を与えず、人々はそこになにか新しいものが始まったことを感じた(レヴェニッヒ『教会史概論』四八三頁)。この書において彼は、人間は限界と被造性をもっているが、神は絶対他者であることを主張する。キリストの生涯は十字架の死において終るが、復活の福音は最高の奇跡であり、この奇跡によって、知られざる神、聖なるもの、創造者、救済者が自己を啓示する。人間にとって絶望の瞬間は危機の瞬間であり、その時人間は自己の現実を知ることができ、そこに悔い改めの機会がある。人間的なすべてのことがらに対しては否といい、神に関しては然りという。これはバルトにおける弁証法である。

彼は一九三一年以後『教会教義学』(四巻)の執筆を続けた。彼はこのなかで、教義学、キリスト教神学とは教会の行為であるという。そしてその方法論の中心に神の言をおく。すべての神学は、神の言から起こり、典拠としての神の言に基づき、神の言によって試験される。教会は、神の言を三形態、すなわち啓示と聖書と説教によって知る。啓示とは神の言としてのイエス・キリストである。イエス・キリストが啓示であることを、われわれはどのようにして知ることができるのか。信仰によってである。信仰とは、人格的信頼、応答(決断)であり、体験ではない。信仰にとって決定的なことがらは、神自身の行為である。聖書は、教会教理の最高の基準である。聖書によって神が、イエス・キリストにおいて人間に語る時、聖書は神の言となる。

バルトは賜物としての信仰を強調したが、けっしてキリスト教徒の社会的実践を無視したのではない。一九三三年ヒットラーの台頭とそれに伴う教会闘争の開始とともに、彼は告白教会の運動に積極的に加わり、一九三四年の「バルメン宣言」（五七九頁参照）はおもにバルトの労作であった。彼はナチスのもとで教授職を失い、ドイツを去り、さらに一九三九年にミュンスター大学の博士号を剥奪された。

ブルンナー

ブルンナー（一八八九―一九六六）の神学がバルトのそれと相違する点は、前者が人間のうちに応答性（責任）が残存しているといったことにある。ブルンナーによれば、神が人間に自己を啓示する場合、人間の側に啓示を受けとらせるなにか――神と人間との接触点――が存在しなければならない。それは応答の可能性、応答性であり、語りかけられうることであり、責任である。語りかけられる者が、語りかける者に応答する可能性が存するとブルンナーはいったが、ここに彼への、ブーバー（一八七八―一九六五）の『我と汝』の影響が存する。人間における真理は、人格的出会いにおいて与えられる。この出会いはイエス・キリストにおいてである。

ネオ・オーソドクシイ（新正統主義）

この代表的神学者、ラインホルト・ニーバー（一八九二―一九七二）は、『人間の本質と運命』（一九四一、一九四三年）において、人間は不安につきまとわれているがゆえに、これを解消するために、権力や地位への欲求、金力への欲望、自己義認の主張（自己の道徳の誇示）、宗教的優位性の自覚（自己を聖と考える欲求）に頼ろうとするが、これらはいずれも空しく、ただ主イエス・キリストに対する信仰によって真の平安が与えられることを説く。また『信仰と歴史』（一九四九年）において彼は、ギリシア的史観、唯物史観、近代の歴史進歩観を批判したのち、もしキリストが歴史のうちに存在しないなら、歴史は懐疑的となるとし、歴史理解をキリスト教信仰の次元にまで高めた。

ティーリッヒ

バルト神学は全く聖書主義に立脚し、哲学を否定したが、ティーリッヒ（一八八六―一九六五）は、神学者は哲学者の探究に傾聴しなければならないとした。そしてイエス・キリストの意味は、哲学が提出する疑問への答として叙述されなければならないとした。すなわちキリスト教思想と哲学思想に橋渡しをしようとした。また彼の神学は「新しい存在」の神学ともいわれる。

ブルトマン

ブルトマン（一八八四―一九七六）は、バルト神学の影響を受けた新約神学の学者として出発した。しかしまた彼の神学は、歴史研究と密接にかかわり、彼は様式史研究に取り組んだ。様式史研究は、口伝の形成過程に影響を与えたものはなにかについて探究する。様式史研究にとって、文書が今日保存されているような形で、原始教団が語った問題点はなんであったかが重要なことがらである。この場合、歴史的イエスについてわれわれは十分には知りえない。福音書の著者たちは、歴史的イエスをわれわれに提供しているというよりも、むしろ彼らは、われわれに新しい生命を与える主について語っているのである。イエスが、彼に従った者たちにどのように応答したかについて語っているのである。信仰は、われわれに新しい生命を与える十字架と復活の主に関心をいだくのである。

さらにブルトマンは、新約聖書を理解するために、われわれは、人間とは一体どのような存在であるかをまず知らなければならないという。そして彼は、マールブルク大学の同僚であったハイデッガー（一八八九―一九七六）の『存在と時間』（一九二七年）から学ぶ。ハイデッガーによれば、人間は有限な存在であり、死に向っている存在であり、また不安のなかにあり、そして良心のとがめに苦しむ存在である。このような人間に目ざめることが、実は新約聖書と深いかかわりをもつ前提となる。新約聖書のメッセージは、神が人間のためにキリストにおいて愛を示されたということである。この愛を受けいれる時、われわれ人間は罪の赦しを知り、罪から解放され、自由にされ、また他者を愛することが可能となる。

またブルトマンは『新約聖書と神話論』（一九五三年）を発表して非神話化という（六一頁参照）問題を提起した。彼によれば新約聖書は現代人にとって理解できない神話的世界像のうえに立っている。現代人は神話論的世界像につまずく。信仰は、神話的世界像から自由になることを求める。この場合、ブルトマンにとって重要なことは、神が人間の救いのためにキリストにおいて決定的なことをしたということであり、このことへのわれわれ人間の決断が求められているということである。

その他の神学

プロセス神学、これは、ホワイトヘッドとハーツホーンとの哲学思想の影響を受けた神学で、自然科学とキリスト教信仰との関係の究明に重点をおき、シカゴ大学を中心にして展開し、その神学者として、ワイマン、メランド、D・ウィリアムズ、ルーマーをあげることができる。神学における「世俗化」への関心は、ボンヘッファー（一九〇六―一九四五）から多くの示唆を与えられた。彼は、神と人に仕えるために政治や経済の領域におけるキリスト教徒の義務と責任について訴えた。コックスも「世俗化」に深い関心を払い、この世と歴史に働く神の力を重視する。「神は死んだ」とは、ニーチェが初めに語ったのであるが、アルタイザーとハミルトンの「神の死の神学」は、神を実感しえない現代に向かって、実は生ける神との出会いを力説する。モルトマンの「希望の神学」は、キリスト教信仰の決定的な次元は将来であるという。この将来はイエス・キリストのよみがえりに基づく将来であり、キリスト教徒は、歴史の将来に顔を向けて進んでいかなければならない。ラテン・アメリカのグチエーレスの「解放の神学」はラテン・アメリカの厳しい歴史的現実のなかでキリスト教徒の責任を力説する。

七二　エキュメニカル運動

序

過去四〇〇年間、ことに最近の一五〇年間に教会は分裂に分裂を重ねてきた。教会の分裂は、聖書の教えるキリスト教会の一致に反するものであり、教会の力を弱めた。一九世紀に諸教派内に起こった教会一致への要望は、宣教師の間でことに激しくなった。宣教師は異教民族の間に諸教派の対立が生みだすつまずきに敏感になってきて、これは克服されなければならないと考え始めた。

このようにしてエキュメニカル運動（世界教会一致運動―エキュメニカルとは世界大的の意）が、二〇世紀になって活発に展開されるようになった。

起　源

エキュメニカル運動は一六世紀にさかのぼることができる。当時諸教会の離隔をうめる多くの興味ある試みがあったことが分る。例えばエラスムスは教会一致に深い関心を示したし、アウグスブルク信仰告白にも教会の一致への切実な意図をみることができる。現代におけるこの運動の先がけとして一九一〇年にエディンバラで開かれた世界宣教会議をあげることができる。これは一九世紀における種々な超教派的諸団体の協力、ことに一八四六年の福音主義同盟（ロンドンで形成された教派協調的な団体で、正統的プロテスタント神学思想に立つ）によって準備されたのであった。この会議に宣教師、司祭、信徒、少数のアジア人とアフリカ人等一二〇〇名の代表が集まった。会議の主題は、宣教における他宗教との出会いにかかわる問題であった。この会議のおもな指導者としてオールダム（一八七四―一九六九）とモットをあげることができる。また一八九五年の世界学生キリスト者連合が重要で、これは諸国の学生キリスト教運動の統合体であった。これらの運動の参加者は、彼らの教派的背景がどのようなものであれ、想像した以上に相互に共通のものをもっていることがわかり、またキリストのためのこの運動の展開には協力が必要であることを自覚した。

展開

この運動の展開には三つの流れが存在した。第一の流れは宣教運動で、その国際会議が、エディンバラ（一九一〇と一九二八）、エルサレム（一九二八）、マドラス（一九三八）、カナダ（一九四七）、西ドイツ（一八五八）、ガーナ（一九五八）、ニューデリー（世界教会協議会と合同で一九六一年）で開かれた。世界宣教会議は、この大会で世界教会協議会と合同し、合同後世界宣教会議の第一回総会がメキシコ（一九六三）で「六大陸における宣教」の主題のもとに開かれ、世界宣教のための協力が推進された。そして神学教育委員会、キリスト教文書推進、キリスト教医療委員会、都市産業伝道について協議した。その後第二回総会がバンコク（一九七二）で開かれた。

第二の流れは「生活と実践」運動で、社会と教会との関連、キリスト教信仰の個人生活と社会生活とにおける適用、福音の光における政治、社会、経済、国際問題等について検討した。この運動の先駆的役割を果たしたものとして、一九世紀のキリスト教社会主義運動や米国の社会的福音をあげることができる。この運動の優れた指導者ゼーダーブロム（一八六六

—一九三一）は、諸教会の一致と教会の社会的正義の実践に深い関心を示した。彼は第一次大戦中の教会の動揺にもめげず、教会一致のための会議の開催を望み、ついに一九二五年にストックホルムで「生活と実践」世界会議が開かれた。この会議は、諸教会が教理面において一つでなくても、実践面で一つ（教理で分かれても奉仕で一つ）となりうるとの自覚をうみだした。教会の使命は霊魂の救済にありと考えるキリスト教徒と、それはこの世界の変革をも含むと考えるキリスト教徒の間には、今日でも相剋があるが、これがこの運動にも現われた。この相剋は、この地上における神の国の実現への努力と終末観との衝突ともいえるであろうが、これらの間には原理的にも実践的にも、相剋も衝突もないのである。他方、一九二四年にバーミングハムでコペック会議（政治、経済、公民権に関するキリスト教会議の英語名の頭文字をとったもの）が開かれ、この準備のために一二冊の委員レポートが出版された。この会議の指導者テンプル（一八八一―一九四四）は、「生活と実践」運動の指導者であり、またエキュメニカル運動全般の指導者でもあった。

第三の流れは、「信仰と職制」運動であった。この運動の主唱者は北米のブレント（一八六二―一九二九）で、一九一〇年に彼は、北米のプロテスタント監督教会を説得して信仰職制会議の開催のために努力した。この会議には「われわれの主イエス・キリストを神、救済者と告白する世界中のキリスト教会」の代表者が招かれなければならないとされた。一九二七年ロザンヌで信仰職制の第一回世界会議が開かれ、一〇八の教派から四〇〇人の代表が集まった。この会議の特色として、㈠ローマ・カトリック教会はこれに参加しなかったが、東方正教会は代表者を送ったので、東方正教会と西方教会の相互理解が深められた。㈡代表者は一致を望みつつ率直に相互の教会の相違について語り合い、この運動の発展の必要性を認めた。

その後、一九二八年にエルサレムで宣教会議が開かれたが、この会議で初めてアジアやアフリカの教会に対して新興教会という術語が用いられた。アジア人やアフリカ人はもう欧米の教会による宣教活動の対象と考えられるべきではなく、彼らは世界宣教という教会の共通の企ての協力者であると考えられた。同時に西方にある教会自体が宣教の対象と考えられるようになった。

一九三七年第二回「生活と実践」会議（一二四教派、四四ヵ国からの代表者のなかにかなり多数のアジア人もいた）が、オックスフォードで、引続いて第二回「信仰と職制」会議（一二三の教派の五〇〇名の代表者のうちにアジアとアフリカからの参加者もいた）がエディンバラで開かれた。前者の会議の標語は「教会、社会、国家」であり、参加者はナチス・ドイツ、ユダヤ人迫害、ドイツの告白教会の闘争にも深い関心をもっていた。この会議のおもな指導者オールダムは、キリスト教信仰がこの世に影響を与えるためには、教会教職者や神学者や教会会議に依存するだけでは不十分であって、この社会に関する知識や経験をもつ信徒の活動を期待しなければならないと考えた。この「生活と実践」会議の運動は、第二次大戦下も、その後も推進された。信徒は行政、教育、産業、司法等に関する専門知識と経験とをもっているから、それぞれの領域の問題に妥当な判断を下しうるわけである。この最も顕著な運動として、ドイツでE・ミュラーによって始められた「福音主義アカデミー」運動をあげることができる。この運動は対話を重んじ、社会の各分野で働く者が意見を交換し、ことにキリスト教徒はその働く領域でその責務を果していくための対話をする。日本では、大磯と京都と北海道にこの運動の拠点がある。また福音主義アカデミー運動とは別に、スイスのボセイにエキュメニカル・インスティテュートが設立され、ここで種々なセミナーが開かれるようになった。一九三七年のエディンバラにおける「信仰と職制」会議には、ナチスの圧迫によってドイツ福音主義教会からは一人も参加できなかった。研究課題は、聖書の権威、聖務、礼典、恩恵の意義、諸聖人の交わりに関する異なった見解に基づく分裂をどのように解決するかであった。この会議の主催者であるテンプルは「もしわれわれにまず一致がなかったら、われわれは合同を求めることはできないだろう。共通になにももたない人たちは、分裂していることを苦しまない」といった（バロ『教会一致運動』倉田清、波木居純一共訳、六三頁）。この会議と、同年の「生活と実践」会議によって、第二次大戦中諸国の指導者間の相互理解が深められた。

これら二つの会議によって、エキュメニカル運動を常時推進するための世界教会協議会の憲章草案委員会が創設された。しかし第二次大戦によってこの協議会の創立は遅れた。

一九三八年に宣教会議が、マドラス近在のタンバラムで開かれ、四七〇人の代議員が出席したが、その半数が新興教会からの代表者であった。かつてキリストの名において集められた教会会議で、これほど多くの国語を話す人々の集まった会議はなかった。この会議で強調されたことの一つは、キリスト教徒である高い水準の指導者の養成の必要性と神学教育の重要性であった。一九四七年にカナダのホイットビーで開かれた国際宣教協議会の主題は「将来の伝道」であった。この国際宣教協議会は、一九六一年に世界教会協議会のなかに統合された。

一九四八年に世界教会協議会が創立された。四四ヵ国の一四七教会から代表者が送られたが、ローマ・カトリック教会、保守的プロテスタントのグループのうちのあるもの、ロシア正教会は参加しなかった。この協議会のおもな指導者としてベグネル（一八八一―一九七〇）、モット、ゲルマノス（一八七二―一九五一）、ヴィサトーフト（一九〇〇―一九八五）をあげることができる。この協議会で「世界教会協議会は、われわれの主イエス・キリストを神として、また救い主として受けいれる諸教会の兄弟的な協議会である」との定義が決定した。もちろんこの協議会は、世界の合同教会を樹立しようとするのではなく、諸教会間の協力と理解と一致を促進しようとするのである。これは前述の三つの流れを合併したものであったが、さらにもう一つの流れ、すなわちキリスト教青年運動をも合併したのであった。このキリスト教青年運動はすでに一九三九年にアムステルダムで、また一九四七年にオスローで国際会議を開いた。

第二回世界教会協議会が一九五四年に北米エヴァンストンで「イエス・キリスト・世界の希望」の主題のもとに、第三回は一九六一年インドのニューデリーで「イエス・キリスト・世の光」の主題のもとに開かれた。第四回は一九六八年スウェーデンのウプサラで「見よ、わたしはすべてのものを新たにする」の主題のもとに、第五回は一九七五年ケニアのナイロビで「イエス・キリストは解放し、一つにする」の主題のもとに開かれた。この協議会には、ローマ・カトリック教会以外の世界の諸教会からの約七〇〇名の代表者と約二〇〇〇名のアドヴァイザー、傍聴者、スタッフ、報道関係者等が集まった。この大会では、今日の世界の諸問題、すなわちキリスト告白、食糧とエネルギーとの危機、被抑圧者の解放（婦人問題や人権問題）、不正な社会構造の改革、仏教徒やイスラム教徒やヒンズー教徒やユダヤ教徒との対話が取り扱われた。現在世界教会協議会には、プロテスタント教会、アングリカン教会、ギリシア正教会（一九四八年以来加盟）が参加し、エジプトとエチオピアとのコプト教会、インドのシリア教会、またアンテオケとアレクサンドリアとエルサレムとの総主教区も加わっている。一九六一年以来モスクワの総主教区や、ブルガリア、ルーマニア、ポーランドの正教会も参加している。ローマ・カトリック教会はオブザーヴァーを送っている。世界教会協議会には現在六八ヵ国の二一八の教派が加盟している。なおこの協議会の主唱で、毎年一月に教会一致のための祈禱会が世界中の教会で開かれ、また一〇月に世界聖餐日が守られている。

一九七二年一二月から翌年一月にかけてバンコクで東アジア・キリスト教協議会が開かれた。六九ヵ国から三二六名が参加した。西欧の参加者の占める比率は非常に少なく、アジア、アフリカ、南米、太平洋諸島等からの参加者が多かった。主題は「今日の救い」であり、この協議会の一つの特色は、スライド、映画、音楽、踊り、絵画等を通して現代における救いの意味を考えるということであった。

世界教会協議会と併行して、各国に諸教会の協議会が設立された。例えば英国では一九四二年にローマ・カトリック教会以外の諸教会の協議会、米国でもキリスト教協議会、わが国にも日本キリスト教協議会がそれぞれ設立された。これらの協議会は、教会間の協力と相互援助、キリスト教教育、青年運動等について協議する。

ローマ・カトリック教会の態度

エキュメニカル運動に対するローマ・カトリック教会の態度は、初めは否定的であったが、最近協調的になった。回勅「モルタリウム・アニモス」(一九二八年)はこの運動へのすべての参加を禁止した。一九四八年アムステルダムの世界教会協議会は、この会議開催に先だって、オブザーヴァーとしての出席をローマ・カトリック教会に要請したが、教皇は戒告令を発して、すべての教会合同会議への出席を禁止した。カトリック教会は、教会合同はプロテスタントらがカトリック教会に復帰する以外にないとの態度を示した。そして一九五〇年に教皇ピウス一二世は、回勅「エクレシア・カトリカ」を発布し、すべてのキリスト教徒のカトリック教会への復帰を要望した。そしてカトリック教徒と非カトリック教徒の会合は禁止されはしないが、あらかじめ許可を得なければならないとされ、「主の祈り」を共にささげることは許された。一九六一年ニューデリーの世界教会協議会は、この協議会へのカトリック教会のオブザーヴァーの派遣を要請したので、五名のオブザーヴァーが出席した。第二ヴァチカン会議において教皇ヨハネス二三世(在位一九五八—一九六三)は、教会一致の意図を明らかにした。そしてこの会議に非カトリックのキリスト教会を代表するオブザーヴァーが招待された。ここにエキュメニカル運動へのカトリック教会の肯定的な姿勢をみることができる(六三八頁参照)。

今後の問題

世界教会協議会の問題点をあげよう。㈠　神学的理解の相違が、教会の一致を主張するグループと終末的観点に立つグループの間に存する。後者は、教会の一致は人間による業ではなく、むしろ神の力によってなされる業であると主張する。また聖餐論の理解の相違が、ルター教会、アングリカン教会、改革派教会、その他のプロテスタント教会、正教会等の間に存する。㈡　教会制度や教職制度上の相違がルター教会、アングリカン教会、改革派教会、その他のプロテスタント教会、正教会等の間に存する。㈢　その他の要素に基づく相違、すなわち民族的、国家的、文化的、歴史的相違が存する。ことに今日では北と南、すなわち工業国と発展途上国の間の厳しい緊張関係に関して十分に考えなければならない。

なお第六回世界教会協議会が、一九八三年夏カナダのバンクーバーで開かれた。

七三　ボリシェヴィキとロシア正教会

序

ロシアのロマノフ王朝は、ニコライ二世の退位までの三〇〇年間ロシア正教会の自由を束縛していた。しかし一九一七年の二月革命後に成立した臨時政府の教会政策は、正統主義に立つ教会や他の諸教会に対する宗教的自由を承認し、また、教会によるのではなく、むしろ国家による教育を実施した。七月にロシアで初めて十分な宗教的自由が与えられ、他の教会への転会や無宗教への転向もなんら市民権の制約なしに可能となった。一九一七年教職者と信徒合計五六四名からなる教会会議において政府の宗教政策に対する反論が高まるとともに、王朝復古を望む多くの者がいた。総主教職の回復の件の論議のさなかに、十月革命が始まったため、この教会会議再開不能を顧慮して採決の結果この件は可決された。このようにして回復された総主教職は、かつてのような独裁的なものではなく、教会会議に従属し、この会議の休会中の、教会管理に関する執行機関のような存在であった。同様に教区や牧会区の再建が法制化され、主教の数も増加し、教職者や信徒が主教を選ぶことになった。総主教にはモスクワ府主教チーホン（総主教在位一九一七―一九二五）が選出された。このようにしてロシア正教会は国家の束縛から脱した。しかしボリシェヴィキ（ロシア共産党）が政権をとるようになって事態は一変した。（ニコルス、三五一―三五四頁）。

ボリシェヴィキの宗教政策

一九一七年の革命以後ボリシェヴィキの宗教政策は、初めはキリスト教を根絶することにあった。ボリシェヴィキは教会会議には干渉しなかったが、教会の地位の根本的変革を意図する一連の法令を発布し、すべての教会領と建物がなんらの賠償を伴うこともなく即座に没収された。たとえ教会による建物の使用は可能である場合でも、その使用条件が次第に難かしくなった。同時に教職者に対する国家からの給与は断続的となり、その後教会のすべての経済的基盤は除去された。つぎにボリシェヴィキの法令は家庭生活と教育との世俗化を意図した。出生や結婚に関する宗教的儀式を伴わない登録が強制され、宗教となんの関連ももたない離婚も可能となった。宗教教育は私立学校においても公立学校においても禁止された。一九二二年の明示によれば、未成年者に宗教を教えることは刑事犯に該当した。これらは教会にとって最大の痛手となった。また宗教文書の検閲も実施され、このことは宗教抹殺に役立った。もちろん教会はこれらの法令に抵抗した。教会会議は、ボリシェヴィキの独裁権に基づく教会に対する処置を否定し、教会や教会の学校や出版に関する企画をたてた。一九一八年の中ごろまでに国家は、教会の大半の銀行預金、株券、債券、土地を没収した。給与の削除を伴うのでほとんど宗教教育はなされなかった。それでもなお教会は大半の教会堂を保有していた。(同、三五四―三五六頁)。

第五回ソヴィエト大会

この大会(一九一八年七月)は、ロシア社会主義連邦ソヴィエト共和国憲法の草案にとりかかったが、宗教政策は憲法委員会で論議された数少ない議案のうちの一つであった。すべての者が、レーニン(一八七〇―一九二四)の宗教的見解、すなわちすべての現代の宗教と教会とすべての種類の宗教機構とは反動的ブルジョアの道具であるとマルキシズムは考えてきたこと、それらは搾取の防衛と労働者階級の麻薬として役立ってきたという見解に同意した。これは共通した理念であったが、その実施方法については意見の相違があった。ある者は宗教は、ブルジョア階級による支配という理念を支えるものであったが、この階級が除去され、教会は、教会が国家から分離され、教会の経済的地盤が取り除かれた今となっては、教会は自滅するであろうと考えた。そして直ぐに教会が迫害を受けるなら、それは、フランス革命の恐怖政治のさいに発生した反革命運動を起こさせるであろうと考えた。これと対照的な見解は、教会が直ぐに攻撃されるのでなければ、それは反革命の震源地となるであろうというものであった。前者の見解がまず支配的となって、宗教は市民の私的ことがらであるとの憲法の条文となった。しかしこれにレーニンは不満で、彼は宗教の自由と反宗教的宣伝の自由とは、すべての市民に付与されていることを条文として挿入した。憲法の含蓄するところは、宗教とはただ礼拝だけにかかわるものということであった。つぎの時期にボリシェヴィキの宗教政策は、宗教除去の方策に関して前述の二つの見解の間を右往左往した。憲法第六五条によって、ブルジョア階級ともども教職者から公民権が剝奪された。(同、三五六―三五七頁)。

フランス革命時と同様にロシア革命においても、教会は旧君主制と同一視されたが、この意識はこの革命への外国の干渉によって一層強くなった。レーニンの勝利は、ある意味ではこの干渉に抵抗する民族精神にもよっていた。またトロツキー(一八七九―一九四〇)の赤軍がロシア軍となったのもこの革命時においてであった。一九二〇年の工業生産は、一九一三年のそれの一三パーセントにまで下落し、革命による死者のほかに一九二一年から翌年にかけての大飢饉のため約五〇〇〇万人が餓死した。このような状況下で総主教チーホンは国外の教会に援助を訴えた。また教会の宝物が救済のために用いられることになり、政府は礼拝において使用されていないすべての聖器の差し押さえを命じたが、多くの教職者は総主教の指令に従って聖別されていない聖器(多量ではない)のみの提供に応じたので、約一四〇〇名が殺され、教職者に対する大規模な検挙が行われた。革命の初期六年間に二八名の主教と一〇〇〇名以上の司祭が殺された。(同、三五七—三五八頁)。

「活ける教会」の分離

教会の聖器とこれに対する総主教の指令をめぐって教会会議のなかの少数の最左翼が前面に現われ、教会を革命への協力の党にする者らの訓練と、政府との正常な関係樹立をこの会議に要求した。代表がチーホンを留置所に訪問し、彼によるロシア皇帝への祝福や多くの君主主義者任命等に関して抗議し、その辞任を要求した。チーホンは総主教の代理人の指名に同意した。やがて彼らは教会を管理するために総主教庁に乗り込み、彼らの職務は教会法に基づくものであると主張し、いわゆる「活ける教会」を構成した。フランス革命時のように教会は政府の政策に関して分裂し、政府は旧体制に従う者らに反対するこの分離教会を支援し、教会堂をこの教会に引き渡した。一九二二年のこの教会の綱領は、神学的にはモダニズムの立場であり、典礼の改革を意図し、教職者の選挙、教会行政への信徒の大幅な参与、既婚教職者の主教職への就任可能を主張し、また社会主義の立場をとった。やがて既婚教職者の主教職への就任可能の問題をめぐって「再生教会」と「古代使徒教会」とがこの教会から分裂した。英国外交官の撤退を恐れて、政府はチーホンを一九二三年に釈放し、大抵の教職者は彼に服従し、彼はそれらの者をゆるした。(同、三五八—三五九頁)。

一九二三年以後政府の宗教政策がやや和らいだ。一九二八年新経済政策の終結時に、ロシアの工業生産はほとんど一九一三年のそれにまで回復したが、農業生産は依然として第一次大戦前のそれより低かった。宗教に対する圧迫は、変動のないものであったが、極端なものではなかった。一九二二年末以後司祭の説教は検閲を受け、教会建造物に対して重税と火災保険料が課せられた。一九二五年にチーホンは死去したが、政府は後任総主教の選挙を許可せず、総主教代理は逮捕された。(同、三五九頁)。

やがて共産主義者は憲法に保障された反宗教的宣伝計画をたてた。一九二二年に無神論者の出版会社が設立された。同年のクリスマスの日には、最初の反クリスマス・カーニバル祭が執行され、奇跡や「マリアの無原罪の懐胎」(三九八頁参照)等の戯画が行列に加わり、「共産主義青年同盟」の者らがだしのまわりで踊った。一九二五年に「戦闘的無神論者同盟」が設立されたが、これは上記のカーニバル祭等を組織化し、反宗教的著述を多量に出版した。それらの著述の主題は、宗教とは国家に対して不忠なものであり、それは迷信であり、また搾取であるということであった。また聖書と秘跡とに関する戯画をのせた三〇頁位の定期刊行物も発行された。教会はみずからの存続のために計画を立てた。この時期に諸自由教会(国教会でない教会)は急速に発展し、会員数約四〇〇万人となった。これらの教会のうちでバプテスト派の発展が最も目覚ましかった。諸教会は種々な社会的活動、読書グループ、図書館活動、小旅行、相互援助団体活動に参加した。「キリスト教徒青年グループ」はある諸地方では「共産主義青年同盟」をその陣営に引きいれた。(同、三六〇頁)。

第一次五ヵ年計画と再迫害

一九二八年に最初の五ヵ年計画における大規模な工業化と農業集産化が計画された。これと関連してバプテスト派や「福音キリスト教徒」を含めて、キリスト教の撲滅が意図された。最も直接的な方法は教職者の排除であり、ことに秘跡に関する正教会の見解にとって本質的に重要な使徒継承の打破であった。数千の司祭が流罪にされたり、処刑された。一時一五〇人の主教が投獄されていた。この数は教区数よりも多かったが、このことは主教が投獄されるや新主教を聖別するという教会の必死の努力のあらわれであった。逮捕されない場合でも教職者はパスポート制度によって都市から追放された。「働かない者」は大都市に住むことは許されないで、田舎へ追放された。教職者は投票権ももたず、食料配給カードもえられなかった。公的礼拝もフランス革命時のように七日制の変更によって守ることができなくなった。フランス革命では週一〇日制を採用したが、ボリシェヴィキは一九二九年に週六日制を採用し、仕事を休むことは失職を意味した。同年一〇〇〇以上の教会堂が閉鎖されたが、このことはしばしば騒乱を伴い、またグループの投票によって非常にしばしば集団農場に農民らはいかなければならなかった。しかし彼らを強制的に集団農場へいかせることには非常な困難が伴ったので、一九三〇年に教会堂閉鎖はこの計画からはずされた。一九二八年までに農民の九八パーセント以上が集団農場に入ることをことわった。その年以降は、イースターの食料品やクリスマス・ツリーの販売は禁じられた。(同、三六〇―三六一頁)。

計画の第二は教育的なものであった。五ヵ年計画とともに組織的な反宗教教育が学校制度のなかに導入され、社会学に関する新しいテキストが採用された。児童らは反宗教的博物館に遠足をしたが、それらの博物館はしばしば教会堂や修道院を改造したものであった。演説や著述による宗教の弁護は法的には許可されなかった。

新経済政策のもとで教会が計画した社会への浸透策は、新しい法令によって妨げられ、教会のすべての社会的、慈善的、娯楽的活動は遮断された。どのような協同組合運動も慈善事業も相互扶助協会も遠足行事も遊園地も図書館も療養所も養育院もその設立は許可されなかった。また婦人や青年や児童に対する祈禱の特別なグループの集まりも、聖書研究の集まりも法的には開けなかった。教会は社会生活からすべての点で隔離された。キリスト教徒には昇進は期待できず、またしばしば就職さえできなかった。ある諸労働組合は、信仰者や宗教団体を援助しなかった。(同、三六一頁)。

圧迫の緩和

宗教政策は、一九三三年から一九三七年の第二次五ヵ年計画において頂点に達するはずであった。一九三三年の初めに、一九三七年までにはソヴィエト連邦には、ひとつの教会も残らないように目標が設定された。しかしヒットラーの台頭や、教皇とカンタベリー大主教とによるロシアの宗教政策への抗議のゆえに教会への圧迫がある程度緩和された。スターリン(一八七九—一九五三)は一九三三年のナチの勝利の意義を深刻に受けとめ、みずからの国際的立場を強化するために、反宗教政策に関して譲歩しようとした。従って一九三四年に教会への圧迫が緩和され始めた。一九二九年から翌年にかけて閉鎖された教会が再開された。反宗教的示威運動は衰え、クリスマスやイースターに関する無神論者の嘲笑がやんだ。一九三五年にイースターの菓子や食料品が、国営商店においてさえ再び販売され、クリスマス・ツリーにも火がともり、国家は宗教的儀式に基づく結婚を承認するかのように結婚指輪を売り始めた。マルクス理論の教科書は小学校では全く除去され、中学校においては限定して教えられ、高等教育では依然として存続した。すべての学校への教職者の児童の入学は、一九三五年に再び可能となり、一九三六年の新憲法では、いわゆる「労働者でない者」の無資格ということと公民権剝奪とは除去された。（同、三六一―三六二頁）。

一九三七年から翌年にかけての粛清

一九三六年の新憲法にもかかわらず、あるいは多分いくらかそれが原因で第三次の激しい迫害が、ことに教職者に対して起こった。一九三七年末に多数の教職者が、スパイ行為やサボタージュや放火罪の嫌疑を受けて逮捕された。一九三八年のイースターには、公的礼拝は直接には干渉されなかったが、大規模の逮捕があった。このような第三次の激しい迫害時に信仰の証しが立てられ、市町民の三分の一、そして村民の三分の一ないし二分の一が神への信仰を自発的に告白した。労働組合のなかでも、共産党のなかでも多くの者が聖像を保持し、また宗教的儀式を行なっていたし、赤軍のなかにさえ神を信ずる者がいた。従って激しい迫害もその目的を達することはできなかった。（同、三六二―三六三頁）。

宗教復興

一九三六年から一九三八年におよぶ激しい迫害にもかかわらず第三次五ヵ年計画のもとで宗教復興が起こった。日曜日を休日とする週七日制が再現し、労働法は緩和されて宗教的祭りへの参加が許可された。聖画像、結婚指輪等が造られて販売された。第二次世界大戦の突発によってほとんどすべての教会祝日が再び村で守られるようになった。教職者は公民権を回復することができ、正教会とローマ・カトリック教会との教職者は軍隊で従軍教職者として奉仕した。集団農場も教会への援助を始めた。教育政策にも重要な変化があった。学校案内や教科書から宗教に対する口ぎたない攻撃は除去され、一九三八年以後は反宗教的博物館は閉鎖され、冒瀆的な劇は演じられず、同様な映画は製作されなかった。無神論労働組合の大出版事業は停止処分に会った。多くの公の出版業者は反宗教的写本を尊重せず、共産主義青年同盟はその運動をやめた。一九三九年までに反宗教的高等教育機関で存続しているものはただ一つとなり、またしばしば反宗教的クラブに集まる者は全くなかったほどである。一九三九年に大多数の州において反宗教的宣伝機構はもはや残存しなかった。戦闘的無神論者同盟は、共産党や共産主義青年同盟がこれへの関心を失った時に解体した。無神論に関する集会への出席者の数はまばらとなった。青年は、キリスト教は危険宗教であるとは思わなくなった。このこととともに、この民族に関する歴史小説と民族的英雄とは受容されるようになり、これらのなかにはキリスト教的なものや帝政時代のものさえあった。第二次大戦の非常な痛手によって多くの者が、政治よりも一層深遠なものを求めたし、政府は風紀上よい結果をもたらすので宗教を受容した。(同、三六三—三六四頁)。モスクワの総主教職は回復し、神学校さえも再開された。この総主教職の地位は、人民委員の下位に置かれている(シューベルト、三一九頁)。なおこの総主教職は、バルト海やバルカン半島や北米の正教会に対する裁治権を主張した(ニコルス、三六四頁)。

革命のころベルジャーエフ(一八七四—一九四八)は、キリスト教信仰の再発見をし、マルクス主義と世俗主義に反対し、西洋の思想界に影響を与えた。パステルナーク(一八九〇一九六〇）は、『ドクトル・ジバゴ』（一九五七年）を発表し、ソ連の内外に政治的衝撃を与え、亡命勧告さえ受けたほどである。またソルジェニーツィン（一九一八―二〇〇八）は、『収容所群島』（一九七三年）を発表したが、彼は、ソ連反体制知識人の中心的存在であり、西独に追放された。そしてチューリヒに一時住んだのち、現在は米国ヴァーモントに在住している（二〇〇八年死去）。

今日のロシアでは、正教会以外のすべての教会はバプテスト派の残った者を除いて、根絶されている。バプテスト派の残った者がどのように生きているかはわからない。ことにローマ・カトリック教会に対する反感は大きい。（シュミット、五四六頁）。

さらにバルト海沿岸の諸民族（レット人、エストニア人、リトアニア人）は、一九四四年から翌年にかけて移住させられた。彼らは一九一九年から翌年にかけてすでに共産主義による迫害を受けた。ロシアにいた白系ロシア人、ポーランド人、ウクライナ人、ルテニア人も一九四四年から翌年にかけて迫害された。数百万人が即刻殺されたり、強制移住させられた。強制移住は死刑宣告に等しいものであった。迫害の原因は、これらの民族の人種的特色に関するソヴィエト政府の政策によるものであった。教会も迫害されたばかりでなく、これら諸民族と同一に考えられた。一九五〇年にエストニアでは、ルター教会の一五〇人の牧師が牧会すべきであるのに、わずか三〇人ほどの牧師だけになり、カトリック司祭は二人しかいなかった。またリトアニアでは、二つの神学校は解散させられた。バルト海諸国の八〇〇年にわたるキリスト教文化は、無神論的共産主義下に壊滅してしまった。（同、五四六―五四七頁）。

七四　全体主義国家とローマ・カトリック教会

序

第一次大戦の突発後一ヵ月にして教皇となったベネディクトゥス一五世（在位一九一四―一九二二）は、一九一七年に平和提案をした。その主張の根底になっている精神は「武器という物的暴力に代えるに、法という道徳的権をもってする」というものであり、それは、国際社会生活の改善と、戦後の機構に関するものと、領土問題に関するものであった（小野秋『世界史における最近キリスト教史』、以下『小野』と略記。一九〇頁）。しかしこの提案を各国は取りあげず、そのうえヴェルサイユ会議から教皇は除外されてしまった。しかしその後教皇庁の外交上の力は急速に強まり、ピウス一一世（在位一九二二―一九三九）は過去数代にわたってどの教皇よりも大きな影響を外交に及ぼした。これと対照的にプロテスタント教会とギリシア正教会は政治的に無力であった。このことはローマ・カトリック教会の会員数の著しい増加によるのではなく、革命的状況下における国際政治機構によるものであった。民主主義のための戦争であったはずの第一次大戦は、ほとんど民主主義を終結させてしまった。戦後一連の独裁的革命が、ほとんど全欧の自由主義と民主主義とに取って代わってしまった。従来の個人主義的経済活動が、台頭した全体主義によって脅かされ、一般的に中産階級の文化は指導権を失ってしまった。いわゆる「プロテスタント時代の終結」が到来したといわれる。そのうえ諸国の提携によって、一九世紀のフランスやイタリアにおけるローマ・カトリック教会への反対、すなわち中産階級による反教職主義が除去された。今や社会主義は特権階級にとって脅威となったので、すべての保守的党派の統合のきざしが現われた。理由は相違していても、ローマ・カトリック教会と、台頭してきた全体主義とは、議会制度や公民の自由や思想の自由に反対する点で協力できた。知的にも政治的にも自由主義文化は崩壊したが、このことは理性と科学と道徳感覚とに対する自信の喪失でもあり、一層保守的なキリスト教や種々な非キリスト教的政治的宗教（例、ドイツ・キリスト者）に好意をもつ全体主義への転換でもあった。（ニコルス、三六五―三六六頁）。

教皇庁の政策

ピウス一一世はファシズムに好意的な政策をとった。ベネディクトゥス一五世は回勅「ノン・エクスペディト」（一八六八。イタリア・カトリック教徒の国会議員選挙参与の禁止令）を一九一九年に撤回し、戦後司祭ストゥルツォ（一八七一―一九五九）によって創立された国民党に祝福を与えた。この政党はローマ・カトリック的民主的政党として第二党となった。同様にヴァイマール共和国に、ベネディクトゥスは教皇使節パチェーリ（のちのピウス一二世）を派遣し、民主的政治家と協力させようとした。しかしピウス一一世の就任とともにカトリック教会のすべての民主的試みは中断された。彼はポーランドにおける宣教活動から帰国したばかりであり、そこで赤軍について見聞きしたので、その在位中、共産主義に対する恐怖感をもちつづけた。彼は民主主義を軽蔑したので、共産主義と闘うことができると思われる軍事的全体主義諸国家を支持する政策を進めた。その結果かえって諸国の共産主義勢力を強化することになった。(同、三六六—三六七頁)。

イタリア

まずピウス一一世は、イタリアにおける民主主義に強力に反対した。国民党がファシストの発展に非常な抵抗を示した時、ピウスはこの党の活動を妨害し、ついにストゥルツォの辞任を強要し、ファシズムの唯一の対抗者である穏健な社会主義者とこの党との提携を禁じた。このカトリック的民主主義の打破によりムッソリーニ(一八八三—一九四五)の台頭を可能にしたので、一九二六年から一九二九年にかけて教皇庁は独裁者ムッソリーニと協約の取りきめをした。(同、三六七頁)。そして一九二九年に「ラテラノ条約」二七ヵ条が調印され、同時にイタリアにおける国家と教会の関係についての「教政条約」(四五ヵ条)と「財政協定」(三ヵ条)が成立した(小野、一二三七頁)。この条約によれば、イタリア政府は、布教遂行のために世界におけるローマ教皇庁の絶対的独立を保障し、カトリックをイタリア国の国教と認め(一条)、一〇八・七エーカーという狭小な地域ではあるが、永世中立のヴァチカン市国の成立を認めた(一五条、二六条)のである。そして財政協定によって、イタリア政府は教皇庁に年金三二五万リラを支払い、また一八七〇年以来の教皇領没収に対する賠償金一七億五〇〇〇万リラを教皇庁に支払うことになった。(同、一二三七—一二三八頁)。ここに長年にわたって未解決であったローマ問題が解決したが、ムッソリーニは次第にこの教政条約を無視するようになった。そして教会に与えられていた教育と青年活動とに関する権限が制限されたので、一九三一年ピウス一一世は回勅「ノン・アッビアモ・ビソニョ」を発布して、ファシストの教育論は国家崇拝であると批判し、その結果教皇庁とイタリア政府の間に激しい争いが起こった。(同、二三九—二四〇頁)。一八三一年この政府は、カトリック・アクション（男子信者会、青年会、婦人会、大学のカトリック研究会等の活動のことで、布教、社会福祉、出版事業等に従事する）としての青年会の組織を再確認し、彼らが政治活動をしないことを強く要望した。それ以後ムッソリーニも教政条約を遵守した。(同、二四〇頁)。

教皇庁は、イタリアのエチオピア遠征やユダヤ人排斥に反対した。第二次大戦後は、イタリア共和国と教皇庁の間のこの教政条約は履行されている。(同、二四〇—二四一頁)。

オーストリア

第一次大戦の敗戦の結果この国の経済状態も窮迫し、人心は混乱した。その時教会と国家に関するムッソリーニの政策が、この国のキリスト教社会党（カトリック系）によって採用されたが、この政党の指導者司祭ザイペル（一八七六—一九三二）はハプスブルク家の中世の欧州の回復を夢みた。ザイペルは、一九三二年の回勅「クアドラジェジモ・アンノ」（ピウス一一世の回勅で、レオ一三世が一八九一年に発した回勅「レールム・ノヴァールム」の内容を確認し、敷衍したもの）に基づく国家、すなわち「組合国家」（産業経済に関して資本家と労働者の間に組織された協調的組合を統制下におく国家で、イタリアのファシスト国家はこれであった）の形成に努力した。全体主義に立つ教職者政治家らは、封建的地主や産業労働者が議会や政党や労働組合や市民的自由に束縛されずに、自律的に統治する政治組織の形成に努めた。しかしザイペルの試みは失敗し、ドルフスが後継者となった。（ニコルス、三六八頁）。彼は「クアドラジェジモ・アンノ」の精神によってこの国の混乱を救おうとし、一九三三年以来無力な議会を停止し、社会主義者をおさえ、ナチスの活動を制し、一九三四年この回勅の精神に基づいて新憲法をつくったが、多分に独裁的色彩があった。ドルフスはナチス一派の反乱によって暗殺され、次第にナチス党が勢力をえた。この国は第二次大戦の時、米、英、ソ連、仏に占領され、戦後共産党の勢力が強大となったが、今日国民の大部分はローマ・カトリック教徒である。（小野、二二五頁）。

ポルトガル

この国も一九二六年以来「クアドラジェジモ・アンノ」の精神に基づいて統治された。カトリック社会学者サラザール（一八八九―一九七〇）がその指導者であり、彼は一九三二年に首相となった。ここでも「組合国家」は市民的自由と政治的自由を除去した。

スペイン

この国は貴族や地主と、農民や労働者の間の、また高位教職者と下級教職者の間の貧富の差が著しく一九世紀以来数度の革命を経験し、左翼勢力の進出が顕著であった。オルバネハ（一八七〇―一九三〇）は、軍部や旧勢力の支持を受けて一九二三年に政権を樹立したが、一九三〇年までなんらの社会的経済的改革もなしとげなかった。しかし一九三一年にスペインが共和国となるや、すぐに教会と修道院は襲撃され、ことにマラガにおいて激しかった。一九三六年の内乱の時、すべての教会が計画的に破壊され、すべての祭儀が抑圧され、六七〇〇人以上の司祭が殺された。修道女や教会諸兄弟団の会員、祭器祭服室保管係、その他の教会職員がしばしば殺され、また時に苛酷な拷問にあった。フランコ将軍（一八九二―一九七五）の勝利によってこの苦悩の時代は終った。一九四五年に制定された憲法によって、カトリック教会は古来の権利と特権とを回復した。（シュミット、五四八―五四九頁）。すなわち彼の政権下にカトリックは国教となり、教会財産はもとの状態にもどされ、カトリック教育も盛んになった（小野、二〇一頁）。

フランス

一九〇五年この国において政教分離法が制定され、一八〇一年の教政条約は破棄されて、国家と宗教とは分離されてしまった。これによれば、教会の土地やその他の不動産、および動産は国有化され、宗教団体の政治活動は禁止され、公立学校における宗教教育は排除されることになった。ピウス一〇世は回勅「ヴェヘメンテル・ノス」によってこの法の実施に反対した。この回勅は世論を喚起したので、この法の実施は不可能になったが、ただ教会に国庫支出をしない条項のみが実施された。（同、一九三―一九四頁）。「アクション・フランセーズ」は、国粋主義的民族主義的運動の機関紙であり、フランス共和国に対して批判的であったが、その立場上ローマ・カトリック教会の立場にも一致しないものがあった。しかし第一次大戦時にこの運動に共鳴したカトリック教徒の愛国的行動によって、フランス共和国と教皇庁との外交関係が回復された。その後この運動は無神論的傾向があるという理由で、ピウス一一世はこの運動への加盟を禁止した。しかしのちにこの機関紙の主張も大きく変化したので、一九三九年ピウス一二世は、この機関紙に対する禁書令を撤回した。(同、一九五―一九六頁)。

七五　ナチスとプロテスタント教会

序

東方正教会が第一次大戦によって受けた被害よりも少なかったとはいえ、欧州大陸のプロテスタント教会はローマ・カトリック教会よりも大きな打撃を受けた。欧州のプロテスタントの数は、一億八〇〇〇万名であったが戦後著しく減少した。欧州のなかで最も有力なプロテスタント国はドイツであったが、大戦によって受けた政治的経済的文化的精神的打撃は、その国民の宗教生活や教会等に重大な影響を与えた。悲惨な状況は敗れた中欧諸国に限定されず、戦後のインフレーションは戦争以上に社会的にも道徳的にも破局的な打撃を与えた。教会やキリスト教団体のすべての基金と内外国宣教の根拠地は消滅した。悲惨の積み重ねによって一四ヵ国のプロテスタント教会はその存続のために闘わなければならなかったといわれる。（ニコルス、三七七頁）。

ドイツの教会の状況

第一次大戦は従来のドイツの国教会の虚像をはぎとってしまった。この教会の会員のうち約四分の三は、キリスト教に全く無関心であった。今やヴァイマール共和国にはキリスト教信仰に立つ諸侯がいなくなったから教会は領邦教会制度（二四四―二四五頁参照）に立脚した支配者の信仰を表明するものではなくなった。しかし教職者や信徒は教会統治やその維持のために必要な実力をまだ有していなかったので、帝国主義時代の諸領邦教会がその伝統に立って存続した。それらの教会は州によって援助され、州から牧師給を受け教会税の徴集も州に依存した。しかし約三〇の教会がこのような領邦教会の特色をもたなかったが、それらは信仰告白の点から三つの種類に分類される。すなわちルター教会、改革派教会、合同教会である。プロイセンの合同福音教会の会員数は九〇〇万人であり、この数は全ドイツ・プロテスタントの半数足らずである。ザクセンのルター教会の会員数は四五〇万人であり、ハノーバーのそれは二五〇万人である。ヴュルテンブルクとチューリンゲンとバイエルンとシュレスヴィッヒ・ホルシュタインとハンブルクのルター教会の会員数はそれぞれ一〇〇万人をこしていた。そしてヴァイマール共和国や外国の教会への教会の代表ともいうべきドイツ福音主義教会連盟が一九二二年に成立した。（同、三八二―三八四頁）。

教会からの離脱

ドイツでは二つの群が教会から離脱した。その第一の群は労働者たちであった。第一次大戦前マルクス主義者でさえその子供に受洗させ、教会員とするのが通例であった。しかし一九一九年に共産主義者らは教会から大衆運動を引きだしたが、このことはことにプロイセンやザクセンの大都市において著しかった。一九二五年になると一三三万人もが教会に籍をもたなかった。この運動は、社会的にも政治的にも反動的な教会に対する労働者の憎悪の表現ともいえるもので、一九二〇年代を通じて継続した。大抵の教職者は君主制主義者であり、ヴァイマール共和国に対してはほとんど共感をもたず、社会主義や民主主義に対しては一層そうであった。ティーリッヒらの周囲に集まった少数の宗教社会主義者は、大衆と教職者の間の溝をうめることはできなかった。教会から離脱した第二の群は、文化人らで、彼らの離脱は西欧の文化人らの離脱よりも一層顕著であった。彼らは、貴族的英雄的反ブルジョア的、そしてしばしば汎神論的なドイツの伝統を浪漫的に理想化しようとした。このような傾向に当時ナチスは立っており、その党員はわずかであったとはいえ影響力は強く、一九三三年に青年の宗教教育をほとんど独占してしまった。ナチスの主張は、ローゼンベルク（一八九三―一九四六）の『二〇世紀の神話』（一九三〇年）に明らかであるが、それによればユダヤ教と原罪の教理とを除外したキリスト教はドイツ民族とその土壌の神話のうえに建設されるのであり、すべての教派はこの点において統一されるのである。しかし弁証法的神学は、キリスト教信仰と文化的、社会的、あるいは政治的営みとを同一視するすべての試みを攻撃した。(同、三八四―三八五頁)。

ドイツ・キリスト者

このような状況下で、国粋主義者で政治的には反動的なほとんどすべての教職者と、宗教を国粋主義と同一視した多くのプロテスタント教徒とともに、ナチスは一九三三年に政権を握った。その前年ナチスは教会政党、すなわち「福音主義的ナチス」、ヒットラーの用語では「ドイツ・キリスト者」を組織した。ナチスによる改革とともにドイツ・キリスト者はプロテスタント教会を占拠し始めた。彼らは諸教会間の分裂と、民衆からの教会の遊離に関して民衆がいら立っているのを利用し、ナチスの支持をえてドイツ第三帝国のためにすべての教会の統合を要求した。このようにして一九三三年にプロテスタント・ドイツに激しい教会闘争が展開され、その過程で背信者や多くの殉教者を生み、かつての信仰告白上の相違や地域的相違がもたらした以上に深刻な和解し難い分裂へとプロテスタント教会を引き裂いてしまった。(同、三八五―三八六頁)。

教会闘争

教会統一に対するドイツ・キリスト者の圧力のもとで、ドイツ福音主義教会連盟は、一つの総会と一人の帝国監督を有する一つの民族教会の憲法起草委員会を任命した。しかしドイツ・キリスト者はその職に彼らの候補者L・ミュラー(一八八三―一九四六)を無理に推したので、教会連盟の会議は内国伝道の会長として広く尊敬されていたボーデルシュヴィンク

（一八七七—一九四六）を指名した。そこでドイツ・キリスト者はこの指名に反対し、ボーデルシュヴィンクと教会連盟の会長カプラーの辞任を強要した。政府は教会の監督代理としてイェーガーを任命した。ミュラーはカプラーの辞任によって空席となった教会連盟の会長職に就任すると宣言し、イェーガーは彼を古プロイセン合同教会の会長として承認した。教会連盟の新憲法に基づいて帝国監督の選挙が施行されたが、テロと宣伝によってドイツ・キリスト者の立てた候補者が選出された。しかしこれに反対した群は「福音と教会」（ゲシュタポは彼らに「福音主義教会」という名称の使用を許さなかったと考えられる）と呼ばれ、その指導者らの長はバルト（当時ボン大学神学教授）とアスムッセン（一八九八—一九六八）であった。また彼らの運動は、新宗教改革運動とよばれる。彼らは政治的理由からではなく、宗教的理由からこの選挙に反対した。さらに彼らは、教会は国家、政党、あるいはある世界観に従うのではなく、ただキリストにのみ従うべきであると主張した。彼らは教会をアリアン化する試みに反対し、ドイツ・キリスト者は、民族運動であるタンネンベルク運動やベルグマン（一八六一—一九三一。人間精神はその欠点と弱点を克服できると説いた）らによって表わされている自らの異端的要素を払いのけねばならないと主張した。（同、三八六—三八七頁）。やがて闘争は一層激しくなり、アリアン条項によって規定された教会観に妥協しないという誓約をたてた牧師が二五〇〇名もあらわれてきた。ニーメラー（一八九二—一九八四）らによる覚書には、アリアン条項、教会政治への干渉、国粋主義的説教の強要への反対が記されていた。一二人の新約学教授は、聖書に基づいてユダヤ人はキリスト教の礼典を受領する資格をもっているし、教会の職務にも就任できると論証した。当時この二つの党派は大体同等の実力をもち、それぞれ二五〇〇人ずつの活動的なメンバーがいた。また大部分の牧師約一万五〇〇〇人はこれらいずれの党派にも加わっていなかった。(同、三八七頁)。一九三三年一一月クラウゼは、二万人のドイツ・キリスト者への演説のなかで、新約聖書は、イエスがドイツ人の家系に立っていることを明らかにするように一部改訂されなければならず、旧約聖書は全く排除されなければならず、ユダヤ人キリスト教徒のために別個の教会が設立されなければならないと述べた。このことによって一般のキリスト教徒は事の重大さに目ざめた。新宗教改革運動の共鳴者は三倍の七〇〇〇人にふえ、バイエルン、バーデン、ハノーバー、ヘッセン、ヴュルテンベルクのルター教会の慎重であった監督らでさえこの運動を支持するようになった。従ってドイツ・キリスト者による教会統一の可能性はなくなった。ドイツ・プロテスタント教会のかなりの部分が、今やキリスト教信仰の本質が危機に瀕しており、どのような妥協も許されるべきではないと確信した。

ナチスによる教会統治機構はもはやキリスト教的なものではないと彼らは確信して、いわゆる「告白教会」を形成した。一九三四年この教会はバルメンで総会を開き、ドイツ・キリスト者の主張に反対して「バルメン宣言」を作成した。(同、三八七―三八八頁)。その宣言の一部をここに掲げよう。

第一項　「わたしは道であり、真理であり。命である。だれでもわたしによらないでは、父のみもとに行くことはできない」(ヨハネ一四・六)。「よくよくあなたがたに言っておく。わたしは羊の門である。わたしよりも前にきた人は、みな盗人であり、強盗である。わたしは門である。わたしをとおってはいる者は救われるであろう」（ヨハネ一〇・七―九）。

聖書においてわれわれに証しされているイエス・キリストは、われわれが聞くべき、またわれわれが生と死において信頼し服従すべき神の唯一のみ言である。

第二項「キリストは神に立てられて、わたしたちの知恵となり、義と聖とあがないとになられたのである」（Iコリント一・三〇）。

イエス・キリストは、われわれのすべての罪の赦しについての神の呼びかけであると同様に、またそれと同じ厳粛さをもって、彼はわれわれの全生活に対する神の力ある要求でもある。彼によってわれわれは、この世の神なき束縛から脱して、彼の被造物に対する自由な感謝にみちた奉仕へと赴く喜ばしい解放が与えられる。

第三項「わたしたちは、愛にあって真理を語り、あらゆる点において成長し、かしらなるキリストに達するのである。また、キリストを基として、全身はすべての節々の助けにより、しっかりと組み合わされる」（エペソ四・一五―一六）。

キリスト教会は、イエス・キリストがみ言と礼典において、聖霊によって、主として、今日も働かれる兄弟たちの共同体である。教会は、その服従によっても、またその信仰によっても、その秩序によっても、またその使信によっても、罪のこの世にあって、恵みを受けた罪人の教会として、自分がただイエス・キリストの所有であり、ただ彼の慰めと指示によってだけ彼が現われることを期待しつつ生きているということ、生きたいと願っているということを証ししなければならない。

第四項「あなたがたの知っているとおり、異邦人の支配者たちはその民を治め、また偉い人たちは、その民の上に権力をふるっている。あなたがたの間ではそうであってはならない。かえって、あなたがたの間で偉くなりたいと思う者は、仕える人とならねばならない」（マタイ二〇・二五―二六）。

教会にさまざまな職位があるということは、ある人々が他の人々を支配する根拠にはならない。それは、教会全体に委ねられ命ぜられた奉仕を行うための根拠である。

第五項「神をおそれ、王を尊びなさい」（Ⅰペテロ二・一七）。

国家は、教会もそのなかにあるいまだ救われぬこの世にあって、人間的な洞察と人間的な能力の規準に従って、権力を行使しつつ、正義と平和のために配慮するという課題を、神の定めによって与えられているということを聖書はわれわれに語る。教会は、このような神の定めの恩恵を、神に対する感謝と畏敬のうちに承認する。教会は、神の国を、また神のいましめと義を想起せしめ、そのことによって統治者の責任を想起せしめる。教会は、神がそれによって一切のものを支えられるみ言の力に信頼し、服従する。

第六項「見よ、わたしは世の終りまで、いつもあなたがたと共にいるのである」（マタイ二八・二〇）。「しかし、神の言はつながれてはいない」（Ⅱテモテ二・九）。

教会への委託――このなかにこそ教会の自由の基礎がある――は、キリストに代わって、従ってキリスト自身のみ言とみ業に説教と礼典によって奉仕しつつ、神の自由な恵みの使信を、すべての人に伝えるということである。

（雨宮栄一『バルメン宣言研究―ドイツ教会闘争史序説―』一七―

二二頁。ただし多少筆者が訳文を変えたところがある)。

この宣言のなかにキリスト教徒は主のものであること、教会の使信は単なる世界観的確信とか、政治的確信ではないこと、国家はその委託の範囲をこえて人間生活の唯一の全体的な秩序であると考えられてはならないことが主張されている。

教育も青年活動の指導もナチスの権力内にあった。ゲシュタポは告白教会に属する七〇〇名の牧師を逮捕し、五〇〇〇名以上の牧師に警告を与えた。教会関係の業務に携わる大臣ケルル(一八八七—一九四一)は、告白教会の基金を没収し、また基金の募金を禁じ、さらに教職試補の訓練をも禁じた。しかし告白教会は潜行的にこれらを実施した。一九三七年ケルルは、真のキリスト教は信条によって告白されたものではなく、ナチスによって代表されたものであると宣言した。その春、牧師らは逮捕され、ついにニーメラーをはじめ告白教会のすべての指導者が投獄された。諸デモが行われたが、ゲシュタポによって弾圧された。ナチスによるユダヤ人虐殺も公然と行われるようになった。告白教会の牧師たちはユダヤ人迫害に反対していたが、彼ら(例えばベルリンのグリューベル)はユダヤ人の救済のために努力し、ついにそのために収容所に送られた。戦争中、告白教会の運動は、全欧の反ナチス・キリスト教徒運動と提携した。(ニコルス、三八八—三八九頁)。このように迫害された教会において、自由主義と正統主義という従来のへだてはとり去られ、キリスト教徒は一つに結ばれ、み言(ことば)と礼典によって教会は新しくされ、祈る教会、また非常に積極的な教会となった(シューベルト、三一一頁)。告白教会に属していたボンヘッファーは、ナチ政権に対する地下抵抗運動に参加していたが、一九四三年に逮捕され、二年後に処刑された。ナチスの意図は、社会生活への教会の影響力を徹底的に排除することにあった（レヴェニッヒ『教会史概論』五〇四頁）。

七六　英国と英連邦との教会

序

恐らく二つの大戦の間の英国における宗教事情の最も顕著な点は、すでに一九世紀末から始まっていたのであるが、制度的キリスト教の破滅的加速度的衰退であったろう。キリスト教社会運動はこの問題と非常なかかわりをもっていた。多くの人々が田舎を離れ、都会に住みついたが、そのうち僅かな者だけが教会とのつながりをもった。他方種々な文明の娯楽――例えばラジオ、新聞の日曜娯楽版、最初は自転車、のちに自動車――が日曜日の習慣を変えてしまった。一八五〇年には恐らく全人口の少くとも半数が教会に規則的に出席していたが、一九五〇年までにその一〇分の九がこのような習慣をもたなくなった。第一次大戦は英国民にとって全くの衝撃であって、破壊と恐怖とその長期の戦いとを彼らは予期していなかった。戦前の最も顕著な神学的傾向の一つは、罪、救済、歴史的特殊啓示、終末論を当時流布していた道徳的人間観（完全性）に調和するように再解釈することであり、キリスト教徒は他の者と同様に、社会的政治的秩序の安定について考え、そのような安定のなかで一層の改革なり安楽なりを求めていた。従って一九二〇年代に彼らは幻滅を味わい、その信仰は動揺してしまった。フランスの啓蒙主義時代のように、すべての優秀な作家が反キリスト教的であるように思われた。ローレンス（一八八五―一九三〇）、ウェルズ（一八六六―一九四六）、ハクスリ（一八九四―一九六三）、ラッセル（一八七二―一九七〇）らは、この時代の苦難の状況を意図的に描写した。彼らの見解にはいくらかの同意点はあるが、その一つは、キリスト教は時代後れということであった。大学も知識人もますます非宗教的となった。しかし一九三〇年代の全体主義国家の発展とともにこのような作家のうちある者らは、道徳や宗教のもつ相対的実践的意味あいや虚無主義について考えるようになった。（ニコルス、三九〇―三九一頁）。

教職者数の減少

制度的キリスト教の後退現象は、教職者数の減少にも見られた。イングランドの自由教会の間で年長者会衆の減少によって、牧師給の支給がインフレーションのためにますます困難となった。一九〇五年ころアングリカン教会に約一万九〇〇〇人の教職者がいたが、なお四、五千人が必要とされていた。年毎の人口増加に比較して教職者数は減少した。一九一四年にその数は一万八〇〇〇人となり、一九二二年に一万七〇〇〇人となり、一九三〇年に一万六〇〇〇人となった。その後多少その数は回復したが、二つの世界大戦の間英国の教職者のなかに失望と挫折感が広がっていたようである。（同、三九一頁）。

このような現象の結果、ある地域で、ことに都市でアングリカン教会の牧会区制度が崩壊した。多くの都市居住者の間に牧会区に関する意識がなくなったこともあって、教職者グループによる牧会が強くなった。田舎でも次第に牧会区が合併されるようになった。またごく少数の教職者は、工場における説教や小グループの形成によって労働者の教会脱離という問題に対処したが、これは同時代にフランスのローマ・カトリック労働司祭が実践したことでもあった。（同、三九二頁）。

スコットランド長老教会のマクレオド（一八九五―一九九一）は、六世紀にコロンバが修道院を創設したアイオナに、一九三八年アイオナ共同体を建設し、スコットランドの工業地帯への宣教のために牧師と信徒を訓練した。

自由教会の衰退

一九二〇年代と一九三〇年代に、イングランドの自由教会（国教会でない教会）は衰退した。非国教派は一九世紀を通じて国教会の勢力に迫っていくように見え、一九〇六年に自由教会の自由主義に立つ会員が国会に一五七議席を獲得した。しかし今や社会的政治的領域で自由教会会員は破局に遭遇した。かつて労働運動は、自由主義者の援助と自由教会の影響のもとに著しく勢力を伸ばした。そして第一次大戦後労働組合は急速に大政党へと成長したが、一九二〇年代に自由党はほとんど政界から姿を消した。そして自由教会会員は、労働党が彼らを政界から追いだした時挫折した。また経済や政治や文化が国家的規模において営まれるようになったから、自由教会はそれぞれ個別の教会としてはもう存在することができなくなり、会衆派教会にしろバプテスト教会にしろ教派毎の統合の方向に進み、総会や総会議長等を置くようになった。そしてさらにこれら統合された諸教会間に国家的規模の自由教会協議会が設立された。国家的規模との比較でアングリカン教会やローマ・カトリック教会は世界的規模の機構である。(同、三九四―三九五頁)。

社会と教会

テンプルは二つの大戦間におけるアングリカン教会の最大の指導者で、彼はキリスト教社会倫理の実践に深い関心を示した。一九二四年のコペック会議(五五一頁参照)は、彼の指導によって開かれた。この会議は英語圏の社会的福音運動のクライマックスともいうべきもので、この準備のために四年間にわたって諸研究グループが現代の社会的経済的政治的問題について検討し、これに対するキリスト教の解答を模索した。この会議は翌年の「生活と実践」会議開催のために最も重要な貢献をした。一九四一年にマルバーンで開かれた第二回コペック会議では、社会的実践に関連して教会の特質と神学的基盤が論究された。第二次大戦中現代における教会の位置について、オールダムとテンプルとブリス女史の編集による『クリスチャン・ニューズ・レター』が優れた論文を掲載した。(同、三九六―三九七頁)。

教会合同

二〇世紀になると、教会が分裂したままで存在することは妥当であると考えられなくなり、教会一致への共通の要望があらゆる方面で次第に強まった。第一次大戦前英国では長老教会とメソヂスト教会と、会衆派教会の一部との間に合同の準備がある程度進められた。一九〇〇年にスコットランドの合同長老教会と自由教会とが合同して、「合同自由教会」となった。一九〇七年にイングランドのメソヂスト教会系の三つの小教派が合同した。一九三二年にイングランドのメソヂスト教会系の他の三つの大教派が合同した。この期間に他の英語圏でも一般にメソヂスト教会と長老教会と会衆派教会の合同の可能性が見受けられた。オーストラリアとニュージーランドではこれら三つの教会合同の協議がなされ、その後オーストラリアでは合同した。英国の長老教会と会衆派教会の間で二回にわたり合同が協議されたが結実しなかった。米国ではメソヂスト教会と長老教会が相互に分かれている理由をもう見いだすことができなかった。（同、三九七―三九九頁）。

カナダの合同教会

この時期の最も啓発的な合同は、一九二五年のカナダの合同教会の形成であった。この合同はメソヂスト教会と長老教会と少数の会衆派教会によって成立したが、そのための協議はすでに二〇年前から始められた。第一次世界大戦と、約四〇の中会の反対のために合同は戦後まで延期されてしまった。合同にあたって最大の難点は、牧師招聘制度の相違によるものであった。（同、三九九頁）。

アングリカン教会と教会合同

一九二〇年アングリカン教会主教らのランベス会議は、教会合同に関して「すべてのキリスト教徒への訴え」を発した。これによれば教会の分裂は神の意志に反するものであり、このことにアングリカン教会も責任があり、この教会の主教制に立っていない教職者の霊的実体を認めなければならないというものであった。イングランドの自由教会、スコットランド教会、米国の長老教会、およびその他の教会との協議のなかで、おもな難点は、アングリカン教会のなかでの歴史的主教制とはなんであるかをめぐる見解の相違であった。長老教会やメソヂスト教会や会衆派教会の教職制は認められないのであるか。それともこれらの教会が歴史的主教制に立つアングリカン教会に服従するのでなければ、それらは真の教会ではないのか。その後もアングリカン教会と他の教会との合同についての協議が進められた。（同、四〇〇―四〇一頁）。

南インド教会

一九四七年に南インド教会（合同教会）が、長老教会と会衆派教会（この両者はすでに合同していた）とメソヂスト教会とその地域のアングリカン教会等の合同によって形成された。この合同問題の中心的課題も主教制であった。そしてこの教会合同によって、主教制に立っていない諸教会は、従来それらの教会に欠如していた重要なものを獲得するであろうと考えられた。この合同教会の按手礼はアングリカン教会の主教によって長老の立ち会いのもとに執行されるが、すでに按手礼を受けたアングリカン教会以外の教職者は、再按手礼等を受ける必要はないとされた。そして三〇年後にこの教会は改めてその規則をきめることになった。（同、四〇二頁）。

ローマ・カトリック教会

この時期にローマ・カトリック教会は、多くの英語圏においてかなりの地歩を確めた。アイルランド人の間断のない移民によって、スコットランドにローマ・カトリック教会が設立され、スコットランド教会の半分位の会員数を有するようになり、またイングランドにも同じ教会が設立された。英国のローマ・カトリック教徒は、政府から補助金をえて教育に非常に力をいれた。ローマ・カトリック教会の国際的な性格はこの教会の大きな力の一つである。(同、四〇三頁)。

七七　米国の教会

序

一八九〇年ころから米国では都市化現象が強くなってきたが、この現象は二つの大戦間の約三〇年間に国土の様相を変えてしまった。主要都市の社会構造の特色はそれらをめぐる郊外、衛星都市、農村の存在であった。約九〇の大都市に全国の人口の半数の住民がおり、それらの都市は政治的文化的中心地であった。一九世紀以来存在する古い町々と農村は文化的に新主要都市と対立していたが、ことに南部と西部においてそうであり、新主要都市の文化に習熟することはもうできなかった。(ニコルス、四〇四頁)。

約九〇の大都市のうちほとんどの都市には、外国生まれの住民やそれらの子女がそれらの都市の人口の半数あるいはそれ以上の数を占めていた。これはこの国への最後の大量の移民がやってきたからであり、彼らのうちでローマ・カトリック教徒が最も多かった。当時プロテスタント教会は機構上からも、考え方においてもきわめて農村的であって、都会の新しい文化に適合することが最も少なかった。一般のプロテスタント的見解は依然として個人的な敬虔主義に確く立つものであり、教派的に考えれば——たとえ会衆主義的でなくとも——自律的なものであった。このような様式がフロンティアに最も適合していたのであって、このことが、バプテスト教会とメソヂスト教会とデサイプル教会がそこにおいて著しい発展をとげ、これら三教会の会員数が全米プロテスタント数の半数を優に占める理由である。しかし「ライトウィング」の伝統に立つ教会(ルーテル教会、監督教会、長老教会、ローマ・カトリック教会)は状況的変化への適応をよく身に着けていたようである。この約三〇年間の米国キリスト教史において、われわれは、文化へのキリスト教の影響は一般に衰退していたことと、福音主義的教派の機構化の促進を考えることができるであろう。(同、四〇四頁)。

米国における文化へのキリスト教の影響の衰退は一般に、欧州諸国のようには著しくなかったけれども、きわ立ったものであった。しかし米国では同じ時期に教会員数や名目上の信徒の数は引き続いて増加していた。一九三三年大統領フーヴァー(在任一九二九—一九三三)は、教会と家族はもはや国民の行動に影響を与えることは困難となったが、他方産業と政府はその行動規定への強力な統制力を帯びるにいたったといった。この時代の文化の指標として定期刊行物、新聞、通俗文学をあげるものがいる。これらの発行部数は二〇世紀の前半に七倍にふくれあがった。この率は初等教育と高等教育の普及率と同じであった。しかしこのような文化的状況のなかでキリスト教の要素はますます稀薄となった。プロテスタントの印刷物は発行部数においてもテーマの取り扱い範囲においても破局的に低下した。一般雑誌におけるキリスト教に関する論文の数は著しく低下し、この傾向はキリスト教に対する尊敬と関心の一般的低下を物語っている。フーヴァー委員会の作業についてある評論家は、米国の知的生活における最も根本的な変化は、聖書の権威と宗教の承認とから科学的事実に基づく権威と承認への明確な変遷であるといった。(同、四〇五頁)。

同様な傾向が公立学校のカリキュラム等に見うけられた。米国の中等教育はプロテスタント教会が先鞭をつけたのであった。しかし二〇世紀の初め三〇年間、あるいは四〇年間にこの教会はほとんど完全にこの領域から手を引いてしまったが、他方公立中等学校は一〇倍あるいはそれ以上に増加した。初等公立学校と中等公立学校のカリキュラムにおいて、科学的人本主義的見解は、キリスト教的見解を圧倒してしまった。一九五〇年に全高等教育機関の約三分の一を依然として教会が援助し管理したのであるが、プロテスタント教会は明確な方向性を失いかけていた。これに反して州立大学は質と量において非常な発展をとげ、そこではキリスト教信仰は最低の意味しかもたなかった。国民は二〇世紀後半に宗教的にはほとんど知識をもたないような状態になった。教会は依然として一九世紀の日曜学校の形態に満足し、そこでは僅かの時間だけキリスト教的見解について教えられるが、公立学校での週日の教育ではこの見解は少しも教えられなかった。公立学校における放課後の宗教教育は、教会と公立教育の分離という憲法の条文をどのように理解するかとの関連で行われ、従ってこの宗教教育を効果的に組織化することは困難であった。(同、四〇五—四〇六頁)。

教会の合併と訓練を受けていない教職者

一九三〇年代に農村の白人プロテスタント教会の数は、一六万四〇〇〇であり、そのうち少くとも一〇万の教会が閉鎖されたり、合併されたりしなければならなかった。しかも三〇州以上にわたり農村の人口は減少した。そのうち、少くとも三五〇人の会員——この数は教会のプログラムを有効に実施することができる最少の会員数——がある教会は、一万八〇〇〇しかなかった。従って半数の教会が兼任の教職者に依存していた。そしてプロテスタント教職につく者の三分の二が信徒説教者で、彼らは適切な知的倫理的指導を与えることはできなかった。従って文化の発展と社会の複雑化とに対処することができる教職者の数は限定されているから、教会は、教派的相違をものりこえて合併し、それらの教職者の指導を受けるようになった。とはいえ、各教派の機構の自治は依然として保たれていた。ローマ・カトリック教会の牧会区制度は有効に作用し、教育、出版物、社会問題に関して大きな成果を収めたが、このことは分裂しているプロテスタント教会の状況と対照的であった。(同、四〇六—四〇七頁)。

ファンダメンタリスト論争

一八世紀後半の米国の第二次大覚醒運動に、プロテスタント教会のファンダメンタリスト

（根本主義者。プロテスタント教会の根本的教理とみなすもの、例えば逐語霊感説《聖書の原文は一字一句聖霊の導きのもとに記されたとする》を固守し、聖書の歴史的批判的研究や自由主義神学やキリスト教社会運動に反対した）は反発し、その結果、第一次大戦まで自由主義者と保守主義者の分裂は、福音主義プロテスタント教会のなかで最も重要な両極性を出現させた（同、二七三頁）。多くの場合根本主義は、神学教育を受けていない多数の信徒説教者の基礎的神学といえるもので、彼らはプロテスタント教職者の大部分を占めていた。第一次大戦のゆえにこの両者の対立は持ち越された。一九一八年と翌年にフィラデルフィアでファンダメンタリスト会議が開かれ、彼らの見解を積極的に推進することになった。ファンダメンタリストの見解を基本的に承認した長老教会とニューヨークの第一長老教会牧師フォスディック（一八七八―一九六九。バプテスト派）との間にも争いがあった。プリンストン神学校のメーチェン（一八八一―一九三七）は、のちに正統長老教会となったファンダメンタリストの分派を指導し、またウェストミンスター神学校を創設した。（同、四〇七―四〇八頁）。

北部バプテスト教会のファンダメンタリストも独自の聖書学校を創設して、この教会の自由主義神学校に対抗した。デサイプル教会の機構には非常に漠然とした点があったから、この教会はファンダメンタリストによる宣教や出版や宗教教育に関する機関を調節することができた。一般に東部と北部との教会はファンダメンタリストの大運動に抵抗したが、南部と西部では古い大覚醒運動の福音主義は、自由主義的神学や社会的福音と混合されることはほとんどなかった。南部ではバプテスト教会とメソヂスト教会が優勢であった。米国の最大のプロテスタント教会である南部バプテスト教会は、圧倒的にファンダメンタリストによって占められていた。テキサスとテネシーとアーカンソーとミシシッピの州議会では、公立学校で進化論を教えることを禁止したが、他の七州ではこのような法案は成立しなかった。ファンダメンタリストは、彼らの住む地方や教育的社会的階層において、米国プロテスタント教会の実質的部分である福音主義的伝統を積極的に保持した。自由主義に立つ教会が一九二〇年代と一九三〇年代に急速に外国宣教の財的人的基盤を失い、またこのための召命観をも失ってしまったが、ファンダメンタリストはこの外国宣教にますます力を入れた。(同、四〇八頁)。

禁酒運動

第一次大戦後、プロテスタント教会が社会的に政治的にどのような影響を与えたかといえば、最も顕著なことがらは、一九一九年の憲法修正第一八条によって禁酒が規定されたことである。禁酒運動は当初からアングロ・アメリカ福音主義運動の特色であり、例えばメソヂスト教会の「規律」のなかにとりいれられた。婦人キリスト教禁酒同盟(一八七四年創立)と反サロン連盟(一八九五年創立)は実質上福音主義プロテスタンティズムの機関であった。禁酒運動を南部と西部の農業に立つ諸州は支持したが、ことに反進化論に関連する法律を最も力強く支持した地方がそうであった。他方禁酒運動に反対したのは、シカゴ西方のルーテル教会の有力であった諸州、ニューイングランド、大西洋岸の中部諸州、ことに当時ローマ・カトリックの移民が圧倒的にはいった諸大都市であった。一九世紀キリスト教徒――

米国の中心的存在――の政治的影響力は、すでに衰退過程にあったのであるが、一九三三年の憲法修正第一八条の撤回によって、一層この影響力は弱められた。（同、四〇九頁）。

国際問題への関心

神学教育をうけたすべてのプロテスタント教職者が配置されている都会の教会では、キリスト教徒の社会に対する責任感が取りもどされた。このような責任感は第一次大戦前の社会的福音（福音によって社会の改革を意図した運動で、一九世紀末から二〇世紀にかけて、ことに米国で盛んであった）とともに起こったのであった。この大戦は、理想的楽観主義に立つラウシェンブッシュ（一八六一―一九一八）の群にとって打撃であった。しかし彼らは、ウィルソン（在任一九一三―一九二一）の国際連盟の構想を支持した。プロテスタント教会は、国際連盟、軍備縮小、国際裁判所、ケロッグ・ブリアン条約（戦争放棄に関する条約）という国策を支持した。一九三〇年ころに明らかになった軍事産業家の陰謀について論争が展開され、このことによって多くの教職者は、みずからが第一次大戦を無批判的に支持したことについて深く反省させられた。一九三〇年の初めに多くの大教派の大会は戦争を認めないといったり、あるいはそれは罪であるといった。かなり多数のプロテスタント教職者は、もう戦争は支持しないと宣言した。キリスト教徒学生グループはことにこれらの平和主義者の影響を受けた。彼ら平和主義者は人類愛に立つ民主主義と理想主義を主張し、戦争は不必要な浪費的なものであり、善意の人々のこれへの留意によって防げるものであると主張した。このような見解をいだいていた者は、一九三〇年代の全体主義国家のゆえにますます幻滅を感じ、大多数の教職者はのちに第二次大戦を嫌悪すべきものではあるが、必要なものとして支持するようになる。とはいえ、国際政治に関する責任感は、ことにこのプロテスタント的伝統のうちに存続し、プロテスタント教職者は戦後の再建問題に関する世論形成に重要な貢献をした。（同、四〇九—四一〇頁）。

社会・経済倫理

産業問題と社会奉仕に関して社会的福音の中心的指導力は、第一次大戦後はもう数教派の委員会には存在しないで、当時強力になった教会連合協議会にあった。この協議会は初めから労働者の組織化の権利を主張したが、同時に暴力に反対し、あらゆる階級闘争の理論をしりぞけた。その結果第一次大戦直後に雇用者の一群が労働組合を打倒するために「オープン・ショップ・ムーヴメント」（使用者側が労働者に、労働組合員であると否とを問わず、平等に雇用の機会を与え、また労働者は採用された際も組合に加入するしないは自由であるという制度）を組織したが、この群の多くの者が驚いたことは、彼らが教職者から反対されたことであった。同じころメソヂスト教会の監督マクコーネルは、製粉場の一二時間交代制を批判する製鋼所ストライキの研究を許可した。そこで教会連合協議会は、米国カトリック福祉協議会と指導的ラビ（ユダヤ教の教師の敬称）らとともに、このストライキと前記の労働組合打倒運動に反対した。その結果いくつかの雇用者団体はこの協議会を財政上の立場から排除しようとした。そこで断続的ではあったが、協議会攻撃のための多くの著述が公にされ、この協議会は危険分子であるとか、社会主義者であるとか、共産主義者であると批難された。(同、四一〇—四一一頁)。

大恐慌は進歩と安定した社会秩序に対する国民の確信を動揺させた。三ヵ年の苦難ののち、一九三二年教会連合協議会は新しい社会改革案を採用した。それによると、子供と婦人の労働規制、危険を伴う職業の保安、日曜日の休息、社会保障、公正な賃金を訴えるとともに、利潤追求はキリスト教の古典的伝統に従って貪欲と考えられ、創造的仕事と奉仕との尊さなどが奨励された。そして国民の幸福のために国家による財政政策と経済統制とが奨励された。また労働者ができるだけ経営に参画するという産業民主主義の理想が唱えられ、企業の国有やその統制の必要性が反対されることなく研究された。初期ニューディールの多くの努力はこれらの方向で促進された。(同、四一一—四一二頁)。

つぎに黒人問題に移ろう。第一次大戦中大暴動が、ことにシカゴに起こり、このことによって社会的福音の指導者は従来軽視されたこの問題に目覚めた。二〇世紀の初めに米国黒人の四分の三以上が、南部の農村に半農奴的状態で生活していた。しかし、間もなく彼らは北部の都市に大移住し、この移住は第一次大戦によって非常に促進された。今や彼らは小作人から産業労働者へと転移しはじめた。南部黒人のキリスト教は一般に、信仰復興運動的来世的福音主義であり、かつての奴隷時代の黒人霊歌を継承していた。しかし一般に、北部都市の黒人の文化的知的水準は急速に上昇した。黒人のうち専門職についた者は教会から離れる傾向にあったけれども、十分な神学教育を受けた教職者が黒人教会のなかで育った。一九五〇年末に黒人の教会員は多分約八三〇万人であった。そのうち三〇万人がカトリックで、八〇〇万人はプロテスタントであった。この八〇〇万人のうち七五〇万人は、個々の黒人の教派に属していたが、これらの教派のうち最大のものは、黒人のバプテスト教会と三つのメソヂスト教会であった。黒人の教会員数の一〇分の九が、バプテストであり、メソヂストであった。残りの五〇万人の黒人のプロテスタントは、白人が圧倒的に多かった教会、すなわちメソヂスト教会、デサイプル教会、長老教会の会員であり、メソヂスト教会には二五万人以上が所属していた。これらの白人教派のなかでさえ、九〇パーセント以上の黒人が黒人教会を形成しており、差別されていた。(同、四一二―四一三頁)。

一九二〇年米国の教会連合協議会は、倫理的立場から人種問題を取り扱い、具体的な計画を立ててこれを発表したが、これは米国教会におけるこの種の声明の最初のものであった。人種問題研究の委員会が組織された。一九二〇年代にプロテスタント指導者の最大の関心はリンチの問題であったが、経済的大恐慌のゆえに関心はますます就職とレクリエーションと住宅に関する差別に向けられた。差別に関するプロテスタント教会の宣言は急速にその数を増したが、ローマ・カトリック教会のこの問題への取り組みは遅れた。この問題への取り組みは第二次大戦中にますます顕著になり、この時期になって初めて教会は教会の差別の重大性を認識した。この時期の教会の声明の三分の一は、米国教会における黒人の地位についてであった。教派の全国的集会では、黒人の代表に対して差別否定を保証する企てがますます多くなる傾向があった。一九四六年に教会連合協議会は明確に、差別は福音の侵害であるといって、これを否認し、この協議会の構成員である教会に、差別を否定する教会と社会との形成のために努力するように求めた。いくつかの教派がこの声明を受容した。(同、四一三頁)。

二つの大戦間に社会的政治的倫理に関する人道的民主主義が、プロテスタント指導者によって存続してきたが、この時期の中ごろにこの倫理が立脚する宗教的神学的背景が大きく変化した。米国においては大恐慌まで社会的福音を唱えた者は、世界再建のための人間の善意を確信していたし、歴史の進歩を信じて疑わなかった。しかし大恐慌はこの理想主義的確信に根本的な動揺を与えた。同時にファシストのイタリアとナチスのドイツと日本における政治的変動は、歴史の進展についての見方に非常な変化を与えた。そこで少くともある人々には経済的政治的状況の分析とともに、人間性と歴史とについて新しい理解が必要となった。このような状況下でラインホルト・ニーバー（五四五頁参照）による人間性の解明と鋭い政治的分析がなされた。聖書的見地から、すべての歴史的発展と神の国の間の距離がイエスの教説の終末的面を再び強調することによって新しく確認された。このような洞察は、一九三〇年代以前の米国ではほとんど、あるいは全然影響を与えなかったとさえいいうる。米国の神学的復興は、社会倫理や社会政策の実践面における新しい洞察や体験のなかから起こった。一九三五年ころまでの米国の神学の最も顕著な特色は、自由主義に立つ社会的福音からの離脱であったが、キリスト教徒の社会的責任の自覚と行動は後退することはなかった。

（同、四一三—四一四頁）。

このように、キリスト教徒の期待と希望に大変化があったが、それとともに歴史においては神の目的は達成されなくても、この目的への誠実さの重要性が強調された。可見教会はやがて地上に成就される神の国のなかに吸収されてしまうという観念が稀薄となるにつれて、キリスト教徒は存続する教会を人類愛の力と希望に対する証しの共同体として改めて真剣に考えなければならなかった。ことに神学面では、このことは神の主権の強調を意味した。深い罪と咎への新しい感覚とともに、罪、恩恵、赦し、新生に関する古典的な教理が新鮮な感覚で受けとめられた。これらすべての新しい強調点は、一九三七年のオックスフォードにおける第二回「生活と実践」会議（五五二頁参照）の報告に明らかであったが、この報告においては、約一〇年前一九二五年のストックホルムにおける「生活と実践」世界会議での米国の代表の見解と比べて驚くほど対照的な同国の代表の見解が述べられている。（同、四一四―四一五頁）。

なお黒人差別撤廃のためにキング（一九二九―一九六八）は非暴力抵抗運動を続けた。彼は、キリストの山上の垂訓からこの運動の精神について学び、ガンジー（一八六九―一九四八）からその方法について学んだ。（スミス、ハンディ、レッチャー、二巻五五七頁）。

近代主義宗教教育と礼拝と教会の制度化

一九三〇年代初期の近代主義宗教教育運動の崩壊は、この時期の主要な宗教的神学的再方向づけを最も印象的に示すものであった。デューイ（一八五九―一九五二）の理論とそれと同様な進歩理論とに非常に影響された一群の教育家が、一九二〇年代に人間性に関するルソーの理論に基づいて宗教教育の概念を発展させた。彼らは、教会の説教による権威主義的教化よりも教室における社会的経験を重んじ、教会を数個の人格形成機関のうちの単なる一つと考えた。この運動は大恐慌によって手痛い衝撃を受けた。第二次大戦中あるいは一九五〇年末に宗教教育が徐々に教会のなかで生気をとりもどした時、それはますます神学復興に基づくキリスト教的展望に基づいて形成された。(ニコルス、四一五頁)。

礼拝に関する新しい方向づけが徐々に出現した。二〇世紀の初めから礼拝の敬虔主義的類型が衰退し、このことは個人の礼拝や家庭の礼拝や祈禱会や日曜日の教会の礼拝においてみられた。この類型は、一層美的で古風な、しかし神学的にははっきりしない形態によって置きかえられた。宗教的にも神学的にも実体のある典礼運動は第二次大戦の発生ののちに初めて起こった。(同)。

二つの大戦間に最も広くゆきわたったものはキリスト教の制度化であった。すなわち半世紀あるいはそれ以上たってから、今や米国プロテスタント教会は、神学の発展や、一層形式にかなった礼拝や、教会の高度の組織を伴う新しい政治的社会的責任に注意を向けた。中央集権的制度とこれに基づく統制とへの傾向がすべての教派において、バプテスト教会やデサイプル教会においてさえ見られ、これら二つの教会はこれをかろうじて理論化することができた。また宗教教育のような特別な機能を達成させるための多数の超教派的協力機関が生まれた。教会連合協議会は、第一次大戦末までに教会にとって不可欠なものとなったが、これは財源と能力の点で諸教会からの制約を受け、信徒から誤解され、信頼されなかった。また限定されたものではあったが、ある程度の教会合同が促進された。教会合同の傾向は、教会のなかで、ことに教職者間で是認され、一層積極的な方向へ進んでいこうとしていた。(同、四一五—四一六頁)。

教会合同と教会連合

教会合同は約一二ほど形成された。最も重要なものの一つは、ルーテル教会の合同で一九一八年に合同ルーテル教会、また一九二一年に米国ルーテル教会が形成された。従来諸ルーテル教会は欧州におけるそれぞれの起源に基づいて、また米国社会への適合の度合に応じて——ことに重要なことは英語使用の点において——諸教派を構成していた。これらの教会員は米国の主要な教会生活から離れて生活し、彼らの周辺の社会にほとんど影響を与えることがなかった。二つの大戦間に彼らは教会合同について討議し、なお二〇の教派がこの時期の終りにこれに賛成しなかったとはいえ、大体合同への準備ができあがった。彼らは五〇〇万人あるいは六〇〇万人の彼らの力を自覚し、ますます文化的にアメリカ化し、社会と教会生活一般に彼らの人口に応じた役割をとるようになった。(同、四一六頁)。

北部メソヂスト教会と南部メソヂスト教会は、一九三九年に合同してメソヂスト教会を形成し、この国における最大にしてまた最も広範囲にわたる教派となった。この合同はいくつかの試みののちに成功したが、同時期の長老教会の合同は成功しなかった。また超教派的合同が一九二〇年代に模索されたけれども、これは同系統にある教派毎の合同が成就されるまで延期された。従って米国の大部分のプロテスタント教会は、協同機関や連合機関を必要とした。(同、四一七頁)。

協同機関や連合機関の設置は、教会合同運動よりも急速に進行した。一九〇八年にすべての教派は、常置的協同機関の設立に初めて取りかかった。第一次大戦後のインフレーション時に教会連合協議会は、年間三〇万ドルの予算をくんだが、その後大恐慌時にこの予算は半減された。この協議会は全盛時に米国プロテスタント教会の四分の三を占める二〇以上の教派から成っていた。これへの協力を拒否した大教派は、南部バプテスト教会とミズリー総会ルーテル教会（一八四七年に組織された教派で、ルター教会の正統主義を最も固く保存する）であった。この協議会への各教派からの財的資源は僅少で、その総計はこの協議会の収入の一四パーセントにしかすぎなかった。この協議会のほかに州や都市の教会連合協議会があった。（同、四一七―四一八頁）。一九五〇年に米国キリスト教協議会が設立されたが、これは教会合同の過程における画期的な出来事であった。この協議会は、国内宣教や国外宣教や宗教教育や婦人事業等のおもな超教派的諸組織と、従来の教会連合協議会との統合によって成立したものであり、プロテスタント教会のほとんどすべての活動を含むものであった。（同、四一八頁）。

国家とプロテスタント教会

国家とプロテスタント教会の関係は、福祉国家の発展と教会内の敬虔主義の衰退とともに新局面にはいった。一九三〇年代に国家は、従来教会の事業であった社会福祉事業に取りかかり、これを急速に発展させた。また公立教育も非常に発展し、理想をかかげて児童の人格教育に当ってはいるが、この教育はキリスト教教育ではない。地域の開発に伴って国家と教会は教育に対する責任を分担してきたが、まもなく憲法上におけるこの両者の分離をめぐって論争が起こり、一般人と同様最高裁判所の裁判官さえ混乱に陥った。（同、四一八―四一九頁)。

ローマ・カトリック教会

世界のローマ・カトリック教会に対する巨大な財的援助が今や米国のローマ・カトリック教会から支出されることとなった。この教会は、どのプロテスタント教派よりも、政治的関心が強く、アメリカン・アクティヴィズム(米国実践主義)の特徴をもっていた。米国のローマ・カトリック教会の画期的出来事は、一九一九年に米国カトリック福祉協議会を創立したことであった。この国のローマ・カトリック教会の年会はこの年から始まった。この協議会の社会部門はライアン(一八六九—一九四五)によって指導されたが、社会政策において新たに主導権をとり、いち早くプロテスタントの社会的福音主義者の先頭に立った。米国のカトリック教徒の八五パーセントが都会に住み、他のどの教派よりもカトリック教会には産業労働者が多かった。彼らは米国労働運動の勢力の半分を占め、二つの大戦間にこの運動の政治面の指導権を行使し、このことによって政治上の非常な発言権を獲得した。一九三〇年代にローマ・カトリック教会は産業問題に関心をもつ多くの司祭を教育し、労働学校を開き、共産主義者と対抗して労働組合への浸透とその操縦の計画を立てた。第二次大戦までカトリック教徒の組織した労働団体は、米国の政治におけるローマ・カトリック勢力の最も重要な基盤であった。一九二八年の大統領選挙でカトリック教徒でニューヨーク州知事のスミスが、民主党候補者として立ったが、このことによって一般的にカトリック教徒の政治意識が高まった。一九三一年回勅「クアドラジェジモ・アンノ」によって米国のローマ・カトリック教徒は、ルーズヴェルト（在任一九三三―一九四五）のニューディール政策に協力した。（同、三七四―三七五頁）。

なおケネディ（一九一七―一九六三）は、大統領に選出された最初のローマ・カトリック教徒であった。

教育に関しては、教区学校設立運動が、一九二〇年代に財源の獲得によって進展したが、この財源は学校教育に関係するすべての教会に付与されたものであった。一九二〇年代後期にローマ・カトリック教会による初等教育学校の数は、全国のそれの九八パーセントを占め、また同じく中等教育学校数は全国のそれの三分の二を占めた。オレゴン州議会は、すべての児童は公立学校に入学させるべきであると決議したが、一九二五年に最高裁判所は、これは教育権の自由の侵害であるとの判決を下した。教育問題をめぐってカトリック教徒と諸州の議会等の間に、また前者とプロテスタント教徒の間に論争があった。（同、三七五―三七六頁）。

北米日本人キリスト教会

一八七七年に在米日系青年である小谷野、西巻、斉藤等八名がサンフランシスコで受洗した。これが在米日系人に対する伝道の初めであるから、一九七七年は一〇〇周年記念の年であった。一八八〇年にわが国はハワイと移民契約を結び、日本より多数の移民が渡航したので、組合、メソヂスト、長老の三教会が競って日本移民の伝道に着手した。一八八五年にハワイで初めて伝道がなされた。その後おもにカリフォルニアを中心にして伝道が進展したとはいえ、ニューヨークにものびた。一九一〇年に日本人教職者は四八名となった。一九一二年にサンフランシスコ日本人ＹＭＣＡが発会し、一九一九年に救世軍がサンフランシスコで伝道を開始した。一九二〇年から一九二四年にかけて排日運動が激しかった。一九二九年に北米キリスト教伝道五〇周年記念伝道がなされ、一九三一年に北加同盟主催によって賀川豊彦（一八八八―一九六〇）を迎えて霊化運動が二ヵ月にわたって展開した。一九四一年一二月、日米開戦の当夜より各地で一世日本人が続々当局によって拘引され、翌年コンセントレーション・キャンプ内に連合の臨時教会が発足した。戦後日系人は全国に散り、ニューヨークやシカゴ等にも多くなった。北米宣教八五周年（一九六二）に、教会数は九九、一世と二世の教会員数は一万五五九七人、日曜学校生徒数は一万三〇五八人であった（ただしハワイをのぞく）。（南加基督教教会連盟出版部『北米宣教八十五周年記念誌』一七―二三頁）。教職者として奥村多喜衛、安部清蔵、白石清、小室篤次、武田公平、石川清、赤松三郎、蔡愛智をあげることができる。

七八　東方とチェコスロバキアとの教会

序

ギリシアとトルコとチェコスロバキア等は、一九世紀後半以後汎スラヴ主義と汎ゲルマン主義の相剋の場となり、教会もその影響を受けた。ギリシアでは正教会が最も強力であり、プロテスタント教会やローマ・カトリック教会も数は少ないが、存在する。トルコではしばしばイスラム教によるキリスト教徒の迫害があったが、これにはまた政治的理由が混在している場合が多かった。東欧諸国では、正教会が最も強力であるが、今日社会主義体制下で礼拝と信仰との自由は許容されているものの、政治経済等に対する一切の批判は許されていない。従ってこの点を含めて考えれば真の信教の自由は存在しないといいうるであろう。

シュミットは、その『教会史綱要』の最終章「二〇世紀におけるキリスト教徒に対する迫害」において、一九世紀にキリスト教信仰への反感のゆえに教会は圧迫され、また教会の自由な活動は阻害されたが、二〇世紀には多くの場所で残虐な迫害が展開され、それは歴史上かつて類を見ないものであり、二〇世紀はすでに半世紀を経過したとはいえ、キリスト教史上最大の迫害の歴史となったといっている（シュミット、五四二頁）。私はすでに、ロシアやスペインやナチス政権下のドイツにおけるキリスト教徒に対する迫害については述べたし、アジアや中南米におけるこの迫害については後述する。従ってここではトルコによる迫害について述べる。

ギリシア

この国の正教会が自立教会であり、宗務院がこの教会を管理したことについては既述した（四三四頁参照）。この宗務院には国王の代理人が出席し、彼は投票権をもっていなかったが、拒否権はもっていた。この会議の議長には時にアテネの府主教がなった。このような教会の国家への従属状態は、ほとんど何の変更もなく一九二三年まで存続した。一九二三年の法律によると、ギリシア正教会には六六の府主教がおり、そのうち三三は自立教会に所属し、他の三三は一九一二年から翌年にわたる第一、第二バルカン戦争ののちギリシアの領土となった地域（マケドニアとスラーキとエーゲ海諸島等）の府主教で、コンスタンティノポリス総主教の管理下に置かれている。この教会の最高議決機関は、ギリシア教会主教の宗務院であり、国家の代表もこの会議に出席するが、もう拒否権をもってはいない。（RGG 二巻一八六〇欄）。ギリシア正教会は世界教会協議会と深いかかわりを有している。

ギリシア独立戦争の初期からプロテスタント宣教師がギリシアで宣教に携わり、彼らはまた独立戦争を援助した。彼らは衣料や食糧を供給し、学校を設立した。しかし彼らは極度にキリスト教への改宗を勧め、またこのことが聖書翻訳の企てと結合していたので、正教徒は非常な嫌悪感をいだいた。一八五八年にカラポタキスによってギリシア福音教会が設立された。この教会は、「また〔聖霊は〕子から」（一八七頁参照）を信仰告白のなかに取り入れないというおもな点において、他のプロテスタント教会と相違する。一九四〇年にプロテスタント教徒の数は約六三〇〇人であったが、今日では約四〇の福音主義教会が存在し、二万人以上の教徒がいる。（同、一八五九欄）。

ギリシアの独立時にこの国に多くのローマ・カトリック教徒がおり、四つの司教区が存在していた。一九二二年の小アジアにおけるキリスト教徒に対する迫害ののち、ローマ・カトリック教会教職者は、学校や孤児院等の設立許可をえた。しかしローマ・カトリック教会はこれらの施設を、小アジアからの青少年避難民をこの教会の信仰に改宗させるために使用したので、ローマ・カトリック教徒と正教会の間に論争が起こり、一二歳以下の児童が非正教会の信仰に立つ小学校へ通学することが禁じられた。今日この国には約五万人のローマ・カトリック教徒がいる。またこのほかにユニアト教会教徒は、約二〇〇〇人いる。(同)。

トルコ

すでに一八九四年にサッスンの山岳地帯でアルメニア教会員に対する虐殺が起こった。それはこの地方に住む彼らがクルド人（トルコ東部のクルジスタン山岳地帯に住む民族でイスラム教徒）によって圧迫された時、トルコ政府が彼らを保護しなかったので、彼らは納税を拒否したからである。つぎに一八九五年アルメニア教徒はイスタンブールで圧制に抗して示威運動をしたので、ほとんどトルコ全土に散在したアルメニア教徒への迫害が起こり、老若男女を問わず八万八二四三人が殺され、三二八の教会堂がイスラム教寺院に改造され、多くのキリスト教徒は強要されてイスラム教徒となった。イスラム教の信仰告白をした者は救われたが、一八九六年に約二万人のキリスト教徒が殺された。略奪に続く飢餓と疾病によってさらに一万人が殺され、約一〇万人の婦人はイスラム教徒の婦人部屋へ連行された。一九〇九年にまた迫害が起こり、一九一六年第一次大戦の折アルメニア教徒に対する最終的迫害が起こった。男子はほとんど即刻殺され、婦女子は流刑に処せられ、寒さと飢餓と渇きで大部分が死んだ。軍隊にいるアルメニア人でさえ例外ではなかった。イスラム教に改宗した者は容赦されたが、総計一三九万六三五〇人のアルメニア教徒の兵士が流刑に処せられ、大部分が死んだ。このようにしてアルメニア人全部が、殺されたり、強制的にイスラム教に改宗させられた。(シュミット、五四三頁)。

クルド山岳地帯に約一五万人のシリア人がいたが、一八九五年に迫害された。残った者のうちメソポタミアへ逃げた者も一九三三年に迫害された。そして約三万人が生き残った。シリア人の迫害については、明らかに宗教的対立と民族的対立がともに作用していた。諸民族の自決権という夢に刺激されて、シリア人は西方諸国家と同盟し、地中海とペルシア湾の間に独立国を設立して東方キリスト教を再興しようと企てた。このことは当然トルコの青年には国事犯に該当すると思われ、迫害が起こった。(同)。

トルコの東北とペルシアの西北に住んでいたシリア人キリスト教徒の一部も、第一次大戦の時迫害された。(同、五四四頁)。

一九二一年から翌年にかけて新しい破局が東方のキリスト教界に訪れた。トルコ・ギリシア戦争が起こった時数十万人のギリシア人が殺された。一九二〇年の「セーヴル条約」に基づいてギリシアへのスミルナの割譲がおもな原因となって、スミルナでは最も残虐な迫害が起こった。その時ほとんどのギリシア人が、本国へ送還された。(同)。

上述したような迫害と移住は、キリスト教史上重要な、しかも最も悲劇的な結果を生んだ。というのは今日全小アジアにもうキリスト教徒は定住していない。事実私が一九七三年の在外研究の折イスタンブールを訪れた時、多くのイスラム教寺院(それらのほとんどはかつてのキリスト教会の会堂であったのであろう)は存在していたが、ただ在留外国人であるキリスト教徒のための二、三の教会堂があるだけであるときいた。かつて三八一年にコンスタンティノポリス教会会議の議場となった聖ソフィア教会はイスラム教寺院に改造されてしまったが、今はキリスト教博物館となっている。小アジア全土のキリスト教会会堂も同様な変遷をへたと私はきいている。

一〇〇〇年間イスラム教国の支配下で、キリスト教徒は一定の諸地域で存続することができたとはいえ、かつて古代キリスト教の発展の基盤であった小アジアは、今世紀に初めて全くキリスト教から離脱させられてしまった。

チェコスロバキア

この国は社会主義国としてすでに独自の道を歩んでいたにもかかわらず、ワルシャワ条約加盟国のうちのソヴィエト連邦ほか四ヵ国の侵入（一九六八年八月）によって、その国民は、みずからの国の主権が制約されたこと（同年一〇月）を経験し、知識階級は出版の自由が抑圧されたこと（一九六九年一月）を知り、官僚のうち従来の政治に対する改革的見解をいだいていた者らは政界から除外されてしまった（同年四月）。スターリン主義化、反スターリン主義化、再スターリン主義化が、わずか一年以内にこの国であい次いで起こった。占領、抵抗、革命、侵入、反革命が短期間に連続した。（ド・ジョージ、スカンラン共編『東欧におけるマルクス主義と宗教』五八頁）。

一九六八年のソヴィエト連邦等の侵入に対するチェコスロバキアの全キリスト教会声明は、主権国家、その合法政府、および国民の直面している現在の状況の解決のために国民の責任感に訴え、占領に対する不承認を表明するアッピールやスローガンは節度があり、具体的であるべきであるとし、またわれわれは、民主的社会主義社会において、イエス・キリストの福音というキリスト教的プログラムの大きな部分が実現されていることを知っているから、中立的傍観者であることを拒否するが、また占領を拒否するといっている。(『福音と世界』一九六八年一一月号八二頁)。

当時この国のプロテスタント教会の指導者ロマドカ(一八八九—一九六九)は、キリスト教平和会議パリ執行委員会のための覚書のなかで、一九六八年一月のこの国の政治的状況は健康であり、創造的であり、喜びに満ちたものであって、同年八月にこの国を占領した国々が考えるように反社会主義的要素、反革命的試みを有するものではなかったし、社会主義五ヵ国による占領は、われわれの失望と悲しみと屈辱であり、われわれは裏切られたとの深い思いに満たされたとし、われわれは自由、平等、真のヒューマニズムを有する民主的社会主義国家建設の途上にあったとし、今や東欧の社会主議諸国は深い人間信頼と相互理解を失い、力、戦力、策略、体面に頼るようになったといっている。(同、八九—九三頁)。

しかし他方、全ロシアの総主教アレクセイ(一八七七—一九七〇)は、われわれは社会主義五ヵ国がとった立場を支持するとし、その理由としてチェコスロバキア民族の統一を破壊し、彼らが困難な戦いを通して獲得したものを奪い去ろうとする内外の諸勢力を防ぐためにとられた措置がこの占領ということであったという(同、七九頁)。またハンガリー教会協議会総会も社会主義五ヵ国のとった措置を支持し、社会主義的社会秩序のなかには、時に弱さや不足や誤りがあるとしても、それが人類の進歩を意味したという点は、われわれは認めなければならないといった。そして一九一七年のロシア革命の時これに反対した諸国はロシアの内政に干渉して軍隊を派遣したではないか、またキリスト教社会の歴史をみると、われわれはそこに数え切れないほど多くの暴力がふるわれたのをみるではないかと訴えた（同、八一―八三頁）。

七九　アフリカと東南アジアと東アジアとオセアニアとの教会

序

ニールは、西欧諸国によるアフリカや東方の植民地化と、西欧諸教会の宣教活動との複雑な相互連関をつぎのように指摘する。多くの場合宣教師らは、西方の進出を歓迎し、このことは戦争好きの民族に平和と、奴隷制度の撤廃のような祝福をもたらすであろうし、弱い民族のための正義を樹立することになるであろうと確信した。しかし国民は激しい当惑に陥ったと。そして国民は、西方は救済者ではあるが、また破壊者であり、白人は友人ではあるが、また敵であることを認めたと。宣教師をさえ、彼らは友人ではあるが、また敵とみたと。（ニール、四五一頁）。第二次大戦は、それ以前に成就されたことを打ち壊してしまい、西方の道徳的自負は恥辱であることが明らかとなり、キリスト教国とは神話にすぎないことが暴露され、キリスト教的西方について語ることはもはや不可能となった（同、四五二頁）。ニコルスも、アジアとアフリカと太平洋諸島のほとんどいたるところで、イギリスとフランスとオランダとアメリカとの帝国主義への反感がますます高まり、また民族主義への自覚が起こり、キリスト教はこのような傾向の影響をさまざまに受けたといっている（ニコルス、四二〇頁）。宣教師は、イエスの福音宣教という純粋な動機のもとにこれらの地方に赴いたのであろうが、西欧諸国によるアジアやアフリカの植民地化は、この宣教にとって非常な打撃となったであろう。

ローマ・カトリック教会はこの時期に積極的に外国宣教を奨励した。一九一九年にベネディクトゥス一五世は、回勅「マクシムム・イルド」を発布し、国外宣教地における現地人教職者の養成を奨励した。その後継者ピウス一一世は、宣教教皇ともカトリック・アクションの教皇ともいわれた。（同、四二二頁）。カトリック・アクションについては上述したが（五七一頁参照）、これは教会の指導と委任とに基づき、教職者の使徒職を信徒が助ける活動で、一九世紀にはみられなかったカトリック教会の刷新運動の一つである（小野、二五五頁）。これに参加する約二四の団体が国外宣教を推進している（レヴェニッヒ『教会史概論』五〇〇頁）。一九二六年ピウスは、回勅「レールム・エクレジェイ」を発布し、すべての教会はさらに一層宣教に参与すべきことと、現地人の司祭と高位教職者との養成の必要性を喚起した。諸大学に宣教学の講座が設けられた。（ニコルス、四二二頁）。

ローマ・カトリック教会のなかで宣教にあたった最大の団体は、イエズス会、パリ外国宣教会、フランシスコ会であった。フランスは依然として最も多くの宣教師を送ったが、もう全宣教師数の過半数を占めるところまではいかなかった。イタリア、ドイツ、オランダ、ベルギーのカトリック教徒が宣教に深い関心を示すようになった。また米国のカトリック教徒もこれに参与し始め、一九四一年までにその数は三〇〇〇人になり、その四五パーセントが中国宣教にあたった。(同、四二二頁)。

プロテスタント教会の外国宣教には、第一次大戦による欧州大陸、ことにドイツの疲弊等のため、従来より一層英米両国民があたることになった。一九三〇年代末に米国とカナダとのプロテスタント教徒がこの宣教の重荷を半分負うようになったからこの重荷の八分の七を英語圏のプロテスタント教徒が負うことになった。(同、四二二頁)。そして米国の宣教師数は、二万七七三三人であった(ニール、四五八頁)。一九五〇年末アフリカとアジアのプロテスタント教職者のうち九〇パーセントを現地人が占めるようになった。しかし財政的にはこれらの地域のプロテスタント教会は、必要経費の約半分しか集めることができなかった。(ニコルス、同)。

また、ペンテコステ教会の発生とその宣教は、二〇世紀のキリスト教史の顕著な出来事の一つである。大抵のペンテコステ教会はきよめ運動や信仰復興運動——おもにメソヂスト教徒のなかの——に由来し、これらの運動によって一九世紀米国の宗教生活は多様化した。これらの教会は、その名の示すように、聖霊の教理と、異言を語ることとに重点を置いた。(ニール、四五九頁)。

さらに外国宣教は、世界宣教会議や、のちにこれを包括した世界教会協議会の発展と密接な関係をもっている。今日世界の宣教活動の約六分の一は、この協議会を支持する諸教会によって営まれている(同、四六〇頁)。

サハラ砂漠の南方は宣教の最も多く結実した地域であった。キリスト教徒の数は、三〇年間に五倍以上になった。経済的文化的変革がその最大の要因であった。西方諸国の急速な経済的進出は鉱業、農業、林業、鉄道、航空の分野において著しかった。黒人労働者は大規模な飯場に集められ、どこでも部族の社会機構と宗教とは崩壊し、アフリカ人は個々人の核化の危機にさらされた。このような状況のなかでキリスト教は、共同体を組織させ、人生への意味を与え、新しい経済的技術的社会への適応性への希望を与えることができた。教育機関と医療の大部分はキリスト教の宣教事業によって維持された。（ニコルス、四二四―四二五頁）。

一九一四年以前と同様にプロテスタント教会の宣教は、英国領、例えば南アフリカ連邦、ローデシア、ニヤサランド、ケニア、タンガニーカにおいてことに盛んであった。ローマ・カトリック教会の宣教は、以前と同様にベルギー領コンゴ、ポルトガル領アンゴラ、フランス領西アフリカにおいて特に盛んであった。一九三六年にローマ・カトリック教会は一万人を宣教にあてたが、プロテスタント教会は七五〇〇人をあてた。一九一二年にコンゴに七万人のカトリック教徒がいたが、これは三〇年後に二五八万人に増加した。いくつかの地域、ことに黄金海岸とナイジェリアでは、宣教師はイスラム教の伝道と競わなければならなかったが、必ずしも常に成功したというわけではなかった。エホバの証人は再臨を強調し、宣教を悪魔の業であると非難したので、いくつかの地域で難事をひき起こした。（同、四二五頁)。

アフリカ南部では黒人の人口が白人の四倍であったうえ、一層急速に殖えつつあった。そこで少数派の白人は必死でその政治的経済的社会的支配の維持に努めた。ボーア人(南アフリカのオランダ系白人)は、アフリカ民族主義とカースト的階級的社会制度を唱え、半数以上の白人会員を有するオランダ改革派教会は、ボーア人のこの計画に密接に関係した。英国領はアングリカン教会と他の英国の教会を援助した。長老教会とメソヂスト教会と会衆派教会は合同について協議した。ローマ・カトリック教徒は英国領においてはほかのどの地域よりも劣勢で、その数は全人口の五パーセント以下であった。英国人とボーア人の間に、また黒人と白人の間に緊張状態があった。黒人と白人の争いによって急速に独立した諸分派が教会のなかに起こり、時にこれらの分派は諸部族によってバンツー人(アフリカの中部南部に住む黒人)の間に起こったが、彼らの約半数はキリスト教徒であった。一〇〇万人以上の者が、これらの黒人の独立教会を支援した。そして搾取の最も激しかったところや、言語に絶する黒人のスラム街では、もう教会の存在についてうんぬんすることができないほどであった。とにかくこれらのすさまじい分裂のゆえに、南アフリカ・キリスト教協議会の運営は極めて困難であった。(同、四二五―四二六頁)。

A・シュヴァイツァーは、ドイツの神学者であり、バッハ(一六八五―一七五〇)の音楽の研究家であり、演奏家であったが、医学を学んだのち一九一三年にフランス領赤道直下のコンゴのランバレネに医師と宣教師として赴任し、そこで永眠した。彼は、『ライマールスからヴレーデへ』(一九〇六年)と題するイエス伝研究史を著し、イエスの生涯は終末論的立場から解明されるとしたことについては上述した。また彼は生の畏敬を強調した。ブレイドは反白人主義に立ち、ついに英政府によって投獄された。アフリカの預言者としてW・W・ハリスやブレイドをあげることができる。

アフリカのキリスト教徒の数は、北部（殊にイスラム教徒や原始宗教信仰者が多い）を除いて、プロテスタント教徒が約一二〇〇万人、そしてローマ・カトリック教徒が約一八〇〇万人であると推定される。もしアフリカの全人口を一億八六〇〇万人とすれば、キリスト教徒の数はほとんどその六分の一に当ることになる。これはアフリカの宣教開始から一世紀の成果であり、この大陸の大部分における宣教の急速な発展が始まってからまだ半世紀にみたない。ニールは、このキリスト教徒の数は、教会側の調査よりもかなり多いという。その理由は、多くの地方で教育を受けた者はすべてみずからがキリスト教徒であるとして登録しているからである。そして多くの場合、彼らは教理については最小限度の知識しかもたないのである。（ニール、四九三―四九四頁）。ニジェール共和国のアングリカン教会教区内の区域で大人が一年間に一万一〇〇〇人受洗し、その地域の住民のほとんど半数がキリスト教徒である（同、四六二―四六三頁）。

ニールがアフリカの教会の問題としてあげている六点を指摘しておこう。(一)　イスラム教の勢力が強く、それは急速に発展している。(二)　一夫多妻制度の現存。(三)　アフリカ人は目に見えない力への信念をもっていること、このことから生きている人間を殺し、魔力をもっていると考えられているその内臓の一部を取り出すということが時として行われる。(四)　アフリカ独立教会の増加は、アフリカ人の自由と自己表現と自治とへの要求の結実と考えられるが、ここから彼らは福音を自己流に解釈し、ゆがめる危険がある。㈤　植民地の教会が政府の協力者と考えられ易いこと、従ってアフリカ人の政治家が教会から離れること。㈥　教会が青年の問題に解決を与ええないので、彼らも教会から離れること。なおアフリカでも唯物論が極めて強力であること。（同、四九四—五〇四頁）。

東南アジア

㈠インドネシア共和国　東インド諸島の西南部は極東におけるプロテスタント宣教の最大中心地であった。第一次大戦によってオランダの教会とドイツの教会がおもに携わっていた宣教活動が混乱させられたが、スマトラ島とニアス島のドイツの教会の宣教地域では、キリスト教の大衆伝道が継続された。インドネシアの民族主義は一九二〇年代に進展し、時にイスラム教の信仰運動と連携した。インドネシアのキリスト教徒は、欧州の教職者の指導を喜ばず、彼らの教会の自治が存在したバタク教会のようなところでは、福音主義を推進した。一九三五年蘭領東インドの教会はついに国家から分離した。この教会は世界宣教会議に、のちに世界教会協議会に参加した。一九四〇年インドネシアのプロテスタント教徒は二〇〇万人に近かった。ローマ・カトリック教会の宣教活動は従来小規模のものであったが、急速に発展した。（ニコルス、四二八頁）。なお一九一一年にバタク教会では一〇万三五二八人が受洗したが、一九四一年には三八万人が受洗した（ニール、四六二頁）。

インドシナ半島では、第二次大戦後二〇世紀前半にローマ・カトリック教徒が約一〇〇万人から約二〇〇万人に増加し、現地人の教職者の数も非常に増加した。民族感情は一般人よりもキリスト教徒の間に強かった。プロテスタント宣教は、一九二〇年代後半に始められた。(ニコルス、四二八頁)。

インドネシア共和国は、一九四九年に発足し、三世紀以上にわたるオランダの支配は終った。反オランダ感情は非常に強く、大多数のオランダの宣教師はインドネシアに復帰できたけれども引きあげなければならず、すべての教会は現地人のキリスト教徒にゆだねられた。この国はイスラム教国であると公式には宣言していないが、国民の大部分はイスラム教徒である。憲法には信教の自由が保障されているが、国家とイスラム教の協力は政治面でも社会面でもかなりの影響を与えている。キリスト教徒の数は四〇〇万人で、全人口の五パーセントに当り、そのなかから多くの国会議員が選出されている。(ニール、四七七頁)。

(二)ビルマ連邦社会主義共和国　この共和国は一九四八年に発足したが、その際英連邦には属さないで、独立することを決めた。この国はますます国民生活と仏教的伝統の一致に向かって進んできている。このことは、仏教徒ではなくアニミズム信仰者である非ビルマ人の喜ばないところであった。一九六一年に仏教がビルマの国教となった。憲法では信教の自由が保障され、キリスト教徒は、礼拝を守る自由や、限界はあるが宣教の自由も保持できた。しかし仏教には特権が付与されている。一九五四年から一九五六年までラングーンで開かれた第六回仏教会議は、ビルマは仏教復興の中心地の一つであるとの印象を与えた。外国人宣教師のビルマ入国はますます困難になっている。キリスト教徒は全人口の三パーセントにすぎないが、教会は堅固な歩みを続けている。(同、四七八頁)。

(三)スリランカ共和国(セイロン)　この国の状況は、ビルマに似ているが、一層複雑である。全人口の一〇パーセントがキリスト教徒であり、そのうち一パーセントがプロテスタント教徒である。仏教の信仰復興運動によってキリスト教への改宗はほとんど不可能になったが、キリスト教徒は多少殖えている。スリランカには四種類の宗教、すなわち仏教とヒンズー教とイスラム教とキリスト教があり、また三種類の言語、すなわちシンハリー語とタミル語と英語がある。シンハリー語を国語とし、仏教を国教とする傾向が存在する。（同、四七八―四七九頁）。

㈣インド　インドでは民族感情がガンジーや国民議会の指導のもとに急速に高まり、ついに一九四七年インドは自治領となった。一九一一年にインドの人口は三億一五〇〇万人であったが、一九四一年に三億八八〇〇万人になり、飢饉の恐れや生活水準の低下に基づく社会不安が強まった。全人口の六分の一を占める被差別カーストの種々な要望も強くなり、彼らは政治的勢力を形成しつつあった。知的青年層の多くの者が、世俗主義、ことに共産主義に引きつけられた。このような状況下でインドの教会は発展し、八〇〇万人近くの教徒を有し、キリスト教は教徒数においてインドの第三番目の宗教となった。ヒンズー教の民族主義者は一般的に、社会構造の変化をも主張するキリスト教への改宗に反対し、改宗者を取り返す試みさえあった。そしてキリスト教徒は、将来のインドに関する民族主義者の話し合いの席上で非常に冷遇された。インドのキリスト教徒は一般に自治権確立運動を支持したが、宣教師はこのような支持をすることを政府によって禁止された。一九四三年全インド・キリスト教徒協議会は、第二次大戦終了ののち二年以内に完全な自由をインドに与えることを、英国政府に要求した。（ニコルス、四二九頁）。

インドにおけるローマ・カトリック教会の発展は著しく、カトリック教徒の大多数はゴアとマドラスとの南方に住んでいた。これらの地方でカトリック教徒の数は、その人口の五パーセントに当っていた。一九三一年インドのカトリック教徒のうち五〇万人が現地人の教職者の指導のもとにあった。カトリック教会は依然として種族的カースト的区別に従って分かれていたが、人的にも財的にも西洋に依存していた。カトリック・アクションは種々な形態で導入された。この教会による教育も維持された。第二次大戦までにこの教会の会員数は四〇〇万人に近かった。(同、四二九—四三〇頁)。

プロテスタント教会の宣教も、第一次大戦から一九五〇年までに急速に発展し、一九一四年以前よりも多くのキリスト教大衆運動が起こり、ことに被差別カーストの間にこの種の運動が多かった。またインド人教職者の数が殖え、その質も向上した。(同、四三〇頁)。一九二三年にインド・キリスト教協議会が設立され、翌年北インドでおもに長老教会と会衆派教会によって合同の教会が組織された(同)。南インド教会(合同教会)については既述した(五八八頁参照)。

一九二八年エルサレムにおける宣教会議ののちになって特に、インドのプロテスタント教徒の九三パーセントが村民であることに注意が向けられた。それまで宣教と並行して行われた多くの教育は、都会における教育であった。一九三〇年代に田舎におけるキリスト教社会の形成のための教育が施され、そこには銀行、学校、診療所、娯楽施設も設置された。インド人の建築様式、賛美歌、絵画もますます採用された。スタンレー・ジョーンズ(一八八四—一九七三)は、インド人のアシュラム(修行団)の方法をキリスト教徒の修養のために採用した。サンダー・シング（一八八九―一九二九）はキリスト教徒としてインドの聖人の道を歩もうとし、極めて簡素な生活を営み、他人に奉仕した。一九二九年にチベットに入り、消息不明となった。教会外の無数の人々が、キリスト教の影響を受け、カーストや少年期の結婚や一夫多妻主義に反対し、健康増進と、教育や道徳の改善に努めた。（同、四三〇―四三一頁）。

一九四七年に英国の労働党政府がインドに独立を与えようとしていた時に、独立が延期されてもインドとパキスタンが合体した方がよいのか、それともこの両国が分離しても直ぐに独立した方がよいのかという二者択一が迫られていた。ガンジーらが選んだのは後者であった。この両国の統合のために四世紀前からムガル人（一六世紀にインドに侵入した蒙古人）と英国人は努力してきたのであった。一九五〇年インドの独立、すなわちインド共和国の成立にあたって暴動のために二、三週間に少くとも七五万人の犠牲者がでた。ヒンズー教徒とイスラム教徒は非常な緊張関係にあったので、そのいずれも他者への奉仕のために働きうる状況にはなかった。当時中立の立場にあったキリスト教徒は医師や看護婦をつれて治療にあたり、またその他の社会的奉仕に携わった。彼らは人種や宗教の相違にこだわらないで奉仕した。その時初めて、キリスト教徒は二流の人間であるというインド人の間の従来からの観念が打破された。（ニール、四八四―四八五頁）。このような観念は、キリスト教徒に下層階級の出身者が圧倒的に多かったことと、キリスト教は外国の宗教と考えられていたことに基づいている。

インドとパキスタンは政治上完全に分離した。ただローマ・カトリック教会とアングリカン教会とその他の教会だけが国境を越えて存在する両国のきずなを維持した（同、四八五頁）。

両国の分離以後インドは、民主主義共和制に立ち、宗教的には全く中立的立場をとった。憲法では信教の自由が保障され、キリスト教に対する公の差別は存在しなかったとはいえ、キリスト教会は全く安穏な状態にあるというわけではなかった。インドにおける教会の存在とその価値について非キリスト教徒の間に種々な見解の相違があった。インドの極端なヒンズー教徒は、この国はヒンズー教国であると考え、ヒンズー教徒以外の者が市民として同等の権利にあずかることを喜んでいない。宗教と政治団体とを同一視する悪習が存続し、キリスト教への改宗はヒンズー共同体の弱体化をもたらすと考える者がいる。教会は依然として教育上の非常に多くのパンフレットの発行や医療事業に携わっている。従って宣教の機会は多い。礼拝と教育と証しに関連する自由は残されているが、教会の将来は必ずしも平穏ではないであろう。（同、四八五—四八六頁）。

インドの神学教育についてふれると、一九一〇年にバンガロールに合同神学校が創設されたが、初代学長はラルセン（一九四〇没）で、彼はタミル語の優れた学者、説教家、神学者で学生に甚大な感化を与えた。二、三年後にセランポール神学校が設立された。ほとんど同時代にカルカッタにビショップ神学校が創設された。のちにジャバルプールに米国メソヂスト教会によってレオナルド神学校と、米国ルーテル教会によってラージャムンドリにセンターが設立された。これらの教育機関において神学教育が施されている。（同、四八二頁）。

㈤パキスタン　この国の状況はキリスト教会にとってあまり好ましいものではなかった。

一九六四年にキリスト教徒の数は、インドよりもずっと少なく、多分全人口の約一パーセントで、七五万人位であった。インドと分離して自治領となったこの国は、一九五六年パキスタン・イスラム教共和国として発足した。歴史をさかのぼれば、パキスタンは初めからイスラム教国であった。この共和国において信教の自由が保障されているとはいえ、イスラム教徒だけが市民権を十分に享受できた。まもなくイスラム教徒の指導者（すべてのことをイスラム教の伝統的法典によって処理しようと望む）と西洋の教育を受けた政治家（民主的自由に関する種々な広い見解に立つ）の間の摩擦が大きくなった。一九五八年に「イスラム教」という文字が国名からはずされた。しかしキリスト教徒は、他のイスラム教国のように依然として世論は彼らに厳しいと感じている。（同、四八六―四八七頁）。

㈥アフガニスタン　この国は一九一九年にイスラム教を国教とする立憲君主国として独立した。イスラム教徒への布教は、いずれの宗教をとわず禁止されている。イスラム教からの背教は、死を伴うことであろう。しかし初めてカブールに外国人キリスト教徒のためにローマ・カトリック教会とプロテスタント教会のそれぞれ一つずつの礼拝所が存在するようになった。（同、四六一頁）。

㈦ネパール　この国では一九五一年に立憲君主制が回復した。長期にわたって鎖国状態が続いたが、一九五〇年に初めてこの国は教育と医療のための宣教師を受けいれた。一九五三年ローマ・カトリック教徒がカトマンズに病院を設立した。翌年ネパールへの合同宣教事業が、一七の異なる教会や宣教協会の協力によって開始されたが、その主要な業務は医療である。信教の自由は存在するとはいえ、極めて限定されている。改宗は許されていないが、多くのネパール人がキリスト教に改宗した。そして小さな教会が、迫害に近い抑圧のなかに置かれている。(同、四六一―四六二頁)。

(八)フィリピン共和国　フィリピン諸島の住民の九〇パーセントは名目上キリスト教徒である。ローマ・カトリック教会は、急いで現地人の教職者を養成した。一九三六年に一〇人の司教のうち七人がフィリピン人で、牧会区の半分以上はフィリピン人の教職者が指導している。プロテスタント教会は小さいが、急速に発展し、フィリピン・キリスト教協議会を形成して、世界宣教会議と関係し、一九二九年に会衆派教会と長老教会と同胞教会が合同して、フィリピン福音合同教会を形成した。モロ族へのプロテスタント宣教師ラウバックは大規模な読み書き教育の方法を開発したが、これはのちに他の数ヵ国で用いられるようになった。(ニコルス、四二七―四二八頁)。

東アジア

(一)中国　一九一一年に辛亥革命が起こり、一九一二年に中華民国が成立した。一九二一年に中国共産党が成立した。中華民国の指導的人物孫文（一八六六―一九二五）の死後蔣介石（一八八七―一九七五）の率いる国民党軍が、一九三〇年代までにほとんど中国を制圧した。一九三一年満州事変が突発した。一九一四年から一九五〇年までにこの国におけるプロテスタント教会とローマ・カトリック教会はそれぞれの教会員数をほとんど二倍にすることができた。ローマ・カトリック教会はインドよりもこの国に一層宣教師を大増員し、ローマ・カトリック教会の統一が急速に促進された。一九二六年に六人の中国人が司教に叙階された。一九四〇年に一四の代牧区（布教国においてまだ司教区を設定するまでに至らない教会教区）が中国人の代牧区司教の指導のもとに存在した。中国には、アフリカを除外すれば他のどのローマ・カトリック教会の宣教地よりも多くの孤児院、病院、診療所があった。教育は従来よりも一層重視された。一九三五年に第一回全国カトリック・アクション会議が開かれた。一九四一年までにこの教会員数は、三二五万人となった。この教会の財源の半分は中国の教会が負担したが、これはおもに基本財産である土地にかかわる収益によった。（同、四三一―四三二頁）。

中国はキリスト教、おもにプロテスタント教会によって、アジアの他のどの大国よりも非常な影響を受けた。プロテスタント教徒は人口の一パーセント以下であったが、内外科治療と公衆衛生との分野を開拓した。看護婦の一〇分の九はプロテスタント教徒であった。一九三〇年代の大抵の社会事業はプロテスタント教徒が行なった。多くの指導者は、プロテスタントの学校や大学で教育を受けた。キリスト教の影響を受けて、国民党の「新生活運動」は始まった。孫文、蔣介石らと彼らの夫人は皆キリスト教徒であった。多くの政治家、教育家、軍人は外国で教育を受けて、キリスト教徒となった者であった。ＹＭＣＡと教会は、大衆に読み書きを教える運動を推進した。かなりのプロテスタント教徒は、中国人の生活改善に従事し、彼らの仕事は効果を収め感謝された。しかしプロテスタントの中等学校や大学は、ますますキリスト教的性格を失うようになった。キリスト教がおもに社会改革と同一であると解釈されたところでは、多くの有能な学生が共産主義の精細さと明確な現実主義のゆえにこれを受容するようになった。またファンダメンタリストと自由主義者の分裂は、中南米を除いて他の外国宣教地よりもこの国において深刻であった。（同、四三二—四三三頁）。
プロテスタント宣教は、これが社会的活動にかかわったこともあって、ローマ・カトリック教会の宣教よりも一層攻撃された。一九二〇年代に激しい反宗教運動があったが、これは幾分かは共産主義者が煽動したもので、ことに英国のプロテスタント教徒に向けられた。宣教師の誘拐には賞金がかけられた。西洋の治外法権と借地権等が中国の民族的反感をあおり、その結果時には宣教も反対された。国民党のキリスト教主義学校に対する政策は、民族主義的であり、世俗的であったので、米国からの人的財的援助が減少した。中国人にとって教会教職者になることは特別に困難なことであった。というのはこの国では牧師になるという前例がなく、従って牧師を支えるということが困難であったからである。しかし有能な学校教師や管理職やＹＭＣＡの幹事等になる者はいた。もちろん中国人のプロテスタント教職者がいなかったわけではなく、その数は同じローマ・カトリック教職者の数よりも多かった。ローマ・カトリック教職者になるためには、ラテン語による神学教育を受けなければならないという困難があった。（同、四三三頁）。

一九二二年に中国キリスト教協議会が形成され、一九二七年に中国キリスト教会が創設されたが、これは世界中で最も多くの教派が合同したものである。その中核をなすものは、長老教会と改革派教会であったが、会衆派教会、同胞教会、バプテスト教会も合同に参加した。一九三四年にプロテスタント教職者の半数以上がこの教会に所属していた。この教会は、世界宣教会議や世界教会協議会に加盟している。日中戦争が始まったのちも、中国の教会と日本の教会の間で和解のきずなが保たれた。日本キリスト教協議会と中国キリスト教協議会は、相互に代表を派遣した。（同）。

㈡台湾　蔣介石とその軍隊の到来とともに、台湾のキリスト教会の状況は一変した。一九四九年まで、ローマ・カトリック教会の小規模な宣教は別として、台湾では長老教会が最も盛んであった。そして北部にはカナダの長老教会が、南部にはアイルランドの長老教会が発展した。キリスト教徒の数は急速に増加したのではなかったが、教会は堅実な独立教会形成への途上にあった。第二次大戦直前に顕著なキリスト教運動が、山岳地帯の原始民族の間で始められた。この大戦中宣教師は自由を束縛されて活動ができず、山岳地帯への福音宣教は日本軍による強力な抵抗にあったが、この運動は外部からの援助なしで発展していった。（ニール、四七〇―四七一頁）。

蔣介石の台湾への到来とともに、中国で宣教ができなくなった諸宣教協会が、台湾に注目したことは当然であった。ローマ・カトリック教会の司祭の数は、六八二名にのぼるようであり、そのうち五二七名は外国人であった。按手礼を受けたプロテスタント教会の教職者の数は、四一一名で、そのうち一五〇名が外国人であった。しかしプロテスタント教職者は四九の教派の異なる教会や宣教協会に属していた。プロテスタント教会の宣教の通例であるように、これらの教会や宣教協会の間には相互の協議や計画もなく、おもに首府タイペイに集中した。現在台湾の人口八〇〇万人のうち約四五万人のキリスト教徒がいる。（同、四七一頁）。台湾長老教会は、台湾の人々の主権の尊重に関してたびたび声明をだしている。

㈢韓国　日本の統治下にあった韓国では、キリスト教徒も苦難の道を歩まなければならなかった。ローマ・カトリック教会以外のすべての教会の礼拝では韓国語が用いられ、またこれらの教会のキリスト教文書は韓国語で出版されたが、このことによってキリスト教徒は韓国の民族主義者という嫌疑をかけられた。一九一九年三月に多くのキリスト教徒は三・一独立運動に加わったために、苛酷な弾圧を受けた。同年末までに長老教会だけで四七名の会員が処刑され、非常に多数の者が獄にあった。(同、四七一—四七二頁)。同年三月一日の「三・一独立宣言文」には、韓国は過去一〇年間日本の植民地として痛苦をなめ、しばしばこの民族は生存権さえも奪われてきたが、今や独立を達成するとともに日本をして邪路から踏み出さしめ、東洋の支持者としての重責を全うせしめ、東洋の平和、ひいては世界の平和と人類の幸福を招来せしめようとするものであると記されている(池明観『韓国現代史と教会史』三一七—三二〇頁)。一九二〇年代には、独立運動が後退し、近代化の理念に基づく文化的または社会的運動が盛んになった(同、一七頁)。従ってこの時期は教会ががまんできる時代であったといえる。しかしこの国のキリスト教徒はつねに神社参拝と天皇の写真への崇敬に悩まされ、一九三九年にはすべての宣教師の国外退去が命ぜられた。太平洋戦争の発生とともに教会に対する圧迫は激しくなったが、教会は発展し続けた。(ニール、四七二頁)。

第二次大戦後この国は三八度線によって南北に分割され、宣教師は大韓民国には入国できたが、朝鮮民主主義人民共和国にはできなかった。大韓民国における教会の復興は急速に、しかも大規模になされ、宣教師は歓迎され、あらゆる種類のキリスト教活動が再興された。しかし朝鮮民主主義人民共和国の教会は困難な状況下に置かれているようである。(同、四七二頁)。

一九五〇年に朝鮮戦争が起こり、一九五三年に休戦協定が成立した。この戦争によって多数の人命が失われ、南も北も荒廃した。現在大韓民国のキリスト教徒の数は五〇〇〇万人であり、そのうちカトリック教徒は五〇〇万人である。プロテスタント教徒の六五パーセントは長老教会に属しているが、この教会はキリスト長老教会とイエス長老教会に分かれている。ほかに監理教会（メソヂスト教会）、ホーリネス教会（イエス・ホーリネス教会とキリスト・ホーリネス教会に分かれる）、聖公会、救世軍等がある。この国の教会内の保守的要素のゆえに、世界教会協議会への参加は困難である。

オセアニア

一九一四年から一九三九年の期間は、フィリピンからニューギニアを経てハワイまでのキリスト教会にとっては静かな、しかしめざましい発展の時期であった。大きな宗教運動はなかったけれども、キリスト教徒の数は倍加した。ソロモン群島のうち、ある島々では福音に対する頑強な抵抗がみられたとはいえ、これは例外的なことがらであった。例えばニューギニアではルター教会の宣教は急速に発展した。太平洋戦争の発生後多くの宣教師が日本軍の空襲によって殺されたり、日本軍によって抑留されたり、また追放された。多くの地域で宣教師の在留が、地域住民のためになるか、それとも彼らに危難をもたらすかということが問題となった。ニューギニア在住のアングリカン教会の宣教師のうち多くの者は残留した。二、三ヵ月内に八人の宣教師が日本軍によって殺されたが、これは非キリスト教徒であったパプア人の裏切り行為によるものであった。（同、四七三―四七五頁）。

オセアニアの教会の課題としてニールはつぎの二点をあげる。㈠一九七〇年イギリス連邦の一員として独立し、立憲君主国（元首はイギリス国王）となったフィジー諸島のフィジー族のほとんど大部分がキリスト教徒であり、大抵はメソヂスト教会に所属していた。一九世紀後期に契約に基づき農園労働者としてこの国に移民したインド人の数は、この国で誕生したインド人を含めて同年に一七万人になったので、すでに一九五六年にフィジー族の人口は一四万八〇〇〇人となり、この国のなかで少数民族となってしまった。これらインド人のうちのキリスト教徒は少数である。従ってインドにおけると同様の問題に教会は直面している。㈡オセアニアに幾分かキリスト教の風情のある異教思想のきざしが現われた。このような現象は、キリスト教が急速に発展したアフリカやその他の地域にみられる現象である。ニューギニアやその他のオセアニアの地域で、カーゴ祭儀という奇異な現象に教会は直面して困惑した。カーゴ（船荷の意）祭儀とは、パプア人の用語で西洋文明の摂取を意味するが、ニューギニアのこの祭儀の根底に、白人は重労働をしないのに富んでいるのはなぜかという問題が横たわっていた。さらに途方もなく莫大な物品を船でもっていくが、なんの支払いもせずにこれらをえる。彼らの富とその宗教の間に関係があるのだ。彼らは宣教師によって福音をパプア人に伝達したが、富の蓄積の秘訣は伝えてくれなかった。従ってパプア人はみずからでなんとかしてこの秘訣を探さなければならないと。ニールはこのような混乱は、西洋の商人と宣教師と観光客と公務員がひき起こしたものであるという。（同、四七五―四七七頁）。

わが国においても第一次大戦後南洋伝道団が、小崎弘道を団長として組織され、初め山口祥吉をトラック島に、また田中金造をポナペ島に送った（小崎弘道『七十年の回顧』二九四—二九七頁）。現在日本基督教団から荒川義治がポナペ島に、日本聖公会から佐藤慎一がグアム島に、ウィクリフ聖書翻訳協会から真鍋孝とイムマヌエル綜合伝道団から相原雄二がパプア・ニューギニアに、それぞれ派遣されている（『基督教年鑑』一九七八年版、四四〇—四四一頁）。

八〇　ラテン・アメリカ諸国の教会

序

ラテン・アメリカ諸国はもはや植民地ではないけれども、財政的には依然として諸外国に依存している。この諸国の独立と発展は、負債の増加と奇形の経済状態等によって妨げられ、急激な人口の増加に伴って失業者の数も上昇している。これらの諸国は、発展途上国であり、その社会構造には根本的に変革の必要性があることを、国際連合の特別機関や大学研究班が認めている。それぞれの国の青年が企てる革命に対するそれぞれの国の政府の弾圧は一層激しくなり、その結果どの国にも暴動が起こった。農民は明日に希望を託して都会へ移住し、民衆は良い社会の建設を目指して闘争している。このような状況下で教会はどのようにあるべきなのであろうか。（カストロ『革命のさなかで』二一四—二一五頁）。

ローマ・カトリック教会

一九六八年にローマ・カトリック教会の諸司教はメデリンに会同して、ラテン・アメリカの諸国民につぎのような趣旨の声明書を発表した。ラテン・アメリカは未開発国であって、諸国民は物質的恩恵を受けておらず、個人はその人生の目的を達成することも不可能である。種々な努力にもかかわらず、飢餓と悲惨、病気と乳幼児の死亡、非識字者、富の分配の非常な不平等、階級間の対立、暴動、国民の政治への参与のほとんどないこと等の諸問題が山積している。(同、八〇頁)。われわれは、技術による解決策や、あるいは無謬の治療法を有しているのではないが、諸問題をわれわれみずからのものとしたいし、苦痛にあずかりたいし、解決策を見いだしたいし、解決のために協力したい。(同、八二頁)。そこでわれわれは、共同体の意志決定にすべての者が参与できるような正義の秩序を促進し、家庭の役割を重視し、家庭を社会変革のために用いること、成人教育を促進し、成人の社会的責任感を高めること、経済社会変革に重要な役割を演ずる各種の労働組合の活動の促進、大衆やエリートへの宣教活動と公教要理の教育の促進、教会内における司教、司祭、修道士、信徒間の対話と協力との促進、他のキリスト教教派や善意の人々との協力を提案したい。(同、八四―八五頁)。このような趣旨が声明書に記されている。

メソヂスト福音主義教会

一九七〇年の国際連合の推定によると、ボリビアの人口は、一三五九万人で、そのうち四六パーセントがインディオで、一三パーセントがスペイン人で、四〇パーセントが両者の混血人である。同年にボリビアのメソヂスト福音主義教会は、ボリビアの国民につぎのような趣旨の声明を発した。ボリビアには痛ましい非人間化が浸透しており、後進性が著しい。この国は巨大な資源を有しているが、発展途上国である。個人当りの収入はラテン・アメリカのなかで最低である。「鉱夫らの墓場」は、われわれに、壮年期に鉱山で短期間生産に従事し、そして死亡した鉱夫らの痛ましい姿を伝えており、彼らは助ける者もない孤児や未亡人をあとに残した。彼らが生命をかけて採掘した鉱物によって少数の者が富を増し、また富める国々は産業活動や商業活動を促進する。ボリビアの中心的存在である三〇〇万人の農民は、低識字率と貧困のなかにあり、官僚制度や政治家の思いのままに取り扱われている。無数の児童には学校設備も机もなく、また教師もいない。教室に群がる無数の大学生には卒業しても職がなかったり、ある者は政治家になったり、学問に志したり、他国に移住する。このような状況の背景には、大国の帝国主義や戦争挑発者の経済的利害関係が存在し、国際的抑圧機構が存在する。他の第三世界のように、ボリビアは低価格で原料を輸出し、ボリビアの労働者の賃銀の一〇倍、二〇倍、あるいは三〇倍の賃銀を受け取る外国の労働者によって製造された商品を輸入する。外国の投資家は、ボリビア以外の国では受けいれられない条件でボリビアの資源を搾取しようとしている。また国内にも搾取する少数の特権階級がいる。(同、九二―九三頁)。

　さらにこの声明はつぎのように主張する。キリスト教会としてわれわれが行う最善のことがらは、イエス・キリストの福音によって真に人間となった新しいボリビア人の形成に参与することである。キリスト教徒であるということは、まじめな人間であるということ以上のことがらである。彼は疎外のない自由な人間である。彼は可能性と責任を自覚しており、「義に飢えかわいている者」であり、主のように「仕えられるためにきたのではなく、仕えるために、また多くの人のあがないとして、自分の命を与えるためにきたのである」。彼は和解を受けた人間であり、和解する人間であり、和解の務めを、十字架上で「世をご自分に和解させた」方から受けたのである。彼は、すべての不正な社会構造と闘い、人々の解放と希望のために闘う者である。(同、九七―九八頁)。

今ここにあげた南米の二つの教会は、人間の霊魂の救済ばかりでなく、統体としての人間の救済がもたらされなければならないこと、また人間が共に営む社会全体も、救済の対象とされなければならないことについて訴えている。私は人間とは、身体と知性と感情と意志と信仰を有している存在であるといったが、この統体としての人間が救済の対象とされなければならない。従って人間の霊魂の救済だけでなく、政治的経済的社会的に非人間化されている人間の救済も考えられなければならない。いいかえれば人間は、政治的経済的社会的相互連関のなかで生きているから、この人間らが共に営む社会全体もまた救済されなければならないのである。従ってこれら南米の二つの教会は、まさに主張すべきことを主張しているといえる。

八一　第二ヴァチカン会議

序

第一ヴァチカン会議は、一八八〇年一〇月に当時の政治情勢（イタリア統一のための軍隊が同年九月にローマに侵入し、教皇領が没収された）のゆえに無期限に延期されることになり、多くの課題が未決定のままに残された。その後この会議の再開は、一方では教皇の国際的地位が、一九二九年のラテラノ条約（五七〇頁参照）にいたるまで不確定であったため、また他方では二つの世界大戦のために不可能であった。（フィステル『第二バチカン公会議』中村友太郎訳、一六頁）。

第二ヴァチカン会議は一九六二年に開会されたから、第一ヴァチカン会議閉会ののち約一世紀が経過したわけである。第二ヴァチカン会議の第一会期は教皇ヨハネス二三世のもとで一九六二年一〇月から一二月まで開かれた。そしてヨハネス二三世が死去したのでパウロ六世（一九六三―一九七八）のもとでこの会議の第二会期が一九六三年九月から一二月まで、第三会期が一九六四年九月から一一月まで、第四会期が一九六五年九月から一二月まで開かれた。この会議には司教と修道会長とが平均二三〇〇人出席し、ほかに神学者、傍聴者として司祭と信徒との代表者、ローマ・カトリック教会でない教会とキリスト教団体のオブザーヴァーも列席した。

この会議においては、教義、司牧、実践活動、キリスト教会の一致等について、種々な問題が取り扱われたが、私は、つぎの七点について述べよう。

教会一致

この一致は、カトリックの教会内部の一致、カトリック教徒と他のキリスト教徒との間の一致、さらにカトリック教徒とキリスト教徒以外の人々との一致という三重の問題を含んでいる（同、三三頁）。ヨハネス二三世は、一致のために「キリスト教徒の一致促進のための聖省」を設置した。教会一致、ことにカトリック教会と正教会とプロテスタント教会との一致の問題は、第二ヴァチカン会議の重要な議題の一つで、主の意志にかなう一致の回復のために、ローマ・カトリック教会は、エキュメニカル運動を促進するという。そして世界教会協議会とローマ・カトリック教会との間に共同委員会が設置されるようになった。

典礼

トリエント会議は、カトリックの立場を守るために、典礼においてラテン語を使用しなければならないことを決定した。しかしその後状況は変り、典礼に母国語を広範囲に使用したいという要望があった。このことは、最近数十年来典礼運動が盛んになり、司牧上の諸要請からキリスト教諸国においても、またとくに布教途上にある諸地域において、信徒の大幅な典礼参加が奨励され、それに伴ってそれぞれの国情に応じて典礼様式を一層適応させる必要があったからである。(同、三七―三八頁)。

教会論

教会とは、本質的に神の民であり、全体としてキリストの神秘体を形成する。教階制度は、このキリストの神秘体のなかにあって神の民に奉仕し、全人類にキリストの教えと恩恵をもたらす使命をになうものである。従って教会は聖職者至上主義に対しては批判的でなければならぬ。教会はなによりもまず人類の母である。(同、五一頁)。

神の民としての信徒

このことはペテロの第一の手紙二章四節から一〇節、ヨハネ黙示録一章六節に基づいている。教会において信徒は特別な使命を与えられている。その使命とは信徒が福音を告知すること、家庭と社会的領域において神の国を建設することである。信徒なしでは、教会はその使命を果すことはできない。(同、七八―七九頁)。このようにこの会議が信徒の責任を強調したことには重要な意義がある。

現代世界に対する教会の役割

自然主義的楽観論の誤りを反論するために、キリスト教的世界像の終末的性格の強調、無神論に対する教会の態度の明確化、世界の広大な地域における貧困と飢餓のうちにある人々の救済、信仰について自然科学者との対話の必要性、カトリック倫理学の広範な改正（キリストを中心とする倫理学を樹立し、福音の精神に基づく個人的および連帯的責任感の育成)、結婚の意義と夫婦の責任に関する指針、平和の確保、核兵器等の使用の禁止、これらはカトリックの教会会議の歴史で従来見られなかったものであった。(同、一三一—一三九頁)。

ユダヤ教や他の宗教

第二ヴァチカン会議は、昔から今日にいたるまでのユダヤ人に対する憎しみと迫害とを非難した。また日本の土井枢機卿は、この会議が、民族の歴史に非常な影響を及ぼしてきた他の諸宗教にも言及すべきであるといった。そしてそれらの宗教のなかに、種々の真なるものと善なるものとがあり、これらの真なるものと善なるものは、神の計画によって福音への道備えをするものであるといった。そしてこれらの真なるものと善なるものに対して、この会議は尊敬の態度を表明すべきであるといった。(同、八九—九〇頁)。

パウロ六世の聖地巡礼

この会議の第二会期の閉会式で聖地巡礼をする旨公表したパウロ六世は、一九六四年一月聖地を巡礼し、エルサレムでコンスタンティノポリスの総主教アテナゴラスと会同した。このことは教会一致運動にとって画期的な出来事であった。彼は東欧のカトリック教徒の擁護のためにその地に旅をしたり、一九六五年一〇月には国際連合に出向き世界平和を訴えたり、ジュネーヴの世界教会協議会の本部を訪問したりした。彼は一九七八年八月に八〇歳で死去した。その後継者ヨハネ・パウロ一世は在位一ヵ月余りで死去し、ポーランド人としては最初の教皇ヨハネ・パウロ二世が就任した。

八一　日本ローマ・カトリック教会

序

昭和二四年（一九四九）は、サヴィエルが渡来し、日本宣教が開始されてから四〇〇年目にあたる記念すべき年であった。そのため日本カトリック教会では、この四〇〇年記念行事を行なった。この教会は今日、宣教と教育と社会福祉事業において発展途上にあるが、私はおもにこの教会の現状を略述したいと思う。

発展

この教会の復興の初期には宣教は、おもにパリ外国宣教会に委ねられていたが、教皇庁は教会の発展に伴い、明治三七年（一九〇四）に四国教区を新設して、マニラ管区のドミニコ会に委託し、大正元年（一九一二）には新潟教区を神言会に、大正四年（一九一五）には札幌教区をドイツのフルダ管区のフランシスコ会に委託した。昭和二年（一九二七）には長崎教区、また同一二年（一九三七）には東京教区を邦人教区として独立させた。（『基督教年鑑』一九七八年版、二二七頁)。そして現在では、大司教区三、司教区一三が置かれている。(同、四三二頁)。

教皇庁は日本との友好関係を結ぶために、大正八年(一九一九)以来駐日教皇使節を派遣し、わが国もまた昭和一七年(一九四二)以来教皇庁に公使を派遣したが、戦争後は一時中止された。しかし同二八年(一九五三)に再び教皇庁から公使が派遣された。同三五年(一九六〇)に東京大司教土井辰雄(一八九二―一九七〇)は日本人として最初の枢機卿に任命された。土井の死後、同四八年(一九七三)に大司教田口芳五郎が二人目の枢機卿に任命された。(同、二二七頁)。田口の死後同五四年(一九七九)六月に大司教里脇浅次郎が三人目の枢機卿に任命された。

教勢

日本カトリック教会の教勢は昭和二二年(一九四七)六月末で、教区一五、教会三四五、修道院一五一、邦人司祭一六一名、外国人司祭二八一名、修道士三二八名、修道女一九九九名、信徒一一万一二〇九名である(『基督教年鑑』一九四八年版、二六九頁)。しかし現在は教区一六、教会一〇二一(伝道所二三九を含む)、教師九八一六名(うち男子正教師八五二名、同補教師一一四名、同伝道師四五八名、女子伝道師七一一六名、女子宣教師二七六名)、信徒三七万五五三三名となっている(同一九七八年版、四三一頁)。従って教師数は、三〇年間に三倍以上となり、信徒数も同様であることがわかる。

教　育

カトリック教会の多くの修道会と宣教会等がわが国の一般の教育事業のために尽力した。現在、カトリック系大学四三（うち、大学院二、大学一二、短期大学二九）、専門学校三、高等学校一一五、中学校九九、小学校五三となっている。（同、三〇二―三一〇頁）。また幼稚園は五九五ある。（同、三三一―三三九頁）。

社会福祉事業

教育事業と同様に、カトリック教会の多くの修道会と宣教会等がわが国の社会福祉事業のために尽力した。現在カトリック系社会福祉事業団体数はつぎの通りである。連絡団体二、総合事業四、児童福祉施設一六五、母子ホーム一、婦人保護施設一、病院診療所三六、心身障害者施設二三、老人福祉施設三六、更生施設その他六五。（同、三五五―三六〇頁）。

八三　日本のプロテスタント教会

序

ここに叙述する日本プロテスタント教会史では、この教会の発展の時期（明治四二年―昭和六年＝一九〇九—一九三一）と、艱難の時期（昭和六年—同二〇年＝一九三一—一九四五）と、信教の自由の時期（一九四五—現在）を取り扱う。従って私は現代史の初めを第一次世界大戦の開始（一九一四）に置いているから、多少この章で扱うところが時期的にさかのぼることになる。

発展の時期において開教五〇年記念会、日本基督教会同盟、三教（キリスト教、教派神道、仏教）会同、全国協同伝道、世界日曜学校大会、日本基督教連盟、神の国運動、社会的キリスト教について述べたい。艱難の時期において、宗教団体法の成立、信徒大会、日本基督教団の成立、戦時下の教会について述べたい。信教の自由の時期においては、天皇の人間宣言、日本基督教団の再編、新設教会、聖書改訳、賛美歌改訂、教会の戦争責任、沖縄キリスト教団と日本基督教団の合同、「靖国神社法案」への反対運動、万国博覧会問題、種谷裁判、津地鎮祭判決、教勢、教育、社会福祉について述べたい。

開教五〇年記念会

明治四二年（一九〇九）一〇月に六日間にわたって東京基督教青年会館において開催された。一五の集会、約九〇名の講師、五、六百名から千二、三百名の参会者があって、非常に盛会であった。（植村、二巻七〇二頁）。この間講演会が数回開かれ、キリスト教教育、キリスト教文学、日本の倫理宗教思想と国民生活に及ぼしたキリスト教の感化、婦人の伝道と教育事業、キリスト教と社会改良、牧会、伝道、キリスト教と社会福祉事業、過去と将来における宣教師の活動に関する講演があった（小崎弘道『七十年の回顧』二三一—二三二頁）。

日本基督教会同盟

この同盟は、日本基督、組合、メソヂスト、福音、クリスチャン、友会、美普、同胞などの賛成をえて、明治四四年（一九一一）に組織された（比屋根『九十年史』一〇八頁）。この同盟の起源については、明治一一年（一八七八）に開かれた「全国基督教徒大親睦会」にまでさかのぼることができ、その後この大親睦会は日本福音同盟会に発展した。この日本福音同盟会は、日本におけるキリスト教各派の合同を切望した。日本基督教会同盟の主義と目的は、普通に福音主義（この同盟が福音主義というのは、聖書をもって信仰と行為の完全な規範とし、人とその救いのために世にこられたわれわれの主イエス・キリストを神と信ずるものである）と称する諸教会相互の交わりを深め、共同の事業を経営し、キリスト教会一般の利害に関する事件につき適宜の処置をし、このようにしてキリストの精神を社会に発表することにあった。（植村同、六二六―六三〇頁）。ここにも、のちの日本基督教団創立の一つの重要な契機をみることができる。

三教（キリスト教、教派神道、仏教）会同

内務省主催の三教会同は、明治四五年（一九一二）二月華族会館で開かれた。そのころわが国は経済恐慌に見舞われ、一部には華美な生活を送る者らもいたが、一般国民の生活難は日増しに深刻になり、人心は荒廃していた。そこで内務大臣原敬（たかし）（一八五六―一九二一）のもとで、同次官床次（とこなみ）竹二郎（一八六七―一九三五）はこの会同を企画した。彼は、宗教と国

家との結合をはかり、宗教を一層権威あるものとし、国民に宗教を重んじる気風を興させ、また宗教と教育によって国民の道徳を養成しようとした。それ故に宗教家間の連絡をとり、上述の目的を達成しようとした。(同、七〇二―七〇四頁)。当時、この計画によって三つの宗教が合同するのであるという誤解があったり、学者や宗教家の間にはキリスト教と会同するのを好まないという者らもいた。(同、七〇四―七〇六頁)。三教会同は、神道や仏教よりもキリスト教にとって意義があった。というのはこれを契機にしてキリスト教は長期間の猜疑や圧迫から脱して、外見上では神仏二教と同様に政府の公認の宗教として取り扱われたからである。(比屋根同、一一二頁)。

全国協同伝道

一九一〇年のエディンバラで開かれた国際宣教会議で世界の諸教会が協同して宣教にあたらなければならないことが強調され、この目的のために継続委員が置かれた。この委員の委嘱を受けてモットは、一九一二年より翌年にかけて世界をまわり、大正二年(一九一三)に東京でも継続委員会が開かれた。その結果、全国の諸教会が協同して大規模の伝道を行うことになった。その目的は、各人の心霊にキリストの生命を一層充実せしめ、そのことによって一層熱心に他の人々を救いに導き、また一般社会へ広く福音の真理を伝えることにあった。(同、一一四頁)。このようにして大正三年(一九一四)から同六年にわたり、全国的な協同伝道が行われた。日本を東西に分け、東部の部長は植村正久で、西部の部長は宮川経輝であった。東部とは、愛知、長野、北陸地方より以東をいった。当時日本の社会情勢の背景には、憲政擁護運動、日米問題（対米移民制限）、ベルグソンやオイケンの哲学の流行、三教会同、宗務局の文部省移管、世界日曜学校大会の準備等があった。三ヵ年にわたる協同伝道の集会の数は、四七八八回であり、聴衆の数は、七七万七一一九名であり、志道者の数は、二万七三五〇名にのぼった。（植村、七二七頁）。

第八回世界日曜学校大会

この大会は大正九年（一九二〇）一〇月に東京で開催された。不幸なことに、この大会のため東京駅前に十数万円をかけて建築した会場が、開会三時間前に焼失してしまった。そのため東京基督教青年会館、救世軍本営、帝国劇場を会場に当てた。（同、七四三頁）。この大会の主題は「日曜学校」で、世界の進歩、世界伝道、教育、社会、国民生活等に関して協議した。大会代議員は、英国から九名、フィリピンから二九名、中国から一七名、カナダから七四名、米国から五一三名、日本から七八六名、その他を合わせて一七八六名、日本人准代議員五九二名、総計二三七八名にのぼった。（比屋根同、一一七頁）。

日本基督教連盟

大正一一年（一九二二）に東京基督教青年会館で、全国基督教協議会が開かれ、モットが議長、鵜崎庚午郎（一八七〇―一九三〇）とA・ライシャワー（一八七九―一九七一。元駐日アメリカ大使E・ライシャワーの父）が副議長に挙げられ、思想部、文学部、教育部、社会事業部、伝道部に分かれて協議した。この協議会で日本基督教連盟の創立が決議された。

この連盟は、日本におけるキリスト教運動全般にわたる宗教的、倫理的、社会的諸問題に関して、権威のある統一的見解を発表し、また時機に応じて海外のキリスト教諸団体と連絡をとり、世界宣教会議に参加し、さらに国際的問題に貢献しようというものであった。翌年この連盟は創立されたので、従来の日本基督教会同盟は解散した。(同、一一七―一一八頁)。

神の国運動

昭和四年(一九二九)一一月に開かれた日本基督教連盟第七回総会は、神の国運動を決議した。この運動の目標は、日本を神の国とすることと、日本人の思想と生活とのキリスト教化にあった。運動の方法として、キリスト教徒の四倍増、一〇〇万人キリスト教徒による日本輿論のキリスト教化、各キリスト教団体の教職者と信徒すべての綜合的総動員、一人のキリスト教徒が毎年一人ずつをキリストに導くこと、二分間の正午黙禱、すべてのキリスト教徒が神の国献金(一口二〇銭)をすることが決まった。またこの運動の時期は昭和五年から同七年までであった。そして標語として、「祈れよ、捧げよ、働けよ」が決まった。この総会が開かれた日の夜日比谷公会堂で、宣教七〇年記念会が開かれ、神の国運動が宣言された。賀川豊彦はこの運動のため各地を巡回して最も活動した。(同、一一九―一二一頁)。

またこの神の国運動は、社会問題に対しても深い理解を示し、そうした社会問題と不可分離にキリスト教の立場を明らかにしたところにこの運動の特徴があった(海老沢有道、大内三郎共著『日本キリスト教史』四八九頁)。この運動の宣言のなかに、福音の社会化を図るためとしてつぎのように記されている。一、人の権利と機会の平等。二、人種及び民族の無差別待遇。三、婚姻の神聖、貞操に対する男女同等の責任、家庭生活の保護。四、女子の教育、社会、政治及び産業界における位置の改善。五、児童人格の尊重、少年労働の禁止。六、日曜日公休法の制定（賃銀の支給を予期す）。七、公娼制度の廃止、及びこれに類する営業の徹底的取締。八、国民的禁酒の促進。九、最低賃銀法、小作法、社会保険法、国民保険に関する立法の完備と施設。一〇、生産及び消費に関する協同組合の奨励。一一、傭人、被傭人の間に適当な協調機関の設置。一二、労働者教育の普及及び徹底、合理的労働時間の制定。一三、所得税及び相続税の高率累進法の制定。一四、軍備縮小、仲裁裁判の確立、無戦世界の実現。これらの社会信条は実は、昭和三年一一月開催の日本基督教連盟総会において発表されたものに準じたのであった。（同）。

社会的キリスト教

これは日本の昭和初期のキリスト者学生運動を母胎にして発生したもので、この運動に参加した学生は、当時の危機的社会状勢を敏感に自覚し、キリスト教はどのような立場をとらなければならないかについて苦闘した。彼らは労資の対立の尖鋭化、失業群の洪水、農村の困窮化、人口過剰の問題、をキリスト教の立場から解決しようとした。従って彼らは、従来の個人主義的キリスト教を批判し、社会に適応する社会的キリスト教を主張した。この運動は、昭和六年ころから学生基督者運動となった。（同、四九四頁）。

昭和五年（一九三〇）に日本ＹＭＣＡ同盟のなかに「基督者学生委員会」が設置され、同年この同盟の機関紙『開拓者』はこの社会的キリスト教の線に従って編集され、当時の夏季学校においても社会的キリスト教の主張が明らかにされた（同、四九六―四九七頁）。中島重（しげる）（一八八八―一九四六）、今中次麿、住谷悦治等は、この社会的キリスト教の唱導者であった。

宗教団体法の成立

宗教法案は明治三二年（一八九九）以降三回にわたり国会に提出されたが、審議未了となって成立しなかった。しかし昭和一三年（一九三八）に近衛内閣は、宗教団体法三七ヵ条を作り、翌年平沼内閣はこれを貴族院に提出し、二、三の修正ののちこれは貴族院で可決され、つぎに衆議院で可決された。宗教団体法第一条に、本法において宗教団体とは、神道教派、仏教宗派及びキリスト教その他の教団ならびに寺院及び教会をいうとある。（比屋根同、一二四頁）。この法律は宗教統制法ともいうべきものであって、これによって教派神道やキリスト教は戦前戦中を通じて圧迫を蒙った。敗戦ののちこれは廃止され、昭和二〇年（一九四五）宗教法人令が施行され、信教の自由が保障された。

二つの信徒大会

昭和一四年（一九三九）は、安政六年（一八五九）にプロテスタント教会の宣教が始まってから八〇年にあたるので、東京のプロテスタント各教派各団体連合信徒大会が青山学院で開かれた。この大会の宣言のなかに、キリストの福音によって唯物無神の思想を排除し、神の国の実現を期すること、日支親善および世界人類共存共栄の原則を確認し、東亜の教化、ならびに恒久平和の確立を期することが記されている。(同、一一五頁)。翌年皇紀二千六百年奉祝全国基督教信徒大会が青山学院で開かれた。この大会の宣言のなかに、われわれは全キリスト教会合同の完成を期するとある。そして大会の翌日第一回教会合同準備委員会が開かれた。

日本基督教団の成立

すでにエキュメニカル運動について記述し、教会一致の重要性について明らかにした。さらに北米やインドのキリスト教史の叙述のなかで、教会合同が種々な形態において進められてきたことについても述べた。そしてこの章においてすでに日本基督教会同盟や日本基督教連盟について述べた。これらにおいて明らかなように、キリスト教各教派各団体の合同は長い間、日本のキリスト教徒の希望であった。

さらに日中戦争の拡大に伴って要請された統制に適合した宗教団体法が、教会合同を促進した。この法令に基づいて文部省は初め教団の大部分、すなわち二三教団を認可すると言明したが、この法令の実施に際してこれを実行せず、教会数五〇、信徒数五〇〇〇以上を有しない小教派は、正式に認可することは困難であるといった。その場合認可される可能性のある教派は、日本基督、メソヂスト、組合、聖公会、バプテスト、ルーテル、聖教会の七教団だけになり、残りの多くの教団は、独立教団として存在できなくなる。そこでたびたび文部省に交渉したが、効果がなく、教会内では小教派相互の合併、小教派と大教派の合同なども考えられるようになった。(同、一三一頁)。

合同準備委員会は八回にわたって開かれたのち、教団創立準備委員会が設置された（都田恒太郎『日本キリスト教合同史稿』二〇九頁）。この創立準備委員会が決定したブロック制の「部」と当時それぞれの部に所属した信徒数はつぎのとおりである。これによって当時のプロテスタント教会の教勢を知ることができるであろう。

第一部　日本基督教会　六万二七〇八名

第二部　日本メソヂスト教会
日本美普教会　四万九三六〇名
日本聖園教会

第三部　日本組合基督教会
日本基督同胞教会
日本福音教会　四万五三二八名
基督友会
基督教会

第四部　日本バプテスト教会　七二〇〇名

第五部　日本福音ルーテル教会　七一一一名

第六部　日本聖教会　一万六三五〇名

第七部　日本伝道基督教団
日本イエス・キリスト教団
日本同盟基督教団

日本基督教伝道教会
基督伝道隊
日本ペンテコステ教会
日本聖潔教会
　　　　九九四九名

第八部　日本聖化基督教団（左の五つの合併名称）
日本自由メソヂスト教会
日本ナザレン東部会
日本ナザレン西部会
日本同盟基督教会
世界宣教団
　　　　七五一九名

第九部　きよめ教会
日本自由基督教会
　　　　七三六一名

第一〇部　日本独立基督教同盟会
ウェスレイアン・メソヂスト教会
普及福音教会
一致基督教会
東京基督教会
日本聖書協会
聖霊教会
　　　　一万二二九四名

一万六四二五名

合計　二四万一五〇五名

なお信徒数約四万人といわれていた日本聖公会のうち、三分の一の教会がこの教団に参加したから、その総信徒数は二五万人をこえていたと考えられる。（同、一二五―一二八頁）。聖公会が正式に合同に参加しなかったのは、使徒伝承性やその他の問題のゆえであった。従って同教会は、教団の首脳者は、使徒継承に立っていると主張する聖公会の監督によって按手されなければならないとした。従って合同に参加した教会は単立教会の資格で加わった。（同、一二六九―一二七七頁。比屋根同、一四二二頁）。

日本基督教団の創立総会は、昭和一六年（一九四一）六月に東京富士見町教会で開かれ、統理者富田満（一八八三―一九六一）、統理者代務者小崎道雄、総会議長阿部義宗、同副議長三浦豕（いのこ）（一八八六―一九六四）、同書記友井楨（こずえ）（一八八九―一九六二）が決定した（都田同、一二二五頁）。教団の成立には当時の為政者の圧力が作用していたとはいえ、教会合同は長年にわたる教会の念願であったことを忘れてはならないと私は考える。なおしばらくして部制は解消した。

戦時下の教会

キリスト教は外国の宗教であり、隣人愛を強調し、自由主義、個人主義、平和主義を教えるからとて、ことに戦時中教会と牧師は警察や憲兵からねらわれ、また一般大衆からも白眼視された。救世軍は英国本営と関係があるから、スパイ行為を行う危険があるとして、その幹部で検挙される者もいた。日本基督教団第九部に属する旧ホーリネス教会は、キリスト再臨を強調し、このことは天壌無窮の神勅にそむくとして、小原十三司、車田秋次ほか一二〇名が検挙され、この教会は解散を命じられた。小出朋治は獄死し、病気出獄直後に死亡した者が三名いた。（救世軍と旧ホーリネス教会の項、比屋根同、一三二、一四四頁）。また東京帝国大学教授矢内原忠雄は植民政策を講義していたが、日本の植民政策を批判し、軍部からにらまれていた。彼が教授を辞任するようになるまでには、このような背景があった。

なお杉井六郎、太田雅夫共編『戦時下のキリスト教運動』（全三巻）には詳細な資料が掲載されている。

天皇の人間宣言

敗戦の翌昭和二一年元旦に、天皇は詔書を発して、天皇は現人神ではなく、人間であることを宣言した。このことは日本精神史上の顕著な出来事であった。この詔書のなかにつぎのように記されている。「朕ト爾等国民トノ間ノ紐帯ハ、終始相互ノ信頼ト敬愛トニ依リテ結バレ、単ナル神話ト伝説トニ依リテ生ゼルモノニ非ズ。天皇ヲ以テ現御神トシ、且日本国民ヲ以テ他ノ民族ニ優越セル民族ニシテ、延テ世界ヲ支配スベキ運命ヲ有ストノ架空ナル観念ニ基クモノニモ非ズ」（朝日新聞）。

日本基督教団の再編

昭和二一年（一九四六）に救世軍と聖公会が教団からの離脱を申し出た。これより先に改革派教会、イムマヌエル綜合団が離脱を申し出たし、のちには日本バプテスト連盟（旧第四部の一部）、基督友会（旧第三部の一部）、日本ナザレン教団（旧第八部の一部）、日本福音ルーテル教会（旧第五部）、活水基督教団（旧第九部の一部）、基督兄弟団（旧第九部の一部）等が申し出た。ただしこれらの教団に属する教会で教団に留まったものもあった。（比屋根同、一四八―一四九頁）。

同年日本基督教団は同志社における第四回総会で、この教団は「主イエス・キリストを首と仰ぐ公同教会」であること、さらに昭和二三年第五回総会で「使徒信条を告白する教会」であることを明らかにした（同、一四九頁）。

また昭和二二年に北米外国宣教連盟の代表者が来日し、箱根湯元で全国基督教指導者協議会が開かれ、伝道、教育、社会事業に関する協議がなされた。その結果、日本基督教団、日本基督教教育同盟会および北米基督教事業連合委員会の協力による内外協力会が設立され、昭和二三年に旧基督教連盟は基督教協議会として再建された。内外協力会の制度は、戦前のいわゆるミッション（外国伝道協会のわが国における出先機関）にかわる制度で、宣教史上注目すべき新しい制度と考えられる。（同、一四九―一五〇頁）。

新設教会

「日本キリスト教会の創立と発展」で既述した教会以外で、その後に設立された教会のうちから選んで略述することにする。なお既述した教会は、その後の発展途上で分裂したり、あるいは教会間の合同があったりしたもの等があるが、それらについて記述することは省略した。

㈠リーベンゼラ日本伝道会　リーベンゼラ・ミッションは、一八九九年に中国内国宣教のドイツ支部の一つとして、南独のヴュルテンベルク・バード・リーベンゼルに本部と聖書学校を設立した。昭和二年（一九二七）にその宣教師が来日し、農漁民と労働者への伝道を意図した。

㈡日本アッセンブリー教団（日本アッセンブリーズ・オブ・ゴッド教団）　アッセンブリーズ・オブ・ゴッド教団は、一九〇一年米国カンサス州トペカにおける聖書研究会の折、聖霊のバプテスマを受けた人々によって始められた。明治四〇年（一九〇七）にジュルゲンセンが来日し、弓山喜代馬と協力して教団を組織した。

㈢基督兄弟団　昭和二一年（一九四六）に、おもに中田重治の指導を受けた牧師たちが中心となって、この兄弟団は発足した。同年茨城県に聖書学院を開設した。

㈣基督聖協団　この教団は昭和三三年（一九五八）に中田重治の強調した四重の福音、すなわち新生、聖化、神癒、再臨に立つ二八教会によって創立された。

㈤イムマヌエル綜合伝道団　この教団は、昭和二一年（一九四六）に創立され、ウェズリの強調するキリスト者の完全を立証しようとしている。

㈥日本福音教団　この教団は昭和二七年（一九五二）に、ホーリネス教団より離脱して創立され、「福音をアジアへ」を使命とする。

㈦聖イエス会　昭和一三年（一九三八）に、大槻武二による鮮明な聖霊のバプテスマ（キリストの内住）の体験に起因したリヴァイバルに端を発し、同二一年（一九四六）に創立された。

(八)イエス之御霊教会教団　昭和一六年（一九四一）に、村井蛽（じゅん）は天の異象によりイエス之御霊教会という名称を与えられてこの教団を創立した。どこにおいても聖霊がくだって信者の群が起こり、そこに神の器が生ずればこれを教会としてきた。

(九)日本ユナイト・ペンテコステ教団　一九四四年米国において、イエス・キリスト・ペンテコステ・アッセンブリー派とペンテコステ教会が合同して、ユナイト・ペンテコステ教団となった。昭和三八年（一九六三）にこの教団の宣教師と日本人教職者によって日本ユナイト・ペンテコステ教団が発足した。

(一〇)極東福音十字軍　昭和二〇年（一九四五）にスウィートほか数名の米国人の一団により創立された。同三三年（一九五八）に、日本人信徒により福音宣教協力会が結成され、極東福音十字軍の宣教師は、その働きを補助することになった。同三七年（一九六二）に、福音宣教協力会は、日本新約教団となった。

(二)クリスチャン文書伝道団　この伝道団は、一九四一年に世界宣教の活動をしている世界福音伝道団の姉妹宣教団として発足し、今日四十数ヵ国で宣教活動をしている。昭和二五年（一九五〇）に日本における活動が開始され、同三二年（一九五七）にクリスチャン文書伝道団が発足し、現在国内八ヵ所に伝道センターを設立し、とくに文書による伝道に携わっている。

(三)日本聖契キリスト教団　一八七八年にスウェーデンでカベナント（聖契）教会が創立されたが、この教会は当時の国教会の形式的、世俗的な面を批判して起こったリヴァイバルから生まれた。この教会はイエスの世界宣教への命令に応答して聖なる契約を結んだことに、この教会の名称は由来する。そして一八八五年に、米国カベナント教会が創立された。昭和二四年（一九四九）に、米国カベナント教会は日本宣教を開始し、まず東京に聖契神学校を創立した。宣教師たちは、日本カベナント宣教会を組織し、日本人の協力団体である日本カベナント教団（のちに日本聖契キリスト教会）と協力して宣教に当ったが、同四二年（一九六七）に、この両者は合同して日本聖契キリスト教団を組織した。

㈢メノナイト派　メノナイト教会は、国家と教会の分離、幼児洗礼の拒否、兵役拒否を主張し、無抵抗主義、絶対非戦平和主義に立っているが、わが国では昭和二六年（一九五一）以来つぎの四つのミッションが活動している。日本メノナイト教会協議会、日本使徒キリスト教会、日本メノナイト・ブレザレン教団、日本メノナイト・キリスト教会会議。

㈣在日大韓基督教会　明治四〇年（一九〇七）に、韓国長老派と監理派との合同の会議より派遣された長老林鐘純（のちに牧師）によって、東京在住韓国留学生を中心として伝道が開始されたが、これがこの教会の起源である。昭和一五年（一九四〇）に日本の六〇の韓国教会が大会を組織し、のち日本基督教団に加入した。同二〇年（一九四五）に、韓国の独立とともに日本基督教団より離脱し、在日朝鮮基督教連合会を組織し、同二二年に憲法を制定し、在日大韓基督教会を組織した。

㈤東洋ローア・キリスト伝道教会　昭和二七年（一九五二）に、アメリカン・ソールクリニックから派遣された宣教師コリエル母娘の来日によって関西地方を中心に伝道が開始され、同三一年（一九五六）に別府市にろうあ聖書学院が設立された。同三五年（一九六〇）

に埼玉県毛呂山町に教会を建設し、東洋ローア・キリスト伝道教会として発足した。現在全国に四二ヵ所の伝道所がある。この教会はろうあ者だけの教会である。

㈥原始福音（神の幕屋グループ）　昭和二五年（一九五〇）に手島郁郎によって始められた原始の福音の運動で、超教派的な聖霊による信仰運動であり、信徒数は明らかではないが、その機関紙『生命の光』の購読者数は二万人を越えている。

㈦ものみの塔聖書冊子協会（エホバの証人）　この協会によれば、エホバの証人は、アベルの時以来今日まで常に存在して神に奉仕している。証人らの長はイエス・キリストである（ヨハネの黙示録三・一四）。エホバの証人の現代の組織は、一八七〇年ころC・ラッセルが、米国ペンシルヴァニア州ピッツバーグで聖書研究の群を組織した時に始められた。一八七九年この群は『ものみの塔』の発行を始めた。この協会の日本支部は、昭和二三年（一九四八）にハスレットをその代表奉仕者として設立された。この協会の教義によればエホバは最高の神であり、天と地の創造者である。生命を受ける者は、み子キリスト・イエスが地上で行なったように、エホバを尊び、エホバの名を崇めなければならない。イエス・キリストはエホバにより最初に創造されたものであり、エホバはイエスを地に遣わし、イエスは完全な人として奉仕し、真理を証言し、死に至るまでエホバへの忠実を守った。それゆえにエホバはイエスを復活させて不滅を与えた。イエスは高められ、王国の支配を行なう。この協会に属する奉仕者は家から家へと伝道している。

㈧末日聖徒イエス・キリスト教会（モルモン教会）　この教会の起源については既述した（四二五—四二六頁参照）。この教会は日本では戦後活動を再開し、昭和五二年（一九七七）

には三つのステーキ部（教会員三〇〇〇人から五〇〇〇人をもって組織される一つの教区）と七つの伝道部が組織されており、宣教師の数は約一〇〇〇名（日本人の宣教師もふくむ）である。

㈨その他の教会　括弧内は、その教会の発端の年あるいは設立年と創立者である。

日本福音基督教団（大正七年、平出慶一）、美濃ミッション（同年、ワイドナー女史）、福音伝道教団（同一四年、中央日本開拓伝道団）、基督心宗教団（昭和二年、川合信水）、真イエス教会日本総会（同年、中国の真イエス教会）、日本ペンテコステ教団（同四年、クート）、アメン教団（同年、田中種助）、活水基督教団（同五年、今井宗太郎）、シオン・キリスト教会（同九年、岸田愛治）、栄光の福音キリスト教団（同一一年、純福音系の群）、東洋宣教会きよめ教会（同一五年、きよめ教会の故中田重治派）、サンビ教団（同一九年、黒川教女史）、基督教東洋救霊団（同年、張徳出）、善隣基督宣教団（終戦直後、金城周奉）、国際基督教団（同二一年、吉本斗川夫妻）、復活のキリスト教団（同二二年、教会の連続祈禱会が発端）、福音交友会（同年、バーワら）、万国福音教団（同二三年、中沢博）、基督教カナン教団（同年、谷口トク）、使徒の信仰伝道団（同年、米国使徒の信仰伝道団）、日本バプテスト・バイブル・フェロシップ（同二四年、米国バプテスト・バイブル・フェロシップ諸教会の宣教師）、勝利者イエス教団（同年、タイガート夫妻）、日本福音自由教会（同年、ハンスン）、科学者キリスト教会（クリスチャン・サイエンス、同年に再建、日米キリスト教科学者グループ）、日本伝道福音教団（同二五年、日本伝道ミッション）、イエス福音教団（同年、龝近祐（あきちかゆたか）と極東福音十字軍の教徒）、フィラデルフィア・ミッション（同年、ヘステキンド夫妻)、世界福音伝道団(同年、フルトン)、スウェーデン東洋福音伝道団(同年、この伝道団)、日本キリスト宣教団(同年、スウェーデン・ホーリネス教団)、自由クリスチャン伝道団(同年、ノルウェーとデンマークの宣教師)、日本福音宣教団(同年、ペディゴ)、国際福音連盟(戦後、モントゴメリ)、日本聖約キリスト教団(戦後、スウェーデン聖約キリスト教会)、在日スウェーデン基督教同盟宣教師団(戦後、この宣教師団)、青森県福音キリスト教会協議会(戦後、日本同盟基督教団と国際福音宣教団の宣教師ら)、日本バプテスト宣教団(同二六年、北米バプテスト綜合宣教団、ミラー)、キリスト伝道団(同年、井手宗雄)、日本聖書福音教団(同年、在日スウェーデン福音宣教団)、東洋福音宣教会(同年、この宣教会)、チャーチ・オブ・ゴッド(同年、シェルホン)、聖書研究会(同年、村岡太三郎)、キリスト公同教会(同年、オフナー)、日本バプテスト連合(同二七年、レイガン)、日本福音教会(同年、オレブロ・ミッション)、国際フォースクェア福音教団日本支部(同二八年、米国宣教師)、日本基督教兄弟団(同年、ウィルムス夫妻)、日本チャーチ・オブ・ゴッド教団(同年、ハイル)、日本オープン・バイブル教団(同三〇年、ラウンズ他二名の宣教師と和田寿恵松)、福音バプテスト宣教団(同三一年、カルバリー夫妻)、同盟福音基督教会(同年、ドイツ・アライアンス・ミッション)、日本地方伝道団(同年、ヴイッサー夫妻)、日本ネクスト・タウンズ・クルセード(同年、ベル夫妻)、日本ミッション(同三二年、超教派の伝道団体)、日本ペンテコステ神之教会教団(同三六年、ドーソン)、日本新約教団(同年、信仰の同じ諸教会)、北海道福音教会協議会(同年、国際福音宣教団)、復元イエス・キリスト教会(同三五年、日本ミッション)、日本福音交友ミッション(三八年、ジヨンソン)、保守バプテスト同盟(同三九年、米国保守バプテスト外国伝道協会の宣教師団)、日本バプテスト教会連合(同四〇年、日本基督バプテスト連合宣教団)、聖書宣教教会(同年、ボーマン)、ローカル・チャーチ(同年、ニーおよびリー)、日本聖泉基督教会連合(同四四年、イムマヌエル綜合伝道団より離脱した教会と教徒)、日本福音教会連合(同四六年、日本福音教団より離脱した教会)、新生元始キリスト教会教団(同四七年、元始キリスト教会教団より独立)、日本福音バプテスト連合(同五〇年、日本福音バプテスト宣教団)、神の家族・キリスト教会(同年、福音宣教の強化を願望する者ら)、他に単立教会が約四〇〇ある。(『基督教年鑑』一九七八年版、九二―二二六頁)。

聖書改訳

聖書はいくたびも訳し直されなければならない。というのは聖書本文に関する研究は進歩するし、また日本語自体も時代とともに変っていくからである。明治三九年(一九〇六)に新約聖書改訳の議が決定し、同四三年にこの改訳委員の規則が制定された。委員として宣教師四名、すなわちグリーン、フォス(一八四八―一九三二)、C・S・デヴィソン、ダンロップ、日本人四名、すなわち松山高吉、別所梅之助、川添万寿得(一八七〇―一九三八)、藤井寅一があげられた。その後委員の多少の交代はあったが、大正六年に改訳新約聖書が出版された。

昭和二九年日本聖書協会から新約聖書の口語訳が出版された。この翻訳に松本卓夫、山谷省吾、高橋虔が当った。新約聖書が従来の文語体から口語体に改められたので、だれにも読み易く分り易く、広く歓迎された。翌年、同協会から旧約聖書の口語訳が出版された。この翻訳に都留仙次、手塚儀一郎、遠藤敏雄が当った。これも新約聖書同様広く歓迎された。そして昭和五三年九月にカトリックとプロテスタントの共同訳新約聖書が出版されたが、このことは日本キリスト教史上画期的な出来事というべきである。同様な共同訳旧約聖書とアポクリファ（第二正典）も近い将来に刊行されるとのことである。

賛美歌改訂

大正の中ごろから賛美歌改訂の要望が起こってきたが、その理由として、わが国のキリスト教思想の進歩、賛美歌の創作や翻訳における発展、西洋音楽の輸入の増大とその鑑賞の普及をあげることができる。別所梅之助、ゲエリイ、ハナフォード（一八八七―一九七三）、藤本伝吉、木岡英三郎、中山昌樹（一八八六―一九四四）、鳥居忠五郎、津川主一（のちに安倍正義）、由木康が常任委員として尽力した。このようにして昭和六年に『讃美歌』が刊行されたが、その特色として、古典的また近代的歌曲の増加、礼拝用歌曲の増加、信仰や社会的関心に関する歌曲の採用、日本人創作の歌曲の採用などであった。（比屋根安定『日本基督教史』五巻一二四―一二五頁）。

昭和二九年に『讃美歌』が、日本基督教団讃美歌委員会から出版された。この『讃美歌』は、昭和六年版『讃美歌』を検討し、在来の歌曲を削除したり、修正したり、改変したりしたうえで、新しい歌曲を採用し、できるだけ歌いやすく使いやすい会衆用の賛美歌を編集する意図のもとに作成されたものであった。委員として由木康（長）、斎藤勇、豊田実、大石繁治、山北多喜彦、三井勇、笹淵友一―以上歌詞、鳥居忠五郎、岡本敏明、小泉功、奥田耕天、三宅洋一郎、松田孝一―以上音楽、が尽力し、C・W・アイグルハート（―一九六九）やハナフォードも在日中参加した。

教会の戦争責任問題

昭和四二年（一九六七）復活日に、「第二次大戦下における日本基督教団の責任についての告白」を、同教団総会議長鈴木正久（一九一二―一九六九）が発表した。この告白には、戦争責任を教団の自己批判として受けとめ、明日の教団の前進のために備えたいとの意図があった。この「告白」が発表されると教団内で賛否両論が激しく闘わされた。同年五月には「教団問題についての懇談会」の名のもとに二六名の連名で、「教団の現状を憂い、鈴木議長に要望する書」が発表され、論議がいよいよ高まった。この問題は、国家と教会の関係、教団合同、アジア諸国へのキリスト教徒の責任等の問題として発展した。

沖縄キリスト教団と日本基督教団の合同

昭和四四年（一九六九）に沖縄キリスト教団と日本基督教団の合同式典が執行され、議定書が交換された。これより二年前日本基督教団常議員会で、この両教団の合同決意に関する声明が採択され、そののちこの合同のための準備が進められていた。この合同は、沖縄本土復帰（一九七二）以前に達成された。

「靖国神社法案」

自民党政府は靖国神社の経営を国家が行うことを法制化しようとしたが、昭和四六年（一九七一）にこの法案は国会で三度目の廃案となった。しかし同四九年（一九七四）にこれは衆議院内閣委員会で単独強行採決された。日本基督教団は総会議長名で直ちに抗議声明を発表した。幸いにこれは会期切れのためまた廃案となった。この法案にはこの教団のみならず他の教会関係も反対の意思表示をした。この法案はけっして戦没者の霊や遺族を慰めることにはならず、この制定は軍国主義の復興につながるおそれがある。また憲法の政教分離の原則にももとるし、ひいては言論や思想の統制にも結びつくことになる。なおこのことと関連することであるが、昭和四一年（一九六六）に建国記念日を定める政令が公布され、これは二月一一日と決定した。このことにも広く教会関係は反対している。また法制化に反論の多かった「元号法案」は同五四年（一九七九）六月に国会で可決された。

万国博覧会問題

昭和四四年（一九六九）一一月に、万国博覧会キリスト教館問題に関する日本基督教団臨時総会が開かれたが、会期二日間にわたって激しい討論が展開された。これより先、万国博に反対するグループと同教団常任常議員との公開討論会が、同年九月一日午後一時半から翌二日午前八時すぎまで東京銀座のクリスチャン・センターで開かれた。反対グループは、戦争責任を告白し、靖国法案に反対しているこの教団が、日本政府の体制や七〇年安保問題との関連をもつ万国博への参加を支持するのは矛盾であると主張した。

種谷裁判

昭和四五年(一九七〇)一〇月兵庫県立尼崎高校封鎖未遂事件に関連した同校生二名をかくまい、犯人蔵匿罪に問われた日本基督教団種谷俊一牧師に対する判決公判が、同五〇年(一九七五)二月に神戸簡易裁判所で開かれ、関家一範裁判官は、同牧師の行為は憲法二〇条で保障された信教の自由の範囲内であると無罪判決(求刑、罰金一万円)を言い渡した。これは牧師の宗教活動の領域はどこまで許容されるかについての本格的な刑事事件の初めての判決であった。宗教的信念に基づいた行為として牧師の行動を認めたのは画期的なことであり評価される。(『毎日新聞』同年二月二二日号)。この判決は国家と教会の問題のうえから重大な意味をもつ判決であり、この裁判の資料と解説は『国権と良心』(種谷牧師裁判を支援する会編)に収められている。

津地鎮祭判決

政教分離と信教自由を定めた憲法第二〇条と第八九条に違反するかどうかで津地鎮祭違憲訴訟について、昭和五二年(一九七七)に最高裁判所の一〇名の裁判官は、合憲判決を下した。この判決には藤林益三(えきぞう)長官をはじめとする五裁判官の違憲判断が付されていた。それによれば、信教の自由はこれを保障する旨を宣明するだけでは不十分で、これを完全なものとするためにはなによりもまず国家と宗教の結びつきを一切排除することが不可欠であるとある。さらに少数者の宗教や良心という精神の自由に対する侵犯は、多数決をもってしても許されないとある。(『毎日新聞』同五二年七月一三日夕刊)。私も、この合憲判決は信教の自由の原則を犯すものと考えるし、これが神社神道の国教化に拍車をかけるものとなることを憂えるものである。

教勢

現在日本におけるプロテスタント教会の教会八三七三(伝道所一八七五を含む)、また教師一万二五五九名、(うち正教師数は九二三四名、補教師一六七八名、伝道師六八四名、宣教師九六三名)、信徒九二万九〇八一名(うち正会員七五万四七八九名、準会員一七万四二九二名)である(『基督教年鑑』一九七八年版、四三一頁)。

教育

大正以後に創立されたキリスト教教育を指向する学校法人名を列挙しよう。これらの法人は、大学、短期大学、専門学校、高等学校、中学校、小学校のうち一つ、あるいはそれ以上を設置している。括弧内は創立年である。

梅光女学院(大正三年)、西南学院(同五年)、聖望学園(同七年)、東京女子大学(同年)、岐阜済美学院(同年)、日本三育学院(同八年)、関東学院(同年)、日本聾話学校(同九年)、自由学園(同一〇年)、近江兄弟社学園(同一一年)、西南女学院(同年)、啓明女学院(同一二年)、武蔵野学園(同一三年)、翠丘小学校(知的障害児特殊教育、同年)、九州女学院（同一五年）、櫨蔭学園（昭和三年）、恵泉女学園（同四年）、玉川学園（同年）、酪農学園（同八年）、清水女子学園（同年）、鷗友学園（同一〇年）、折尾女子学園（同年）、啓明学園（同一五年）、大東学園（同一七年）、日本水上学校（水上生活者の児童教育等の小学校、同年）、聖和学院（同年）、東京神学大学（同一八年）、桜美林学園（同二一年）、平和学園（同年）、新島学園（同二二年）、聖書学園（同年）、横浜学院（同年）、緑ケ丘学院（同年）、基督教独立学園（同二三年）、大阪基督教学院（同年）、玉川聖学院（同二五年）、香川栄養学園（同年）、横須賀学院（同年）、津山基督教図書館高等学校（同年）、長崎学院（同年）、茨城キリスト教学園（同二六年）、聖ミカエル学院（同年）、清教学園（同年）、頌美学園（同二七年）、浦和ルーテル学院（同二八年）、国際基督教大学（同年）、清和女子高等学校（同年）、聖路加看護学園（同二九年）、広島三育学院（同三一年）、沖縄キリスト教短期大学（同三二年）、秩父女子高等学校（同三四年）、聖ステパノ学園（同年）、四国学院（同年）、向中野学園（同三六年）、聖光学院（同三七年）、八代学院（同三八年）、生活学園（同三九年）、日本ナザレン・カレッジ（同年）、名古屋学院大学（同年）、愛農学園農業高等学校（同年）、クラーク学園（同四〇年）、白峰学園（同四一年）、聖隷学園（同年）、敬和学園高等学校（同四三年）。（『基督教年鑑』一九七八年版、二九一—三〇二頁。末包一夫編集『日本におけるキリスト教学校教育の現状』〈補遺〉一二三—一三六頁）。

現在大学一〇四（うち大学院一九、大学三六、短期大学四九）、専門学校一、高等学校一〇三、中学校七七、小学校三三となっている（同）。幼稚園は九九八ある（『基督教年鑑』同、三一七—三三一頁）。大学のうち国際基督教大学は、米国キリスト教徒の好意と国内有志の協力により創立され、湯浅八郎はこのため非常な尽力をした。

さて神学研究について述べよう。新制大学の発足まで、わが国で唯一の大学として認められていた神学校は、同志社大学神学科で、これは戦後最初に大学神学部に昇格した。ここでラーネッド（歴史神学）、ケーリ（一八五一―一九三二。実践神学）、日野真澄（一八七四―一九四三。歴史神学）、芦田慶治（一八六七―一九三六。組織神学）、カーブ（一八七八―一九六〇。旧約神学）、富森京次（一八八七―一九五四。新約神学）、本宮弥兵衛（一八八六―一九五七。キリスト教教育学、宗教心理学）、浜田与助（一八九〇―一九六七。宗教哲学）、大塚節治（一八八七―一九七七。組織神学、キリスト教倫理学）、魚木忠一（ただかず）（一八九二―一九五四。歴史神学）、竹中勝男（一八九八―一九五九。キリスト教社会福祉学）、シャイヴリ（キリスト教教育学）、大下角一（一八九九―一九六二。実践神学）、小田実（一九一〇―一九五三。新約神学）、村上俊（たかし）（一九一一―一九四七。組織神学）、高橋虔（聖書神学）、山崎亨（旧約神学）、土居真俊（組織神学）、G・ロイド（一九一四―一九八四。新約神学）が教えた。昭和一八年に日本基督教団立神学校として発足した東京神学大学では、村田四郎（一八八七―一九七一。組織神学）、桑田秀延（一八九五―一九七五。組織神学）、熊野義孝（同）、平賀徳造（一八九四―一九六〇。実践神学）、比屋根安定（一八九二―一九七〇。宗教史、日本キリスト教史）、山谷省吾（新約神学）、高崎毅（一九一六―一九七三。キリスト教教育学）、S・フランクリン（キリスト教倫理学）、宮本武之助（宗教哲学）、左近義慈（聖書言語学）、竹森満佐一（新約神学）、北森嘉蔵（組織神学）、船水衛司（旧約神学）が教えた。青山学院大学神学科では、石原謙（一八八二―一九七六。歴史神学）、松本卓夫（新約神学)、高柳伊三郎(同)、浅野順一(旧約神学)、関西学院大学神学部では、原野駿雄(新約神学)、相浦忠雄(旧約神学)、松木治三郎(新約神学)、松村克己(組織神学)、関東学院神学部では、清水義樹(組織神学)、山本和(同)、立教大学キリスト教学科では、菅円吉(一八九五―一九七二。組織神学)、日本女子神学校では、渡辺善太(一八八五―一九七八。聖書神学)、青山学院神学部ではベリー(一八七二―一九四一。組織神学)、左近義弼(一八六五―一九四四。聖書言語学)、気賀重躬(一九〇一―一九五八。歴史神学)、宮城春江(一八九三―一九七七。キリスト教教育学)、大村勇(実践神学)、日本ルーテル神学校(現ルーテル神学大学)では、佐藤繁彦(一八八七―一九三五。ルター神学)、岸千年(同)、京都大学文学部では、波多野精一(一八七七―一九五〇。宗教哲学)、有賀鉄太郎(一八九九―一九七七。キリスト教学、歴史神学)、武藤一雄(キリスト教学、宗教哲学)、日本聖書神学校では、岡田五作(一九〇〇―一九七七。新約神学)、農村伝道神学校では、勝部武雄(一八九〇―一九七九。実践神学)、東京女子大学では、宮本信之助(新約神学)、北海道大学では中川秀恭(新約神学)がそれぞれ教えた。ほかに各教派それぞれの教師養成機関として多くの神学校がある。

社会福祉

プロテスタント教会もローマ・カトリック教会と同様に社会福祉事業に取りくんでいる。児童福祉施設四三六、母子ホーム一三、婦人保護施設九、病院と診療所六四、心身障害者施設六五、老人福祉施設五一、連絡団体一七、総合事業三三、更生施設その他二五である（『基督教年鑑』一九七八年版、三四〇―三五五頁）。また海外医療奉仕団や、いのちの電話も活躍している。

八四　日本正教会

序

日本正教会は、日露戦争の時日本政府と国民から白眼視されたり、また疑惑の眼をもって見られたが、さらにロシア革命によってこの教会はモスクワの総主教庁との連絡が断たれて、自治の道を歩まなければならなかった。また今次大戦後も米ソの対立のゆえに、この教会は再三困難な立場に置かれた。今日この教会は、日本ハリストス正教会とロシア正教会総主教庁駐日代表部教会に分かれているが、私はその経緯について略述し、またこれらの教会の現勢について記そう。

分離の経緯

日本正教会創立者で、初代大主教であったニコライは、明治四五年（一九一二）に死去したので、母教会であるロシア正教会の聖務会院は、その後継者として主教セルギイ（のちに府主教となる）を派遣した。そして昭和二〇年（一九四五）にセルギイが死去したので、翌年母教会から主教が派遣されることになったが、マッカーサー司令部の方針によって入国が不可能となった。そこで北米にあるロシア正教会から主教が派遣されることになった。ニコライ堂派はこの主教の指導下に入ったが、ロシアにあるロシア正教会の伝統と規則が断絶されるとして、ニコライ堂派と訣別して正統正教会を名のる別教会が、この時建設された。この正統正教会は、昭和三二年（一九五七）にロシア正教会の聖務会院会議（在モスクワ）によって、正統な、日本正教会として承認され、大主教ニコライの創設した日本正教会の正しい後継者であることが承認された。他方ニコライ堂派は、昭和四五年（一九七〇）にロシアにあるロシア正教会に帰順し、ウラジミルが東京および日本の主教に任命された。この教会は日本ハリストス正教会として発足し、自治教会（独立正教会―正教会規則によれば、世界のどの教会もすべて、どこかの総主教管轄に従属しなければならないが、総主教の認可によって自治教会が成立する。自治教会は総主教の管轄のもとにあるが、自治運営が許されている）として認可された。そこで正統正教会は、昭和四五年（一九七〇）以後「ロシア正教会総主教庁駐日代表部教会」と称し、主教佐山大麓がこの教会の主管者に任命された。（『基督教年鑑』一九七八年版、二四三―二四六頁）。

教　勢

現在日本ハリストス正教会の教会一〇八（伝道所二九をふくむ）、教師六七名（うち男子正教師二六名、同補教師一〇名、同伝道師八名、同宣教師二三名）、信徒二万四五七三名となっている。ロシア正教会総主教庁駐日代表部教会の教会四、教師五名（うち男子正教師三名、同補教師二名)、信徒五〇〇名となっている。(同、四三一頁)。

結び 展 望

ここに日本のキリスト教会の将来の問題として私が考える点をあげて結びとしたい。

信仰と理性

主イエス・キリストの福音は、神の啓示としてわれわれに与えられたものである。従ってそれをわれわれが信仰によって把握する以外には、われわれにはそれがどのようなものであるかは知ることができない。私は、バルトが福音の独自性を明らかにしたことは、現代キリスト教史上における彼の顕著な貢献であったことは認めるが、彼のいうように、生来のわれわれのなかにはそれを受けとめうるどのようなものも存しないということは納得できない。私はブルンナーのいうように、生来のわれわれのなかに、神からの語りかけを受けとめうるものが、残されていると考えるし、従ってティーリッヒのように、信仰と理性、神学と哲学の結びつきについて考えていきたい。

信仰と社会的実践

私はルターのいうように、人間が義とされるのは、ただ主イエス・キリストに対する信仰によってであると確信している。しかしこの信仰はルターのいうように、多くの善き実を結ぶものなのである。従ってキリストへの信仰は、当然社会的実践を伴うものなのであって、信仰と社会的実践の間には対立も存しなければ、矛盾も存しない。今日この両者を対立したものと考えたり、あるいは両者を分離することから、教会内で多くの摩擦が起こっているように考える。ただ教派としての教会が全体として、あるいは個別の教会が全体として特定の政治目標達成のために努力するということについては、これらの教会内にそれぞれの政治的立場に基づく見解の相違があるであろうから困難があると考える。従って志を同じくするキリスト教徒が集まって、特定の政治目標に向かって進むのがのぞましい。

社会福祉と教会

教会には二つのあり方があるであろう。それは福音宣教一筋に歩む道と、幼稚園とか保育園の教育や養育等にも携わる道との二つであり、私はこの両者のあり方を認めたい。専ら福音宣教に携わることだけでも、教会にとって手一杯の仕事ではあるが、幼児教育と地域社会への奉仕との重要性を考えて、幼稚園とか保育園とかの教育や養育に携わることもまた非常に意義のあることである。さらに既述したように、教会は歴史のなかであらゆる社会福祉事業の先鞭をつけてきた。社会の複雑化と多様化のなかで、また近代文明による人間疎外のなかで種々な形での社会福祉事業が要請されているし、今日多くのキリスト教徒が人的財的困難のなかで、またしばしば地域社会の誤解や中傷のなかでこの事業を推進しているが、これはキリスト教徒の愛の証しである。

政治と経済と信仰生活

キリスト教徒は、信仰者であると同時に国家や社会の構成員である。従って政治的経済的社会的文化的国家的相互連関のなかでわれわれは生活している。もとよりわれわれにとって信仰の次元にあるものとこの世の次元にあるものとは相違しており、信仰がわれわれの生活の支柱であることはいうまでもない。しかしこの世にあるかぎりわれわれは上述のような相互連関のなかに置かれているから、われわれが、政治や経済や社会や国家のことがらに無関心でおられるはずがない。キリスト教徒は国家の政策や政治に対して批判しなければならない場合には批判するであろう。従ってこのような観点からすれば、教会は礼拝だけを守っておればよく、政治にくちばしをいれるなという見解は承認することができない。資本主義体制のなかであろうと、社会主義体制のなかであろうと、キリスト教徒は政治や経済や社会に対する鋭い批判を忘れてはならない。

諸宗教と福音

現在世界の仏教徒は二億五〇〇〇万人、イスラム教徒は五億四〇〇〇万人、ヒンズー教徒は五億二〇〇〇万人、そしてキリスト教徒は九億五〇〇〇万人である。今日東洋において諸宗教とキリスト教との間の対話の重要性が叫ばれ、このことに関して種々な計画も実施されている。私は、東洋人であるわれわれ日本人キリスト教徒と、諸宗教の教徒との対話、ことに仏教徒との対話がますます要請されてくると考える。その際、われわれは十字架と復活の福音の内容を少しも割引きする必要はないのであり、またしてはならないのであるが、すべての人々へのイエスの愛を想起し、諸宗教とその教徒に対する理解を深め、彼らと協力できる可能性を求めていかなければならないと考える。過去において宗教戦争もまた陰惨をきわめた。宗教信仰者も、前述したように政治的、経済的、社会的、文化的、国家的相互連関のなかで生きているから、諸宗教の教徒の相互間に、慣習的、政治的、経済的、社会的、文化的、国家的な摩擦が起こり、そこに宗教戦争が起こる可能性はつねに存在するし、このことは今日でもイスラエルとアラブ諸国の間に、また北アイルランド紛争（四〇五頁参照）にみるところである。われわれは諸宗教の教徒間の協力を求めて歩みいく者でありたいと考える。

私はキリスト教のアジア類型についてふれたが、このことは、われわれ日本人キリスト教徒が、仏教、儒教、神道等の宗教的伝統のなかで、どのように主イエス・キリストの福音を把握するかという問題でもあり、このことによって欧米人によっては把握されなかったこの福音の深さや広さが明らかにされるであろう。

文化と福音

イエスは野の花や空の鳥を愛し、自然界に対する深い感受性をいだいていた。また彼は人間のいろいろな営み、例えば幼児のたわむれ、青年の悩み、結婚式、葬式等にも深い関心を寄せた。彼は人間の文化に深い理解をもっていたといって差し支えないであろう。われわれキリスト教徒もまた、自然を愛し、音楽を重んじ、絵画彫刻を理解するものでありたいと考える。というのは自然やこれらの文化を媒介にして、言語では表現できない福音の宗教的深味が伝達されると考えるからである。

教育と福音

教育事業が極めて重要であることはいうまでもないが、教会あるいはキリスト教徒がこれとかかわることはまた緊要な事である。今日教会学校は、ある教会においては非常に盛んであろうが、しかしある教会においては衰退している。たとえ教会学校に集まる子供の数が少ない場合であっても、教会は希望をもってキリスト教教育に携わらなければならない。またキリスト教主義学校——小学校から大学まで——は、教育一般の普遍性とキリスト教教育の特殊性を両者とも生かすことができる教育を実施しなければならない。近代文明や社会が、ますます世俗化し、人間疎外が激しくなるなかで、キリスト教主義学校はそれぞれ建学の精神を想起し、その学校の使命達成に進まなければならない。一部のキリスト教主義中学・高等学校が、有名大学受験のための予備校化していることは言語道断である。

平和問題

戦争はいつの時代にあっても陰惨であり残酷であるが、二つの世界大戦によってわれわれはますますこの感を深くする。なんとしてでも戦争を避けるための努力がなされなければならない。戦争は、政治的、経済的、社会的、人種的、文化的、宗教的、慣習的相互連関のなかで発生するから、その回避のためには種々な面からの検討と努力が必要なことはいうまでもない。キリスト教徒、ことにクエーカー派は、平和問題に深い関心を示してきたし、また現在もそうである。宗教はいずれも人間の真の幸福に（なかには全くの御利益宗教もあるが）かかわりをもってきた。従って宗教が平和問題に無関心でいられるはずがない。キリスト教徒も諸宗教の教徒も協力して平和問題に当らなければならない。

教会協力と一致

教会の分裂は、非キリスト教徒にとってはつまずきでこそあれ、証しにはならない。これが既述したエキュメニカル運動の発生の重要な原因の一つであった。ローマ・カトリック教会、プロテスタント教会（私はアングリカン教会もこのなかに含める）、正教会、そしてその他の東方教会の一致は、極めて望ましいことであるが、これは非常に困難である。しかし少なくともこれらの教会間の協力は必要であるし、また事実このような協力が種々な形で推進されている。さらにプロテスタント教会には、世界に約三〇〇の教派が存在している。私はそれらの教派間に一致ではなくても、少なくとも協力を望みたい。諸教派が相互によく理解し、長所を相互に認めあって協力していくことが今日要請されている。

歴史と信仰

われわれの主イエス・キリストは、われわれの生と死の主であるとともに、歴史の主である。われわれが置かれている世界的状況はきびしい。しかしキリストは歴史の主である。主の福音はわれわれ個人の生をいかすばかりでなく、歴史を導き、これを改変する。これがわれわれの信仰である。従ってわれわれは歴史にかかわっていくのである。われわれが直面する歴史的現実は矛盾に満ち、不合理や懐疑が充満しているが、歴史の主においてわれわれは希望をいだくことができる。主に対する信仰がなければ、歴史はわれわれにとって意味がなく、また不可解であるであろう。この信仰がなければ、われわれは歴史から逃避するでもあろうし、あるいは全く快楽的になったり、刹那的になったりするでもあろう。キェルケゴールは歴史はカイロス（キリストとの出会い）において始まるといった。このことは、キリストとの出会いによって、個人と世界のすべての出来事は意味をもってくるということである。

旅人

旅人という概念は、旧約聖書にもあるし、新約聖書、ことにヘブル人への手紙第一一章にもある。アウグスティヌスは、『神国論』のなかで、キリスト教徒はこの世にあって旅人であり、彼らはその永遠のふる里である天上の国へと旅を続けているという。まさにわれわれキリスト教徒の実存はそのようなものである。われわれにとって主イエス・キリストはあがない主であり、われわれの人生の原点であり、また歴史の原点でもある。このことはいいかえれば、この世にある旅人であるわれわれは、神の力と恩恵のうちに置かれているということである。産業社会におけるキリスト教会とキリスト教徒との責任と義務について研究を続けているグスタフソンはいう、ルターにしろ、カルヴァンにしろ、ボンヘッファーにしろ、バルトにしろ、マォリス等にしろ、神は、われわれがこの具体的な世界の中で神の力と恩恵とを証するためにわれわれを召していることを明らかにしている（グスタフソン『道徳的決断者としての教会』三二頁）。イエスは旅人であるわれわれに語る、「人の子（キリスト）がきたのも、仕えられるためではなく、仕えるためであり、また多くの人のあがないとして、自分の命を与えるためである」（マルコ一〇・四五）。また「あなたがたは、世の光である。………あなたがたの光を人々の前に輝かし、そして、人々があなたがたのよいおこないを見て、天にいますあなたがたの父をあがめるようにしなさい」（マタイ五・一四―一六）。

参考にしたもののうちおもなものをあげる。＊印をつけたものはとくに参考にしたものを示す。外国書の出版社が一つ以上ある場合には原則として最初にあげられている出版社の地名のみをあげた。

［　］は本書に使用した略記号を示す。

I　資　料

＊Migne, J. P. : *Patrologia graeca*. 161 Bde. Paris, 1857-1866. [= MSG].（ミーニュのギリシア教父全集で、基本的な資料）

＊同右 : *Patrologia latina*. 221 Bde. Paris, 1844-1864 (Ergänzungsbände von A. Hammann, Paris, 1958 ff.). [= MSL].（ミーニュのラテン教父全集で、基本的な資料）

Corpus Christianorum, Series Graeca. Turnholt, 1977-.

Corpus Christianorum, Series Latina. Turnholt, 1954-.

＊*The Ante-Nicene Fathers*. 10 vols. Edinburgh, 1884-86. [= ANF].（ニカイア会議前教父全集の英訳）

＊*The Nicene and Post-Nicene Fathers*. First Series, 14 vols. New York, 1886-94 ; Second Series, 12 vols. New York, 1890-95.（ニカイア会議およびそれ以後の教父の著作の英訳）

Mansi, G. D. : *Sacrorum conciliorum nova et amplissima collectio*. 1759 ff., Neudruck. Paris, 1899 ff.（教会会議の記録の集成で、基本的なもの）

＊Mirbt, C. : *Quellen zur Geschichte des Papsttums und des Römischen Katholizismus*.

Tübingen, 1934[5].（教皇制度とローマ・カトリック教会との資料で、基本的なもの）

＊Ayer, J. C. : *A Source Book for Ancient Church History*. New York, 1913.（古代教会史の資料の英訳で、便利なもの）

Kidd, B. J. : *Documents Illustrative of the History of the Church*. 3 vols. London, 1920-41. Vol. 1., to 313 A. D. ; Vol. 2., 313 to 461. A. D. ; Vol. 3., 500 to 1500 A. D.

＊Schaff, P. : *The Creeds of Christendom*. New York, 1905[4].（第一巻は、古代教会の信条、第二巻は宗教改革とそれ以後との信条、第三巻は信条史。基本的なもの）

＊Kidd, B. J. : *Documents Illustrative of the Continental Reformation*. Oxford, 1911.（欧州の宗教改革の資料集で、基本的なもの）

Gee, H., and Hardy, W. J. : *Documents Illustrative of English Church History*. London, 1896.（イングランド教会史資料）

＊Martin Luthers Werke. 58 Bde. Weimar, 1883 ff. = [WA]. *Die Deutsche Bibel*. 12 Bde. Weimar, 1906-61. -Tischreden. 6 Bde. Weimar, 1912-21. Briefwechsel. 12 Bde. Weimar, 1930-67.（ルターの全集で、基本的なもの）

Luther's Works. (ed. Pelikan, J. and Lehmann, H. T.) 55 vols. St. Louis, 1955-81（ルターの著作の英訳）

『ルター著作集』第一集全12巻、聖文舎、１９６３～84。（ルターの主要な著作を収めたもの。ただし聖書講義は含まれていない）

＊*Corpus Reformatorum* [= CR]. Halle, 1834 ff. Braunschweig 1853ff., Berlin, 1905. Leipzig, 1908 ff. Zürich, 1959ff. (Werke Melanchthons, Calvins und Zwinglis).（宗教改革者全集。メランヒトン、カルヴァン、およびツヴィングリの全集で、基本的なもの）

＊カルヴァン『基督教綱要』渡辺信夫訳　新教出版社、１９６２～65。（カルヴァンの主要著作）

The Library of Christian Classics. Philadelphia, 25 vols. London, 1953-61.（古代、中世、宗教改革までの主要な著作の英訳）

*Bettenson, H.：*Documents of the Christian Church.* Oxford, 1947.（『キリスト教文書資料集』聖書図書刊行会編集部訳　同刊行会、1972^{2}。）（古代から近代までの資料の英訳で、便利なもの）

カトリック中央協議会『カトリック要理』中央出版社、１９７２。

デンツィンガー、シェーンメッツァー共編『カトリック教会文書資料集』浜寛五郎訳　エンデルレ書店、１９７４。（古代教会から現代までの膨大な教会公文書のなかから、信経および信仰と道徳に関する重要な文書の集録）

*佐波亘編纂『植村正久と其の時代』五巻　補遺・索引、１９４１。新補遺、１９７６。教文館、１９３７～38。（日本プロテスタント教会の創立期から、昭和初期までの資料集で、基本的なもの）

海老沢有道他校注『キリシタン書・排耶書』日本思想大系25　岩波書店、１９７０。

Ⅱ　雑誌、辞典、年表、歴史地図、年鑑、新聞

Zeitschrift für Kirchengeschichte.（有数な教会史関係の雑誌の一つ）

*Church History.（有数な教会史関係の雑誌の一つ）

The Ecumenical Review

*基督教研究　同志社大学（わが国で最古のキリスト教関係の学術誌）

キリシタン研究　キリシタン文化研究会

日本の神学　日本基督教学会（わが国の神学界の現状を知ることができる）

福音と世界　新教出版社
基督教社会問題研究　同志社大学人文科学研究所（明治以降のわが国の社会的政治的経済的文化的関連におけるキリスト教の発展を取り扱う）

＊*Die Religion in Geschichte und Gegenwart*. 6 Bde mit Index. Tübingen, 1956-62[3].［＝RGG］（キリスト教と他宗教の基本的な歴史辞典）
Realenzyklopädie für protestantische Theologie und Kirche. 24 Bde. Leipzig 1896-1913[3].
Evangelisches Kirchenlexikon. Kirchlich-theologisches Handwörterbuch. hg. v. Brunotte, H. und. Weber, O. 3 Bde. mit Index. 1956-61. *New Catholic Encyclopedia*, ed. The Catholic University of America, 15 Vols. New York, 1967.

＊*The Oxford Dictionary of the Christian Church*. ed. Cross, F. L. Oxford, 1971[6].（最新の研究成果をふまえた明解にして簡潔な辞典）

＊*An Encyclopedia of Religion*, ed. Ferm, v. New York, 1945.

＊『キリスト教大事典』日本基督教協議会編集　教文館、１９６３。
『カトリック大辞典』五巻　上智大学編纂　冨山房、１９４０〜60。

＊『学術用語集―キリスト教学編』文部省、１９８１[2]。（キリスト教学の基本的用語を、英語やその他の外国語との対応に基づいて収録したもの）

＊『キリスト教用語辞典』小林珍雄編　東京堂、１９５４。１９７１[8]。（ローマ・カトリック教会の用語について知りうる便利な辞典）

＊『西洋史辞典』京都大学文学部西洋史研究室編　創元社、１９７１[14]。

＊『日本史辞典』京都大学文学部国史研究室編　創元社、１９７５[22]。

＊『日本近現代史辞典』日本近現代史辞典編集委員会編　東洋経済新報社、１９７８。

＊『岩波西洋人名辞典』篠田英雄編集　岩波書店編集部、１９５６。

＊『現代人物事典』伊藤道人編集　朝日新聞社、１９７７。

『岩波哲学小辞典』伊藤吉之助編集　１９５３[10]。

＊Schmidt, K. D.：*Chronologische Tabellen zur Kirchengeschichte*. Göttingen, 1967[3].（教会史のテーマ別の年表と神学的文化的政治的事象との関連における教会史年表）

＊Jedin, H., Latourette K. S. und Martin J. (hg. v.)：*Atlas zur Kirchengeschichte*. Freiburg, 1970.（詳細な教会史地図。教会機構等の分析図ものっている）

田中啓爾監修『新世界地図』全教図、１９７４[9]。

＊『基督教年鑑』（わが国のキリスト教会等の現状がわかる）

『朝日年鑑』

『毎日年鑑』

『キリスト新聞』

Ⅲ　通史

＊Heussi, K.：*Kompendium der Kirchengeschichte*. Tübingen, 1960[12].（教会史の詳細な叙述）

＊同右：*Abriss der Kirchengeschichte*. Weimar, 1960[6].（『教会史概説』荒井献、加賀美久夫共訳新教出版社、１９６６。教会史の概説）

＊Schmidt, K. D.：*Grundriss der Kirchengeschichte*. Göttingen, 1963[4].（最近までの研究をとりいれた詳細な教会史）

＊Walker, W.：*A History of the Christian Church*. New York, 1918, 1959.（近年リチャードソン、パウク、ハンディが改訂した標準的教会史）

Latourette, K. S.：*A History of Christianity*. New York, 1953.

Krüger, G. (hg. v.)：*Handbuch der Kirchengeschichte*. 4 Bde. Tübingen, 1923-31^{2}.（非常に詳細な教会史）

Kupisch, K.：*Kirchengeschichte*. 5Bde. Stuttgart, 1973-75.

*Schubert, H. von：*Grundzüge der Kirchengeschichte*. Hg. von E. Dinkler. Tübingen, 1937^{10}.（『教会史綱要』井上良雄訳　新教出版社、１９６３。政治史、文化史等との関連に重点を置いた教会史）

Latourette, K. S.：*A History of the Expansion of Christianity*. 6 vols. New York, 1937-41.（詳細な宣教史）

*Loewenich, W. von：*Die Geschichte der Kirche*. Witten-Ruhr, 1957^{5}.（『教会史概論』赤木善光訳　日本基督教団出版局、１９６９。標準的な教会史）

*同右：*Der Weg des Evangeliums durch die Welt*. München, 1960^{6}.（きわめて簡潔な教会史）

*Richardson, C.：*The Church through the Centuries*.（きわめて簡潔な教会史）

Kantzenbach, F. W.：*Christentum in der Gesellschaft*. 2Bde. Hamburg, 1 Bd. 1975, 2 Bd. 1976.

Geschichte der Kirche. 5 Bde. Hrsg. v. Rogier, L. T., Aubert, R., Knowles, M. D. Einsie deln, 1963-76.（『キリスト教史』11巻、上智大学中世思想研究所編訳監修　講談社、１９８０—82。仏、英、独、蘭語で、同時に出版されたカトリックの立場に立つ詳細な最新の教会史）

Sohm, R.：*Outlines of Church History* (Tr. by Sinclair, M.). London, 1895.

Benz, E.：*Beschreibung des Christentums*. München, 1975.（全時代にわたってテーマ別に論述したキリスト教史）

*Harnack, A. von：*Lehrbuch der Dogmengeschichte*. 3 Bde. (1909-10^{4}). Darmstadt, 1964.（基本的な教義史）

＊Seeberg, R.：*Lehrbuch der Dogmengeschichte.* 4 Bde.（1920-33^{3}）. Erlangen/Leipzig, 1959-65.（基本的な教義史）

Loofs, F. und Aland K.：*Leitfaden zum Studium der Dogmengeschichte.* Tübingen, 1959.（基本的な教義史）

＊McGiffert, A. C.：*A History of Christian Thought.* 2 vols. New York, 1931.（第一巻は、イエスからダマスコのヨハネスまでの東方のキリスト教思想史、第二巻は、テルトゥリアヌスからエラスムスまでの西方のキリスト教思想史）

Neve, D. L.：*A History of Christian Thought.* 2 vols. Philadelphia, 1946.（広範なキリスト教思想史）

＊Troeltsch, E.：*Die Soziallehren der Christlichen Kirchen und Gruppen.* Tübingen, 1923. *The Social Teaching of the Christian* Churches, tr. Wyon, O. London, 1931.（教会とキリスト教団体との社会的教説と実践を取り扱った基本的なもの）

＊Duggan, S.：*A Student's Textbook in the History of Education.* New York, 1916, 1948^{3}.（キリスト教教育史を知るのに便利な書物）

ラーネッド：『教会史』警醒社、１９０７、１９２６。（西洋、東洋、アフリカに関するわが国における最初の総括的教会史）

柏井園『基督教史』日本基督教興文協会、１９１４。長崎書店、１９３５。

気賀重躬『キリスト教史』和田書店、１９５３。（おもに欧米教会史に関する簡潔明解な叙述）

『ヨーロッパ・キリスト教史』六巻。中央出版社、１９７０〜72。（キリスト教的史観に基づくヨーロッパ・キリスト教史に関する諸研究者の論文集）

石原謙『キリスト教の源流』『キリスト教の展開』岩波書店、１９７２。（とくに古代から宗教改革までについて詳述した研究書）

茂泉昭男、倉松功、小笠原政敏共著『教会史』上、中、下。日本基督教団出版局、1967～74。

半田元夫、今野国雄『キリスト教史』Ⅰ、Ⅱ。山川出版社、1977。（Ⅰは原始キリスト教から宗教改革直前まで。Ⅱはそれ以後現代までの西洋のローマ・カトリック教会およびプロテスタント諸派を取り扱ったもの）

森安達也『キリスト教史Ⅲ—東方キリスト教』山川出版社、1978。

日野真澄『基督教教理史』警醒社、1918。（宗教改革までを取り扱ったわが国における最初の教理史）

＊有賀鉄太郎、魚木忠一『基督教思想史』教文館、1951。（簡潔にしてすぐれた概説書）

竹内寛『教理史』（上巻）日本YMCA同盟出版部、1969。

The New Cambridge Modern History. 14 vols. Cambridge, 1957-71.

＊尾鍋輝彦『西洋史概説』学生社、1969。

Ⅳ　各　部

序　論

＊Iggers, G. G.: *New Directions in European Historiography*. Conneticut, 1975.（現代欧州における史学方法論の総括的叙述）

＊Dilthey, W.: *Einleitung in die Geisteswissenschaften*. (Ges. Schriften, I Bd.). Stuttgart, 1959.

＊同右：*Die Geistige Welt, Einleitung in die philosophie des Lebens*. (Ges. Schriften, V Bd.). Stuttgart, 1968^{5}.

＊同右：*Der Aufbau der Geschichtlichen Welt in den Geisteswissenschaften*. (Ges. Schriften,

VII Bd.). Stuttgart, 1958.

＊藤代泰三「初期ディルタイにおける歴史理解の基盤」（Ⅰ）、（Ⅱ）基督教研究、第38巻1、2号、第39巻2号。

＊同右「ディルタイの解釈学」（Ⅰ）―（Ⅲ）基督教研究、第41巻2号。

＊Harnack, A. von : *Das Wesen des Christentums*. 1900.（『基督教の本質』山谷省吾訳　岩波文庫、１９３９）

＊魚木忠一「基督教精神史の方法に就て」文化史学、第２号。

＊同右『日本基督教の精神的伝統』基督教思想叢書刊行会、１９４１。（仏教と儒教と神道との関連における福音理解の試みとして、きわめて重要な意義のある研究書）

古　代

＊Harnack, A. von : *Die Mission und Ausbreitung des Christentums in den ersten drei Jahrhunderten*, 3 Bde. Leipzig, 1924[4]. (Moffatt, J. (trans.) : The Mission and Expansion of Christianity in the First Three Centuries. 2 vols. New York, 1908[2].)（初期三世紀におけるキリスト教会の発展について詳細に叙述した基本的なもの）

＊Lietzmann, H. : *Geschichte der alten Kirche*. 4 Bde. Berlin, 1961[4]. (*The Beginnings of the Christian Church*, 1937. *The Founding of the Church Universal*, 1938. *From Constantine to Julian*, 1950. *The Era of the Church Fathers*, 1951. Tr. B. L. Woolf. New York.)（四世紀までのキリスト教会の発展について詳細に叙述した基本的なもの）

Chadwick, H. : *The Early Church*. London, 1967.

Benz, E. : *The Eastern Orthodox Church*. Tr. Richard and Clara Winston. Garden City, 1963.

＊ラペルーザ『死海写本』野沢協訳　白水社文庫クセジュ、１９６２。

シュヴァイツァー『イエス伝研究史』（シュヴァイツァー著作集第17〜19巻）遠藤彰、森田雄三郎共訳　白水社、１９６１。（初め『ライマールスからヴレーデへ』として公にされたもので、画期的なイエス伝研究史）
＊ハンター『史的イエスと福音書』岡田五作、川島貞雄共訳　教文館、１９７６。（イエス伝研究史の簡潔な総括）
ディベリウス『イエス』（キュンメル補訂）神田盾夫、川田殖訳　新教出版社、１９７３。

ブルトマン『史的イエスとキリスト論』飯峯明、橋本滋男共訳　理想社、１９６５。

同右『イエス』川端純四郎、八木誠一共訳　未來社、１９６３。

ボルンカム『ナザレのイエス』善野碩之助訳　新教出版社、１９６１。

シュタウファー『イエス—その人と歴史—』高柳伊三郎訳　日本基督教団出版局、１９６２。

高橋虔『イエスの生涯と思想』教文館、１９６７。

有賀鉄太郎『オリゲネス研究』長崎書店、１９４３。（わが国におけるオリゲネス研究の基本的なもの）

荒井献『原始キリスト教とグノーシス主義』岩波書店、１９７１。

ペイゲルス『ナグ・ハマディ写本—初期キリスト教の正統と異端—』荒井献、湯本和子訳　白水社、１９８２。

　他にプラトン、アリストテレス、アウグスティヌス等の著作。

中　世

＊Deanesly, M. : *A History of the Medieval Church, 590-1500*. London, 1954[8]. （簡潔であるが優れた概説書）
Hauck, A. : *Kirchengeschichte Deutschlands*. 5 Bde. Leipzig, 1904-20, Neudruck 1950 ff. （ローマ時代のライン地方におけるキリスト教から中世末期までのドイツの教会史で、基本的なもの）

Gilson, E. : *Reason and Revelation in the Middle Ages*. New York, 1938.

Sabatier, P. : *Life of St. Francis of Assisi*. New York, 1894.

Brooke, C. N. L., etc. (ed.) : *Church and Government in the Middle Ages*. Cambridge, 1976.

Wakefield, W. L. and Evans, A. P. (ed. and trans.) : *Heresies of the High Middle Ages*. New York and London, 1969.

Hyma, A. : *The Brethren of the Common Life*. Grand Rapids, 1950.

*Bainton, R. : *Erasmus of Christendom*. New York, 1969.
（『エラスムス』出村彰訳　日本基督教団出版局、１９７１。興味深い優れたエラスムスの伝記）

タキトゥス『ゲルマーニア』田中秀央、泉井久之助訳　岩波文庫、１９５３。

ドウソン『中世のキリスト教と文化』野口啓祐訳　新泉社、１９６９。

グラープマン『中世哲学史』下宮守之訳　創造社、１９６７。

*アムネス『カトリック神学』渡辺義愛訳　白水社文庫クセジュ、１９６８。

*U・シュトゥッツ『私有教会・教会法史』増淵静四郎、淵倫彦共訳　創文社、１９７２。

堀米庸三『正統と異端』中公新書、１９６４。

佐藤繁彦訳『全き生活（テオロギア・ゲルマニカ）』星文館、１９１６。

他にトマス、エラスムス、ダンテ、モア等の著作。

近　世

Smith, P. : *The Age of the Reformation*. New York, 1920.

*Bainton, R. H. : *The Reformation of the Sixteenth Century*. Boston, 1952.
（『宗教改革史』出村彰訳　新教出版社、１９６６。宗教改革史に関する優れた最新の研究書）

*Grimm, H. J. : *The Reformation Era, 1500-1650*. New York, 1954.

*Chadwick, O.：*The Reformation*. London, 1964.

Schwiebert, E. G.：*Luther and His Times*. St. Louis, 1950.

*Bainton, R. H.：*Here I Stand, A Life of Martin Luther*. New York, 1950.
(『我ここに立つ』青山一浪、岸千年共訳　聖文舎、１９５４。最も優れたルターの伝記の一つ)

*Boehmer, H.：*Martin Luther, Road to Reformation*. Trans. Doberstein, J. W. and Tappert, T. G. Philadelphia, 1946.

*Lau, F.：*Luther*. Berlin, 1959.
(『ルター論』渡辺茂訳　聖文舎、１９６６。最も優れたルターの伝記の一つ)

*Erikson, E. H.：*Young Man Luther, A Study in Psychoanalysis and History*. London, 1958.
(『青年ルター——精神分析的・歴史的研究』大沼隆訳　教文館、１９７４。きわめて興味深い書で、信仰とはなにかについて明らかにしてくれる)

Stupperich, R.：*Die Reformation in Deutschland*. Gütersloh, 1980.（『ドイツ宗教改革史研究』森田安一訳　ヨルダン社、１９８４。優れた概説書)

*Holl, K.：*Luther*. Ges. Aufsätze I. Tübingen, 1948^{7}.（プロテスタント側のルター・ルネサンスの最初の研究書)

Jackson, S. M.：*Huldreich Zwingli*. New York, 1901.

Farner, O.：*Zwingli the Reformer*. New York, 1952.

Doumergue, E.：*Jean Calvin, les hommes et les choses de son temps*. 7 tomes. Lausanne, 1899-1927.（カルヴァン研究の記念すべき労作)

Walker, W.：*John Calvin*. New York, 1906.

*Niesel, W.：*Die Theologie Calvins*. München, 1957^{2}.
(『カルヴァンの神学』渡辺信夫訳　新教出版社、１９６０。カルヴァン神学に関する優れた論述

書）

＊McNeill, J. T.: *The History and Character of Calvinism*. New York, 1954.（カルヴァンの宗教改革とカルヴィニズムの発展とに関する簡潔にして明解な概説書）

＊Palm, F. C.: *Calvinism and the Religious Wars*. New York, 1971.（カルヴァンの宗教改革とカルヴィニズムの発展とに関する簡潔にして明解な概説書）

＊Pauck, W.: *The Heritage of the Reformation*. Boston, 1950.

＊Williams, G. H.: *The Radical Reformation*. Philadelphia, 1962.（ラディカル宗教改革に関する詳細な研究書）

Kidd, B. J.: *The Counter-Reformation, 1550-1600*. London, 1958.（対抗改革に関する詳細な叙述）

Scholl, H.: *Reformation und Politik*. Stuttgart, 1976.

＊Dickens, A. G.: *The English Reformation*. London, 1964.

＊Alexander, H. G.: *Religion in England, 1558-1662*. London, 1968.

Haugaard, W. P.: *Elizabeth and the English Reformation*. Cambridge, 1968.

ストフェール『宗教改革』磯見辰典訳　白水社文庫クセジュ、１９７０。

倉松功『ルター、ミュンツァー、カールシュタット——その生涯と神学思想の比較』聖文舎、１９７３。

出村彰『ツヴィングリ』日本基督教団出版局、１９７４。

同右『スイス宗教改革史研究』日本基督教団出版局、１９７１。

＊魚木忠一『基督教精神史研究』（カルヴァン研究）全国書房、１９４８。（カルヴァン神学に関する優れた論述書）

ドゥメルグ『カルヴァンの人と神学』益田健次訳　新教出版社、１９７７。

出村彰『再洗礼派』日本基督教団出版局、１９７０。
北森嘉蔵『宗教改革の神学』新教出版社　１９６０。
＊大塚久雄『宗教改革と近代社会』みすず書房、１９４８。
＊姉崎正治『切支円伝道の興廃』同文館、１９３０。
＊同右『切支丹宗門の迫害と潜伏』同文館、１９２５。
＊同右『切支丹迫害史中の人物事蹟』同文館、１９３０。
（いずれもキリシタン研究の貴重な開拓的労作）
＊和辻哲郎『鎖国』和辻哲郎全集第一五巻　岩波書店、１９６３。
＊新村出『日本吉利支丹文化史』地人書館、１９４１。
ビエレール、A.『人間と社会』（カルヴァンの倫理による）倉塚平訳　新教出版社、１９６４。

近代

＊Scharpff, P. *History of Evangelism*. Trans. Henry, H. B. Grand Rapids, 1966.
＊Cragg, G. R.：*The Church and the Age of Reason, 1648-1789*. London, 1960.（簡潔な優れた叙述）
＊Vidler, A. R.：*The Church in an Age of Revolution, 1789 to the Present Day*. London, 1961, 1971[4].（簡潔な優れた叙述）
＊Nichols, J. H.：*History of Christianity 1650-1950：Secularization of the West*. New York, 1956.（詳細にして広範囲にわたる優れた叙述）
＊Curnock, N. (ed.)：*The Journal of John Wesley*. 8 vols. New York, 1909-1916.（「標準ウェスレイ日記」４巻　山口徳夫訳　イムマヌエル綜合伝道団　新教出版社、１９８４[2]～61）
Latourette, K. S.：*Christianity in a Revolutionary Age*. 5 vols. New York, 1959-1963.
＊Smith, H. S., Handy, R. T., and Loetscher, L. A.：*American Christianity, An Historical*

Interpretation with Representative Documents, Vol. I. New York, 1607-1820. 1960, Vol. II. New York, 1820-1960, 1960-63.（米国キリスト教史の基本的な資料と解説）

＊Sweet, W. W.：*The Story of Religion in America*. New York, revised 1950.（興味深い米国キリスト教史）

Mead, S. E.：*The Old Religion in the Brave New World*. Berkeley, 1977.

同右：*The Lively Experiment (The Shaping of Christianity in America)*. New York, 1963.

＊Mackintosh, H. R.：*Types of Modern Theology*. London, 1937, 1954.（簡潔な近代神学思想史）

McGiffert, A. C.：*Protestant Thought before Kant*. New York, 1922.

Moore, E. C.：*An Outline of the History of Christian Thought since kant*. London, 1912.

＊Niebuhr, H. R.：*The Social Sources of Denominationalism*. Ann Arbor, 1929, 1954.

＊Christensen, T.：*Origin and History of Christian Socialism 1848-54*. Aarhus, 1962.

Webb, C. C. J.：*A Study of Religious Thought in England from 1850*. Oxford, 1933.

Simpson, S.：*Religious Thought in France in the Nineteenth Century*. London, 1935.

＊Neill, S.：*A History of Christian Missions*. London, 1964.（詳細にして広範囲にわたる優れた叙述）

＊Cary, O.：*A History of Christianity in Japan*. Rutland, 1909, 1976.（日本におけるローマ・カトリック教会、正教会、プロテスタント教会の歴史に関する基本的な文献）

Simpson, A.：*Puritanism in Old and New England*. Chicago, 1955.（『英米におけるピューリタンの伝統』大下尚一、秋山健共訳　未來社、１９６６）

ギューリック、S.『独逸神学略史』警醒社、１９０９。

小野孜『世界史における最近キリスト教史』中央出版社、１９６０。

シュペーナー『敬虔なる願望』堀孝彦訳　世界教育宝典、V。玉川大学出版部、1969。

高井寿雄『ギリシア正教入門』教文館、1977。

曾根暁彦『アメリカ教会史』日本基督教団出版局、1974。

石井裕二『現代キリスト教の成立―近代ドイツ・プロテスタンティズムとその克服』日本基督教団出版局、1975。

*嶋田啓一郎『福音と社会』日本基督教団出版局、1971。

*野田茂徳『ロシア的情念とは何か』国書刊行会、1975。

佐藤敏夫『近代の神学』新教出版社、1964。

*キリスト教学校教育同盟編『日本キリスト教教育史・人物篇』創文社、1977。（キリスト教教育史上の群像をテーマにしたシンポジウムと人物史でキリスト教主義に立つ諸学校の創立と発展について知りうる）

森田雄三郎『キリスト教の近代性』創文社、1972。

海老沢有道、大内三郎『日本キリスト教史』日本基督教団出版局、1970。（日本のカトリック史とプロテスタント史）

*姉崎正治『切支丹禁制の終末』同文館、1926。

*小崎弘道『日本基督教史』（小崎全集第2巻）小崎全集刊行会、1938。（安政6年より大正14年までの日本基督教史）

同右『七十年の回顧』警醒社、1927。

比屋根安定『日本基督教史　第四巻、復興篇』教文館、1939。（弘化元年宣教師再来より明治22年「信教の自由」の許可まで）『第五巻、発展篇』同、1940。

*比屋根安定『日本プロテスタント九十年史』日本基督教団事業部、1949。

*桜井匡『教派別日本基督教史』隆章閣、1933。

＊隅谷三喜男『近代日本の形成とキリスト教』新教出版社、１９５０。
土肥昭夫『日本プロテスタント・キリスト教史』新教出版社、１９８０。
都田恒太郎『ギュツラフとその周辺』教文館、１９７８。
比屋根安定『日本近世基督教人物史』基督教思想叢書刊行会、１９３５。
＊井上哲次郎『教育ト宗教ノ衝突』敬業社、１８９３。
＊金森通倫『日本現今之基督教並ニ将来之基督教』日本図書センター、１８９１。
＊横井時雄『我邦の基督教問題』警醒社、１８９４。
＊海老名弾正「三位一体の教義と予が宗教的意識」「新人」１９０２。第二巻第六号
＊山本泰次郎『内村鑑三（信仰・生涯・友情）』東海大学出版会、１９６６。（内村の信仰的伝記、およびベルと友人宮部金吾にそれぞれあてた書簡に基づいた伝記）
＊大塚素『友愛』１９３４。
＊同志社社史資料編集所編『同志社九十年小史』１９６５。
『同志社百年史』（通史篇二巻、資料篇二巻）１９７９。
同志社大学人文科学研究所『熊本バンド研究』みすず書房、１９６５。
＊青山学院編『青山学院九十年の歩み』１９６４。
『青山学院90年史』１９６５。
神戸女学院百年史編集委員会『神戸女学院百年史』１９７６。
梅花学園九十年小史編集委員会『梅花学園九十年小史』１９６８。
山本秀煌篇『フェリス和英女学校六十年史』１９３１。
＊落合則男『スウィフトものがたり』日本ＹＭＣＡ同盟史料室、１９７８。（東京ＹＭＣＡ創立期のスウィフトの貢献について記したもの）
他にロック、バークリ、ヒューム、スピノーザ、パスカル、シュライエルマッハー、ヘー

ゲル、フォイエルバッハ、ルナン、キェルケゴール、植村正久、内村鑑三等の著作。

現　代

Niebuhr, H. Richard : *The Kingdom of God in America*. New York, 1937.

＊Otto, R. : *Das Heilige*. Gotha, 1926[14]. (『聖なるもの』山谷省吾訳　岩波文庫、１９６８)

＊Heiler, F. : *Das Gebet*. München, 1917. (*Prayer*. Trans. McComb, S. London, 1932.)

Whitehead, A. N. : *Process and Reality*. New york, 1929.

Cox, H. : *The Secular City*.『世俗都市』塩月賢太郎訳　新教出版社、１９６７。

Ruth, R. and Neill, S. C. (ed.) : *A History of the Ecumenical Movement, 1517-1948*. London, 1954.

Johnson, D. E. (ed.) : *Uppsala to Nairobi, 1968-1975*. New York, 1975.

Paton, D. M. (ed.) : *Breaking Barriers, Nairobi 1975*. London, 1976.

Temple, W. : *Christianity and Social Order*. London, 1942.

Simon, G. : *Church, State and Opposition in the U. S. S. R.* (trans. Matchett, K.). London, 1974.

Lloyd, R. : *The Church of England, 1900-1965*. London, 1966.

＊De George, R. T. and Scanlan, J. P. (ed.) : *Marxism and Religion in Eastern Europe*. Dordrecht, 1976.

Manikam, R. B. : *Christianity and the Asian Revolution*. New York, 1954.

Anderson, G. H. (ed.) : *Christ and Crisis in Southeast Asia*. New York, 1968, 1969[2].

Thomas, W. T. and Manikam, R. B. : *The Church in Southeast Asia*. New York, 1956.

Deats, R. L. : *Nationalism and Christianity in the Philippines*. Dallas, 1967.

Castro, F. : *Amidst Revolution*. Trans. Goff, J. and M. Belfast, 1975.

Takenaka, M.: *Reconciliation and Renewal in Japan*. New York. 1967.

*ツァールント、H.『20世紀のプロテスタント神学』上・下　新教セミナー訳、井上良雄監修　新教出教社、1975、78。(優れた概説書)

*ホーダーン、W.E.『現代キリスト教神学入門』日本基督教団出版局、1969。(優れた入門書)

幸日出男(編訳)『宗教学とは何か』(エリアーデ、ワッハ、パーソンズ、ハイラー著) ルガール社、1976。

ニーバー、ラインホールド『自我と歴史の対話』ケーリ訳　未來社、1964。

カブ、J.B.、グリフィン、D.R.『プロセス神学の展望』延原時行訳　新教出版社、1978。

バロ、M.『教会一致運動』倉田清、波木居純一共訳　白水社文庫クセジュ、1970。

雨宮栄一『バルメン宣言研究』日本基督教団出版局、1975。

ベラー、R.N.編著『アジアの近代化と宗教』佐々木宏幹訳　金花舎、1975。

溝口靖夫『東洋文化史上の基督教』理想社出版部、1941。

池明観『韓国現代史と教会史』新教出版社、1975。

閔庚培『韓国キリスト教史』澤正彦訳　日本基督教団出版局、1974。

フィステル、P.『第二バチカン公会議』中村友太郎訳　南窓社、1967。

都田恒太郎『日本キリスト教合同史稿』教文館、1967。(日本プロテスタント教会の設立以後の教会合同の足跡を回顧したのち日本基督教団の創立にいたる)

杉井六郎、太田雅夫共編『戦時下のキリスト教運動』全三巻　新教出版社　第一、二巻、1972。第三巻、1973。

竹中正夫『真人の共同体』新教出版社、1962。

竹中正夫編『働く人間像を求めて(関西労伝ノート・その20年)』新教出版社、1978。

種谷牧師裁判を支援する会編『国権と良心』新教出版社、1975。

他にバルト、ブーバー、ブルンナー、ラインホールト・ニーバー、ティーリッヒ、ハイデッガー、ブルトマン、ベルジャーエフ、ボンヘッファーの著作。

結び

Williams, D. : *What present-day theologians are thinking?*. New York, 1952.

Niebuhr, Reinhold : *Faith and History*. New York, 1949.（『信仰と歴史』飯野紀元訳　新教出版社、１９５０）

Niebuhr, H. Richard : *Christ and Culture*. New York, 1951.（『キリストと文化』赤城泰訳　日本基督教団出版局、１９６７）

Bainton, R. H. : *Yesterday, Today, and What next? : Reflections on History and Hope*. 1978.（『キリスト教歴史観入門』出村彰訳　教文館、１９８０）

同右 : *Christian Attitudes toward War and Peace*. New York, 1960.（『戦争・平和・キリスト者』中村妙子訳　新教出版社、１９６３）（古代教会から現代までの平和運動、義戦、十字軍等についての叙述）

Gustafson, J. M. : *The Church as Moral Decision-Maker*. Philadelphia, 1970.

同右 : *Theology and Christian Ethics*. Philadelphia, 1974.

Kroemer, H. : *Religion and Christian Faith*. London, 1956.

解説　藤代先生と私

佐藤優

一冊で、日本を含む世界のキリスト教史を鳥瞰できる本はあまりない。本書は同志社大学神学部と大学院神学研究科でキリスト教史を長く教えた藤代泰三先生（一九一七～二〇〇八年）のライフワークである。藤代先生は、一九四〇年に青山学院神学部卒業後、同志社大学文学部神学科、米国シカゴ大学大学院史学研究科で学び、五二年から八七年まで同志社大学神学部に在籍した。

私は一九七九年四月に同志社大学神学部に入学したが、この年の秋に日本ＹＭＣＡ同盟出版部から『キリスト教史』が上梓された。ハードカバーで箱入りの立派な本だ。この年の七月（奥付は八月になっている）に本書は神学部二階の図書室で先行販売された。定価は三七〇〇円だったが、神学書としては決して高い値段ではなかった。神学生には特別割引が適用され、三〇〇〇円だった。当時、春学期の最終講義は七月におこなわれていたが、講義の最終回に藤代先生が嬉しそうな顔をして本を持ってきて、「じつは、出版社からは、二〇〇頁くらいのコンパクトな入門書を書くようにと言われたのです。しかし、僕が本を出す機会は、恐らくこれが最初で最後だろうから、書きたいことをすべて残したいと無理を言ったんです。僕の夢を実現したいとくりかえし述べたら、出版社も付き合ってくれました。しかし、ゲラに何度も赤字を入れたので、最後には少しお金を払わされることになった。高い本なので、二〇部、神学部の図書室に寄贈したので、お金が惜しい人は、借りて読んでください」と言った。

本文六三二頁のこの本を私は二日で読んだ。この本によって、私はキリスト教の全体像をつかむことができた。その意味では、神学者・佐藤優の原点となる本だ。

プロテスタント神学は、聖書神学、歴史神学、組織神学、実践神学の四分野に分かれる。私は組織神学を専攻した。大きなテーマとしては「神はなぜ人となったか」ということを解き明かす受肉論を研究したが、具体的にはチェコのプロテスタント神学者ヨゼフ・ルクル・フロマートカ（一八八九～一九六九年）が共産主義国家と教会の関係を受肉論からどのように解釈し、実践したかというテーマを扱った。このテーマは、歴史神学とも深く関係する。それだから、私は藤代先生のゼミにも参加した。

ゼミであるとき藤代先生とこんなやりとりがあった。

「佐藤君、歴史を研究するときに重要なのは、過去五〇年のテーマを扱わないことです」

「なぜですか。現在、どう生きるかという観点から歴史を勉強することが必要なのだと思います」

「そうそう。その通りです。そのためにも過去五〇年の歴史的事件を扱うことは勧めません。現代史に属する出来事の評価は、すぐに変わります。それだから研究成果が、短期間で無意味になってしまうことがあります。また、歴史的事件の当事者や、その直接の子どもや孫が生きています。人間関係が歴史的評価に影響を与えることも少なくありません。そういう雑音から逃れるためには五〇年くらい前の記述で止めなくてはなりません」
「しかし、先生の『キリスト教史』には数年前の出来事も書かれてるではないですか」
「たしかにそうです。それは僕の弱さで、現実に対する関心が先走ってしまい、五〇年前で筆を止めることができなかったのです」

私は今年で五七歳になった。モスクワの日本大使館に外交官として勤務しているときに一九九一年八月のソ連共産党守旧派によるクーデター未遂事件とそれに続く同年一二月ソ連崩壊という大事件に遭遇した。また、それと較べるとはるかにスケールが小さいが、二〇〇二年五月には、鈴木宗男事件に連座し、東京地方検察庁特別捜査部に逮捕され、東京拘置所の独房に五一二日間勾留された。これらの出来事をふりかえって見たときに、評価はめまぐるしく変化するし、またその評価には、時の政権の意向や、人間関係が複雑に絡み合っていることを体験した。今では私も過去五〇年の出来事は、歴史よりもジャーナリズムや政治学で扱った方がいいと思っている。

学風として藤代先生はディルタイの影響を強く受けていた。そのことは本書の序論にも現れている。

キリスト教精神史とは、キリスト教信仰に立脚する身体的理性的意志的感情的人間がかかわる複雑な相互連関に立つ歴史に関する研究であるということになる。

実証主義に立つ史学においては史料の取り扱い、すなわち史料の収集や選択や批判や解釈には理性だけで十分であろうが、精神科学としての歴史学の研究には理性だけではきわめて不十分であって、身体・理性・意志・感情・信仰をもつ人間の主体においてこの作業にあたらなければならないと考える。このような作業は、ディルタイのいう体験・表現・追体験（了解）による解釈によってのみ可能で、史料に表現されている体験を研究者主体が追体験し理解しなければならない（『ディルタイ全集』第七巻、および拙稿「ディルタイの解釈学（I）」『基研』四一巻二号）。ここに史学方法論における重要な、個と全体、特殊性と普遍性、独自性と同一性の問題の解決のかぎが存する。解釈学は、まず史料の言語学的、歴史的（政治、経済、社会、文化的等）分析を徹底的にしたあとで、その史料を解釈するのである。従って解釈学において理性の使用が除外されているのではなく、理性を駆使し徹底的に理性によって史料を分析することも含まれている。

複雑な歴史総体を解釈すること、すなわちその意味をとらえる歴史研究には、研究者主体の世界観なり人生観なり価値観がはいってくるが、これなくしては歴史解釈は成りたたない。私はキリスト教精神史は、キリスト教信仰に立脚する身体的理性的意志的感情的人間がかかわる歴史に関する研究といった。従ってキリスト教精神史研究には、その前提としてキリスト教信仰が要請されるわけである。しかしここで注意したいことは、キリスト教以外の宗教を信仰する者も、キリスト教精神史に展開される史実とその解釈に信仰のアナロギアすなわち信仰の類推によって接近しうるであろうし、キリスト教精神史の理解も可能になってくるであろうということである。そしてこのことはキリスト教徒が他宗教、例えば仏教を理解する場合にもいえることなのであり、そうであればこそ、のちに述べる

キリスト教精神史におけるアジア類型のなかの一つとしての日本類型の成立が可能になるのである。(本書三六〜三八頁)

藤代先生の歴史方法論については、序論を熟読していただきたいが、この引用箇所に「キリスト者」という言葉がひとつもない。藤代先生は、講義で「僕は、どうしても仕方がない場合以外、『キリスト者』という言葉を使いません。『キリスト者』というと、確固たる信念を持った永遠に信仰に生きる人というような語感があるからです。それだから、より謙虚なニュアンスのある『キリスト教徒』という言葉を使います」と言っていた。本書で、「キリスト者」という言葉が用いられているのはアドルフ・ヒトラーを現代のキリストになぞらえた「ドイツ・キリスト者」についてだけだ。

また藤代先生は、三位一体という言葉も嫌った。

「trinity のどこに『位』や『体』に相当する言葉がありますか。三位一体というのは、特定の解釈が入り込んだ不適切な訳語です。同志社の伝統では、三一もしくは三一神と言います」

たしかに藤代先生の指摘の通りだ。だからジャーナリスティックな文章でやむを得ない場合を除き、私も三位一体という言葉は用いない。三一と言っている。

歴史解釈から解釈主体の主観や偏見を取り除くことはできないという藤代先生の考えからも私は影響を受けた。藤代先生は、黒板にチョークで白い点をたくさん書く。それを相互につなぎ合わせる。黒板には何を書いてあるのかわからなくなる。そして私たちの方を向いてこう言った。

「みなさん、点の一つ一つが人間です。人間と人間の関係から歴史は形成されます。世界にいるただ一人を欠いても、歴史は成立しないのです」

藤代先生は、学生との関係においても、一人一人の能力と適性に応じて、きめ細かな対応をした。藤代先生は体調を崩し、入院したことが何度かある。私の記憶では神学部四回生のときだった。病院にお見舞いに行くと、藤代先生が「アルバイトをするつもりはありませんか」と尋ねる。私が「何ですか」と聞き返すと、藤代先生は「私が講義で用いるカードを作って欲しい」と言う。具体的には、一九八〇年に刊行されたウンベルト・エーコ（池上嘉彦訳）『記号論』（全二冊、岩波書店、現在は講談社学術文庫）に藤代先生が赤鉛筆で傍線を引いた箇所をＡ６判のカードに書き写し、適切な表題をつける作業だった。藤代先生が「作業にかかった時間を申告してください。時給は佐藤君が決めてください」と言うので、私は一回生のとき、三ヵ月だけ喫茶店でアルバイトをしたことがあるので（それだから私は今でもサイフォンでコーヒーをいれるのは得意である）、そのときの時給が四〇〇円であったことを念頭に置いて、時給を四〇〇円に定めた。

神学書は、刊行部数が少ないので値段が高い。特にドイツの神学書は二万円を超えるものも珍しくなかった。神学部の図書室には、日本語はもとより、英語、ドイツ語の神学書が網羅的に揃っていたが、公共の本なので書き込みができない。それだから重要な本は自分で買いたかった。また、藤代先生には、記号論や分析哲学に私の関心を向けさせるという教育的配慮もあったと思う。アルバイト代は月に一〇万円を超えることもあった。その金で私は神学書を購入するだけでなく、外交官試験の準備もおこなった。当時、外交官試験対策の予備校はなかった。横浜に元外交官がおこなっていた「サンメイク通信社」という外交官試験専門の通信添削会社があった。月二回、憲法、経済学、国際法、時事論文、和文英訳、英文和訳の課題が二題ずつ出る（本番の試験と同じである）。その答案練習をおこなうコースで、実際の出題の半数は、この通信添削講座でカバーすることができた。さらに数的推理、判断推理を含む教養試験対策（外交官試験は教養試験で足切りがおこなわれる）も充実していた。神学部には、憲法、経済学、国際法、時事問題の講座はない。したがって、合理的に外交官試験の準備をおこなうためには、この通信教育を受けることが必要だった。ただし、受講料は月三万四〇〇〇円と高額だった。藤代先生のアルバイトがあったので、通信添削受講料を賄うことができた。私が外交官になる物質的基盤を藤代先生が整えてくださったのだ。藤代先生には、一九八三年四月、私が大学院に入ったときに神学館四階の藤代先生の研究室を訪ね、「修士課程修了後は外交官になるつもりだ」という意向を伝えた。藤代先生は、しばらく黙っていたが「あなたの適性を考えると、そうすることによって神様のために働くことができると思います。一言、お祈りをしましょう」と言って、私の外交官試験準備の勉強が進むようにと祈ってくださった。それから暫くして、講義が終わった後、藤代先生に「ちょっと研究室に来て下さい」と声をかけられた。研究室で藤代先生から、「お願いがあります。じつは僕の『キリスト教史』の二刷が出るので、今、誤記と誤植をチェックしています。あなたも気づいたことを教えてください。それから、索引がかなり間違っているので、それもチェックしてください。見出し語はこれ以上、増やさなくて構いません。索引のチェックはとても時間がかかりますので、かかった時間は遠慮せずに申告して下さい」と言われた。私は喜んで引き受けた。当時はパーソナルコンピューターが普及していなかったので、索引作成はたいへんな作業だった。カードに術語を書き取って、当該術語が出ている頁を書き取っていく。藤代先生は、「索引は、機械的にすべての頁を引用しても意味がありません」と言って、私が作成したカードのなかからあまり重要でない頁を削除する。こうして新しい索引が出来上がった。

一九八六年四月に『キリスト教史』第二刷が刊行された。私は外務省研修所で六月から在外研修に出る準備をしていた。あるとき銀座教文館三階のキリスト教書売場に立ち寄ると、ソフトカバーの『キリスト教史』第二刷が平積みにされていた。早速、一冊購入したが、私が草稿を作成した新索引を含め、誤字や誤記の訂正はまったくなされていなかった。

今回、講談社学術文庫を刊行することになり、編集部が著作権継承者の藤代信牧師（藤代先生の息子）と連絡を取ると、藤代先生の本棚にあった改訂用の書き込みがなされた第一刷が送られてきた。この改訂版の指示に基づいて、講談社学術文庫版『キリスト教史』は製作されたので、定本といってもよい。そこには、藤代先生の第二刷序が付されて、「索引の整理については、同志社大学大学院に当時在学中であった佐藤優君に協力して頂いた。お礼申しあげたい」（本書六頁）と記されていた。藤代先生の鉛筆書きの文字を読んで、目頭が熱くなった。大学院を修了した後、藤代先生とは一度も会うことなく、感謝の気持ちを伝える機会を逸してしまった。

現在、私は同志社大学神学部客員教授をつとめ、十数人の後輩に組織神学を教えている。

本書をテキストにして、藤代神学の真髄を若い神学生に伝えていくことで、天国にいる藤代先生への感謝の気持ちを伝えたいと思う。

藤代先生は、「われわれは『旅人の神学(theologia viatorum)』を営まなくてはならない」とよく強調していた。本書は「旅人」という項目で閉じられている。

旅人という概念は、旧約聖書にもあるし、新約聖書、ことにヘブル人への手紙第一一章にもある。アウグスティヌスは、『神国論』のなかで、キリスト教徒はこの世にあって旅人であり、彼らはその永遠のふる里である天上の国へと旅を続けているという。まさにわれわれキリスト教徒の実存はそのようなものである。われわれにとって主イエス・キリストはあがない主であり、われわれの人生の原点であり、また歴史の原点でもある。このことはいいかえれば、この世にある旅人であるわれわれは、神の力と恩恵のうちに置かれているということである。産業社会におけるキリスト教会とキリスト教徒との責任と義務について研究を続けているグスタフソンはいう、ルターにしろ、カルヴァンにしろ、ボンヘッファーにしろ、バルトにしろマォリス等にしろ、神は、われわれがこの具体的な世界の中で神の力と恩恵とを証しするためにわれわれを召していることを明らかにしている(グスタフソン『道徳的決断者としての教会』三二頁)。イエスは旅人であるわれわれに語る、「人の子(キリスト)がきたのも、仕えられるためではなく、仕えるためであり、また多くの人のあがないとして、自分の命を与えるためである」(マルコ一〇・四五)。また「あなたがたは、世の光である。……あなたがたの光を人々の前に輝かし、そして、人々があなたがたのよいおこないを見て、天にいますあなたがたの父をあがめるようにしなさい」（マタイ五・一四―一六）。（本書六八〇〜六八一頁）

私も旅人の一人として、藤代先生から引き継いだバトンを若き神学部の後輩たちに伝えていきたいと思う。この後輩たちが、藤代先生や私と同じ道を進んで欲しいと期待しながら。

二〇一七年九月二二日、曙橋（東京都新宿区）にて

佐藤優（作家・元外務省主任分析官）

—ラ—

—リ—

—ミ—

—マ—

—ホ—

—ヘ—

—フ—

—ヒ—

—ハ—

—ネ—

—ノ—

—ナ—

—ニ—

—ト—

—ソ—

—セ—

—ス—

—サ—

—コ—

—ケ—

—ク—

—キ—

―カ―

—オ—

―ウ―

索　引

—ア—

本書は、一九七九年に日本ＹＭＣＡ同盟出版部から刊行された『キリスト教史』（第一刷）を原本とし、著者が改訂に向けて生前用意していた訂正を反映しています。

藤代泰三（ふじしろ　たいぞう）

1917年東京都に生まれる。青山学院大学神学部，同志社大学神学科卒業，1951年シカゴ大学院修了。同志社大学神学部教授，同志社大学神学部長など歴任。日本キリスト教学会理事，文部省学術審議会専門委員。キリスト教史学専攻。著書に『キリスト教史』（全3巻）『神の民の信仰』（共訳）など。シカゴ神学校名誉神学博士。2008年京都で没。

定価はカバーに表示してあります。

キリスト教史

藤代泰三

2017年11月10日　第1刷発行
2023年9月4日　第5刷発行

発行者　髙橋明男
発行所　株式会社講談社
東京都文京区音羽 2-12-21 〒112-8001
電話　編集（03）5395-3512
販売（03）5395-4415
業務（03）5395-3615

装　幀　蟹江征治
印　刷　株式会社ＫＰＳプロダクツ
製　本　株式会社若林製本工場
本文データ制作　講談社デジタル製作

ISBN978-4-06-292471-9

「講談社学術文庫」の刊行に当たって

これは、学術をポケットに入れることをモットーとして生まれた文庫である。学術は少年の心を養い、成年の心を満たす。その学術がポケットにはいる形で、万人のものになることは、生涯教育をうたう現代の理想である。

こうした考え方は、学術を巨大な城のように見る世間の常識に反するかもしれない。また、一部の人たちからは、学術の権威をおとすものと非難されるかもしれない。しかし、それはいずれも学術の新しい在り方を解しないものといわざるをえない。

学術は、まず魔術への挑戦から始まった。やがて、いわゆる常識をつぎつぎに改めていった。学術の権威は、幾百年、幾千年にわたる、苦しい戦いの成果である。こうしてきずきあげられた城が、一見して近づきがたいものにうつるのは、そのためである。しかし、学術の権威を、その形の上だけで判断してはならない。その生成のあとをかえりみれば、その根は常に人々の生活の中にあった。学術が大きな力たりうるのはそのためであって、生活をはなれた学術は、どこにもない。

開かれた社会といわれる現代にとって、これはまったく自明である。生活と学術との間に、もし距離があるとすれば、何をおいてもこれを埋めねばならない。もしこの距離が形の上の迷信からきているとすれば、その迷信をうち破らねばならぬ。

学術文庫は、内外の迷信を打破し、学術のために新しい天地をひらく意図をもって生まれた。文庫という小さい形と、学術という壮大な城とが、完全に両立するためには、なおいくらかの時を必要とするであろう。しかし、学術をポケットにした社会が、人間の生活にとってより豊かな社会であることは、たしかである。そうした社会の実現のために、文庫の世界に新しいジャンルを加えることができれば幸いである。

一九七六年六月　　　　野間省一

宗教

174
鎌田茂雄著
仏陀の観たもの

仏教とは一体どんな宗教であり、どういう教えを説いてきたのだろうか。本書は難解な仏教の世界をその基本構造から説き起こし、仏教の今日的な存在意義を明らかにする。只今を生きる人のための仏教入門書。

335〜337
中田祝夫全訳注
日本霊異記（上）（中）（下）

日本霊異記は、南都薬師寺僧景戒の著で、日本最初の仏教説話集。雄略天皇（五世紀）から奈良末期までの説話百二十篇ほどを収めて延暦六年（七八七）に成立。奇怪譚・霊異譚に満ちている。（全三巻）

344
増谷文雄著
釈尊のさとり

長年に亘って釈尊の本当の姿を求めつづけた著者は、ついに釈尊の菩提樹下の大覚成就、すなわち「さとり」こそ直観であったという結論を導き出した。釈尊の真実の姿を説き明かした仏教入門の白眉の書。

409
鎌田茂雄著
禅とはなにか

禅に関心をよせる人は多い。だが、禅を理解することは難しい。本書は、著者自らの禅修行の体験を踏まえ、禅の思想や禅者の生き方、また禅を現代にどう生かすか等々、禅の全てについて分りやすく説く。

460
梅原　猛著（解説・宮坂宥勝）
空海の思想について

「大師は空海にとられ」といわれるように、宗派を越え、一般庶民大衆に尊宗されてきた空海であったが、その思想は難解さの故に敬遠されてきた。本書はその空海の思想に真向から肉薄した意欲作である。

500
高橋保行著
ギリシャ正教

今なおキリスト教本来の伝統を保持しているギリシャ正教。その全貌が初めて明らかにされるとともに、キリスト教は西洋のものとする通念を排し、西洋のキリスト教とその文化の源泉をも問い直す注目の書。

宗教

宗教

679
法句経
友松圓諦著（解説・奈良康明）

法句経は、お経の中の「論語」に例えられる釈尊の人生訓をしるしたお経。宗教革新の意気に燃え、人間平等の人格主義を貫く青年釈尊のラジカルな思想を、四百二十三の詩句に謳いあげた真理の詞華集である。

690
神の慰めの書
M・エックハルト著／相原信作訳（解説・上田閑照）

「脱却して自由」「我が苦悩こそ神なれ、神こそ我が苦悩なれ」と好んで語る中世ドイツの神秘思想家エックハルトが、己れの信ずるところを余すところなく説いた不朽の名著。格調高い名訳で、神の本質に迫る。

707
禅と日本文化
柳田聖山著

禅とは何か。禅が日本人の心と文化に及ぼした影響、またその今日的課題とは何か。これら禅の基本的テーゼが明快に説かれるとともに、禅からの問いかけとして〈現代〉への根本的な問題が提起されている。

717
参禅入門
大森曹玄著（解説・寺山旦中）

禅を学ぶには理論や思想も必要であるが、実践的には直接正師につくことが第一である。本書は「わが修道の記録」と自任する著者が、みずからの体験に照らして整然と体系化した文字禅の代表的な指南書。

756
般若心経講話
鎌田茂雄著

数多くのお経の中で『般若心経』ほど人々に親しまれているものはない。わずか二六二文字の中に、無限の真理と哲学が溢れているからである。本書は字句の解釈に捉われることなく、そのこころを明らかにした。

785
正法眼蔵随聞記講話
鎌田茂雄著

学道する人は如何にあるべきか、またその修行法や心構えについて生活の実際に即しながら弟子の懐奘に気骨をこめて語った道元禅師。その言葉を分かりやすく説きながら人間道元の姿を浮彫りにする。

宗教

827
鎌田茂雄著
華厳の思想

限りあるもの、小さなものの中に、無限なるもの、大いなるものを見ようとする華厳の教えは、日本の茶道や華道の中にも生きている。日本人の心に生き続ける華厳思想を分り易く説いた仏教の基本と玄理。

877
井筒俊彦著（解説・牧野信也）
マホメット

沙漠を渡る風の声、澄んだ夜空に鏤れて光る星々。世に無道時代と呼ばれるイスラーム誕生前夜のアラビアの美しい風土と人間から説き起し、沙漠の宗教の誕生を描く。世界的に令名高い碩学による名著中の名著。

902
石田瑞麿著
教行信証入門

浄土の真実の心を考えるとき、如来の恵みである浄土に生まれる姿には、真実の教えと行と信とさとりがあるという。浄土真宗の根本をなす親鸞の「教行信証」を諄々と説きながらその思想にせまる格好の入門書。

919
鎌田茂雄著
維摩経講話

維摩経は、大乗仏教の根本原理、すなわち煩悩即菩提を最もあざやかにとらえているといわれる。在家の信者の維摩居士が主役となって、出家者の菩薩や声聞を相手に、生活に即した教えを活殺自在に説き明かした。

944
鏡島元隆著
道元禅師語録

仏法の精髄を伝えて比類ない道元禅師の語録。道元の思想と信仰は、「正法眼蔵」と双璧をなす「永平広録」に最も鮮明かつ凝縮した形で伝えられている。思慮を傾けた高度な道元の言葉を平易な現代語訳で解説。

980
道元著／中村璋八他訳
典座教訓・赴粥飯法

典座とは、禅の修行道場における食事を司る役をいい、赴粥飯法とは、僧堂に赴いて食事を頂く作法をいう。両者の基本にあるものこそ真実の仏道修行そのものと説く。食の仏法の平等一如を唱えた道元の食の基本。